연예산업 실무론

조인희 · 최병춘 · 서현덕 공저

MEP 현우사

Preface 머리말

이 책의 내용은 앞서의 엔터테인먼트 매니지먼트 실무론의 저서를 업그레이드 시킨 저서로써 연예산업의 매니저실무에 입문하는 학생과 일반인들을 위하여 서술한 내용으로 전반적인 연예산업 매니저실무의 내용을 개괄적 형식에 의한 입문서라 하겠다.

이 책을 통하여 연예산업의 기초적인 매니저실무 이론을 접하여 그에 대한 분석과 고찰 및 토론 등의 활동을 하게 될 것이다. 현대 연예산업의 기업환경은 무한 경쟁시대에 있으며 변화의 속도는 점점 더 빨라지고, 미래의 연예산업은 더욱 불확실한 상황에서 경영적 사고는 무엇보다도 바꿀 수 없는 자기 자신만의 자산이 될 것이다. 이러한 연예산업의 매니저의 경영관리 사고는 사회적 환경 속에 내재되어 있는 기회와 위협을 발견하여 그에 대한 대처방안의 수립과 효과적인 활용에 대한 지침서의 역할을 했으면 하는 바람이다.

최근 문화산업의 발달로 연예산업의 매니지먼트 측면 중 에서도 매니저 부분의 사고가 필요하며 이러한 연예산업의 사회 환경 변화는 연예산업의 매니저부분의 기초를 변화하게 하고 있다. 이에 새로운 매니저의 매니지먼트 연구로 도출되는 일대 변혁기를 맞이하고 있다. 이러한 시대에 매니저의 매니지먼트 경쟁력을 상승시키기 위해서는 디지털기술, 문화 · 환경기술에 따른 관리기법이 필요하다. 이러한 모든 연예산업은 인간 상호 존중과 인간 삶의 질을 개선하려는 바탕 위에서 이루어져야 한다.

이 책은 연예산업경영 및 일반산업경영의 과목을 중심으로 작성된 것으로서 국내외의 많은 서적들을 참조하였다. 따라서 이 책에 도출된 내용들이 모두 집필자의 독창적인 연구결과로 도출된 것이 아님을 밝히고 싶고 내용 중 많은 부분들이 국내외의 서적, 보고서, 논문, 강의교재자료와 인터넷에서 얻어진 자료 등을 인용하였고, 내용 중 일부는 인용표시 및 자료의 출처가 표시되어 있지 않거나 정확하게 표시하지 못한 점에 대하여 머리 숙여 깊은 양해를 구하고자 한다.

이 책은 학부에서 교재로 사용할 수 있도록 저자들이 지난 몇 년간 대학에서 엔터테인먼트경영 전공, 예술경영전공, 언론미디어전공, 공연기획전공, 연예매니저전공에 따른 문화산업의 전반적인 강의경험을 토대로 요약, 정리하기 위해 최선을 다하였으나 저자들의 경험이 일천한 관계로 여러 가지 보이지 않는 오류가 있을 것으로 사료되나, 독자 여러분의 지도와 편달을 받아 수정, 보완해 나갈 것을 약속드리며 여러분의 많은 지도, 편달을 부탁드립니다.

특히, 이 책이 나오기까지 원고 검수를 도와 준 선후배님들에게 고마운 마음을 전합니다. 그리고 출판하는데 많은 힘이 되어주신 도서출판 현우사 임직원 여러분께 감사를 표한다.

꿈말 연구실에서

Cho · Choi · Seo

Contents 차례

Chapter 01

연예 매니지먼트 실무자의 경영관리 이해

제1절 경영학 기본이해

제2절 관리의 개념

제01절 경영학 기본이해

1. 경영의 정의

경영(management, administration)[1)]이란 기업뿐만 아니라 우리 생활에서 만나게 되는 모든 조직을 대상으로 지속적이고 합리적으로 조직을 다루는 과정이다.

조직의 목적을 달성하기 위해서는 계획을 세우고 업무를 분담하여 조직을 만들고 함께 일하는 사람들이 열심히 노력하도록 해야 한다. 또한 일이 진행되는 동안 확인하고 잘못된 방향으로 진행될 경우, 시정조치를 취하는 일련의 과정들을 반복하게 되는 과정이 필요하다.

이처럼 경영이란 인적 자원(human resources), 물적 자원(physical resources), 재무적 자원(financial resources), 정보 자원(information resources)을 이용한 경영활동 과정, 이를 효율적이고 유효하게 변환하는 과정, 그리고 구성된 경영자원을 최적으로 활용하여 조직 목표를 달성하는 과정으로 나눌 수 있다.

효율성(efficiency)이란 조직 목표를 달성하는 데 있어서 자원의 사용을 최소화하는 능력, 즉 '일을 바르게 함'을 의미한다. 효율성 개념은 '투입과 산출' 개념으로 설명될 수 있는데 효율성 있는 경영이란 바로 투입된 양(노동, 자본, 시간)에 비하여 조직목표 산출을 더 많이 이끌어내는 경영을 말한다. 성과에 비하여 투입한 비용이 크다면 효율적이지 못한 경영이라고 판단한다.

유효성(effectiveness)은 적절한 목적을 결정하는 능력, 즉 '올바른 일을 함'을 의미한다. 유효성 개념은 올바른 목표 선택과 관련됨을 의미한다. 유효성은 의도한 목

---

1) 경영한다는 것은 어느 경제단위를 그 설립목적에 부합하도록 의식적으로 계획 · 유도하고 지휘하는 것을 말한다. 예를 들면, 학교 · 병원 · 고아원 등과 같은 비영리적 경제단위나 영리적 경제단위인 주식회사를 경영한다는 것은 이들 경영체의 설립목적에 부응하도록 계획하고 낭비없이 밀고 갈다는 것을 말한다.

표를 양적, 질적으로 달성했는지 여부를 나타낼 때 사용한다. 유효성은 구체적으로 측정할 수 있는 목표의 완수 여부를 두고 산출(out put)측면에서 하는 표현이다.

최적화(optimization)란 경영자가 장기적인 안목으로 최선의 결과를 이끌어 낼 수 있도록 '개인으로서 달성할 수 없는 조직목표를 달성하기 위해 계획(planning), 조직화(organizing), 지휘(leading; doing), 통제(controlling)의 과정을 거쳐서 집단 속에서 함께 일하는 환경을 조성하고 유지, 발전해 나가는 순환 과정 이다.'라는 인식을 바탕으로 하고 있다. 경영과정을 도시화 하면 <그림 1-1>과 같다(김병윤 외, 1999: 21).

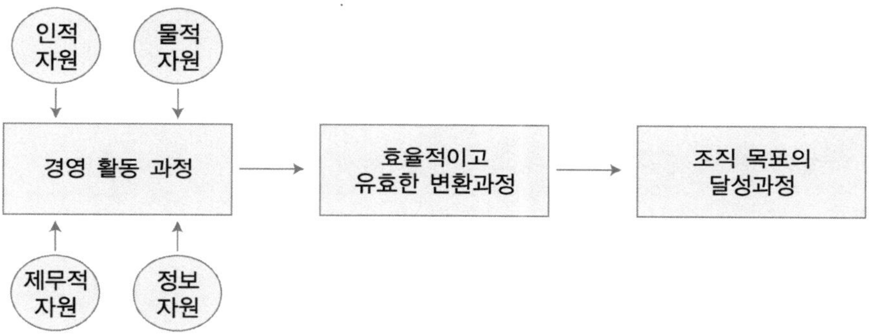

▌그림 1-1 경영과정의 세분화

2. 경영관리의 기능

경영관리는 조직구성원들이 설정한 조직의 목표를 달성하기 위하여 모든 자원을 사용하면서 구성원들의 노력을 계획, 조직화, 지휘, 통제하는 일련의 과정이다.

1) 계획

계획(planning)이란 미래의 활동에 관하여 현재에 의사결정을 하는 동태적 과정이라 할 수 있다. 즉, 경영자들은 어떤 방법, 계획 혹은 논리에 기초하여 조직의 목적을 분명히 하고 이들 목적을 달성하기 위한 전반적인 전략을 수립 제반활동을 통합하여 광범위한 계획으로 발전시키는 과정을 의미한다.

이러한 계획과정을 통하여 조직에 목표가 부여되고 목표달성을 위한 절차가 수립된다. 그러나 조직을 둘러싼 경영환경은 계획수립 당시에 예측한 것과는 전혀 다른 방향으로 전개될 수도 있기 때문에 계획은 미래의 예측하지 못한 환경 변화에 대응하기 위하여 유연성을 갖는 것이 무엇보다도 중요한다. 계획과정에는 다음의 다섯 가지 요소가 포함되어야 한다.

첫째, 기업목표 확정
둘째, 목표달성에 직, 간접적으로 영향을 미치는 기업 환경 파악
셋째, 목표달성을 위한 일련의 행동과정 선전
넷째, 계획을 실행에 옮기는 데 필요한 조치 시행
다섯째, 해당 계획의 기대성과에 대한 평가

2) 조직화

조직화(organizing)란 구성원이 조직 목표를 달성할 수 있도록 조직의 업무와 권한, 자료들을 배치하고 조정하는 기능이다. 예를 들면, 야구팀을 짤 때 각자의 특기에 맞추어 포지션과 타격 순서를 정하듯 조직 목표를 달성하기 위하여 어떤 과업이 수행되어야 하며, 누가 과업을 수행하고, 과업을 어떻게 집단화 하고, 누가 누구에게 보고하며, 조직의 어디에서 의사결정이 이루어져야 하는가 결정함을 주요 내용으로 한다.

계획화가 조직 목적을 설정하고 그것을 어떻게 달성한 것인가에 관련된 기능이라면, 조직화는 목적에 도달하기 위해 조직구조를 어떻게 설계할 것인가에 관련된 기능이다.

3) 지휘

지휘(leading; doing)는 조직구성원이 핵심적인 과업을 하도록 지시하고, 동기부여(motivation)[2]시키는 과정이다. 달리 표현하면 함께 일하는 사람들이 목표달성을

위해서 신바람이 나게 만드는 것이 지휘활동이다. 경영자는 지휘기능을 통하여 계획과 조직화 단계에서 구현된 미래를 추구하는 데 동참할 구성원들을 설득하려는 시도를 하고, 아울러 적절한 동기부여 설정을 통해 구성원들이 최선을 다하도록 유도한다.

4) 통제

모든 활동 가운데 계획한 일이 제대로 진행되는 경우는 지극히 예외적이다. 왜냐하면 주위 여건이 늘 변하기 때문에 처음 시작할 때 세운 목표와 현실과는 거리가 발생하기 때문이다.

통제(controlling)란 목표 달성을 위해서 상황을 평가하고 필요한 조치를 행하는 활동을 말한다. 이를 위해서 조직구성원들이 제시된 목표를 향해 어떻게 나아가는지에 대한 행동기준 마련, 행동의 측정, 행동과 기준과의 비교, 오차가 발생한 경우에는 조정과 통제 등을 통해 그 차이를 파악하는 기능이다. 통제에는 다음에 세 가지 절차가 포함된다.

첫째, 표준 설정
둘째, 측정된 성과와 표준 비교
셋째, 성공요인 재 강화와 실패요인 수정

이처럼 경영은 조직 목표를 달성하기 위한 활동이나 과정을 말한다. 경영관리기능이란 위에서 언급한 계획, 조직화, 지휘, 통제의 4가지 기능이 조직목표를 달성하기 위하여 수행되는 과정으로 아래와 같이 정리될 수 있다.

---

2) 허즈버그의 동기부여-위생이론(Herzberg's motivation-hygiene theory)또는 2요인 이론(영어 : two-factor theory)은 현실적인 기업의 관리에 있어서 어떠한 상황이 고차적인 욕구를 충족시킬 수 있는 동기(motivation)가 되는가를 탐구해야 한다. 프레데릭 허즈버그(Frederick Herzberg)가 제안한 것으로 이러한 것을 탐구하기 위한 유력한 학설이다.

3. 경영의 활동

경영의 사전적 의미는 어떤 방침 따위를 정하고 연구하여 일을 해 나감이라고 나열되어 있다. 그러면 방침들은 여러 가지 제약조건(예를 들면, 자본, 기술, 인적자원, 사회환경)하에서 이루어진다. 또 누구를 위하여 방침을 세우는가? 바로 기업, 공공기관, 지방자치단체, 국가 등 조직을 위하여 세우고 이런 조직들은 이윤의 추구와 공익의 실현이란 목표를 두고 일을 수행한다고 할 수 있다.

따라서 경영활동은 조직의 목표달성을 위하여 수행되는 모든 활동이나 과정을 의미하며 이러한 과정에서 수행되는 계획안을 수립하고 이를 실행하여 평가, 수정, 보완하는 모든 행위도 포함될 수 있다.

4. 경영학의 경향

경영학은 단적으로 합리적인 기업경영방법을 연구하는 학문이라고 할 수 있으며 사회과학의 한 분야로서 조직의 목표달성을 위하여 수행되는 모든 활동을 위한 조직체의 구조 및 행동원리를 연구하는 학문이라고 할 수 있다.

이러한 의미로 보면 경영학에는 일반조직체(기업, 관청, 학교, 교회, 노동조합, 군대 등)을 연구하는 넓은 의미의 경영학, 즉 일반경영학과 기업(企業)이라는 특정조직체인 생산조직체만을 연구하는 좁은 의미의 경영학, 즉 기업경영학이 있다.

경영학의 발전은 독일과 미국에서 비롯한다. 독일경영학은 상업학을 모체(母體)로 하여 이를 과학화하는 형태로 성립되었고 결국에는 경영경제학이 주류(主流)를 이루게 되었다. 경영경제학은 기업의 실체를 경영으로 파악하고 경영의 경제현상을 이론적으로 밝히는 일을 목표로 한다.

최근에는 미국경영학의 영향을 크게 받아 학문론(방법론)보다는 문제해결에 중심이 옮겨져 내용의 충실에 힘쓰는 경향이 많아졌다. 미국경영학은 경영관리의 기능을 예를 들면 계획, 조직, 통제와 같이 분석하고 각 기능을 유효하게 실천하기 위한 원리, 원칙이나 기법을 연구하는 것이다.

5. 경영학 연구방법 및 대상

경영학의 연구방법은 일반적인 방법과 특수적 연구방법으로 구분해 볼 수 있다. 일반적인 방법으로는 현실세계에서 어떤 사실(사건)을 연구하기 위하여 이러한 사실들에서 일반적인 원리나 법칙을 도출(귀납)하여 사실 간의 관계를 설명하고 이러한 일반적 명제로부터 특수한 법칙이나 개별명제를 도출하여(연역적 방법) 현실세계에 대한 예측을 수행하며 이 예측결과들을 다시 현실세계에서 검증하는 단계로 이루어진다.

특수한 방법으로서는 실패하거나 성공한 개별기업이나 조직체의 사례를 통해 시사점을 도출하는 사례연구방법이 있고, 현실과 유사한 상황으로 한 통제실험을 통해 그 결과를 알아보는 실험방법이 있다.

경영학은 기업이라는 영리조직과 교회, 병원, 군대 등과 같은 비영리조직을 연구대상으로 삼고 있지만 연구대상으로의 초점은 개별경제단위체인 기업에 있다. 연구대상으로서의 기업경영활동은 기본적으로 생산, 마케팅(판매), 재무, 인사의 4대 활동으로 이루어진다. 이러한 4대 활동은 기업경영의 중심활동으로서 보다 합리적이고 효율적으로 이루어져야 한다. 이러한 기업경영 4대 활동은 경영학의 연구대상으로서 중요한 위치를 차지하고 있다.

더 세부적으로 기업경영의 의미를 확장하면 기업경영은 기업목표의 능률적이고 효과적인 달성을 위해 여러 가지 활동을 계획, 조직, 지휘하고 통제하는 관리과정이라고 정의되고 이러한 정의 속에는 기업목표와 기업목표 달성방식 및 관리과정이 그 공통된 내용으로 내재되고 있다. 이러한 기업경영의 영역은 <그림 1-2>과 같이 요약할 수 있다(신건권 외, 2002: p8~9).

<그림 1-2>에서 기업은 내부, 외부환경으로부터 자원을 투입하여 경영활동을 거쳐 경영성과를 만들어내는 과정을 나타낸 것이다. 투입물에는 자금, 노동력, 물자, 설비, 정보, 지식, 기술, 전략 등이 포함되며, 경영활동과정에는 기업활동과 관리과정으로 구성되어 있다.

기업활동 중에서 생산, 마케팅활동은 기업의 주된 활동영역이며 자금조달과 투자활동, 인적 자원의 확보와 관리, 경영정보의 수집, 회계정보활동 등이 기업활동의

범주에 속해 있고 관리과정은 계획, 조직, 지휘, 통제가 속한다.

경영성과는 양질의 제품생산과 서비스공급에 의한 고객만족, 소유주 · 조직구성원 등의 이해관계자에 대한 적절한 보상 제공, 사회적 책임 수행 등으로 산출된다.

투입	관리대상 (경영자원)	노동력, 자본, 물자, 정보, 설미, 기술, 지식, 전략
	↓	
변환과정 (경영활동)	기업활동	- 생산활동 - 마케팅활동 - 재무활동 - 인사활동 - 정보활동 - 회계활동
	+	
	관리과정	- 계획 - 조직 - 지휘 - 통제
	=	
	기업경영	- 생산관리 - 마케팅관리 - 재무관리 - 인적자원관리 - 경영정보관리 - 회계관리
	↓	
산출	경영성과 (관리성과)	- 제품 및 품질에 대한 고객만족 - 소유주 및 조직구성원 만족 - 사회적 책임 수행

출처 : 조인희, 김희철, 「현대경영학입문」, 2006.

▌그림 1-2 기업경영의 영역

6. 경영의 지도원리

경영의 지도원리라 함은 경영활동의 목적을 달성하기 위한 하나의 지침이라고 할 수 있다. 기업의 본질적인 목적이 이윤추구에 있기 때문에 영리성 원칙이 근본이 되며, 생산성 · 경제성으로 표현할 수 있다.

1) 수익성의 원칙

수익성의 원칙은 보다 많은 이윤추구를 목적으로 하기 때문에 경영을 합리화 하려는 동기를 부여하고 기업의 성장이 가능해진다는 장점을 가지고 있지만, 기업환경으로 인한 환경을 무시하거나 지역사회와의 이해관계를 고려해야 한다는 제약성도 따르게 된다. 수익성의 원칙은 투입된 자본에 대해 창출된 이익과의 관계를 의미하고, 이 투입자본에 비하여 이익이 크면 클수록 좋다는 이윤극대화의 원칙과 직결된다. 따라서 다음과 같이 나타낼 수 있다.

2) 생산성의 원칙

생산성이라는 것은 생산의 효율을 나타내는 지표이다. 일정한 상품(財貨)량의 생산과 하나 또는 그 이상의 투입 요소량과의 비를 의미하므로 산출물을 생산요소로 나눈 몫으로 정의되는데, 다음의 식으로 표시할 수 있다.

$$\text{수익성} = \frac{\text{성과} - \text{희생}}{\text{자본}} = \frac{\text{이익} - \text{비용}}{\text{자본}} = \frac{\text{순이익}}{\text{자본}}$$

경제성이나 수익성은 이익을 중시한 개념이기 때문에 영리를 목적으로 하지 않는 비영리조직이나 사회적 책임문제를 고려할 때 일반적 지도 원리로 부적당할 수 있지만, 최근에는 품질과 부가가치의 중요성이 커지면서 생산성을 지도 원리의 근본으로 많이 사용하고 있다. 따라서 생산성은 곧 경영합리화의 척도이면서 생산성 향상으로 얻은 성과를 사회에 환원시킬 수 있는 기준이 되기도 한다.

투입량은 생산과정에서 투입되는 설비 · 자연자원 · 에너지 · 노동력 등이 될 수 있으며, 이 투입량이 무엇인가에 따라서 노동생산성(생산량/노동자수), 자본생산성,

토지생산성, 설비생산성 등으로 정의된다. 따라서 생산성의 원칙은 최소의 비용으로 적정한 이윤을 추구하는 원칙이다.

$$수익성 = \frac{산출}{투입} = \frac{급부}{비용}$$

3) 경제성의 원칙

최소의 희생과 비용으로 최대의 성과나 수익을 달성하려는 원칙으로서 경영활동이 경제적으로 수행하는지의 여부를 판단할 수 있는 원칙이다. 따라서 다음과 같은 식으로 표시할 수 있다.

$$경제성 = \frac{성과}{희생} = \frac{수익}{비용}$$

제02절 관리의 개념

1. 관리의 의의 및 관리적 행위

관리(Management)란 라틴어 "Manus(손)"의 어원에서 유래된 것으로서 어떠한 일은 잘 되어가게끔 제어한다는 의미를 가진다. 또한 각종 사전에서 '관리'란 낱말의 풀이에는 조종, 운영, 처리, 지배, 경영 등의 뜻을 가지는 것으로도 해석된다.

드러커(P.F. Drucker)[3]에 의하면 'Management'란 미국식 영어의 특유한 개념으로서 영국식으로는 번역이 불가능하다고 한다. 미국인이 관용적으로 사용하는 'Management'의 개념은 기업의 'Management' 즉 관리를 의미하는 것이라고 한다.[4] 이러한 시각에서 볼 때 관리란 관리자의 의향에 따라 불확실한 환경 속에서 조직의 이익획득이라는 목적을 달성하기 위하여 조직구성원을 관리하며, 조직을 운영하는 것이라고 할 수 있다. 이때 관리를 행하는 관리자는 관리책임과 함께 그에 상응한 위험을 동반하게 될 것이다.

관리의 본질은 "행하는 것"으로서 관리적인 운영이 행해질 경우 관리자가 행하는 일이라고 할 수 있다. 이때 관리자의 일이란 조직이 필요로 하는 과제의 해결이며, 또한 관리자가 부하를 이끄는 행위인 것이다. 이상의 논의를 통해 관리란 다음의 행위를 포함한다고 할 수 있다.

① 인위적과 목적적으로 형성된 조직의 구성원이 협동하여 목적을 달성하기 위한 행위

---

3) 오스트리아 태생으로 미국의 경영자문가 & 교육자 & 작가. 드러커는 프랑크푸르트대학에서 법학박사학위를 받았으며 그 후 독일에서 기자로 활동하다가 히틀러가 집권하자 1922년 영국으로 피신했다. 1937년까지 영국에서 일하다가 미국으로 건너가 그곳에서 영업 중인 영국계 은행의 고문으로 일했다. 또한 몇몇 영국계 신문의 외국 특파원으로 활동했다. 미국 시민으로 귀화한 그는 1950~1972년까지 뉴욕대학교에서 경영학교수로 재작했고, 경영학 교육 발전에 크게 공헌했다.

4) P.F. Drucker. *The Practice of Management*, New Your : Harper & Row Publishers, 1954.

② 조직의 목적달성을 위하여 조직과 각종 자원(노동력, 기자재, 에너지, 자금, 정보 등)의 관계를 확립시켜 구성원이 협동하여 직무를 수행할 수 있게 하는 행위
③ 목적을 달성하기 위하여 관리자가 각종 어려운 문제를 해결하고, 부하가 수행하는 직무를 최적화할 수 있도록 이끄는 행위

이러한 관리적 행위를 요약하면 관리란 "인위적 · 목적적으로 형성된 조직에 있어서 보다 능동적으로 조직 구성원이 협동하여 해당 직무를 수행할 수 있는 상황을 만들고 또한 직무(일)을 최적화할 수 있도록 이끄는 행위"라고 할 수 있을 것이다.

▌표 1-1 'Management'의 유사개념으로서 Control, Administration, Operation

구분	개념
Control	주체성을 갖지 않은 피 관리자 또는 물건을 관리자의 뜻대로 관리, 통제하는 것
Administration	피 관리자의 이익을 목표로 하여 관리, 집행하는 것
Operation	피 관리자를 대상으로 관리, 조종하는 것

2. 관리의 기능

관리는 다음의 3가지 세부적 기능을 포함하며, 이들 기능들이 일체화된 상태를 지향한다.

- **계획기능** : 부하에게 계획을 부여하는 기능
- **조직화기능** : 자원의 확보와 그 효과적 배치 및 부하에의 권한위양/책임부여 등 일의 틀을 만드는 활동
- **통제기능** : 현실의 활동을 계획과 일치시키기 위해 조정 통제하며, 실적을 파악, 분석, 평가하며, 다음의 계획으로 피드백 하는 기능

<그림 1-3>에 나타난 바와 같은 다양한 기능을 수행하는 관리자는 조직의 리더로서 관리자로서 발휘하는 기능이나 역할을 리더십이라고 한다.

행동과학이론[5]에 의하며 리더십은 전제형, 민주형, 자유방임형으로 유형화할 수

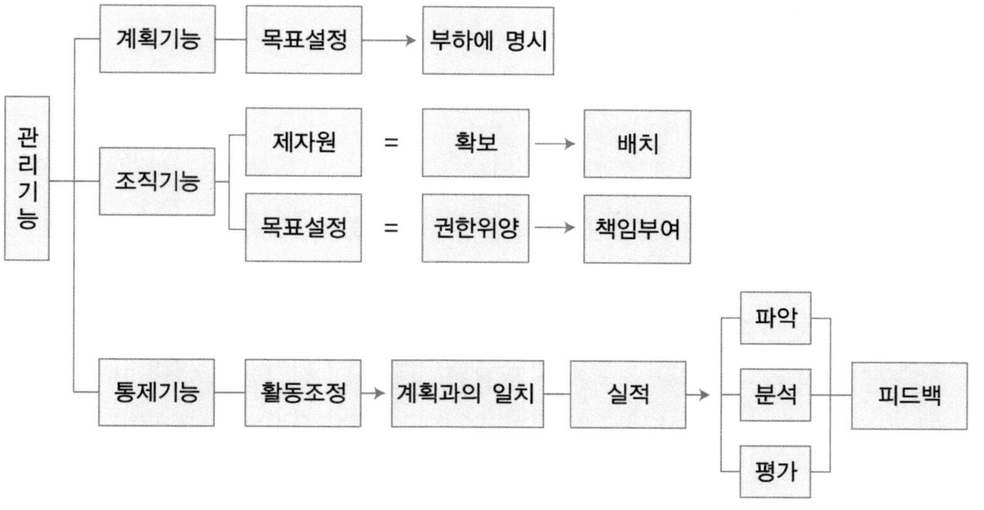

▌그림 1-3 관리의 기능

있으며, 이중에서 민주형의 리더십이 가장 바람직하다고 한다. 그러나 이후 많은 연구자들에 의하면 민주형 리더십이 항상 좋은 것만은 아니라는 주장도 계속되고 있다. 일반적인 경우 관리자의 리더십은 다음과 같은 기능을 하게 된다.

① 조직구성원에게 인센티브를 부여한다.
② 부하의 직무수행 능력을 유지 · 향상시키기 위해 노력한다.
③ 직무수행의 틀 내지 문화를 만든다.
④ 조직을 대표한다.
⑤ 상위조직과 커뮤니케이션을 도모한다.

이들을 종합하면 관리자는 상황에 대처해 나가는 가운데 주어진 실행수단을 이용하여 목표를 달성하고자 노력한다. 이러한 실행노력에는 항상 위험이 따르게 되는데, 위험의 회피 내지 극복이 관리적 행위의 평가와 연결되어진다.

---

5) 행동과학(行動科學, behavioral science)이란 사회 및 조직을 관리하는 기술을 개발하기 위해, 인간 행동을 체계적으로 구명하여 일반 법칙으로 정립하는 학문이다. 행동과학은 심리학, 사회학, 인류학, 생리학, 정신 생물학, 경제학 등 여러가지 학문과 관련있는 복합 응용 학문으로, 비교적 역사가 짧은 편이다.

3. 관리적 리더

달성해야 하는 목표는 정해지지만 달성과정상의 실행수단의 선택이나 위험의 회피는 관리자의 재량에 맡겨지게 된다. 즉 최소한의 손실과 최대한의 이익을 실현하는 것이야말로 관리자의 역량인 것이다. 개인사기업체제에서는 권한을 고도로 집권화한 최고경영자가 직접적인 지배나 지휘를 하는, 즉 개별적 문제까지도 직접 명령, 조정하게 되는 경우가 많은데, 이는 직접적, 개별적 리더라고 할 수 있다.

간접적인 리더는 최고경영자의 의지를 정확하게 전달받고 이에 따른 행동을 전개하게 된다. 이러한 과정상에 커뮤니케이션의 다양한 문제와 아울러 간접적 리더 자체의 문제가 나타나게 되고, 이를 보완하기 위하여 관리적 리더가 요구되는 것이다.

관리적 리더가 탄생되기 위해서는 권한위양을 맡은 하위자가 자발적이고 의욕적으로 직무를 수행해야 하는 것이다.

표 1-2 직접적 · 개별적 리더와 관리적 리더의 차이 비교

구분	직접적 · 개별적 리더	관리적 리더
계획기능	없음	활동목표를 설정하여 부하에게 명시
조직기능	없음	직무수행의 틀을 만들어 부하에게 명시
지휘기능	직접적 · 개별적으로 행사	간접적, 포괄적으로 행사
조정기능	직접적 · 개별적으로 행사	간접적, 포괄적으로 행사
통제기능	없음	부하의 직무수행 결과를 파악, 분석, 평가
리더의 권한	고도로 집권화	부하에게 위양
리더의 행동	진두지휘	부하에게 활동을 시킨다.
리더의 일(직무)	리더로서 할 수 있는 일을 스스로 분담	관리기능에 전념
리더의 추진력	리더 개인의 권력	조직구성원이 협동하여 수행하려는 의욕
부하의 태도	스스로 판단하지 않고 리더에 순종하여 행동	독창적인 사고태도와 일에 대한 의욕고취

4. 관리와 조직문화

한 국가 내에 존재하는 기업의 관리방식은 해당 기업이 속한 국가의 문화적 조건과 매우 밀접한 관계를 갖게 되는데 사회적 가치관, 전통, 습관 등의 문화요소에 영향을 받게 된다. 1960년대의 매니지먼트 붐은 각국의 사회적인 전통을 촉진시켰는데 미국에서는 적대관계, 유럽에서는 중상주의, 일본에서는 집-가족, 영국에서는 그룹 등의 전통을 중시하는 계기가 되었던 것이다.

지금까지 우리 기업에게 상당한 영향을 미치고 있는 일본의 경우, 근대적 관리개념은 미국에서 도입하여 경영혁신을 이루는 가운데 기업의 성장은 법인자본주의, 회사본위주의, 인본주의, 종업원주권기업 등으로 표현되는 독특한 경영사상을 만들었던 것이다. 미국은 계약적인 적대관계를 바탕으로 관리위탁계약제도 등을 탄생시켰던 것이다.

이처럼 관리는 사회적인 전통이나 국민성의 영향을 직접적으로 받게 되며, 관리적 사고가 강할수록 해당기업의 조직문화는 그 국가의 사회적 전통의 영향을 강하게 받게 된다. 기업의 조직문화는 기업문화, 조직풍토, 사풍 등으로도 불리며, 이는 대부분의 조직구성원이 공유하는 사고체계 및 상식에 의해 만들어진다.

Chapter 02

연예 매니지먼트의 개념 및 정의

제01절 엔터테인먼트의 개념 정의

1. 엔터테인먼트의 본질

연예(Entertainment)라는 단어를 사전에서 찾아보면 몇 개의 뜻 중에 오락이라는 뜻이 다가온다. 우리가 알다시피 오락은 단순히 게임만을 말하고 있는 것이 아니라 오락은 여러 가지 콘텐츠를 통해서 인간이 재미있게 즐길 수 있는 모든 것을 말한다. 따라서 엔터테인먼트 산업은 무척 광범위하다. 영화, TV, 대중음악, 스포츠, 놀이공원, 라디오, 카지노, 잡지, 신문, 책, 어린이용 또는 성인용 장난감, 기타 등등이 엔터테인먼트 산업의 주요 무대들이고 또한 상품이 된다.[1)]

연예(Entertainment)에 대하여 최초로 정당화하려는 노력은 『호모 루덴스』를 저술한 J. 호이징가(Jphan Huizinga:1872-1945)[2)]이다. 호이징가는 엔터테인먼트(Entertainment)의 근원은 놀이라고 칭하고, 종교와 학문, 예술과 문화 등은 원래부터 놀이 속에서 생겨난 것으로, 놀이는 자유로운 창조의 발로라고 주장하였다. 또한 그의 이론을 더욱 발전시킨 것은 사회학, 종교학 등, 다양한 분야에서 활동한 프랑

1) 이기문(1999), 「오락의 경제」, 리치북스, P21.

2) 1872. 12. 7 네덜란드 그로닝겐 ~ 1945. 2. 1 데스테그. 네덜란드의 역사가. 그의 저서 "중세의 가을 Herfsttij der middeleeuwen(1919)"은 국제적으로 인정받았다. 그로닝겐 · 라이프치히대학에서 공부. 하를렘에서 역사를 가르치고 암스테르담대학교에서 인도문학을 강의했으며 1905~15년 그로닝겐 대학에서 역사교수로 일한 뒤, 1942년까지 레이덴에서 역사교수로 재직했다. 그해 나치에게 인질로 잡혀 죽을 때까지 투옥과 다름없는 억류상태에서 지냈다. 그의 초기 작품들은 인도의 문학과 문화를 다루고 있지만 그에게 명성을 가져다준 저서는 14~15세기 프랑스 · 네덜란드의 생활과 사상을 검토한 중세의 가을 이었다. 생생하고 잘 짜인 양식을 보여주는 이 저서는 역사서일 뿐만 아니라 문학작품이라고 할 만하다. 16세기의 핵심적인 지식인의 모습을 공감적으로 연구한 "에라스무스 Erasmus(1924)"도 마찬가지이다. 그밖의 주요저서로는 '우리 시대의 정신적인 난맥상'을 진단한 "내일의 그림자 In de schaduwen van Morgen(1935)"와 문화 속의 유희를 연구한 "호모 루덴스 Homo Ludens(1938)" 등이 있다.

스의 로제 카이요와(Roger Caillois 1913-1978)이다. 그는 놀이라고 하는 것을 '어떤 것도 만들어내지 않는 비생산적인 활동[3]'이라고 규정하였다. 오락이 우리에게 제공하는 것은 심리적인 만족감에 지나지 않기 때문이다. 로제 카이요와가 말한 것처럼, 인간이 즐기는 놀이(오락)는 물질적 이익과 연결되지 않는 비생산적인 활동이며, 그런 의미에서 무용지물인 것이다. 따라서 엔터테인먼트는 우리의 일상생활에 있어서 반드시 필요한 필수품은 아니라고 할 수 있다.

일반적으로 어떤 특정적인 것에 대한 판단을 내릴 때, 본질기능인 1차 기능은 정량적으로 측정할 수 있어 「좋다 ↔ 나쁘다」라는 비교 우위관계가 간단하게 성립된다. 공업제품, 즉 하드웨어는 좋고 나쁜 것이라는 비교가 가능한 상품인 것이다. 그러나 브랜드 이미지를 나타내는 2차 기능은 수치로 전환하기가 매우 어렵다. 디자인과 브랜드 이미지는 소비자 개인의 취향에 따라 평가가 제각기 다르기 때문에 객관적인 비교를 할 수 없다.

따라서 2차 기능은, 즉 「좋다 ↔ 싫다」로 표현되는 것이다. 연예(Entertainment)상품은 1차 기능을 갖지 않고, 2차 기능만을 가지는 상품이다. 따라서 사람의 개인적인 취향을 절대적인 척도로 측정하는 것은 부적절하다.

그렇기 때문에 엔터테인먼트는 소비자들의 평가척도가 다르기 때문에, 결과적으로 비즈니스의 전개 방법도 다르게 된다. 시장에서는 가격이 높고 성능이 뒤처지는 제품은 당연히 팔리지 않는다. 우열을 가른다는 것은 지극히 일반적인 경쟁의 법칙을 따르기 때문에 좋은 것은 살아남고 나쁜 것은 사라질 수밖에 없는 것이다.

그러나 성능이 떨어지는 대신 가격을 낮추면 팔릴 수도 있다. 성능이 떨어진다고 하여도 유용성은 남아있기 때문이다. 예를 들면, 현재 컴퓨터의 성능은 경이적일 정도로 진화하고 있다. 3개월 전에 발매된 컴퓨터가 짧은 시간 안에 구식모델이 되는 시대이다. 그러나 구식모델이라고 하여도 초보자용 컴퓨터 정도로 가격을 낮추면 시장성이 생기게 되는 것이다. 성능에 맞는 가격을 책정한다면 팔릴 수도 있다는 이야기이다.

그러나 엔터테인먼트 상품은 그렇지 못하다. 유행이 지나간 음악CD나 캐릭터 상품은 공짜라도 쓸모가 없다. 사용할 용도가 전혀 없기 때문에 낡은 캐릭터 상품

3) 로제 카이요와 저, 多田道太郎 역, 『遊びと人間』講談社 學術文庫, 1990년 文庫版에서

은 갖고 있는 것조차 짐이 될 수 있다. 필수품의 세계에서는 가격설정과 성능설계가 빗나가지만 않는다면 판매예측이 크게 벗어나는 예는 그다지 많지 않을 것이다. 사회가 요구하는 사용가치에는 한도가 확실하기 때문에 비교적 예측하기 가능하기 때문이다.

그러나 엔터테인먼트 상품은 사전의 체계적이고 구체적인 판매예측에도 불구하고 예상을 빗나가는 케이스가 많다. 실수요라는 것이 없기 때문에 인기를 놓치게 되면 사업적으로 큰 타격을 입는 경향이 있다. 엔터테인먼트의 콘텐츠라는 것은 가격을 낮춘다고 해서 팔릴 수 있는 것도 아니기 때문에 실패하게 되면 혹독한 결과를 맞게 되는 것이다. 특히 새로운 장르를 개척한 결과물을 세상에 내놓는 경우는 그 파장이 더욱 커서 그 사업성과가 All or Nothing 이 될 수밖에 없는 상황이다. 엔터테인먼트에는 성공과 실패의 격차가 매우 크고 도박의 요소가 강하다는 이유가 바로 이러한 본질에서 알 수 있다.

또 하나, 엔터테인먼트의 매니지먼트를 생각할 때 중요한 포인트가 있다. 그것은 「좋다 ↔ 나쁘다」의 평가에 있어서 「기존의 경험이 모든 것을 말하는 세계」이나, 「좋다 ↔ 싫다」의 평가에서는 「기존의 경험이 오히려 방해를 하는 세계」라는 구조이다. 자동차의 개량에는 숙련된 전문가의 지혜가 필요하다. 그러나 새로운 유행을 주도하는 엔터테인먼트의 개발에 있어서는, 숙련된 전문가들이 참여하는 것은, 이미 지적한 바와 같이 오히려 상당한 해를 끼친다고 볼 수 있다. 이러한 점들은 물론 엔터테인먼트의 평가척도가「좋다 ↔ 싫다」로서, 하드웨어의 평가척도인「좋다 ↔ 나쁘다」와는 다르기 때문인 것이다.

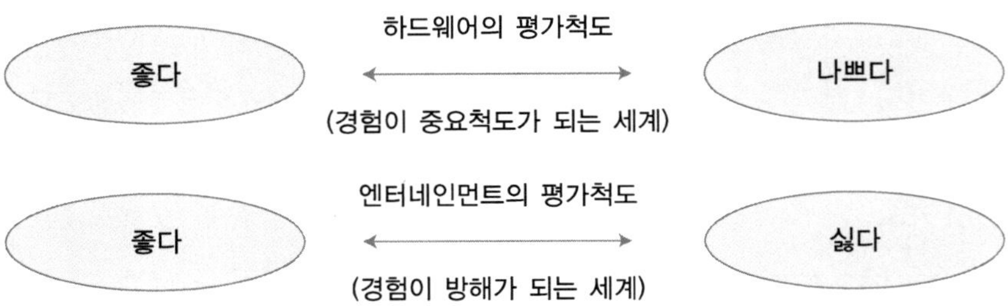

그림 2-1 하드웨어와 엔터테인먼트의 평가척도

2. 유행의 본질 = 신기함과 연대감

R. 카이요와는 놀이에 대해서 분석하면서, 그 본질은 규범 속의 자유이자 창의이며, 놀이를 할 때마다 무언가가 나올지 모르기 때문에 사람들은 즐거움을 더욱 느낀다고 하였다. 창의라는 것은 새로운 착상이며, 이것이 오락의 본질적인 요소이기도 하다. 동시에 R. 카이요와는 규범 속에서라는 한정을 두고 새로운 착상이라는 것을 생각하고 있다. 규범이 없는, 즉 약속이 없는 착상은 즐겁지않다.

관중은 과거부터 이어져온 암묵의 양해사항을 감각적으로 소유하고 있다. 암묵의 양해사항에서 일탈한 매우 새롭고 신기한 것을 보게 되면 당황하게 된다. 사람들은 양해된 룰 위에 새로운 창의를 원하고 있기 때문에 한계범위를 넘어선 일탈놀이는 공감을 얻을 수가 없다. 이렇게 일정의 틀 속의 창의를 오락의 신기성이라고 부른다.

일본 최고의 코미디 전문 연예기획사인 요시모토흥업(吉本興業) 사장은「코미디는 그것을 공연하는 시대 상황에 상당히 민감합니다.…(중략)…특히 실제 공연의 코미디(무대)는 항상 시기적절한 것이 아니면 먹히지 않습니다」, 또한「너무나도 앞을 달려 서도 관객은 받아들여주지 않습니다」[4] 라고 하였다.

그는 시대를 조금 리드하는 것이 비결이라고 했다. 소니 컴퓨터 엔터테인먼트(SCE)의 사이토 아끼라(佐藤明)사장은, 인터뷰에서 「사용자로부터 반보 앞, 또는 한보 앞」을 계속해서 리드해 나가는 것이 게임 비즈니스에서 무엇보다도 중요하다고 답했다. 따라서 오락의 신기성이라는 것은 너무 튀지 않는 범위의 신기성을 말하는 것이다.

또 한 가지 놀이에는 중요한 요소가 있다. 바로 연대감이다. 노래는 세상의 흐름과 밀접한 관계에 있다. 각각의 시대에는 그 시대를 상징하는 유행가가 있게 마련이다. 기억을 더듬어 보면 유행가수 뿐만이 아니라 시대를 상징하는 연예인이나 탤런트를 떠올릴 수 있다. 마찬가지로 시대를 상징하는 상품에서도 유행의 성쇠, 기복을 발견할 수 있다. 그렇다면 유행이라는 것은 과연 무엇일까.

R. 카이요와는 놀이가 갖는 사회성에 대해서도 분석하고 있다. 그에 의하면 놀이라는 것은 같은 부류의 친구를 만들거나, 상대방과 경쟁하고 싶어 하는 것이라고

---

4) 中屯秀雄『「笑賣」心得帖』東洋經濟新報社, 1992년, p.27.

하였다.「일반적으로 놀이를 하면서 정말로 만족한 기분을 맛보는 것은, 그 놀이가 주위사람들을 끌어들여 반향을 일으켰을 때뿐이다」[5].

엄밀하게 말하자면, 개인이 혼자서 즐길 수 있는 놀이는 많지 않다. 혼자서 즐기는 것이라도 곧 다른 사람에게 보이고 싶어 하게 되고, 경기나 콘테스트에 나가고 싶어 하게 된다. R. 카이요와는 놀이는 공감을 얻어서 주목해 줄 관중의 존재가 필요하며, 어떠한 범주의 놀이도 예외는 없다고 주장하고 있다.

요즘 우리나라의 코미디 프로그램에서도 관객을 스튜디오에 초대한 관객참가형식으로 제작하는 경향이 많은데, 직접 제작하는 담당 프로듀서의 말을 빌리자면, 그렇게 하지 않으면 재미가 없다는 것이다. 놀이는 실제 고독한 것이 아니고, 함께 즐기는 친구를 필요로 한다.

아브라함 매슬로(Abraham H. Maslow)[6]의 유명한 가설, 욕구계층설에 의하면 인간의 욕구는 자기실현욕구, 존엄욕구, 귀속(애정)욕구, 안전욕구, 생리적 욕구의 다섯 가지로 계층화 되어 있다. 생리적 욕구를 제외하면, 모든 욕구는 사회와의 관계에 의해서 달성되는 욕구이다. R. 카이요와는 식사도 잊고 춤을 추는 사람들을 예를 들어서, 놀이는 때로 생리적인 욕구까지도 잊어버리게 한다고 말했다.

어쨌든 놀이가 인간의 가장 기본적인 욕구라고 한다면, 놀이의 사회성은 실로 인간 욕구의 본연자세, 그 자체를 나타내고 있는 것이다. 오락이 기본적으로 갖고 있는 하나의 성질은 공감과 연대이다. 이 성질 때문에 오락은 사람들 사이에 전달되고, 유행을 이루며 붐이 조성되고, 종식된다.

---

5) R. 카이요와, 前揭書, p.82～83.

6) 인간의 욕구는 타고난 것이며 욕구를 강도와 중요성에 따라 5단계로 분류한 아브라함 매슬로(Abraham H. Maslow)의 이론이다. 하위단계에서 상위단계로 계층적으로 배열되어 하위단계의 욕구가 충족되어야 그 다음 단계의 욕구가 발생한다. 욕구는 행동을 일으키는 동기요인이며, 인간의 욕구는 낮은 단계에서부터 그 충족도에 따라 높은 단계로 성장해 간다. 이것이 욕구 5단계설이다. 1단계 욕구는 생리적 욕구로 먹고 자는 등 최하위 단계의 욕구이다. 2단계 욕구는 안전에 대한 욕구로 추위 · 질병 · 위험 등으로부터 자신을 보호하는 욕구이다. 3단계 욕구는 애정과 소속에 대한 욕구로 어떤 단체에 소속되어 애정을 주고받는 욕구이다. 4단계 욕구는 자기존중의 욕구로 소속단체의 구성원으로 명예나 권력을 누리려는 욕구이다. 5단계 욕구는 자아실현의 욕구로 자신의 재능과 잠재력을 발휘해 자기가 이룰 수 있는 모든 것을 성취하려는 최고수준의 욕구이다.

3. 엔터테인먼트의 범위

1) 해롤드 보겔(Harold Vogle)의 분류

매년 미국인들은 적어도 1,200억 시간과 2,000억 달러 이상을 합법적인 다양한 형태의 엔터테인먼트에 쓰고 있는 것으로 파악된다. 또한 세계적으로는 약 5,000억 달러가 소비자들의 주머니에서 엔터테인먼트로 지출되는 것으로 추산된다.[7] 이러한 사실을 바탕으로, 과연 엔터테인먼트란 무엇인가, 어떤 이유로 엔터테인먼트에 이러한 전폭적인 관심과 지출이 따르는 것일까, 다양한 분야의 엔터테인먼트가 공통적으로 갖는 성질은 무엇일까를 생각해 볼 수 있다.

『엔터테인먼트 산업의 경제학』에서 Vogel(1999)은, 즐거운 기분전환 상태를 자극하거나, 촉진하거나, 또는 만들어 내는 어떤 것이라도 엔터테인먼트라 부를 수 있다고 말하고 있다. 이처럼 엔터테인먼트라는 것이 실제로 많은 사람들에게 너무나 많은 것을 의미하기 때문에 보다 분명한 경계가 요구된다.

여기서는 엔터테인먼트 매니지먼트 특성을 살펴보는데 그 목적이 있으므로, 산업분류와 범위 등에 대한 논의는 최소한으로 그치고자 한다. 다만, 엔터테인먼트의 개념 정의를 분명히 할 필요가 있기 때문에 Vogel(1999)이 엔터테인먼트 산업으로 명백히 설정한 업종들을 중심으로 그 범위를 가늠해보고자 한다.

엔터테인먼트산업의 범위나 분류에 관하여는 나라마다 문화적입장과 산업발달 정도가 다르고 관점과 사용목적에 따라 표현방식이 다양하기 때문에 정형화된 기준으로 규정짓기가 매우 어려운 실정이다. 더욱이 엔터테인먼트적 요소가 사회와 경제의 모든 부분에 중요한 역할로 부상하고 있고 디지털 컨버전스의 발전은 엔터테인먼트산업에 있어 범위와 융 · 복합화를 지속적으로 증대 변화시키고 있다.

해롤드 보겔은 '엔터테인먼트산업의 경제학'에서 체험형과 미디어의존형 엔터테인먼트로 구분하고 투자와 비즈니스의 지침으로 활용되고 있다.<표 2-1참조>

미디어 의존형 엔터테인먼트(Media-dependent Entertainment)에는 영화, 음악, 방송등과 같이 주로 영상관련 미디어 업종이 포함되며, 체험형 엔터테인먼트(Live

7) Vogel, Harlod L. *Entertainment Industry Economics*, Cambridge University, 1999년, P.X VII.

▌표 2-1 엔터테인먼트산업 범위

대상		내용
미디어 의존형 엔터테인먼트	영화	영화제작, 배급, 상영, 마케팅, 홈비디오 등
	음악	비즈니스작곡, 음악 출판, 매니지먼트, 로열티, 콘서트, 음반제작
	방송	프로그램 제작 및 배급
	케이블	방송운영(SO), 유로방송(PPV)
	완구와 게임	캐릭터, 게임콘텐츠
라이브 엔터테인먼트	도박	슬럿머신, 카지노 경영
	스포츠	방송사업자와의 협력사업(상송중계권)
	공연예술	상업연극, 오케스트라, 오페라, 댄스 등유원지/테마파크

자료 : Vogel(1999), *Entertainment Industry Economics*, Cambridge University.

Entertainment)는 장소를 매개로 방문하여 엔터테인먼트를 즐기는 업종들이 포함되고 있는데, 테마파크, 스포츠 등이 큰 비중을 차지하는 점이 우리나라의 분류방식과 두드러지게 다른 점이라 할 수 있다.

또 다른 분류지침으로서의 프라이스 워터하우스쿠퍼스社 발표하는 '세계 엔터테인먼트와 미디어전망'의 분류방식을 일반적으로 엔터테인먼트 산업으로 생각하고 있으며, 보겔의 분류가 대부분에 포함되어 있는 외에 각종 광고 산업과 테마파크, 놀이동산, 카지노와 게임, 스포츠산업 등을 망라하고 있다.

Vogel(1999)은, 엔터테인먼트 산업을 크게, 미디어 의존형과 라이브형으로 나누고 있다. 세부적으로는, 미디어 의존형 엔터테인먼트에 영화, 음악, 방송 등, 주로 영상과 관련된 미디어 업종들을 포함하고, 라이브 엔터테인먼트에는 매체와 같은 도구를 필요로 하지 않지만, 장소를 매개로 방문하여 즐기는 업종의 엔터테인먼트를 포함시켰다.

우리나라에서는 공식적으로 엔터테인먼트분야를 하나의 별개 산업으로 묶거나 분류하려는 시도는 아직 이뤄지지 않고 있다. 다만, Vogel(1999)이 분류한 엔터테인먼트 산업의 범위에 속한 업종들은 최근 들어 통계청이 제시한 특수목적 분류로 정한 문화산업범위에 많이 포함되어 있다.

가령 「문화산업진흥기본법」에 열거된 문화산업의 업종으로는 영화와 관련된 산업; 음반, 비디오물, 게임물과 관련된 산업; 출판, 인쇄물, 정기간행물과 관련된 산업; 방송영상물과 관련된 산업; 광고, 공연, 미술품, 공예품, 패션디자인, 전통의상, 전통식품 등으로 제시되어 있다. 그 중에서 소비자의 입장에서 엔터테인먼트라고 인정되는 여가와 오락, 문화 활동의 주를 이루는 영상과 관련된 영화, 음악, 방송 등을 중심으로 그 특성을 살펴가도록 하겠다.

또한, 매니지먼트의 개념으로는 엔터테인먼트의 기획 입안에서 자금조달, 추진관리, 권리관리까지 엔터테인먼트에 걸친 제반사항을 운영하는 중심적인 역할을 말한다. 특히, 우리나라의 경우 이러한 엔터테인먼트 매니지먼트가 질적으로도 양적으로도 부족한 현실이다.

2) 라이브형 엔터테인먼트(Live Entertainment)

여기에는 공연산업, 전시산업, 이벤트산업, 관광산업, 테마파크산업, 게임산업 및 스포츠산업 등이 포함된다. 이 부문은 현장체험을 기본으로 하여 소비자가 직접 방문하거나 불러들여 프로그램화된 엔터테인먼트 콘텐츠를 체험하는 방식이 핵심이 된다. 공연산업은 라이브엔터테인먼트의 가장 전형적이며 고전적인 부문으로서 여기에는 정통연주에서부터 연주회, 오페라, 뮤지컬, 무용 등이 포함된다. 20세기 미디어문화의 발달로 한때 위축되는 듯 하다, 디지털컨버전스와 결합하면서 감성적, 오락적 가치가 복합화 되고 수익모델이 극대화 되면서 21세기에는 오히려 더욱 각광받는 클래식으로 부활되고 있다.

전시산업은 오토쇼, 가전쇼, 컴퓨터쇼와 컴퍼전스, 포럼, 세미나, 학회 등이 복합적으로 기획 운영되는 것 같이 실제 비즈니스가 중심이 되어 시장을 형성하는 마켓플레이스를 본원적 기능으로 하고 이에 더해 엔터테인먼트요소를 풍부하게 반영되는 부문이다.

이벤트 산업은 다양한 지역, 다양한 주제의 축제 행사와 같이 본원적 기능 외에 컨벤션 활동과 관광산업으로 연결확장 되어 행사와 같이 본 요소와 콘텐츠로서 디자인하는 것이 매우 중요하다.

관광산업은 자체 동력을 갖고 진화발전을 하고 있지만 엔터테인먼트 요소가 풍부하게 표출될 경우에는 새로운 가치와 시장을 창출할 수 있다는 것에 주목할 필요가 있다.

테마파크산업은 오락보다는 실제체험을 강조하는 놀이(Amusement) 기능을 갖는 부문으로서 디즈니랜드, 유니버설스튜디오와 같이 글로벌브랜드로 각광받는 것이 있으며 창의적이고 기발한 아이디어를 통한 소규모 테마파크도 점차 늘고 있다.

사행산업은 부정적 이미지 때문에 억제 되고 있는 부문이나 강원 랜드나 '바다이야기'와 같이 언제든지 폭발할 수 있는 잠재력을 갖고 있는 부문으로서 라스베이거스나 마카오처럼 건전한 엔터테인먼트 클러스터로서 사회적 호응을 어떻게 얻어나갈 것인가 하는 것이 관건이 된다.

스포츠산업은 EPL(영국프리미어리그)방송광고 문구에서 보듯이 '금세기 최고의 콘텐츠'라 일컬어질 만큼 인프라, 시장규모, 파급효과 면에서 엔터테인먼트산업의 모든 요소를 구비한 종합엔터테인먼트산업이라 할 수 있다.

우리나라에서는 문화산업과 별도의 구분 개념으로 이해되고 있는 관계로 미국, 유럽 등에 비하여 미미한 수준에 있으나 2002 월드컵, WBC야구, 박세리 키즈 등의 사례에서 보는 바와 같이 앞으로 무한한 성장 가능성을 가지고 있는 부문이다.[8)]

3) 미디어 엔터테인먼트(Media dependent Entertainment)

미디어 엔터테인먼트는 방송, 광고, 영화, 게임, 음악, 애니메이션, 캐릭터, 만화, 출판, 모바일 콘텐츠 및 디자인산업 등 미디어에 의존하는 엔터테인먼트 부문이다.

미디어는 전통적인 인쇄출판미디어인 신문, 잡지, 서적에서부터 라디오, 전화, 영화및 녹음매체의 출현으로 엔터테인먼트산업에 일대전환을 맛보았으며 그 이후 컴퓨터와 정보통신기술의 발달은 TV, 케이블 TV, 위성방송, DMB, IPTV 등 뉴미디어의 지속적인 등장을 가능케 함으로서 미디어에 의한 콘텐츠로서 엔터테인먼트 요소가 가미되어 폭발적인 높은 성장을 가져오게 되었다.

뉴미디어의 발전은 엔터테인먼트의 범위를 사이버공간이라는 새로운 영역으로 확장시킬 뿐만 아니라 하이터치, 하이컨셉의 감성적 가치를 창출하고 있어 오늘날 엔터테인먼트산업은 미디어와 분리하여 생각할 수가 없게 되었다.

---

8) 조인희 외, 「엔터테인먼트산업학 개론」, 내하출판사, 2010, p9-10.

이에 따라 미디어 의존성을 강조하는 관점에서 콘텐츠산업이라고 하는 영역분류 방식도 일본을 중심으로 사용되고 있는데 여기에는 영화, 음악, 연극, 문예, 사진, 만화, 애니메이션, 컴퓨터게임, 컴퓨터 프로그램 등이 포함된다.

최근에는 디지털컨버전스의 획기적인 진전으로 방송과 통신의 융합은 물론이며 온라인과 오프라인의 융합, 산업과 산업간의 융합이 가속화되고 있기 때문에 엔터테인먼트부문에서도 라이브와 미디어 부문이 상호 융·복합하여 전혀 새로운 문화와 업종을 창출하고 있는 등 엔터테인먼트 산업부문간의 구분과 경계 영역이 무의미 해지고 있다.[9]

9) 조인희 외, 「엔터테인먼트산업학 개론」, 내하출판사, 2010, p11.

제02절 엔터테인먼트 산업의 특징

1. 엔터테인먼트 콘텐츠 – 희(喜)와 락(樂)의 고부가가치

엔터테인먼트가 많은 사람들이 쉽게 접촉하게 되고 산업으로까지 인식되게 된 것은 인간의 본능과 현대사회의 흐름과 무관하지 않다. 인간을 특징 지워주는 고유한 속성 중 하나인 사유(思惟)하는 것이다. 그러나 인간의 학술학적 명칭을 호모 루덴스(homo ludens-유희하는 인간)라고 칭한 네덜란드의 문화인류학자 호이징가는, 일찍이 이 개념을 포괄하는 더 큰 개념의 인간을 특징짓는 틀을 제시했다.[10] 그것은 바로 '놀이'이다. 인간의 근원이 유희를 즐긴다는 그의 주장은 획기적이었다. 호이징가는 우리가 오랫동안 문화에 있어서 놀이가 갖는 중요성을 무시해 왔다고 말한다. '놀 수 있다'는 것은 '정신을 가지고 있다'는 것을 의미한다.

왜냐 하면, 생존을 위한 움직임은 기계적 물리법칙을 따르는 것일 뿐이지만, '놀이'를 한다는 것은 기계적 물리법칙을 벗어난 그 이상의 활동이기 때문이다. 또한 삶의 의미는 '놀이함'에서 나온다. 생존을 쫓아서 살아간다는 점에서 인간은 여타의 동물들과 다를 바 없다. 생존의 사슬에서 벗어나 여가를 갖고 놀이를 할 때, 비로소 인간 삶의 독특한 의미가 살아나기 때문이다.

이런 의미에서 그는 인간의 문화는 놀이로부터 나왔다고 주장하며, 인류는 원천적으로 놀이를 통해 '재미'를 추구해 왔으며, 문명이 발달할수록 재미에 대한 욕구가 커져왔다고 설명한다.[11]

---

10) 《호모 루덴스—유희에서의 문화의 기원》(1938)은 유희사상사(遊戲思想史)에서 한 시기를 구분지었다. 종래에는 유희가 문화 속에서 발생하는 것으로, 문화 쪽이 상위개념이라고 생각하였으나 호이징가는 이러한 견해를 역전시켜서, 문화는 원초(原初)부터 유희되는 것이며 유희 속에서 유희로서 발달한다는 획기적인 주장을 내놓았다.

11) J.호이징가(1989).

놀이를 인간 활동의 문화인류학적으로 설명하자면, 그것은 종교제사와 함께 시작되었다고 할 수 있다. 안전한 수렵과 풍요를 기원하는 농경적인 제사에서 신에게 바치는 노래와 춤, 그리고 악령을 쫓기 위한 주문 등의 활동은, 일상생활에서 벗어난 일탈행위로 일종의 놀이, 오락이라고 할 수 있다. 또한 이러한 행위에는 예술의 발아가 포함되어 있다.

놀이의 형태는 시대와 함께 변화하게 된다. 오늘날 콘텐츠를 복제하는 인쇄술과 음향, 영상 등의 미디어 기기가 발달함에 따라, 이와 같은 오락과 놀이는 개인차원에서도 향유할 수 있는 사회에 이르렀다.

발터 벤야민(Walter Benjamin, 독일의 철학가 1892~1940)이『기술복제시대의 예술작품(Das Kunstwerk im Zeitalter seiner Reproduzierbarkeit, 1934년)』에서 예술작품의 일회성이라는 아우라[12]가 복제예술의 등장과 함께 잃어버렸다고 지적하였지만, 이제는 그러한 일회성이 갖는 신성함과 신비함만이 중요한 것은 아니다. 현대의 디지털 기술의 급속한 발전은 오리지널과 카피의 구별을 하는 것조차 불가능하게 만들고 있기 때문이다.

2. 정서산업의 성장

일본의 유력한 게임관계 회사 나코무(ナコム)의 나카무라(中村) 회장은 현재 제3차 산업이 자본, 노동력, 소득의 어느 분야에 있어서도 전 산업의 약 70%를 차지하고 있다고 말한다.

그는 또한 종래의 제 1차-3차 산업이라는 분류에서는 산업구조를 설명할 수 없다고 지적하며 다음과 같은 제안을 하고 있다.[13] 제안서에서는 제 3차 산업(넓은 의미의 서비스업)을 다음과 같이 세 분야로 분류하고 있다.

12) 아우라는 종교 의식에서 기원하는 현상으로 "아무리 가까이 있더라도 먼 것의 일회적 현상(einmalige Erscheinung einer Ferne, so nah sie sein mag)"을 말한다.

13) 일본의 경제단체 (社)經濟同友會, 제11회 경제정책위원회 『구조개혁 실현 후 경제사회의 그랜드디자인』에 제출한 (株)ナムコ의 中村雅哉 회장(간사)의 제안서에서

① 제 3차 산업 = 노동(勞動) 서비스(좁은 의미의 서비스업)

② 제 4차 산업 = 지식(知識) 서비스

③ 제 5차 산업 = 정서(情緖) 서비스

나카무라는 "고차원의 산업일수록 고부가가치를 만들어낸다"고 하는 가설을 제창하고 가설의 정당성을 밝히기 위해서라도 위와 같은 산업분류가 필요하다고 역설했다. 그리고 일본 뿐 만이 아니라 서구 선진국들의 산업구조가 <그림 2-2>와 같이 제조업이나 노동 서비스업에서 제 4차 산업인 지식 서비스업으로, 그리고 제 5차 산업인 정서 서비스업으로 깊게 기울고 있는 점에 주목하였다. 제 5차 산업에는 방송, 영화 및 음악관련 사업뿐만 아니라 게임소프트 개발과 엔터테인먼트 계열의 모든 경영이 포함된다.

그의 제안은 시대변화의 실감을 표현한 것이지만, 제조업이나 지식 서비스업, 정서 서비스업간의 경계는 명확하지 않다. 초등학교 운동회의 모습을 기록하기 위하여 산 비디오카메라는 정서산업에 가깝다고 생각되지만, 통계상은 제조업으로 분류되고 있는 것이 좋은 예이다.

나카무라가 지적한 바와 같이, 아직 넓은 의미로서의 엔터테인먼트 산업의 전용을 측정하기는 어렵다. 그렇지만 일본을 위시로 한 서구 선진각국에 있어서 경제적인 부가가치가 제 4차, 5차 산업으로 이동하고 있는 양상은 더욱 명확해지는 것이 현실이다.

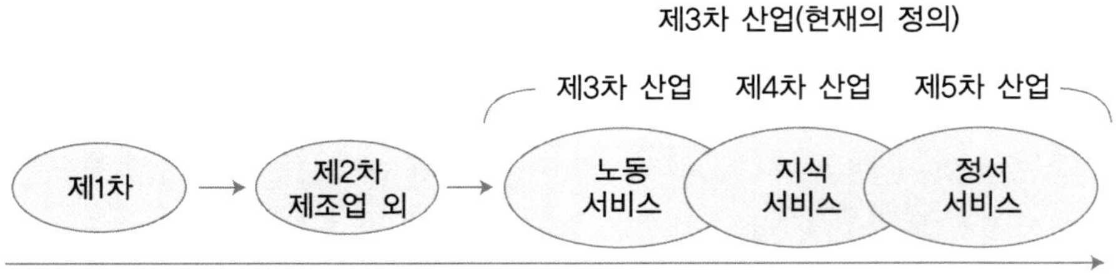

그림 2-2 지식산업, 정서산업으로의 이동

3. 새로움을 추구하는 엔터테인먼트 산업

오락에는 새로움이 필요하다. 새로운 것을 항상 추구하는 것은, 역으로 말하자면 사람들은 무언가를 즐긴 후, 그것을 차례로 버리게 된다. 사람들은 놀이에 곧 싫증을 낸다. 오락의 신기성과 싫증은 겉과 속의 관계라고 할 수 있다. 사람들은 오락을 빠르게 소비해간다. 한 때 엄청난 인기를 누렸던 엔터테인먼트는 한가롭게 있을 여유도 없이 눈 깜짝할 사이에 버림받는 존재가 된다.

엔터테인먼트 성향이 강한 상품은 붐이 일어난 후에 급커브로 수요가 내려간다. 이러한 매상커브는 엔터테인먼트 비즈니스의 숙명적 현상이라고 할 수 있다. 세상의 산업구조가 점점 오락산업으로 이동해 가는 현상은, 경영자에게 결코 좋은 환경은 아니다. 사람들의 급변하는 마음에 맞추어 나가지 않으면 안 되기 때문이다. 경영자라면, 품질이 좋은 제품은 영원하다고 믿고 싶어 한다.

그러나 소비자들은 그것을 허용해 주지 않는다. 소비자로부터 한번 '놀이상품'으로 받아들여지면 일시에 달려들었다가도 품질과 상관없이 어느새 인가 버려진다. 그러한 상황의 특성에 대한 각오가 없으면 엔터테인먼트 산업은 해나갈 수가 없다.

그러나 사람들이 갑작스럽게 싫증을 내는 한편 그 반대의 현상도 일어난다. 과거의 것이 다시 사랑받는 현상이 바로 그것이다. 재미있는 것을 한번 경험한 소비자는 그것을 기억 속에 남겨둔다. 그리고 때때로 그 기억은 다시 부활한다. 즐거웠던 놀이에 대한 추억과 마음속으로부터 만족했던 소비체험은 잠재의식 속에 장시간 남아 있기 때문이다.

여기에 초점을 맞춘 엔터테인먼트 비즈니스가 바로 리바이벌 전략인 것이다. 음악의 세계에서는 흘러간 노래도 리바이벌로 히트한다. 클래식 음악과 같이 정형화된 고전음악도 있지만 유행가와 같이 시대와 함께 흘러간 노래라도 다시 시대를 거쳐서 종종 부활한다. 리바이벌을 기본적인 경영전략으로 하고 있는 엔터테인먼트 기업도 있다.

월트디즈니[14]가 그 전형이다. 디즈니는 과거에 제작한 명작 애니메이션영화를 거의 7년에서 10년 주기로 반복하여 로드쇼 공개를 해 왔다. 이들 영화는 신세대의 어린이들에게 있어서 새로운 영화임과 동시에 어린이의 부모세대에 있어서는 과거 향수어린 감정을 느낄 수 있는 영화이기도 하다. 다시 어린이가 어른이 되면, 부모와 자식세대가 공통으로 접근할 수 있도록 하는 반복전략인 것이다.

엔터테인먼트는 많은 경우 시대의 변화와 함께 지극히 단명으로 끝나게 된다. 그러나 한번 사람들의 내면에 자리 잡게 되면 어느 정도의 기간을 두고 다시 부활한다. 사람들이 한번 즐긴 경험은 간단하게는 잊어버리지 못하고 잠재의식 속에 묻혀 있다가 무엇인가가 계기가 되어 다시 살아나고 한 번 더 즐기게 되는 것이다. 이처럼 엔터테인먼트는 사람들의 변덕으로 소비되고 싫증을 느껴 버림받게 되고 동시에 한번 인식된 오락의 회귀적인 성질도 잊어서는 안 될 것이다.

4. 엔터테인먼트와 미디어

과거 근대화 이전의 사람들에게 오락으로서 즐길 수 있었던 것은 노래와 춤, 연극, 이야기 등과 같은 것임이 틀림없다. 지금 식으로 이야기 하자면, 라이브로 즐기는 오락인 것이다. 이렇게 오락을 즐기는 방법을 크게 바꾼 것은 역시 미디어기술의 발달이다.

최초로 등장한 미디어 기술혁신이라고 한다면 15세기에 독일의 구텐베르크에 의해서 발명된 인쇄기술이다. 인쇄라는 하드기술은 성서라고 하는 킬러소프트와

---

14) 만화영화 제작가인 W. 디즈니가 1928년 월트디즈니 프로덕션을 설립하면서 비롯되었다. 빨간 셔츠와 노란 신발의 《미키마우스》가 큰 성공을 거둔 것을 비롯, 《백설공주》(1937) 《피노키오》(1940) 《신데렐라》(1950) 《메리포핀스》(1964) 등을 통해 꿈과 환상을 심어 주었다. 1966년 폐암으로 죽은 이후 형 로이가 잠시 맡았으며, 1971년에는 우편집배원 출신의 C. 워커가 최고경영자가 되었다. 1984년에는 ABC와 패러마운트픽처스에서 일했던 M. 아이스너를 영입, 《인어공주》(1989) 《귀여운 여인》(1990) 《미녀와 야수》(1991) 《알라딘》(1992) 등을 잇달아 성공시키면서 1993년 매출액은 85억 달러를 시현하였다. 1995년 7월에는 멀티미디어 산업에 본격 진출하기 위하여 캐피털시티스-ABC를 190억 달러에 매수하였으며, 같은 해 8월에는 연예 인력중개회사인 크리에이티브아티스츠 에이전시를 운영한 M. 오비츠를 제2인자로 영입하여 영화와 ABC를 총괄하게 하였다. 영화 · TV · 홈비디오 제작 및 유통뿐만 아니라 디즈니랜드(1955) · 디즈니랜드파리(1992, 지분409%) · 도쿄디즈니랜드(로열티) 등의 주제공원과 하키팀(마이티 덕), 출판(히페리온), 음악(할리우드레코드), 캐릭터상품, 호텔(딕시랜드스호텔 등), 외식업 등에 진출하고 있다. 2006년에는 픽사(Pixar)를 74억 달러에 인수하였다.

만난 덕분에 순식간에 세계로 보급되었다. 인쇄미디어의 덕분에 사람들은 라이브로 밖에 들을 수 없었던 이야기들을 자신들이 좋아하는 장소에서 원하는 시간에 소설로서 즐길 수 있게 되었다.

그 후, 사진과 녹음기, 영화 등이 발명되고 드디어 방송네트워크 미디어가 출현되었다. 오늘날은 전자미디어와 인터넷의 영향으로 오락 비즈니스는 대량생산, 판매가 가능하게 되었다. 지금까지 연극도 극장(이것도 미디어의 하나로 볼 수 있다)에 나가지 않아도, 텔레비전이나 비디오로 볼 수가 있다. 연극이 영화화된다면, 영화관과 페이퍼뷰(pay per view)의 위성방송, DVD로 즐길 수 있다. 인터넷을 통한 구입도 물론 가능한 시대이다.

엔터테인먼트는 여러 가지 다양한 미디어와 만난 것을 계기로, 점점 더 우리들과 가까운 것이 되었다. 노래와 이야기는 우리가 좋아하고 즐기는 것이지만, 그 실태는 정보인 것이다. 이러한 정보를 우리에게 조착하게 해주는 용기, 정보캐리어가 미디어인 것이다. 미디어 속에 담겨진 정보의 내용을 미디어와 비교해서 콘텐츠라고 부른다.

CD와 DVD등의 미디어는 다른 CD기기와 DVD기기와 같은 기계를 필요로 한다. 이 경우, 정보해독의 기계를 플랫 홈(flat home)이라고 한다. 출판은 패키지만으로 완결되어 있어서, 해독을 위한 기계는 별도로 필요 없다. 그러나 엄밀하게 생각하면 문자라고 하는 미디어와 제본이라는 플랫 홈(유저 인터페이스 하드웨어의 의미로)의 조합이라고 생각할 수도 있다. 또한 연극용의 극장은 씨어터 미디어라고도 불리나, 이것도 엄밀하게는 미디어는 연기자이고, 건물은 플랫 홈이라고 생각할 수 있다. 미디어와 관련된 기능에 대해서는 <표 2-2>와 같이 분류할 수 있다.

표 2-2 미디어에 관한 기능 분류

1) 콘텐츠(정보의 내용): 문자, 음악, 영상 등의 정보
2) 미디어: 콘텐츠를 유저에게 전달하는 정보캐리어, 플랫 홈을 겸하는 미디어도 있다 ① 패키지 미디어 : 책, CD-ROM, DVD 등 ② 네트워크 미디어 : 전화망, 방송망, 인터넷 등 ③ 씨어터 미디어 : 극장, 미술관, 테마 파크 등
3) 플랫 홈(유저 인터페이스의 하드웨어) : 텔레비전 수상기, 퍼스널 컴퓨터, 휴대전화, 게임기, 네비게이션 등

제03절 엔터테인먼트 매니지먼트의 일반적 특징

1. 오디션 시스템 - 관객이 엄선하는 세계

1) 유능한 재능은 외부에서

엔터테인먼트 비즈니스라는 것은 쉽게 말하자면 아티스트 등의 재능을 발굴하여 가공(육성)하고 판매하는 사업이다. 즉, 재능지상주의의 세계라고 할 수 있다. 재능이 있는 사람들은 우선적으로 선별하여 그 안에서 장래 빛나는 원석을 발견하는 것이 생명선인 것이다. 보통 많은 기업들은 일반적으로 회사 내의 사원들을 육성하여 하나부터 열까지 교육시켜서 자기부담의 노하우를 확립하여 왔다.

그러나 엔터테인먼트 비즈니스는 다르다. 재능을 가진 사람을 보다 넓은 세계에서 찾는다. 세상에 침묵하고 있는 재능꾼들을 발굴하는 구조가 바로 오디션 시스템이다.

오디션 시스템은 다양한 재능 꾼을 찾아내는 구조이다. 우선 오디션에는 누구라도 참가할 수 있다. 참가 자격에 있어서는 장벽이 매우 낮은 편이다. 그리고 성공보수 획득의 찬스가 있다. 오디션에 합격한다면 스타가 될 가능성이 높기 때문이다.

대부분의 엔터테인먼트 기업은 다양한 형태의 오디션을 주최하고 있다. 이 같은 오디션활동에 가장 열심인 기업은 일본의 소니 뮤직 엔터테인먼트(SME)이다. SME가 CBS소니로 창업했을 당시, 그들은 엔터테인먼트 비즈니스를 전략적으로 연구했다.

그 결과, 엔터테인먼트 비즈니스는 저작권 비즈니스라는 명확한 인식을 가지고 아티스트와 저작권을 철저하고 일관성 있게 육성하지 않으면 만족스러운 성공은 얻을 수 없다고 판단했다. SME는 창업 후, 10년이 지난 1978년에 전국규모의 신인 발굴오디션(사운드 디벨로프먼트<SD>활동이라고 부른다)을 개시했다. SD활동에서 SME의 중핵이 되는 아티스트를 지속적으로 발굴했다.

1996년부터는 SD출신 아티스트의 수익이 일본국내 제작 판매액의 약 30%를 웃돌기 시작했다. SD활동을 각 제작본부 안에 포함시켜 시대에 맞는 다양한 형태의 오디션을 실시하면서 항상 새로운 스타일의 오디션에 도전하고 있다. SME가 이렇게 SD활동을 중시하는 것은 재능 발굴 외에도 여러 가지 효과가 있기 때문이다. 오디션장은 관객입회 하에, 신인들의 퍼포먼스를 평가한다.

그곳은 그들이 현재의 공기를 잡을 수 있는 귀중한 장소가 되는 것이다. 신인이 동시대 사람들의 공감을 일으키는 재능을 갖고 있는지 아닌지는 관객의 반응을 보고 있으면 알 수 있다. 관객이 모든 것이라고는 할 수 없다.

그러나 관객 한 사람의 공감도 얻어낼 수 없다면 동시대성은 없는 것이다. 이것이 엔터테인먼트 비즈니스의 기본적인 마케팅 수법이다. 오디션 시스템은 빛나는 재능의 원석을 찾아내는 구조뿐만이 아니다. 동시에 관객을 끌어넣은 재능의 적격심사장이며 디렉터들에게 시대의 분위기를 알게 하는 마케팅의 현장이기도 하다.

일본의 코미디 전문 엔터테인먼트 기업인 요시모토 흥업은 일본 국내에 전국적인 규모로 소극장을 운영하면서 오디션 프로그램을 적극적으로 시행하고 있다. 그곳에서의 오디션은 두 가지의 방법이 실시된다. 하나는 기존의 것과 같은 프로 심사원들이 선택하는 방법과 또 한 가지는 그곳에 와 있는 관객들의 선택에 맡기는 방법이다. 당시 요시모토(吉本)사장은 후자의 방법이 더 좋다고 판단했다. 시대에 따라 그 관객과 같은 세대들이 바로 스타를 만들어 주기 때문이다.[15)]

이 말은 오디션 시스템의 포인트를 꿰뚫고 있다. 시대가 요구하는 엔터테이너를 발굴하여 육성시키는 것은 프로가 아닌 관객인 것이다. 엔터테이너의 햇병아리들이 관객에게 호소하면서 관객의 반응을 살핀다. 디렉터가 그것을 코디네이트하여 엔터테이너로 연마시킨다. 그것이 바로 오디션시스템이며, 엔터테인먼트 비즈니스의 기본형이기도 하다.

2) 오디션 모델

마케팅 분야에서도 한때, 인터렉티브 마케팅이라는 개념이 제창되었다.[16)] 고객과의 관계성을 구축하기 위해서는 고객과의 상호작용의 장에서 해석과 문맥을 공

15) 掘江誠二『吉本興業の研究』朝日新聞社, 1995년, p.253.

16) 嶋口充輝『顧客満足型のマ-ケティング構圖』有斐閣, 1994년, 青井倫一 외 3인『インタラクティブ・マネジメント-關係性重視の經營』ダイヤモンド社, 1996년 등을 참조

유할 수 있는 대화의 성립이 필요하다는 생각이다. 즉, 그 자리에서는 파는 사람과 사는 사람이 제품과 서비스를 둘러싸고 니즈와 정책을 주고받으면서 개발과 개량을 진행시켜가는 모델이다.

엔터테인먼트 비즈니스의 마케팅 수법도, 이러한 사고방식과 일맥상통한 면이 있다. 그러나 엔터테인먼트 비즈니스에 있어서는 상호작용의 장에서 만나는 것은 파는 사람과 사는 사람만이 아니다. 외부에서 재능을 제공해 주는 많은 크리에이터들이 오디션의 형태로 참가하는 것도 중요한 포인트가 된다. 디렉터(또는 프로듀서)는 그 장(腸)을 코디네이트한다.

그 자리에서 새로운 엔터테인먼트를 제안하는 크리에이터와 관객을 불러 모아서 만나게 하는 것이다. 삼자간의 상호작용이 시작된다. 관객과 크리에이터와의 공조를 통해서 디렉터는 관객의 욕구를 알아내고 크리에이터의 컨셉을 재발견한다. 그리고 필요한 수정과 조정을 가한다.

엔터테인먼트는 '너무 튀지 않는 신기성'이 결정적인 포인트이다. 그리고 본질적으로는 연대와 공감을 자아내야만 한다. 엔터테인먼트의 개발은 새로운 제안을 폭넓게 모아 시대와 함께 발휘할 수 있는 지를 판별하면서 실행된다. 제안된 많은 새로운 재능 속에서 공감할 수 있는 빛나는 원석을 발견하고 끌어내 주는 것은 선택받은 프로가 아닌 관객인 것이다.

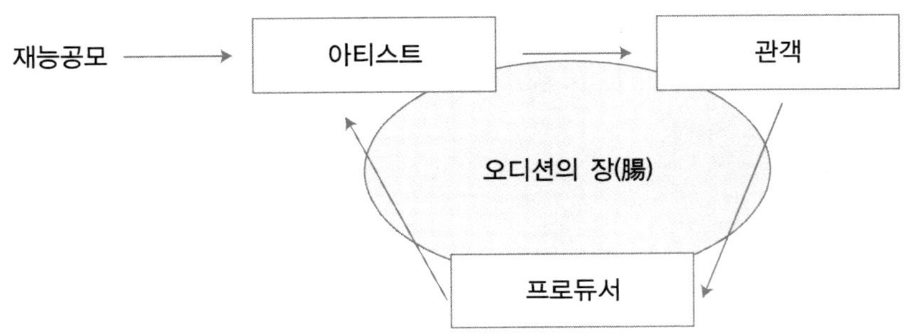

그림 2-3 오디션 모델

2. 리스크 최소의 매니지먼트

1) 작은 조직으로 대응

어느 나라, 어느 시대에도 히트곡은 항상 있다. 현재 우리나라에도 매월 100곡 전후의 새로운 대중가요가 나온다. 그 중 상당부분이 빛도 보기 전에 사라져 간다. 극히 소수의 사람에게만 행운의 여신이 전해주는 찬란한 미래가 열리게 된다. 그렇다면 히트 확률은 어떠할까. 히트의 확률에 관한 확실한 통계 데이터는 존재하지 않는다. 또한 히트라는 정의에 대해서는 아직 의견일치가 되지 않기 때문이다.

또한 지금껏 들인 개발코스트와 제각기 처해있는 상황도 모두 다르다. 수입에 대해서도 외부인에게는 철저하게 가려져 있다. 엔터테인먼트 비즈니스에 종사하는 대부분의 경영자들은 히트확률을 직감적, 경험적으로 보았을 때, 야구의 타율과도 같다고 말한다. 아무리 우수한 디렉터가 직접 다룬 일이라도, 아무리 분발하여도 3할 정도가 상한선이라고 한다. 3할이 상한이라면 보통은 그보다 훨씬 낮은 셈이다.

히트상품은 반드시 나온다. 그러나 히트의 확률이 그렇게 높지 않다고 한다면, 히트를 잡기 위해서 우선 많이 쏟아내지 않으면 안 된다.

즉, 히트를 만들어 내기 위해서는 히트를 노리는 커다란 모집단을 갖지 않으면 안 된다. 신곡을 많이 내고, 배우나 연기자를 많이 데뷔시켜서 신제품을 될수록 많이 세상에 낼 수밖에 없다.

시장에 내놓은 신작이나 신제품의 성공률을 어떻게 끌어올리느냐에 관해서는 뒤에서 자세히 언급하고, 여기서는 우선 모집단을 크게 만들지 않으면, 비즈니스는 시작되지 않는다는 점을 지적하고 싶다. 그러나 모집단을 크게 만들었다고 해서 모두 성공하는 것은 절대로 아니다. 커다란 모집단을 만들고 많은 신작을 발매하여도, 히트를 내지 못하는 기업이 있는 반면, 겨우 한 편의 신작으로 대성공을 거두는 사람도 있다. 이러한 현상은 어떠한 분야에도 있을 수 있는 일이다. 그러나 될수록 적은 돈으로 한번에 대성공을 거두면 좋다는 발상으로는 생명이 긴 경영은 할 수 없다. 경영이라는 것은 Going Concern(계속적인 기업)이 전제라고 할 수 있다. 계속을 전제로 기나긴 기간을 준비하면 야구타율과 같이 히트확률은 일정의 숫자로 안정된다. 같은 확률이라면 타석수가 많은 편이 히트하는 수도 많다.

따라서 확률의 문제를 우선 접어두고, 무엇보다도 모집단을 크게 갖출 필요가 있다. 조직을 작게 나누고, 작은 탐색 유닛(unit)을 많이 만들어서, 탐색시키는 것이 합리적이다. 처음에는 작게 시작을 한 후에, 인기의 광맥을 잡은 것만을 크게 팽창시켜 나가는 수법을 취하는 것이다. 작은 탐색 유닛은 자유롭게 유지한다.

그렇게 하기 위해서는 담당자가 자유롭게 생각하고, 일할 수 있는 조건을 정비해 놓지 않으면 안 된다. 소집단에 권위이양을 하는 것이다. 일일이 상사의 승인을 받지 않고 움직일 수 없다면, 탐색은 되지 않는다. SME는 아티스트를 스스로 발굴, 육성하는 방침을 기본으로 하여 음반작업을 젊은 디렉터들에게 일임했다.

오자와 토시오(小澤敏雄) SME 전 회장은 '일찍이 레코드회사는 제작본부장을 탑으로 하는 계층조직이었다. 밑에 사람이 상사의 눈치를 보고 마음에 드는 것을 고르는 경향이었다. CBS소니는 작은 집단으로 나누어서 각자에게 일임하는 것으로 전환하였다'.[17)]

유저의 기호가 격변해가는 엔터테인먼트의 분야에서는, 주춤하는 의사결정은 치명적이다. 현장의 담당자들이 지금이 찬스라고 판단한 순간, 즉시 상품화하는 것이 이상적이다. 망설이고 있으면 소비자는 벌써 다른 곳으로 마음을 옮겨놓기 때문이다. 이것이 엔터테인먼트 비즈니스가 갖는 특유의 측면이다.

2) 적은 코스트

기업경영은 많은 부분이 갬블적인 요소를 갖고 있지만, 엔터테인먼트 분야는 그러한 면이 더욱 강하다고 할 수 있다. 연예기획사에는 스타가 되고 싶은 아티스트들이 리스크를 안고서 모여든다. 대부분의 경우, 탤런트의 햇병아리들은 인기를 얻지 못하면 최저생활을 강요받게 된다. 일본의 경우, 코미디업계에서는 신인들에게 지불하는 수당이 원 스테이지 500엔 정도에서 시작된다.

그러나 연예계에서는 누구도 이상하게 생각하지 않을 뿐 아니라 당연하게 여긴다. 인기를 얻고, 못 얻고는 본인의 탓이고, 인기를 얻었을 때에는 막대한 보수가 생기기 때문에 누구에게라도 평등한 가능성이 그것을 허락하는 근거가 되고 있다.

---

17) 『日本經濟新聞』1995년 12월 3일자 인터뷰기사

만화도 적은 코스트로 대응할 수 있는 구조로 되어 있다. 만화는 거액의 재료비가 드는 것은 아니다. 더구나 출판사가 만화가에게 지불하는 원고료도 그다지 높은 편은 아니다. 따라서 출판사는 안심하고 여러 가지 도전이 가능하다.

음악 세계에도 제작비와 제조 코스트를 줄이기 위해 노력해 왔다. 그러나 음악 CD제작에서 가장 문제는 선전비와 프로모션의 코스트이다. 선전비는 여전히 부담으로 남아있기는 하지만, 이것도 협력과 제휴라는 방법을 통해 부담의 경감을 도모하고 있다.

낮은 코스트로 준비하는데 있어서 가장 문제는, 게임과 영화 부문이다. 게임은 가장 싸게 제작한다고 해도 편당 수천만 원에 이른다. (소니의 플레이스테이션 1의 경우). 뿐만 아니라 제작비를 낮추게 되면 품질도 그에 상응하게 된다.

그러나 과거에 컴퓨터 대응소프트는 수억 원대 레벨이었다. 플레이스테이션 2와 같이 하드웨어의 성능이 높아지고 영상이 보다 선명해지면서 제작비 상승은 피할 수 없다. 이처럼 제작비가 고액이 들면, 도전적인 신작제안이 어렵다. 따라서 확실하게 이익을 올릴 수 있는 속편이나 리메이크 쪽으로 흐르게 되는 것이다. 이처럼 코스트를 최소로 하는 수법이 다양한 엔터테인먼트 분야에서 목하 진행 중이라고 하겠다.

3) 계획적인 동향관리

소집단에서 작은 규모로 시작한다 할지라도 실패는 역시 일어난다. 탐색작업에 있어 실패는 항상 붙어 다니게 마련이다. 예상도 크게 빗나간다.

엔터테인먼트 비즈니스와 같이 새로운 것을 탐색하는 비즈니스에서는, 예상이 빗나가는 경우가 많다. 이미 인기가수가 된 엔터테이너의 신곡과, 대히트한 게임 소프트의 속편, 잡지의 연재로 인기를 누린 만화의 단행본 등은 팔릴 것을 예상해 볼 수 있다.

그러나 신인이 출연과 신작 게임을 출시할 때는, 그 예상이 어렵다. 여하튼, 예상은 믿을 수 없다. 그것이 엔터테인먼트 비즈니스의 상식이다. 그렇다고 엔터테인먼트 기업이 계획, 관리를 하지 않느냐하면 그렇지는 않다. 보통기업과는 다른 방법일 뿐이다.

엔터테인먼트 비즈니스의 계획, 관리는 '계획은 세우지만, 세웠다면 그것으로 끝'이다. 그렇다면 무엇 때문에 계획을 세우는가. 그것은 비즈니스를 디자인하기 위함이다. 엔터테인먼트업계는 매출을 극히 중시한다. 소비자의 평가는 결국, 매출로 표현되기 때문이다. 아티스트의 인기 동향도 매출의 추이가 대신해 준다. 그렇지만 통상적으로 예산관리는 엔터테인먼트 비즈니스에는 맞지 않다.

첫째, 상품화 시키는 데는 속도감이 있는 반면, 자금회수의 기간이 길다는 점이다. 엔터테인먼트는 변화가 빠르기 때문에 스피드대응으로 상품화해 나가는 반면, 회수기간이 길다. 따라서 변화에 빠르게 대응하는 장면과 교차한다. 즉 계획의 전제가 자주 바뀐다는 점과 장기간 걸쳐서 보지 않으면 안 되는 양면성을 가지고 있기 때문에 어느 쪽에서 보더라도 결산연도에 구획을 져서 생각하는 방법은 맞지 않는다.

두 번째 이유로는, 상사가 계획의 내용에 간섭하지 않는다는 점을 들 수 있을 것이다. 소집단 유닛이 진행할 수 있는 사업의 내용에 대해 관리직은 실상을 모른다. 예산의 구체적인 내용이 타당한지 아닌지 상사는 개입할 수 없다. 사업의 결과밖에 개입할 수 없다. 계획은 디자인을 공유하면 끝이고, 그 외에는 동향 내지는 기회를 본다. 계획이 불확실한 만큼, 도중경과의 결과에 따라 유연하게 대응한다. 소위 기회주의적인 시장대응을 한다. 계획이 어긋나는 것은, 그다지 문제가 되는 것은 아니다.

그러나 예상보다 결과가 저조할 경우, 리스크가 최소가 될 수 있도록 행동한다. 계획대로는 진행되지 않는다는 것은 누구라도 알고 있기 때문에 계획을 바꾸어 진행시키는 데 주저함이 없다. 흥행을 개시해서 평판이 나쁜 작품을 그대로 상영하는 것보다 페널티를 받는 편이 득이다. 그리고 재빨리 빠져나가기 위해서는 계약 시에 페널티를 가볍게 해둔다. 브로드웨이의 뮤지컬이나 헐리웃영화는, 테스트와 같은 시연, 시사회에 의해서 정보가 모인 후, 공개의 방침이 결정된다.

그러나 그렇다 하여도 예상은 역시 빗나간다. 따라서 브로드웨이에서는 개연초일의 관객반응으로, 그 후의 공연 일정이 정해진다. 첫날에 중단되는 경우도 물론 있다. 헐리웃 영화는 개봉에서 2, 3일내에 다음의 전략, 예를 들면 그 후의 개봉기간과 개봉관수가 결정된다. 평판이 좋다면 단 한 번에 상영관을 전미로 넓히는 케이스도 있지만 중단되는 경우도 있다.

SME는 데이터를 매우 중시하는 기업이다. SME의 마츠오(松尾修吾)전 사장은 히트에는 재현성과 보편성이 있으며, 데이터를 해독하는 노하우능력이 SME의 파워라고 말하고 있다. '실제로 팔아보면 결과가 나온다. 그러한 상황과 끊임없이 접하게 한다. 또한, 앙케이트에 답하는 젊은이들의 쓰는 태도까지 지켜보고 있으면, 여러 가지를 알게 됩니다. 그러한 숫자와 숫자 사이를 읽는 애널리스트를 육성했다. 이것이 타사에는 없는 파워를 만들었다.[18]

데이터 수집이라는 것은 과거에 매상데이터를 보고, 앙케이트 조사를 하는 작업이 아니다. 스텝이 계획을 세우고, 그것에 따라 실제로 상품을 시장에 내고 그 결과를 계획과 대조해 보는 것이다. 계획이라는 것은 앞으로 소비자의 소비행태를 읽어 보는 가설의 묶음이라고 하여도 좋다. 결과를 보고 다시 가설을 다시 세우고, 또한 시장에 선보여 그 결과를 지켜본다. 이러한 가설, 검증의 반복에 의해서 시장이 움직임을 알아낼 수 있는 것이다.

구체적으로 콘서트에서의 테스트 마케팅, 파일럿 소프트에 의한 반응조사, 시장 투입 후의 피드백 등, 정보의 거래가 시장 간에 교차한다. 행동을 일으킨 후, 빠르게 반응을 해석하여 2차 전략에 응용한다. 이러한 예민한 정보감도를 뛰어난 엔터테인먼트기업은 갖고 있는 것이다.

4) 추진 과정에 따른 결과 평가

리스크를 최소화하기 위해서는 업적평가가 무엇보다도 중요하다. 추진 중인 사업의 결과를 재빠르게 포착하여 사업이 상승기운에 있다면 과감하게 추가투자하고, 기대에 어긋날 경우에는 다른 방법을 생각해 내야한다.

이 판단을 누가 어떻게 하는가. 평가자와 평가방법에 대해서, 사전에 미리 정해 놓아야만 한다. 평가기준에 대해서 역시, 무엇을 기준으로 판단할지를 명확하게 하고, 담당자들에게 납득할 수 있게 할 필요성이 있다. 업적평가와 인센티브를 연결해서 담당자를 동기부여하기 위하여, 한 사람 한 사람의 공헌도를 판정하지 않으면 안 된다.

어떤 기업에서도 업적평가는 매우 어렵다. 더구나 엔터테인먼트 비즈니스는 더하다. 이처럼 비즈니스에서 업적평가를 어렵게 하는 요인은 여러 가지가 있다. 엔터테인먼트는 기본적으로 콘텐츠, 즉 정보의 내용을 팔고 있다. 정보는 여러 가지 사

18) 「日經ビジネス」1993년 4월 5일자, 편집국장 인터뷰기사에서

람의 아이디어가 모여 가공, 변형된다. 제각기 다른 분야의 사람과의 연계플레이를 통해 개발과 프로모션을 해나간다. 이러한 콘텐츠의 히트는 누구의 어떠한 연구와 노력에 의한 것인지를 알기 어렵다. 또한 평가자에 따라 견해도 달라질 수 있다.

그렇다면 구체적으로 업적평가가 어려운 엔터테인먼트 비즈니스에서는 평가기준에 대해서 어떻게 설정하는 것이 좋을까. 경영자가 진행상황과 담당자를 지켜본다고 해서 평가할 수 있는 것이 아니다. 때문에 일정한 평가기준에 의존하지 않을 수 없다. 경영자가 평가기준으로 삼는 것은 두 가지가 있다고 볼 수 있다

첫 번째로 '소비자의 평가'라 하겠다. 리더는 진행과정에 개입할 수 없기 때문에 결과로밖에 판단할 수 없다. 소비자의 평가의 결과는 단적으로 매상으로 나타난다. 따라서 매상이 제일 중요한 평가기준이 된다.

두 번째의 평가기준은 동료들의 평가이다. 상품으로서의 가치에 대한 평가를 내리는 것은 소비자이며 그 결과는 매출로 나타난다. 그러나 결과가 모든 것은 아니다. 결과는 상당한 시간이 지난 후에 나타나는 케이스도 적지 않기 때문이다. 따라서 장기간의 공헌을 보지 않으면 평가할 수 없다. 그렇다면 장기간으로 결과를 내고 있는 사람을 평가하지 않으면 안 된다.

그것을 가장 잘 알고 있는 것은, 가깝게 있는 관객과 함께 일하는 동료들이다. 회사나 그룹 속에서, 누가 제일 뛰어나고, 누가 제일 노력하고, 누가 제일 적임자인지, 누가 가장 일을 능숙하게 처리할 수 있는지는 동료들이 알고 있다. 표면적인 리더는 누군지, 모두에게 신뢰를 받고 있는 실질적인 리더가 누구인지, 멤버의 견해는 정해져 있는 것이다.

3. 네트워크의 경제성

1) 히트상품의 철저한 멀티유즈(one source · multi use)

탐구 비즈니스에서는 히트를 기록할 확률이 낮다. 그러나 한번 히트를 하게 되면, 그것을 철저하게 이용해야한다. 결과물을 최대한 활용하는 것이다. 하나의 컨텐

츠를 다방면으로 활용하여 모든 하드웨어에 적용시키려고 한다. 이것이 바로 「one source · multi use · multi hard」이다. 「네트워크의 경제성」이 추구하는 과정이라고 해도 과언이 아니다.

엔터테인먼트의 시발점이라고도 할 수 있는 미국의 월트디즈니사(The Walt Disney Company)가 미키마우스라는 한 마리의 생쥐에서 시작되었다는 것은 누구라도 알고 있는 사실이다. 디즈니사의 창업자인 월트디즈니가 사상최대의 유산인 미키마우스를 세상에 탄생시킨 것은 1928년 11월 18일이다(미키 마우스의 공식생일). 미키마우스는 디즈니랜드의 중핵적인 캐릭터 상품으로 지금도 엄청난 수익을 디즈니사에 가져다주고 있다. 디즈니사는 미키마우스를 철저하게 사용하고 있다. 그것도 무려 80년 이상이라는 오랜 시간에 걸쳐서 말이다. 그야말로 거액의 유산이라고 부를만한 가치가 있는 것이다.

엔터테인먼트 상품으로 히트를 하는 것은 어렵다. 확률도 높지 않다. 그러나 히트상품을 만들어 냈다면 그것을 철저하게 사용하는 것이 엔터테인먼트 비즈니스의 지혜이다. 히트확률이 낮기 때문에 한번 찾아온 기회는 최대한 활용하는 것이 실패를 지워버릴 수 있는 방법인 것이다. 특히, 디즈니사의 영상작품과 캐릭터는 가족용이다. 그렇기 때문에 시간이 경과하면 수요가 반복적으로 부활한다. 따라서 반복적으로 수요가 생겨나는 것이다.

일본의 산요(SANYO)가 만든 어린 고양이 캐릭터 [헬로 키티]도, 탄생해서 벌써 38년이 된 장수 캐릭터이다. 특히, 최근 들어 헬로키티가 부활하면서 엄청난 속도로 매출이 늘며 성공을 거둔 데는 그만한 이유가 있다. 바로, 헬로키티의 소비자 연령층을 넓혔기 때문이다. 초등학교 때 헬로키티를 좋아하던 어린이들은 현재 중고교생이 되었고, 그들을 다시 타겟으로 활용한 것이다.

또한 여기서 멈추지 않고, 그 대상을 더욱 넓혀 대학생과 주부들이 사용할 수 있는 제품을 만들어나기 시작한 것이다. 산요에는 모두 430종류의 캐릭터가 있지만, 수익을 올리고 있는 것은 겨우 3개의 캐릭터에 지나지 않는다. 그만큼 캐릭터개발은 어려운 일이다. 그러나 월트디즈니와 산요처럼 유산(캐릭터)를 가지고 있으면, 히트확률이 낮은 캐릭터 개발에 있어서 이른바 잘 나가는 캐릭터의 수익을 기반으로 새로운 캐릭터개발에 도전할 수 있는 것이다. 그렇기 때문에 새로운 캐릭터 개발을 위해서라도 히트 캐릭터의 철저한 멀티유즈는 필수적이라고 할 수 있다.

2) 네트워크의 경제성

엔터테인먼트 비즈니스는 콘텐츠라고 하는 정보를 판매하는 것이다. 그렇다면 정보란 무엇인가. 정보는 어떤 성질을 가지고 있는지 정보의 의미를 정리해 보자. 정보의 특성은 다음과 같다.

① 사용보존성 : 정보는 그것을 사용해도 소멸하지 않고 축적 된다.
② 다중이용성 : 하나의 정보는 다중으로 이용할 수 있다.
③ 양적불변성 : 같은 정보를 축적해도 가치는 증가하지 않는다.
④ 누적효과성 : 다른 정보의 누적 · 결합으로 새로운 정보가 생겨나고 가치가 누적된다.

엔터테인먼트 비즈니스는, 이러한 정보가 가지고 있는 특성을 유용하게 이용한 사업전개라는 사실을 알 수 있다.

사용보존성의 특성을 이용한 전형적인 사례가 미키마우스다. 미키마우스를 몇 번 사용 하건 몇 년간 사용하건 줄어들거나 소멸하지 않는다.

다중이용성의 정보경우에는, 특정 컨텐츠가 영화화되기도 하고 애니메이션으로 만들어지기도 하고, 책으로 출판되기도 하는 경우를 들 수 있다. 엔터테인먼트 업계에서는 이러한 전개방식을 「one source multi use」라고 한다. 하나의 정보원천을 다면적으로 이용한다는 의미이다.

양적불변성이라는 것은, 데이터베이스상, 똑같은 두개의 정보를 가지고 있을 경우, 두 번째 정보는 가치가 없다는 것을 의미한다. 예를 들면, 서점에 같은 책이 여러 권 쌓여있다고 해도 한권이 가지는 가치에는 변화가 없다는 것이다.

누적효과성이라는 정보의 특성은, 많은 정보가 편집되어 축적되는 것을 의미한다. 누적자체가 의미를 가지며 정보 베이스가치가 상승하는 효과를 보인다. IT분야에서 자주 쓰는 「네트워크의 경제성」과 같은 의미이다. 복수의 정보 네트워크로 연결된다면 경제효율이 높아지는 현상을 말한다.

이른바 「한탕주의」라 부르는 엔터테이너가 있다. 음악을 한 곡 히트시킨다거나, 소설 한편만을 히트시킨 경우, 기업도 마찬가지이다. 어렵게 얻은 기회를 한번으로 끝내버리고 다음에 도전하는 경우가 있는데 이런 기업은 항상 힘들고 고되다. 무언가를 히트 시킬 확률이 낮기 때문이다.

엔터테인먼트 산업을 미래의 선두를 달리는 산업으로 꼽는 데는 누구도 이견이 없을 것이다. 한류의 붐을 타고, 우리나라의 영화와 TV드라마, 음반 등의 약진하는 모습에는 엄청난 에너지가 느껴진다. 그럼에도 불구하고 아직까지 엔터테인먼트 비즈니스, 엔터테인먼트 매니지먼트는 일반인들에게는 가볍고 질이 낮은 분야로 인식되는 경우도 많을 뿐만 아니라 일반 기업과는 전혀 다르다는 별천지세계의 경영이라는 선입관마저 가지고 있다.

특히, 젊은 층이 소비를 주도하기 때문에 변화무쌍한 젊은 분위기를 따라가지 못하는 연배에서는 엔터테인먼트를 경시 여기는 경우는 물론 체계적인 계획이 뒷받침하지 않고 운 좋게 하나의 대박 아이템(콘텐츠 · 실연자(연예인))에 의지하는 비전략적인 경영이라는 이미지도 굳어있다. 그러나 많은 사람들의 이러한 선입관과는 달리 합리적이고 계획적인 경영방식을 취하지 않는 기업은 엔터테인먼트 업계에서는 살아남을 수 없게 된다.

그러나 21세기 거세게 몰아닥친 한류열풍은 우리나라 엔터테인먼트 산업의 규모와 시장성, 그리고 향후 발전 가능성을 제시했다. 엔터테인먼트 매니지먼트를 통해 이 같은 추세를 몰고 나간다면 한국은 틀림없는 엔터테인먼트 부문의 강국이 될 것이다. 다만, 현재의 한국 엔터테인먼트 산업의 호황은, 엔터테인먼트 산업의 체계는 물론, 전략적인 매니지먼트의 기본 틀을 갖추지 않은 상태에서 맞이한 호황이기 그 누구도 미래를 예측하지 못하고 상황의 흐름을 주시하고 있을 뿐이다.

성공적인 엔터테인먼트 매니지먼트를 위해서는 국내는 물론 글로벌 시장에서의 경쟁력 점검에서 나타난 취약성을 극복하여 기획력과 창의력, 마케팅을 강화하고 엔터테인먼트 기업들의 경영혁신이 뒤따라야 할 것이다.

지금 우리에겐 보다 전략적이며 지속적인 새로운 매니지먼트 스타일이 요구되고 있으며 보다 철저하고도 지속적인 엔터테인먼트 콘텐츠의 활용과 전개방식의 매니지먼트가 필요할 때이다. 엔터테인먼트에 대한 산업으로서의 가치 인정은 물론 그 활용방법과 전개 방식에 있어 엔터테인먼트 매니지먼트와 관련된 전문가의 양적, 질적 육성이 시급한 때이다.

제04절 엔터테인먼트의 상품 특성

1. 경험재로서의 특성

엔터테인먼트 상품(혹은 서비스)이란 '소비자에게 효용의 만족을 주기보다는 심리적이고 주관적인 만족을 주는데 기여하는 비물질적인 것'에 중요성을 부여하는 상품이라고 정의 된다. 다시 말하면 엔터테인먼트 상품은 비물질적 활동과 그 체계에 의해서 경제적 가치(Economic Value)와 문화적 가치(Cultural Value)를 창출하여 소비자와 생산자 모두의 만족을 목적으로 하는 수단이라고 할 수 있다.[19)]

비물질적 가치가 우위인 재화를 정보재(Information-goods)라고 하는데, 엔터테인먼트 상품(혹은 서비스)은 정보재로서의 공통적 특성을 지니는 중에서도 경험재(Experience-goods)로서의 전형적인 특성으로 인하여 소비자가 엔터테인먼트 상품을 사전에 예측하기 어려울 뿐만 아니라 일단 소비 했다하여도 그 품질을 소비자가 확신할 수가 없다.

경험재(Experience goods)는 '경험하거나 구입하기 전에는 평가가 어려운 재화'를 의미하는 것으로서 서비스 상품의 대부분이 이에 해당하는데 표준화하기 힘들고 객관적으로 가치 평가가 어렵다는 특성을 지닌다. 이는 정보재(Information goods)가 가지는 정보의 비대칭성(Asymmetric Information)이라는 공통적 특성이 작용하기 때문인데, 이러한 경험재의 특성으로 인해 생산 공급자는 정보의 힘, 명성, 권리 등을 브랜드 가치에 담아 소비자에게 미리 인식시키지 않으면 안 되는 산업의 가치사슬 구조를 갖게 되는 것이다.[20)]

이와 같이 엔터테인먼트 상품 & 서비스는 소비자의 경험을 통해서만이 그 품질을 알 수 있는 경험재로 분류되면서도 많은 경우 사전적으로도 경험을 허락 하지

19) 구본무 외, 「엔터테인먼트산업의 패러다임변화와 정책과제」, 산업연구원, 2003, p61.
20) 박재천, 「정보통신산업정책」, 영진닷컴, 2003.

않는데 에서 생산자와 소비자사이에 정보의 격차가 크게 발생하는 독특한 경험재라고 할 수 있다.

2. 사회적 네트워크 효과

엔터테인먼트 상품이 갖는 두 번째 특성은 사람들이 상품의 품질에 대해 확신할 수 없을 때, 다른 사람들이 좋아하는 것을 따라서 좋아하는 성향이 있는데 이를 두고 사회적 네트워크 효과라고 한다(Kretschmer, Klimis, Choi 2001).

상품의 소비를 사회적인 차원에서 이해하는 것은 보다 복잡한 노력을 요구한다고 할 것인데, 이는 엔터테인먼트 상품에 대한 소비자의 취향이 어떻게 혹은 집단적으로 형성되고 변화하느냐를 설명할 수 있어야 하기 때문이다.[21)]

엔터테인먼트 상품을 소비하는 사람들은 대체로 그 소비를 통해 자신이 존재하는 사회와 문화코드를 표현하고자 한다. 이는 달리 말해서 소비자들이 엔터테인먼트에 부여하는 가치가 주관적으로 형성된다는 것을 의미하는 것으로서, 품질을 측정할 수 있는 표준적인 잣대가 구조적으로 형성되기 어렵다는 것으로 해석할 수 있다.

기업의 입장에서는 엄청나게 늘어날 수 있는 상품과 서비스를 생산함으로써 발생하는 사업의 위험을 가급적 회피하기 위해서는 잠재적인 소비자들이 공통적으로 갖고 있을 법한 사회적이고 문화적인 특성(혹은 코드)을 최대한 이끌어내어 이를 제공하는 산출물에 반영하는 것이다.

엔터테인먼트에 대한 소비자들의 신호체계는 사회적 전염과정을 통해서 나타난다고 한다. 다시 말해서, 개인이 갖게 되는 취향이나 선호는 다른 사람과의 끊임없는 접촉을 통해서 만들어지며, 집단적인 취향은 가령, 음악잡지, 인터넷 커뮤니티 등의 수단을 통해 개인들이 사회적으로 교류해가면서 응집되며 형성된다는 것이다.

흥미로운 점은 이러한 사회적 전염효과가 엔터테인먼트산업의 경쟁구조에 중대한 영향을 미칠 수 있다는 것이다. 예를 들면, 엔터테인먼트산업의 소수 기업들은 이러한 통로를 극단적으로 활용해서 다른 경쟁기업들을 효과적으로 따돌리고 시장

21) 구본무 외, 「엔터테인먼트산업의 패러다임변화와 정책과제」, 산업연구원, 2003, p60-61.

에서 지배력을 확보함으로써 불균형적인 시장구조를 만들어 내기도 한다.

이러한 엔터테인먼트 상품의 두 가지 특성 즉. 품질의 불확실성과 사회적 네트워크 효과는 엔터테인먼트 기업에게 복잡한 소비 구조의 이해와 이에 부응한 생산 공급 체제를 마련하는 것이야말로 기업 생존전략의 필수적 과제가 되고 있음을 이해해야 할 것이다.[22)]

3. 공공재(Public goods)의 특성

엔터테인먼트 상품은 일반 사적재(Private goods)와 달리 공공재적 성격을 갖고 있다. '공공재'란 한 사람의 소비가 다른 사람의 소비를 방해하지 않고 여러 사람이 동시에 편익을 받을 수 있는 비배제성(Non-Exclusiveness), 비경합성(Non-Rivalry)등의 특성이 있는 상품이다. '비배제성'이란 특정한 소비자들이 어떤 이유로든 상품을 이용할 기회를 박탈당하지 않는 것을 말한다. '비경합성'이란 소비자가 다른 소비자의 소비를 저해하지 않고 동시에 소비 가능한 것을 말한다.[23)]

방송프로그램의 경우 지상파 방송은 순수 공공재이고, 돈을 지불하는 유료 방송 콘텐츠는 비 경합적이지만 비배제성은 완화된 상품으로 준공공재(Quasi-Pubilc goods)의 특성이 있다. 마찬가지로 영화의 경우 한 사람이 영화를 보았다고 해서 다른 사람이 그 영화를 보는 데 방해받는 것은 아니다. 모든 사람이 동시에 영화를

관람해도 영화의 재고가 줄어들거나 소멸하지는 않지만 돈을 지불하고 극장에 들어가야 한다는 점에서 완화된 비배제성을 갖고 있다.

그러나 엔터테인먼트 상품의 공공재적 특성은 순수예술만의 영역이나 아직 산업화 단계에 이르지 않은 문화영역의 경우에 그대로 적용할 수가 없을 것이며 정보재의 비분할성, 비소모성과 비밀성과 같은 특성도 보안성과 저작권 등의 부각으로 유료화, 독점화와 같은 사적재로의 변화가 초래되고 있음을 이해할 필요가 있다.[24)]

---

22) 조인희 외, 「엔터테인먼트산업학개론」, 내하출판사, 2010, p43-44.
23) 유진룡 외, 「엔터테인먼트산업의 이해」, 넥서스BIZ, 2009, p36.
24) 손대현 편, 「문화를 비즈니스로 승화시킨 엔터테인먼트산업」, 김영사, 2004, p56-58.

4. 감성의 가치

세계의 경제는 이제 산업의 경제, 지식의 경제시대를 넘어 감성가치가 주도하는 경험의 경제, 엔터테인먼트의 경제시대로 넘어가고 있다.

엔터테인먼트산업은 바로 이러한 감성가치, 감성체험을 팔고 사는 산업이라고 할 수 있는데, 지금까지 지배해 왔던 성능, 기능, 가격과 같은 합리적, 이성적인 가치기준이 감성적, 체험적 가치체계로 바뀌어 가고 있는 것이다. 즉 경험의 경제시대에는 타 상품과 차별화하기 위하여 새로운 요인이 필요하게 되었고, 그 자리에 감성(Feeling)이란 가치기준의 코드가 자리매김하게 된 것이다.[25)]

Pine과 Gilmore(1998)는 이를 '경험의 경제'라고 하며, Wolf(2000)는 '주목의 경제'라고 하여 엔터테인먼트인 감성의 가치가 경제의 여러 요소에서 침투 융합하여 기업의 성패를 좌우하게 되었다고 한다.

감성(感性)이란 말의 키워드는 '좋은 느낌의 감각'을 일컫는데, 인간의 오감(五感)을 통한 감각이 체험, 지식과 마음, 사상으로 진화하여 행동으로 작용하게 되는 것이므로 이 오감의 만족이 엔터테인먼트산업의 차별화 전략이며 생존전략이 된다는 것이다.

롤프 엔센(Rolf Jensen)은 한발 더 나아가 그의 저서 '드림 소사이어티(Dream Societ)'에서 사회가 정보사회에서 꿈의 사회로 발전하고 있으며, 여기에서는 감성시장(Emotional Market)이 커지고 감성과 상상력을 자극하는 상품이 주도적 위치를 차지하게 된다고 하였다.

이러한 감성 시장은

첫째, 모험 판매의 시장(Adventures for Sale)

둘째, 연대감, 친밀감, 우정과 사랑을 위한 시장(Market for togetherness, friendship and love)

셋째, 관심의 시장(Market for Care)

넷째, 나는 누구인가 시장(Who-Am-I Market)

---

25) 유진룡 외, 「엔터테인먼트산업의 이해」, 넥서스BIZ, 2009, p45.

다섯째, 마음의 평온을 위한 시장(Market for Peace of Mind)
여섯째, 신념을 위한 시장(Market for Convictions)

이러한 의미에서 미야시타 마코토는 '캐릭터 비즈니스, 감성체험을 팔아라'라는 저서에서 캐릭터를 감성체험을 파는 대표적 사례로 꼽고 있다.

5. 스토리텔링

스토리텔링(Story Telling)이란 '사건(Event)에 대한 진술이 지배적인 담화양식'으로서 뉴미디어 기술을 통하여 다양한 콘텐츠의 창작과정에 활용하는 수단이 되며 한마디로 사람의 마음을 사로잡는 재미있는 이야기(Story)를 말한다.[26)]

디지털시대의 대중들은 날마다 무수한 양의 정보를 전하기 때문에 더 이상 객관적이고 가치중립적인 정보만으로는 아무런 감흥을 얻지 못한다. 그렇기 때문에 이성적인 객관적 정보(Object fact)만 전달하는 것보다 감성을 중시하는 가운데 주관적 경험(Subjective Experience)을 전달하는 것이 더 효과적이며 같은 양과 질의 정보일지라도 스토리텔링을 통해서 풀어 낼때야 비로서 대중들이 공감하고 움직인다.

스토리텔링은 소설이나 영화뿐만 아니라 광고, BI(Brand Identity), 마케팅, 테마파크, 프로스포츠 등 다양한 영역에서 공감을 발현시키는 즐거움의 원동력(Fun factor)으로 적극 활용되고 있다.

대표적 사례로서 디즈니랜드는 세계 곳곳에 자리 잡고 있는 유명한 테마파크인데동화와 애니메이션을 통해 익숙해진 캐릭터의 이야기들을 거대 자본에 의해 실제 세계로 옮겨놓은 장대한 스토리텔링이다. 단순한 제품정보는 소비자에게 일회적 자 극만 전달하지만 스토리는 소비자의 무의식에 기억으로 저장되어 태생적으로 수명이 달라지게되며 스토리텔링이 제대로 활용되기 위하여서는 4가지 요인으로 메시지(Message), 갈등(Conflict), 캐릭터(Character), 플롯(Plot)을 ("여기서 플롯 이란 소설에서의 연결되는 일련의 사건을 논리적 패턴과 효과를 위한 배치를 말하며 이

26) 조인희 외, 「엔터테인먼트산업학개론」, 내하출판사, 2010, p46-47.

야기 구조나 구성으로 표현하기도 한다")들고 있다.

최근 지역 축제가 경쟁적으로 기획되어 열리고 있으나 비슷한 테마 중복과 콘텐츠 부실 등으로 사람들로부터 외면당하는 사례가 일고 있다. 이에 지역축제의 구조조정이 있어야 된다는 각성이 일고 있으며 축제로 성공하려면 스토리텔링(Story Telling)이 있는 것만이 성공한 축제로 남게 될 것이고 그렇지 못한 축제는 폐지 결정 되어야 할 것이다.

Chapter 03

엔터테이너 수급현황과 연예 매니지먼트사와의 관계

제01절 엔터테이너(실연자)의 수급현황

실연자(연예인)가 되기 위한 조건에는 학력과 라이센스는 무관하다고 할 수 있는 직업이지만 현재의 엔터테이너(실연자)는 학력과 무관하다고는 볼 수 없는 것이 엔터테인먼트업계의 현실이다.

그렇지만 창의력과 예술적 표현능력과 같은 주관적인 것과 타고난 소질과 재능은 성격의 것이기 때문에, 이를 발견하고 연구 개발하여 수급시장으로 접근하게 하는 과정, 이들을 양성하는 과정, 이들을 관리하는 과정, 이들의 일을 기획, 알선하는 영역 등에서는 매우 전문적이며 주관적인 능력과 경험이 필요한 사항이기 때문에 접근하기에는 매우 어려운 구조를 가지고 있다고 볼 수 있다.

그러므로 구체적인 인력의 수급(충원)방식은 매우 다양하며, 주관적인 기준과 비공식적인 경로에 의존하는 경향이 크다. 하지만 이를 좀 더 일반화 시켜 구조적으로 도식화해보면, 엔터테이너로 나아가기 위한 교육을 담당하는 시장, 양성된 자질과 교육을 바탕으로 노동력 시장으로 나아가기 위한 유통시장, 그리고 이들의 노동력이 제작에 적용되는 시장으로 나눌 수 있다. 이를 나타내면, [교육(양성)시장 → 노동력 유통시장 → 제작시장][1]을 거친다고 할 수 있다.

1. 엔터테이너의 교육시장 현황

엔터테이너의 교육시장은 방송 엔터테이너 지망생을 대상으로 향후 방송, 연예 관련 제작시장에 참여할 수 있는 기본 자질과 역량을 발굴, 육성하는 단계의 시장이며 방송 엔터테이너에 대한 사회적 인식이 지금처럼 높지 않았던 시절에는 대학

1) 노동연구원, 『문화산업 전문인력 형성 구조와 정책지원』, (2006) 문화산업 환경 참조.

의 연극영화과와 연예 매니지먼트사의 자체 양성프로그램에 따른 교육이 거의 전부였지만 지금은 방송 엔터테이너에 대한 사회적 인식이 향상되면서 방송 엔터테이너 지망생이 급격하게 증가하고 방송, 연예 산업이 산업으로 인식되고 체계화되면서 다양한 교육기관이 설립되었고 연예기획사 내부의 양성 프로그램도 독립된 교육기관의 설립으로 변화되고 있다.

방송 엔터테이너 양성을 위한 교육기관은 우선 공교육 차원의 대학교와 전문대학, 고등학교, 사교육 차원의 방송 엔터테이너 관련 학원, 그 외 방송사 부설 아카데미, 연예 매니지먼트사 소속 양성소 등이 있다고 볼 수 있으며 다음과 같은 교육의 현황을 볼 수 있다.

1) 대학 및 전문대학

우리나라 정규 교육과정에 개설된 관련 학과 중 대표적인 과로는 연극과, 영화과, 방송연예학과, 엔터테인먼트경영학과, 문화콘텐츠학과, 연예산업경영과, 연예매니지먼트과, 모델과를 들 수 있으며 최근의 사회적 분위기에 맞춰 다양한 이름의 관련 학과들이 신설되고 있다. 특히 '모델'과 관련된 과의 경우에는 그 영역이 실제 현장에서 명확하지 않은 것을 반영하듯 모델연기학과, 방송모델과 등과 같이 연기자나 방송의 영역과 합쳐져 있으며 그 명칭도 다양하다 할 수 있다. 일반 4년제 대학에는 연극 · 영화과가, 2년제 대학(이하 전문대학)에서는 모델 학과가 주로 개설되어 있고 자세한 현황은 다음의 <표 3-1>과 같다.

방송연예 관련 학과에 재학 중인 학생수의 증가에 따라 졸업생의 수가 꾸준히 증가하고 있다. 불과 몇 년 전인 2008년에 약 9천 3백여 명이었던 졸업생 수가

▌그림 3-1 엔터테이너(연예인)의 수급 현황

▌표 3-1 연도별 관련 학과 및 학생수

구분		2008		2009		2010		2011	
		학과	학생	학과	학생	학과	학생	학과	학생
대학	연극 · 영화	85	1,918	88	1,968	89	2,070	89	2,152
	영상 · 예술	110	3,240	108	3,391	110	3,164	109	2,977
전문대학	연극 · 영화	33	1,220	39	1,397	38	1,331	44	1,484
	영상 · 예술	88	2,948	98	2,892	99	3,248	96	3,012
합계		316	9,326	333	9,648	336	9,813	338	9,625

자료 : 교육기본통계(교육통계서비스시스템, www.kedi.re.kr) 정리

2011년에는 9천 6백여 명으로 증가하였다. 해당학과의 학생들은 엔터테이너를 양성하는 가장 공식적인 교육시장의 연예산업의 인력으로 볼 수 있다.

▌표 3-2 연도별 졸업생 수

구분		2008	2009	2010	2011
대학	연극 · 영화	1,296	1,326	1,269	1,440
	영상 · 예술	2,058	2,046	1,726	1,946
전문대학	연극 · 영화	613	702	693	840
	영상 · 예술	1,757	1,686	1,812	1,859
합계		5,724	5,760	5,500	6,085

자료 : 교육기본통계(교육통계서비스시스템, www.kedi.re.kr) 정리

2) 사설학원

사설학원은 비록 대형 매니지먼트사의 매출과 사업 규모에 비해 적은 부분을 차지하지만 여전히 연예인 지망생들이 1차적으로 찾는 주된 경로로 기능을 하고 있다. 사설학원의 종류와 특징을 살펴보면 다음의 <표 3-3>과 같다.

▌표 3-3 사설학원의 구분과 특징

구분	특징
입시형 연기학원	대학진학을 위한 각 특정학과에 실기 위주 집중교육(대학진학에 목표를 둔 학원)
기업형 연기학원	연예계 진출이 목적임 가장 많은 문제점이 발생하는 곳
지상파 방송국부설 아카데미	규모가 크고 교육과정이 다양하다. 원장을 비롯하여 강사진이 현직에 종사중인 연예인과 제작 인력이 많이 포진하고 있다.
연예기획사 부설 아카데미	기획사의 전속계약으로 이루어지는 경우가 드물다.

2. 오디션 및 캐스팅

오디션과 캐스팅은 연예인이 되기 위한 필수 코스이다. 이들이 방송 · 연예활동을 준비할 수 있는 곳은 아래와 같이 10여개의 경로가 있다.

1) 대학 연극 · 영화학과 및 연예관련학과

현재 전국 150개 대학에서 매년 1만 6000여 명의 정원이 모집된다.

2) 연예관련 사설학원

연예계 진출을 목적으로 학원을 수료하는 인원은 수도권에서만 한해 육천 명에서 칠천 명으로 추정되고 있다.

3) 극단입단

연기자 입문의 가장 고전적인 경로이며 연기자의 꿈을 갖고 극단에 입단 하여 연기 훈련 뿐 아니라 극단의 모든 잡무를 맡으며 무대 데뷔를 준비하며 그 기간은 보통 생각하는 것 보다 상당한 기간이 걸린다고 볼 수도 있다. 입단을 했다고 해서 바로 배우가 되는 것도 아니며 특정한 훈련 기간을 거쳐 연기자로 발돋움하는 것도 아니므로 매년 극단에 지원하는 연기자 지망생의 현황은 알 수 없다.

개그맨/코미디언들이 주로 이 경로를 이용하여 입문하고 있으며 개그관련 매니지먼트 회사에서 자체 극단과 극장을 소유하며, 이곳에서 소속 개그맨/코미디언들을 교육(양성)한 후, 검증된 개그맨들을 방송 프로그램에 출연시키고 있다. KBS(개그콘서트), SBS(웃음을 찾는 사람들), MBC(개그야)가 대표적인 케이스라고 할 수 있다.

4) 연예 매니지먼트사의 오디션 및 캐스팅

연예 매니지먼트사 자체에서 신인 발굴 오디션을 실시하며 신인연예인의 발굴 정원은 정해져 있지 않으며, 연예인 지망생의 대부분이 연예 매니지먼트사의 오디션에 참가한다. 또한 소위 '길거리캐스팅'이라 불리는 연예 매니지먼트사의 개별적 캐스팅 역시 아직 활발한 편인데, 특히 젊은이들이 많이 모이는 거리, 또는 축제나 대형 행사에서 새로운 얼굴을 찾는 방식은 아직도 빈번하게 사용되고 있다.

5) 각종 선발대회

미스코리아와 슈퍼엘리트모델을 포함해 수많은 종류의 선발대회가 있다. 각종 선발대회의 참가자들은 대부분 선발대회 입상을 통해 연예계 진출을 꿈꾸기 때문에, 선발대회는 연예인지망생들에게 중요한 기회의 장으로 인식되고 있으며 그 예로 다음과 같은 선발대회가 있다. 미스 춘향, 보성 녹차, 영양고추, 문경능금, 단양철쭉, 성환 배, 성주수박, 경주버섯, 나주배꽃, 진해 벚꽃, 제주감귤, 부산자갈치, 부산오륙도, 증평인삼 등 전국 각지에서 200여개의 크고 작은 다양한 지역 미인선발대회가 있다.

6) 방송사 공채

예전에는 텔런트, 가수, 성우, 코미디언 등을 공채로 선발을 하였으며 현재와 같이 방송 · 연예 산업이 대형화 · 산업화되기 전에는 가장 중요한 경로였다. 하지만

90년대부터 연예 매니지먼트사를 통한 '특채' 탤런트들이 등장하고 이들이 스타로 성장하면서 그 중요성과 유효성이 줄어들면서 지금은 실시하지 않고 있으며 개그맨만 각방송사 별로 공채로 선발 채용하는 현실이다.

KBS와 SBS가 2003년, MBC가 2004년 마지막으로 공채 탤런트를 선발한 이후 방송가에서 자취를 감췄다. 당시 공채 탤런트는 선발 후 교육 및 관리 부족으로 도태되는 배우들부터 1~2년 후 전속계약 종료 후 기존 매니지먼트사에 편입되면서 공채 타이틀이 프리미엄으로 작용해 몸값이 폭등하는 등 문제점들이 노출돼 폐지됐다. 2009년 KBS만 부활 현재는 오디션 프로가 대세라 할 수 있다.

7) 연예인 2세

실연자(연예인)에 대한 사회적 인식이 좋아지면서, 연예인 2세들이 연예계에 많이 진출하고 있는 현실이다. 물론 이전에도 연예인 2세들이 연예계에서 많은 활동을 하기도 했지만, 지금처럼 그렇게 많지는 않았다. 부모세대의 인맥 등을 활용하여, 일반인 연예인 지망생들보다는 쉽게 등용하며 활동의 기회를 많이 잡는 것으로 평가되어지고 있다.

8) 인터넷 얼짱

인터넷 포털 싸이트의 다음 까페의 '五大얼짱'(http://cafe.daum.net/5i) 중심으로 인터넷 얼짱이 등장하기 시작하여 얼짱 1기인 박한별, 구혜선이 인터넷 얼짱 출신으로 연예계에 데뷔를 하였으며 청소년 연예인 지망생들의 많은 관심을 가지고 있고 현재는 자기 자신의 동영상을 기획, 제작하여 인터넷 싸이트에 올리고 있다.

9) 패션/광고모델

패션/광고모델 자체가 연예활동을 하는 연예인이지만 연기자로 데뷔해 더 많은 인기를 얻기 위한 남녀연기자들의 지름길로 인식되고 있다.

10) 버라이어티쇼

인기연예인과 일반인이 함께하는 버라이어티쇼에서 대중들 사이에서 화제가 되어 인기를 얻고 연예기획사에 눈에 띄어 데뷔하기도 한다.

11) UCC

주로 가수지망생이 자신을 홍보하는데 활용도가 높고 심지어는 UCC 포탈싸이트에서 가수 선발 오디션을 운영하며 새로운 신인을 발굴 중에 있다. 미국에서는 UCC를 통해 유저들의 폭발적인 반응에 힘입어 신인으로서는 파격적인 계약금을 받고 데뷔한 경우도 있었다. 앞으로 UCC를 통해 많은 연예인이 배출될 것으로 주목된다.

12) 각 방송사 오디션 프로그램

현재의 방송은 시간이 지날수록 점점 다원화, 전문화 되어가고 있다. 이에 발맞추어 방송사들 간의 경쟁도 심화되면서 시청자들의 욕구를 충족시킬만한 다양한 프로그램을 만들고자 방송사들의 노력이 끝이지 않고 있는 현실이다.

(1) 개요

① 본격적인 오디션 프로그램의 시작은 2009년 Mnet의 슈퍼스타K의 성공으로 시작. 2001년 SBS '영재육성 프로젝트 99%의 도전'및 2002년 MBC '악동클럽', 2005년 Mnet '배틀신화', 2006년 SBS '슈퍼스타 서바이벌'과 같은 프로그램들이 있었지만 서바이벌 오디션 프로그램의 포맷은 부각되지 않은 채 파일럿 형식으로 끝이 났다.

② 오디션 프로그램은 아이돌 시장을 더욱 확대하고자 하는 연예 매니지먼트사와 새로운 포맷을 추구하는 방송사와의 니즈가 적절히 결합되어 탄생하였다.

③ 각 방송사의 오디션 프로그램은 연예 매니지먼트사의 대표가 직접 심사위원으로 참여하면서 발굴 현장과 방송 창구의 시너지 효과 창출하였으며, SBS

▌표 3-4 지상파 및 케이블 텔레비전의 오디션 프로그램 현황(2012, 8. 현재)

구분	방송사	프로그램명	분야	방영기간	비고
지상파	KBS	불후의 명곡	연예인 경쟁	2012.04.07.~현재	*현재 시청률 : 11.3%
		파서바이벌 TOP 밴드	밴드	2012.05.05.~현재	*2011.06.04~2011.10.15 시즌 1 방영
		휴먼 서바이벌 도전자	글로벌 리더	2011.06.24.~2011.10.07	*2012년 시즌2 방송예정
	MBC	Dancing With The Stars 2	댄스	2012.04.27.~ 현재	*2011.06.10.~2011.08.26 시즌 1 방영 현재 시청률 : 10.9%
		서바이벌 나는 가수다 2	연예인 경쟁	2012.04.29.~현재	*2011.09.06~2012.02.19 시즌1 방영 현재 시청률 : 10.9%
		신입사원	아나운서	2011.03.06.~2011.06.26	
		위대한 탄생 2	가수	2011.09.09.~2012.03.30	*2010.11.05.~2011.06.03 시즌 1 방영 *2012년 10월 시즌 3 방송예정
	SBS	K Pop Star	가수	2011.12.04.~2012.04.29	*2012년 11월 시즌 2 방송예정
		김연아의 키스 & 크라이	피겨 스케이팅	2011.05.22.~2011.08.21	
		기적의 오디션	연기자	2011.06.24.~2011.10.14	
		다이어트 서바이벌 빅토리	다이어트	2011.08.28.~2011.11.27	
케이블	KBS joy	Global Super Idol	가수	2012.058.17~현재	
	m.net	슈퍼스타 K3	가수	2011.08.12.~2011.11.11	*2009년~2011년까지 매년 방영 *2012년 시즌4 방송예정
	On Style	도전 수퍼모델 KOREA 2	모델	2011.07.09.~2011.10.01	*2010.09.18.~2010.12.11 시즌 1 방영
		프로젝트 런웨이 코리아 4	패션디자이너	2012.01.28.~2012.04.21	*2009년~2011년까지 매년 방영
	tvN	코리아 갓 탤런트 2	재능	2012.06.01.~현재	*2011.06.04.~2011.08.21 시즌 1 방영
		오페라 스타 2011	연예인 경쟁	2011.03.26.~2011.05.08	
	QTV	에드워드 권의 예스 셰프 2	요리	2011.06.04.~2011.08.20	2009.09.25.~2009.12.11 시즌 1 방영
종편	jTBC	Made in U	가수	2011.12.03.~2012.05.13	

'K POP STAR'의 경우, 3대 연예매니지먼트사인 SM, YG, JYP를 대표하는 보아, 양현석, 박진영이 심사위원으로 참여하였다.

④ 또한 대부분의 오디션 프로그램이 해외에서 검증받은 프로그램들의 포맷을 들여와 현지화에 성공. tvN의 '코리아 갓 탤런트'와 '오페라 스타'는 각각 영국의 '브리튼스 갓 탤런트'와 '팝 스타 투 오페라 스타'를, MBC의 '댄싱 위드 더 스타 인 코리아'는 영국의 '스트릭틀리 컴 댄싱'을 미국 ABC방송사가 리메이크한 '댄싱 위드 더 스타'의 포맷을 수입 제작 함

제02절 연예 매니지먼트사의 역할과 양극화현상

1. 역할

국내의 연예 매니지먼트사의 설립과 등록은 허가제가 아닌 관할 구청 등록제로 되어 있으며 연예 매니지먼트사의 인수 및 합병 등을 통해 사명(社名)변경이 잦고 코스닥 우회상장이 변수로 작용하면서 연예 매니지먼트사의 정확한 현황을 파악하기 힘든 것이 국내 연예 매니지먼트사의 현실이다.

과거에는 연예 매니지먼트사들이 엔터테이너의 발굴 및 관리, 유지하는 업무을 주 업무로 하였지만, 90년대 이후 대형화되면서, 기존 업무 이외의 일을 새로운 사업영역으로 확장하였다. 문화콘텐츠가 황금 알을 낳는 거위로 인식되어가면서, 연예 매니지먼트사의 우회상장, SK, CJ, KT와 같은 대기업의 투자와 해외의 자금이 들어오면서 연예 매니지먼트사의 몸집은 더욱 커지고 있다. 즉, 국내 연예 매니지먼트 업계는 과거에는 볼 수 없었던 형태로 본격적인 대형화, 금융화, 글로벌화를 통해 시스템과 인력구조를 재편해가고 있다. 또한 기존에 기획사 자체 내에 존재하였던 교육, 양성기능을 자회사 형식의 아카데미로 독립 시켜 운영하는 곳도 생겼다.

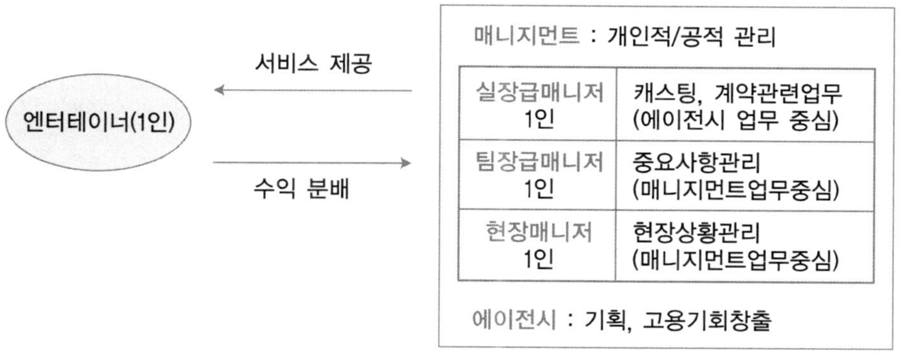

그림 3-2 연예 매니지먼트사의 업무내용

이렇게 연예기획사는 대형화, 다양화가 되는 추세로 볼 수 있고 일반적으로 실연자(연예인)과 연예 매니지먼트사의 역할을 도식화 시켜보면 다음 <그림 3-2>와 같다.

2. 연예 매니지먼트사의 양극화 현상

국내 연예 매니지먼트 시스템은 심각한 양극화 경향을 보이고 있으며 다수의 스타를 확보한 "공룡" 급 연예 매니지먼트사는 막강한 영향력과 힘을 과시하고 있는 것이 사실이다. 나아가 장동건, 배용준, 정지훈, 김영애 등 소위 "한류스타"들은 1인 기업형 연예 매니지먼트 회사를 설립 직접운영 새로운 연예계 파워 맨 으로 급부상하고 있다. 이에 중소 연예 매니지먼트사 들은 점점 설 자리를 잃고 있는 현실이다. 우리나라 연예 매니지먼트 산업계에 나타난 독특하고 기이한 연예 매니지먼트사의 양극화 현상을 살펴보면 다음과 같다.

우리나라 연예계의 제작자 및 종사자들의 생각은 현재 우리나라 연예 매니지먼트 산업계를 영국의 산업혁명과 비교하면서 연예 매니지먼트사의 대형화를 자연스러운 변화로 받아들여야 한다고 생각들을 하며, 이렇게 산업혁명은 거대한 기업들의 탄생과 가내수공업의 몰락을 가져왔다. 그러한 면에서 우리나라의 연예 매니지먼트사는 영국의 산업혁명의 초기와 너무도 닮아 있다는 것이다. 거대한 대기업의 자본과 인적자원의 유입과 더불어 거대한 연예 매니지먼트사의 출현이 현재 계속적으로 이어지고 있고, 코스탁 열풍 등과 더불어 1인의 기업화와 같은 기형적 형태의 연예 매니지먼트사가 나타나고 현실이다.

연예 매니지먼트사의 대형화와 체계적인 시스템화는 한류를 이끌어내는데 주도적인 역할을 했는가 하면, 한류스타의 체계적인 관리 등 국내 연예 매니지먼트의 다각화와 해외로의 진출로 이어지는 등 발전적인 모습들도 많이 보여주고 있다. 그러나 스타의 권력화와 몸값 폭등이 중소 연예 매니지먼트사들의 초라한 퇴출의 몰락으로 이어지는 등 부작용도 일어나는 현상이다.

거대한 연예 매니지먼트 회사의 출현으로 대두된 가장 큰 부작용으로 지적되는 것이 '끼워팔기'식 캐스팅이다. '끼워팔기'식 캐스팅은 대형 매니지먼트사가 드라마나 영화에 자사의 톱스타를 캐스팅하면서 신인을 '옵션'으로 끼워 넣는 방식. 하지만 드라마 제작과 매니지먼트 사업을 병행하고 있는 대형 엔터테인먼트 회사의 한 관계자는 '끼워팔기' 식의 캐스팅 계약은 어쩔 수 없는 선택이라고 설명한다.

현실적으로 아무리 힘 있는 회사라 하더라도 신인 연기자만을 한 작품에 출연시키기란 어렵기 때문이며, 이 때문에 신인 연기자들 역시 작은 연예 매니지먼트사보다는 대형 연예 매니지먼트사를 선호하고 이로 인해 신인 연기자들은 대형 연예 매니지먼트사로 부터 이적 제의를 받기도 하고 지금의 연예 매니지먼트사와의 계약 및 여러 상황으로 중소 연예 매니지먼트사를 저버릴 수 없는 현실에서 대형 매니지먼트사의 제의에 의해 다됐던 드라마 출연이 좌절됐을 때는 정말 당장에라도 소속사를 옮기려하는 마음도 있을 수 있으며 이러한 현실에서 무리해서 소속사를 옮기는 현실이 지금의 매니지먼트사와 신인 실연자(연예인)과의 현상이라 할 수 있다.

최근 높은 신청률을 기록했던 한 드라마 제작사의 관계자는 "한국에 과연 스타가 존재하느냐"고 반문하는 사람도 있으며 드라마나 영화의 흥행을 혼자 책임질 수 있는 스타가 한국에 누가 있느냐는 것이며 "하지만 방송국에서는 스타파워의 현실을 잘 알면서도 은연중 스타 캐스팅을 원 한다"고 했다.

그리고 제작사는 편성이나 투자를 받기 위해서는 울며 겨자 먹기 식의 스타를 캐스팅 할 수밖에 없다는 현실이며, 제작사의 관계자들은 연기력이 검증되지 않는 신인을 섣불리 캐스팅할 수도 없고 꼭 스타가 필요하다면 대형 기획사의 '끼워 넣기'요구에도 응할 수밖에 없다고 하소연하는 것이 현재 우리나라의 연예 매니지먼트사의 현상이라고 말할 수 있다. 이에 중소 연예 매니지먼트사들이 설자리를 잃어가고 있으며 양극화가 점차 심각해지면서 나타난 현상 중 하나는 중소 연예 매니지먼트 사들의 몰락이라고 할 수 있다.

대형 연예 매니지먼트사들의 캐스팅 독점은 물론이고 제살 깎아 먹기식의 중소 연예 매니지먼트사들끼리 소속 실연자(연예인)들을 빼돌리는 상황도 있으며 한 달이 멀다하고 연예인과 소속사 간의 소송 기사가 미디어와 신문지면을 장식하고 있는 것도 바로 이러한 이유 때문이라 할 것이다.

하지만 최근까지 중소 연예 매니지먼트사를 운영해온 매니저들는 지금의 폐해는 결국 경험과 기획력과 아이디어 능력이 부재한 대다수 중소 연예 매니지먼트사 스스로 초래한 것이라고 말할 수 있으며 그중하나가 너도나도 몇 년 사이 우후죽순으로 연기자 1~2명을 데리고 연예 매니지먼트사를 시작했지만 실제 이들 기업 중 전문적인 지식과 풍부한 경험이 있는 곳은 정말로 드물다라고 설명할 수 있다.

심지어 이들 중에는 방송국이나 제작사의 시스템이 어떠한 방법으로 돌아가는지 조차 제대로 알지 못하는 매니저들도 많다는 문제점이 가장 크다는 것이며 이러한 문제점을 해결하기 위해서는 5년 후 10년 후를 내다볼 수 있는 전력과 전문화된 인력충원 그리고 마케팅능력을 키워야하며 회사와 소속 연예인의 신뢰와 믿음이 반드시 뒷받침돼야한다.[2)]

3. 연예인의 발굴 및 스카우트

연예 매니지먼트의 핵심은 실연자(연예인)이라 할 수 있다. 연예 매니지먼트에 있어 가장 많은 기업의 이익을 창출시키는 것은 발굴한 신인이 스타로서 성장하였을 때 이며 통상 대부분의 연예 매니지먼트사들은 신인을 발굴하는 전담직원을 채용하고 있으며 신인 실연자(연예인)의 발굴은 연예 매니지먼트사의 공식 오디션을 통해 이루어지며 아직도 공식적인 과정을 통하지 않은 이른바 '길거리 캐스팅' 관행은 계속되고 있다. 길거리 캐스팅의 장점은 무엇보다도 공식 오디션을 위한 비용이 절감된다는데 있다고 볼 수 있을 것이다.

그러나 최근 연예 매니지먼트사는 과학적인 스타 만들기라는 전략을 내세우면서 신인 연예인의 스타 만들기의 육성과정을 보다 체계적으로 기획하고 연구개발(R&D)하여 성공을 거두고 있다. SM엔터테인먼트사의 보아는 그 대표적인 예라고 할 수 있고 보아의 성공은 과학적인 스타 기획이 가져올 수 있는 무한한 성공의 가능성을 보여주었으며 현재 거의 모든 매니지먼트사 들은 스타가 될 만한 능력과 재능을 지닌 인재를 조기에 발굴하여 보다 체계적인 관리를 통해 기업의 이익을 창출하려는 기획을 세우지 않으면 안 된다.

2) 스포츠월드 2007. 04. 11(수).

그러나 신인 실연자(연예인)자 스타로 완성되기까지는 막대한 비용과 시간이 따르며, 무엇보다도 위험 리스크가 높다고 볼 수 있으며 따라서 매니지먼트사는 적절한 비율로 스타급 연예인들을 자사에 소속시킴으로써 안정된 매출을 꾀한다.[3] 또한 스타급 실연자(연예인)들은 계약 기간 종료 시 소속사를 다시 선택하게 되는데 이는 스타 본인이 자신을 효율적으로 관리해 줄 연예 매니지먼트사를 찾게 되고 또한 연예 매니지먼트사 역시 상품의 장래성과 발전 가능성 등을 분석한 후 스타의 스카우트 여부를 결정하기 때문이다. 기업형 연예 매니지먼트사의 출현으로 인하여 연예 매니지먼트 산업의 지형도가 빠르게 변화하고 있음을 가장 잘 나타내주는 지표 중 하나가 바로 톱스타들의 연예 매니지먼트사 이적이다. 이때 역시 연예 매니지먼트사와의 분쟁이 심각한 사회현상으로 나타나고 있는 현실이다.

4. 연예인의 노출 및 연예 상품의 홍보와 마케팅

실현자(연예인)가 대중에게 노출되는 것은 연예 상품을 통해서다. 연예상품은 음반, 광고, 영화, 드라마, 방송 프로그램, 캐릭터 상품, 사인회, 각종 행사 등 다양한 형태로 존재하며 따라서 매니지먼트사들은 소속 연예인이 참여한 상품의 시장가치를 극대화하기 위하여 상품의 특성과 대중들의 구매 욕구에 알맞은 각종 마케팅 전략과 홍보 전략을 구사한다.

연예 상품이 대중들에게 노출되기 전에 주로 행해지는 홍보는 스타를 활용하는 방법이다. 광고나 각종 이벤트를 통한 홍보에 비하면 스타를 이용한 홍보는 적은 비용으로 최대의 효과를 얻을 수 있는 방법이다. 가수의 음반 홍보에 있어서 지상파 방송의 연예 프로그램과 가요 프로그램 출연, CATV의 뮤직 비디오 방영 등 다양한 기법이 동원된다. 연기자의 경우도 인쇄매체 홍보, TV 연예 정보프로그램을 통한 홍보, 인터넷홍보 등 여러 요소를 통하여 홍보 전략을 구사한다.

---

3) 그 예로 에이스타스는 안정적인 연예인 공급을 위해 '톱스타 30%, 중간스타 30%, 신인 40%의 비율을 유지한다'는 것을 사내 방침으로 걸고 있다. 권태동, '누가 연예계를 움직이는가 : 6개 매니지먼트사의 파워' <월간중앙>, (2001년 11월호)

한편 스타는 자신이 개입된 문화 상품의 상을 위해 다양한 홍보활동을 펼침으로써 대중들에게 노출될 기회를 더 많이 갖게 되고 이는 곧 주 수입원인 광고 계약으로 연결되기 때문에 스타들에게 있어서도 홍보의 과정은 중요하다. 이와 같은 연예인의 인기전략 수립에 있어서는 방송, 인쇄매체, 광고 등 주변 환경 요소들과 유기 연결되기계설정이 중요한데 매니지먼트사 입장에서는 이러한 매체들과 바람직한 기계를 설정홍보의 노력이 뒤따라야 한다.

5. 엔터테이너의 육성과 사후 관리

1) 아이돌 그룹을 중심으로

(1) 데뷔 전

① 우리나라 최초로 외국에 K-POP 전용극장설립

우리나라 최초로 외국에 K-POP 전용극장 설립, 2010년 5월 27일 일본 도쿄 에비스 가든 플레이스 내에 일본 최초의 K-POP 전용극장 'K시어터 도쿄'가 오픈, 200개의 객석수를 가진 이 전용극장은 원 플로어 형태로 만들어져 스테이지와 객석의 일체감을 증대한 무대이며, 'K시어터 도쿄'의 첫 무대엔 21인조 남성그룹 'A-Peace'가 무대를 장식 했다.

이렇게 K-POP 열풍이 아시아를 비롯한 미주 및 유럽으로 확산되면서 연예 매니지먼트 회사의 아이돌 그룹 육성 전략에 관심이 집중되고 있는 현실에서, 아이돌이라는 상품을 기획하고 생산하여 유통시키는 종합 매니지먼트회사들은 국내 대중문화시장을 선도하고 한류를 확산시키는데 중요한 역할을 수행하고 있다.[4)]

메이저 기획사들은 나름대로 독특한 스타일로 아이돌을 육성해 지금의 K-POP 열풍을 주도하고 있는 것이다. 우리나라 아이돌 그룹의 스타 육성에 가장 특징적인 부분은 연습생 시스템이다. 엄격한 오디션 과정을 통해 선발된 연습생들은 노래와 춤, 연기력, 외국어, 국제 매너에 이르기까지 다양한 분야에 대해 혹독한 훈련을 받

4) 김영찬, 오현주, 아이돌 장르의 부상에 따른 아이돌 스타덤 연구, 한국방송학보, 25권 6호, 2011.11.

게 된다. 이렇게 훈련된 연습생들의 역량은 TV와 영화, 연극, 뮤지컬 등 다양한 분야에서의 경력을 통해 나타나고 있다. 데뷔 후에도 이들은 합숙을 통해 철저한 관리를 받고 있으며, 연예매니지먼트 기업의 아이돌 그룹 관리는 기업의 에이스 전략을 통해 나타나고 있다. 연예매니지먼트 기업의 대표 주자의 인기 확보는 그룹의 인지도와 신뢰성을 제고할 뿐만 아니라, 다른 구성원에게도 커다란 역량을 발휘할 기회를 제공할 수 있기 때문이다.

최근 TV 프로그램에서 두드러진 특징 중 하나는 장르를 불문하고 아이돌 가수의 출연이 빈번하다는데 있다. 특히 이들은 음악 프로그램뿐만 아니라, 각종 예능 프로그램에서 메인 MC 또는 보조 MC로 활동하고, 드라마 에서도 활약이 두드러지게 나타나고 있다. KBS <너는 내운명>, MBC의 <맨땅에 해딩>, SBS <파라다이스 목장>에서는 아이돌 가수가 주인공을 맡았고, 심지어 KBS의 <드림하이>에서는 아이돌 스타들이 대거 출연하면서 높은 인기를 얻었다. 특히 이 드라마는 JYP 엔터테인먼트와 배용준의 키이스트가 공동제작 했고, SM엔터테인먼트는 <파라다이스 목장>을 외주제작사와 함께 공동 제작했다. 기획사들이 단독 혹은 공동제작 방식으로 드라마제작 사업에 진출하는 이유는 이 영역에서 해외 판권 및 부가 사업 등으로 다양한 추가 수익을 창출할 수 있기 때문이다.[5] 이는 나아가 드라마 제작산업의 구도를 바꾸어 놓고 있다.[6]

한편, 아이돌 스타를 키우는 대형 연예기획사 위주의 한국형 스타시스템은 과거 할리우드식 스타시스템과는 조금 다른 형태를 보이고 있다. 대개 아이돌 스타가 되고자 하는 지망생들이 기획사의 오디션을 보고 짧게는 1~2년, 길게는 8~9년까지도 연습생으로 시간을 보내게 되며, 이들이 데뷔하는 시기에는 이미 예비스타로서의 위치에 있게 된다.[7] 다시 말해 이들은 기획사의 철저한 스타시스템의 메뉴얼 및 생산 유통 과정에서 만들어져 관리되는 것이다.

이와 같이 얼마 전까지만 해도 하급문화의 생산주체로 취급 받던 '딴따라' 연예인과 그들의 '가방 모찌'로 불리던 매니저가 이제는 최고의 부가가치를 창출해 내는 엔터테인먼트산업의 선도적 문화생산자로 부상하고 있는 것이다. 이에 따라 '연

5) 김영찬, 오현주, 아이돌 장르의 부상에 따른 아이돌 스타덤 연구, 한국방송학보, 25권 6호, 2011.11.
6) 이문행, 국내 연예 매니지먼트 회사의 사업 다각화 현황, 한국콘텐츠학회논문지 9권 8호, 2009.9.
7) 김영찬, 오현주, 아이돌 장르의 부상에 따른 아이돌 스타덤 연구, 한국방송학보, 25권 6호, 2011.11.

예 매니지먼트'는 스타마케팅의 자원을 개발하고 기획하고 파생시키는 사업이며, 이들의 노동력을 적절히 분배, 투여하여 최대한의 부가가치를 창출하는 기획집단이 바로 연예기획사인 것이다.[8]

② 연습생 시스템 : 교육 방식

국내 연예 기획사의 연습생 시스템은 아이돌이라는 상품을 만들어 내기 위한 준비 단계로, 도제식 교육과 주입식 교육을 결합한 한국형 훈육 방식을 취한다고 할 수 있다. 우선, 각 기획사는 오디션을 통해 연습생을 선발한다. 특히, 기획사들은 재능 있는 신인을 발굴하기 위해 직접 길거리 캐스팅에도 나서고 있다. 과거 H.O.T 멤버들은 대부분 이 같은 길거리 캐스팅으로 발굴됐다.[9]

최근에는 각종 오디션을 통해 데뷔하는 사례가 늘고 있는데, 대부분의 연예기획사는 비정기적으로 공개 오디션을 벌이기도 한다. 2006년 SBS를 통해 방영된 JYP 엔터테인먼트의 '슈퍼스타 서바이벌'은 대표적인 사례라고 할 수 있다, 이 프로그램은 국내외 오디션을 통해 선발된 12명이 경쟁을 펼쳤는데, 이 프로그램에 참여한 준호, 찬성, 택연은 훗날 연습생을 거쳐 2PM 멤버로 데뷔했을 뿐만 아니라, 2011년 12월부터 3대 기획사인 SM과 JYP, YG는 SBS 프로그램인 'K-POP Star'를 통해 공개 오디션 후 3개사가 각각 캐스팅을 하는 프로그램을 진행하고 있다. 이와 같이 오디션을 통한 재원 발굴과, 데뷔 전에 실시하는 체계적인 교육이 K-POP의 원동력이 되었다는 주장이 최근 들어 더욱 힘을 얻고 있다. 신한류 열풍을 이끌고 있는 소녀시대 멤버는 평균 9년, 슈퍼주니어는 평균 3년, 2008년 일본에 진출해 일곱 장의 앨범을 발매한 빅뱅 멤버들도 평균 4.5년 동안 연습기간을 보냈다.[10]

③ 아이돌 그룹 구성 방식 : 선 기획 후 캐스팅

인재를 발굴하여 스타로 키우기보다는 아이돌 그룹의 이미지를 먼저 만들고 그에 적합한 구성원들을 캐스팅하는 것이 SM 엔터테인먼트의 인선 방식이다. 특히, 연습생들로 아이돌 그룹을 만들 때 SM이 가장 중요시하는 것은 '조합'이다. 일반

---

8) 김현정, 아이돌 그룹의 신모델 연구, 진화형 아이돌 그룹 동방신기를 중심으로, 석사논문, 단국대학교 예술문화대학원, 2007.

9) 고재열, SM 이수만, JYP 박진영, YG 양현석의 리더십 비교, 연예IN 연예人, 2011.3.18.

10) 고재열, SM 이수만, JYP 박진영, YG 양현석의 리더십 비교, 연예IN 연예人, 2011.3.18.

사람들이 보기에 걸그룹은 비슷비슷한 외모와 분위기의 여성들을 모아놓은 것으로 보인다. 그러나 실제로는 '공통점'보다 '차이점'이 중요하다. 그룹의 이미지를 좌우하는 '에이스(윤아)', 음악성을 책임지는 '보컬(태연)' 그리고 맑고 순수한 이미지로 호감도를 높이는 '막내(서현)'로 구색을 맞춰야 대중으로부터 인기를 끌 수 있다.[11)]

이에 다른 멤버들은 나름 되로의 주특기가 있어야 한다. 대부분의 멤버들이 오랜 연습 기간을 거쳤기 때문에 걸그룹 및 아이돌그룹의 멤버들은 자신만의 특기를 가지고 있어야 한다. 춤, 래퍼, 성대모사, 등 자신에 대한 호감도를 높여야 한다. 걸그룹의 경우 이전에는 아저씨 팬들을 의식해 섹시한 이미지의 멤버를 중용했으나 요즘은 소녀팬이 늘면서 중성적 이미지의 멤버를 포함시키기도 한다. 해외 활동을 겨냥해 현지인 멤버를 캐스팅하는 사례도 늘고 있다.

(2) 데뷔 후

① 에이스 전략

아이돌 그룹 및 걸그룹 내에서도 멤버 간 실력 차이가 존재하는 것이 현실이다. 따라서 데뷔 초기엔 멤버들 가운데 튀는 에이스 멤버들이 전면에 나서 그룹 전체의 인지도를 끌어올리는 경우가 많다. 즉, 그룹의 에이스를 방송 프로그램에 출연시킴으로써, 전략적 브랜드(strategic brands)로 활용하는 것이다. 실제로 소녀시대의 윤아는 KBS의 일일 연속극에 출연하면서 대중적인 인기를 얻게 되어 소녀시대의 인지도 제고에 적지 않은 역할을 했고, 빅뱅의 대성은 오락 프로그램에 고정 출연하면서 개인과 그룹의 인기를 견인했다고 할 수 있다. 씨엔블루의 에이스 정용화 역시 대표적인 예라 할 수 있다. 정용화는 데뷔 직전 SBS 드라마에 출연 그룹의 브랜드 인지도를 끌어 올려, 씨엔블루가 데뷔 2주 만에 가요 순위 프로그램 1위에 오르기도 했으며, 2AM의 조권과 애프터스쿨의 유이, 제국의 아이들의 김광희 역시도 각 그룹의 선두 주자라 할 수 있다. 조권과 김광희는 예능 프로그램에서 두각을 보였고, 유이는 드라마 · CF 등에서 활약하면서 팀 전체의 인기 및 인지도를 끌어 올렸다 해도 과언이 아니다.

그룹 카라는 데뷔 후인 2009년 멤버인 니콜이 KBS의 <스타 골든벨>에 10개월

11) 고재열, SM 이수만, JYP 박진영, YG 양현석의 리더십 비교, 연예IN 연예人, 2011.3.18.

이상 출연하며 한승연에 치중되던 인기가 그룹 멤버들 곳곳으로 확산되며 그룹 전체 인지도를 끌어 올리는데 기여했다. 특히, KBS <청춘불패>에 출연한 구하라가 그룹의 인기 견인에 큰 역할을 하게 된다.[12)]

② OSMU(One Source Multi Use)를 통한 수익창출 극대화

아이돌 그룹 및 걸그룹이 수적 양적으로 많다보니 그들의 재능을 살리는 활동 영역도 매우 다양화 되고 있다. 이 멤버들은 이전의 스타들이 단순히 홍보 광고 효과를 위해 방송에 출연하던 것과 달리, 다양한 대중매체 분야를 넘나들고 있다. 개별 구성원들의 이와 같은 '헤쳐모여'방식의 활동은 아이돌이라는 상품의 가치를 극대화하기 위한 전략으로 풀이된다. 이러한 현상에 관해 박미희[13)]는 YG 엔터테인먼트의 빅뱅을 사례로 OSMU(One Source Multi Use)전략에 의한 수익 창출 방식이라고 설명한다.

예를 들면, CF의 출연은 주로 인기를 얻은 후에 가장 많이 이루어진 것으로 나타났고, 빈도수가 상대적으로 높지는 않으나, 뮤지컬 배우도 아이돌의 경력인 것으로 나타났다. 아이돌그룹 빅뱅의 대성과 승리의 뮤지컬 출연은 음악성을 기반으로 하는 실력파 아이돌이라는 이미지를 확고히 할 수 있었다. 실제로 <빅뱅>, <슈퍼주니어>, <SS501>과 같은 아이돌 그룹 멤버들은 뮤지컬 출연 이후 음악적으로 단단해졌다는 긍정적인 평가를 받았으며, 뮤지컬 문화의 주 향유층인 20~30대로 하여금 <빅뱅>에 대해 관심을 갖게 했다.[14)]

또한, 드라마와 영화도 아이돌의 주요 무대로 떠올랐다. 슈퍼주니어의 희철은 예능 프로그램뿐만 아니라, 드라마 등에 출연하는 등 전천후로 활동했고, 예를 들어 2005년 KBS 드라마 <반올림>에 출연한 것을 계기로, 희철은 2006년, SBS 드라마 <불량가족>, 2007년에는 SBS의 <황금신부>, 2009년 SBS <천만번 사랑해> 등의 드라마에 지속적으로 출연했다. 연기자 및 예능 분야에 두각을 나타내고 있는 강인은 2006년 영화 <순정 만화>, 2009년 MBC 드라마 <하자 전담반 제로>에 참여했다. 역시 연기 및 예능에 재능이 있는 신동은 2008년 2월 MBC의 <심심타파 DJ>,

---

12) SM 엔터테인먼트 홈페이지

13) 박미희, <빅뱅>의 One Source Multi Use 전략 연구, 한성어문학 28집, 한성어문학회, 2010.

14) 중앙일보, 2011. 7. 14.

2008년 KBS <싱글 파파는 열애 중>에 출연했고, 현재도 SBS <강심장>에 고정 출연중이다.[15)]

끊임없이 스타를 대중들에게 노출시킴으로써 대중들에게 각인된 스타 이미지를 더욱 공고히 하며 스타를 어떻게 육성하고 관리하여 활동하게 하는가에 따라 엔터테인먼트 사업의 범위와 규모가 무한정 확장될 수 있기 때문이다. 따라서 매니지먼트는 엔터테인먼트 비즈니스의 가장 핵심이라 할 수 있다. 가령 정상의 가수를 매니지(manage)해서 그의 '본업'인 음반 분야는 물론이고 영상, 광고, 이벤트 등 다양한 분야에 활용할 수 있는 방법을 우리는 알 수 있다. 이러한 방법을 'One-source Multi-use'라고 말할 수 있겠다.

물론 이러한 매니지먼트 방법은 예전에도 있었지만 지금처럼 활성화 된 시스템은 아니며 이제는 체계화된 기업, 전문화된 매니지먼트 시스템이 그 '옛날 것'을 대체하고 있다. 각종행사나 이벤트, 방송 등 각종 매체의 활동을 지속적으로 보장하는 업무와, 스타의 이미지가 손상되지 않도록 스타의 전반적인 상황을 통제하고 관리하는 업무를 함으로써 철저한 사후관리로 인해 연예인의 생명력을 장기적으로 지속하도록 해야 한다.

15) 시사人, 뉴스엔, "한일 공동 드라마펀드 설립, SM도 참여", 2011.08.06.

제03절 국내 연예 매니지먼트사 현황

1. 국내 연예 매니지먼트사 개요

1) 콘텐츠 제작의 주요 주체로 부상하고 있는 연예매니지먼트사[16)]

콘텐츠 제작과 유통 시스템에서 핵심적인 주요 4요소는 제작 및 유통업체와 연예 매니지먼트사, 실연자(연예인)라 할 수 있는데, 이 중에서 연예 매니지먼트사는 2000년대에 들어 소속 스타를 앞세워 방송 및 영화, 버라이어티쇼, 공연 등의 캐스팅과 제작에까지 커다란 영향력을 행사하면서 제작에 깊이 관여하고 있는 상황이다.

과거 실연자(연예인)의 스케줄 관리와 개인적인 업무를 주로 담당했던 연예 매니저와 연예 매니지먼트사는 소속 연예인의 인기도 관리와 이미지 메이킹, 계약 체결 및 권리 확보 등 업무의 세분화와 전문화가 요구되면서 소규모 영세 관리회사에서 전문가 집단으로 탈바꿈되고 있는 현실이다.

콘텐츠 제작의 주요 주체로 부상하고 있는 연예 매니지먼트사는 콘텐츠 제작과 유통 시스템의 핵심 4요소 중 하나이며, 한류 열풍을 견인하고 있는 현실이다. 콘텐츠 산업의 지속성장을 위한 연예 매니지먼트 산업의 구조적 이해 및 정책적 대응이 필요한 시점이라 할 수 있겠다. 연예 매니지먼트 산업은 콘텐츠 산업의 개발 및 창조에 강력한 유인을 제공함.

또한 디지털 기술의 도입으로 인해 다채널 · 다미디어 시대가 보편화되면서, 다양한 플랫폼에 소속 실연자(연예인)를 상품화하여 노출시키기 위한 전략과 시스템이 구축되고, 따라서 기업형 연예 매니지먼트사의 역할이 더욱 중요한 자리를 차지하고 있다.

---

16) 문화체육관광부의 '연예기획사 전수조사, 기획사 · 매니저 등록제 추진' 발표(2012.5.9.)의 표현을 들어 '연예기획사'로 기술했으나 이하, '연예기 획사'는 '연예 매니지먼트사', '연예기획 산업'은 '연예 매니지먼트 산업'으로 통일

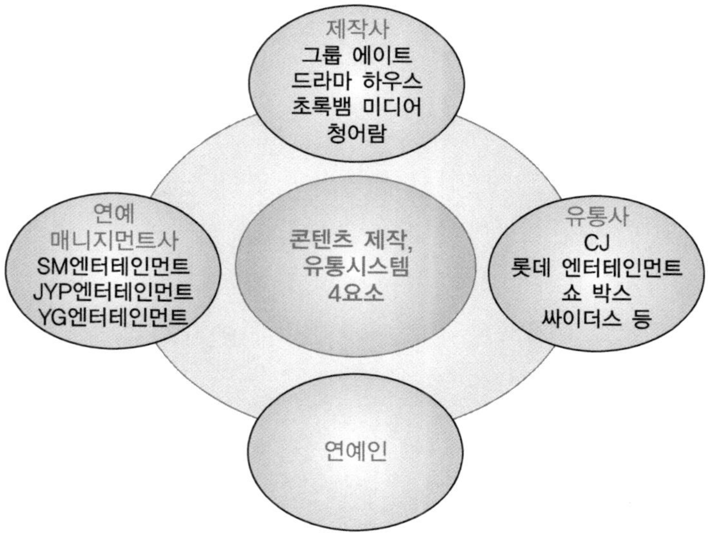

출처 : 한국콘텐츠진흥원, 코카포커스 통권55호

▌그림 3-3 콘텐츠제작 유통시스템 4요소

또한 디지털 기술의 도입으로 인해 다채널 · 다미디어 시대가 보편화되면서, 다양한 플랫폼에 소속 연예인을 상품화하여 노출시키기 위한 전략과 시스템이 구축되고, 이에 따라 기업형 연예 매니지먼트사의 역할이 더욱 중요한 자리를 차지하고 있다.

2. 국내 연예 매니지먼트사 현황

1) 성장과정 및 구조분석

(1) 개인 매니저 형태에서 기업형 연예 매니지먼트사 형태로 발전

① 1960년대 이후 가수를 대상으로 하는 개인 매니저 중심의 연예 매니지먼트 형태가 생겨났으며, 1970년대의 영화배우와 1980년대의 TV 탤런트로 개인 매니저 제도 도입 및 확대 되었으며, 그러나 체계적인 시스템이 구축되지 않

은 상태였다. 대부분 당시의 연예계에서 기본형태로 자리 잡고 있었던 대표-실장-(로드)매니저 등으로 구성된 소규모 방식으로 운영됨.

② 1990년대 중반부터 대우 및 새한미디어, 제일제당, 한보 등 대기업 자본투자로 초기 기업형 연예 매니지먼트사의 형태가 나타나기 시작했고, 새한미디어 계열의 디지털 미디어는 1994년 '기업형 연예 매니지먼트'를 표방하면서 연예 매니지먼트사 스타 서치를 설립하였으며, 대우는 영화제작사 씨네 2000에 자본을 전액 투자하여 씨네 아카데미를 설립, 신인 육성에 초점을 둔 연예 매니지먼트 사업 참여하였다.[17)]

③ 2000년대 이후 소규모 연예 매니지먼트사의 M&A(인수합병) 및 금융자본 유입으로 거대 종합 연예 매니지먼트사로 기업구조가 확대 발전되고 있으며, 실연자(연예인)출신의 아이돌 스타 매니지먼트사가 연예 매니지먼트 산업의 새로운 주체로 등장 · 발전하고 있다. 대형 연예 매니지먼트사 싸이더스 HQ(현 IHQ)는 벤처기업으로 성공한 로커스와 영화사인 우노필름, 연예 매니지먼트사 EBM기획, 인터넷 영화업체인 웹시네마 등의 합병으로 설립되어 성공적으로 주식 상장을 하는 등 대형화에 성공했다. 1995년 가수 이수만에 의해 설립된 SM엔터테인먼트는 2004년 4월에 한국거래소 코스닥 시장에 성공적으로 주식을 상장하면서 본격적인 외형적 성장세에 돌입했으며, 그 후 박진영과 양현석에 의해 설립된 JYP엔터테인먼트(1996년)와 YG엔터테인먼트(1998년)는 SM엔터테인먼트의 대항마로 나서며 성장세를 이어가고 있다.
최근 금융감독원 전자공시 시스템에 공시된 2011년 사업보고서 및 2012년 1분기 보고서 자료에 의하면 SM엔터테인먼트와 JYP엔터테인먼트, YG엔터테인먼트 중 SM엔터테인먼트가 2012년 1분기 총 매출액 약 385억 원으로 가장 높았으며(전년 동기대비 198.71% 성장), YG엔터테인먼트 약 179억 원, JYP 엔터 테인먼트 약 11억 원[18)]으로 그 뒤를 따르고 있다.
현재 활동하는 연예 매니지먼트사는 2010년에 한국콘텐츠진흥원이 발표한

17) 김갑식, "대기업들의 문화전쟁⑥ 「스타시스템」성장가능성에 주목", 동아일보, 1996. 2. 27.
18) 이현지, "SM, YG, JYP 총매출, 지난해 보다 198.71%p 상승한 기업은 어디?", 『TVREPORT』, [Online],available : http://sstv.tvreport.co.kr, 2012. 6. 1.

	시기	특징	현황
1단계	1950~ 1960년대	영화중심의 대중문화 발아기	조직적 관리 체제 미비
2단계	1970~ 1980년대	연예 매니지먼트 산업 도입기	개인 매니저 제도 도입
3단계	1990년대	연예 매니지먼트 산업 발전기	연예 매니지먼트 산업적 틀 형성
4단계	2000년대 이후	기업형 엔터테인먼트사 출연	코스닥 상장의 기업 엔터에인먼트 발생

출처 : 한국콘텐츠진흥원, 코카포커스 통권55호

▌그림 3-4 국내 연예 매니지먼트 산업의 발전 단계

<한국 연예산업 실태조사>에 의하면 가수전문 연예 매니지먼트 사는 245개사, 연기인전문 연예 매니지먼트사는 86개사, 가수 및 연기인 병행 연예 매니지먼트사는 59 개사로 집계(2009년 하반기 기준). 그러나 연예 매니지먼트사는 중소 영세기업의 설립과 퇴출이 빈번하게 일어나고 있으며, 인허가업종이 아니기 때문에 부가가치세법 제5조에 따라 사업장 관할 세무서장에게 등록하여 사업자 등록증만 받으면 설립할 수 있어 잦은 사명변경 등의 이유로 업체수를 정확하게 추정하기 어려운 점이 있다.

3. 국내 연예 매니지먼트사 유형

1) 기존 연예인 유입형 연예 매니지먼트 시스템

제작자의 경험에 의해 영향력이 있는 기존 연예인을 유입해 운영하는 시스템, 이러한 시스템은 연예 매니지먼트 산업의 경험이 풍부한 제작자나 대기업의 자본이 당대 인기 실연자(연예인)와 계약을 체결 하고 전문 매니저를 배치하여 관리하는 시스템 이라 할 수 있다.

1990년대 중반 국내에 전문 업체가 없을 당시 새한미디어의 투자로 기업형 매니지먼트사의 활로를 개척 한 스타서치는 신은경을 비롯해서 염정아, 강문영, 김혜리, 최수지, 우희진 등 기존 인기 실연자(연예인) 23명과 계약을 체결하면서 종합 연예 매니지먼트사로 발돋움 하게 되었다.

국내 대형 연예 매니지먼트사인 싸이더스HQ를 자회사로 두고 있는 IHQ에는 김수로를 비롯해서 장혁, 조인성, 박재범, 차태현, 한예슬 등 60여 명의 스타 군단이 소속되어 있어 이들의 외형적 특성이나 연예 인적 재능에 의존한다.

2) 스타 발굴 투자 및 기획형 연예 매니지먼트 시스템

(1) 아이돌 육성 전략을 중심으로 운영되는 시스템

① 연예 활동의 경험이 있는 연예인들이 자신들만의 노하우와 투자 · 기획 방향성을 가지고 오디션 방식을 통해 발굴한 연예인 연습생을 교육하여 토털 엔터테이너로 육성하는 시스템.

② SM엔터테인먼트의 보아 발굴 · 육성을 시작으로 JYP엔터테인먼트와 YG엔터테인먼트 등 대부분의 대형 연예 매니지먼트사는 오디션-연습생 시스템을 도입하여 확대 · 발전시키고 있음.

③ 육성 후 철저한 스타 매니지먼트 프로듀싱 시스템

- 최근 연예 매니지먼트사는 스타 시스템을 근간으로 새로운 인재 발굴 및 육성과 함께 데뷔 후 철저한 스 타 프로듀싱을 통해 스타의 이미지 설정과 훈련, 마케팅 활동 등 관리.
- 아 이돌 그룹의 에이스를 전략적 브랜드(strategic brands)로 활용하면서 그룹 전체의 대중적 인지도와 인기 제고를 견인하는 전략 및 데뷔 후에도 합숙 등을 통한 체계적 훈련과 관리 시스템 구축(이문행, 2011).
- JYP엔터테인먼트와 YG엔터테인먼트의 금융감독원 공시 매출 형태별 실적을 살펴보면 토털 엔터테이너 로서의 상품성을 인정받은 스타 매니지먼트 매출이 70% 이상 높은 비중

제04절 국외 연예 매니지먼트사 현황 (일본을 중심으로)

1. 일본 연예매니지먼트사의 현황

1) 대중문화 중심의 기업형 연예 매니지먼트 산업으로 발전

만담 중심의 연예 매니지먼트 사업에서 지금의 기업형 산업으로 발전하게 된 것을 보게 되면, 일본 최대의 연예 매니지먼트사인 요시모토흥업(吉本興業)은 1912년 요시모토 키치베(吉本 吉兵衛), 요시모 토 세이(吉本 せい) 부부가 '제2문예관'을 설립하면서 만담과 야담, 요술, 노래 등 대중연예의 장으로 제2문예관을 운영, 만담 중심의 매니지먼트 사업 시작하게 되어 지금의 거대 기업형 연예 매니지먼트 사업으로 발전하게 되었다.

1) 1929년 세계대공황과 제2차 세계대전 후 연예 매니지먼트 사업은 잠시 주춤하면서 침체기에 들어가지만 당시 일본에 주둔 했던 미군을 대상으로 하는 요시모토흥업 중심의 연예 매니지먼트 사업은 제2의 전성기에 돌입.

2) 이 시기에 설립된 연예 매니지먼트사가 현재 일본을 대표하는 대형 연예 매니지먼트사의 대다수 이다. 요시모토흥업은 1935년 당시에는 흔하지 않은 문예부라고 하는 부서를 사내에 설치하면서 전문적으로 작가 그룹을 관리하는 시스템 구축했으며, 문예부를 중심으로 만담의 소재를 개발했으며, 1937년에는 만담학교를 설립하면서 신인 육성을 위한 연예인 양성 시스템의 기반 마련하였다.

3) 1948년 요시모토흥업은 주식회사로 비즈니스 모델을 바꾸면서 본격적인 기업형 매니지먼트 사업을 시작했으며, 1955년에는 요시모토흥업과 함께 일본 연예 매니지먼트 산업의 양대 축으로 지대한 영향을 끼친 와타 나베 프로덕

션(渡辺プロダクション)이 설립되어 음악 예능을 중심으로 하는 연예 매니지먼트 사업 확대하였다.

4) 와타나베 프로덕션 소속 연예인들이 커다란 인기를 얻기 시작하면서 와타나베 프로덕션의 사업 영역과 영향력이 급속도로 확대되어, 산하에 10개의 주식회사와 1개의 학교법인, 240명의 연예인이 소속. 1960~1970년대에는 와타나베 프로덕션이 없이는 음악 프로그램이나 버라이어티 프로그램을 제작할 수 없다고 할 정도로 영향력과 소속 연예인의 맨파워가 연예 산업계에 지대한 영향력을 끼쳤으며, 그 영 향력은 현재까지 지속있다.

5) 1980~1990년대 텔레비전 시대가 도래한 이래 방송사의 수가 급증하고 방송 산업 환경의 발달과 함께 영화 및 드라마, 버라이어티, 음악 등 장르의 확대가 시작하면서 연예 매니지먼트 산업 역시 급성장하게 되었다.
요시모토흥업을 비롯해서 1945~1965년 사이 일본연예사(日本芸能社) 및 도호예능(東宝Z芸能), 쇼치쿠 예능(松竹芸能) 등의 연예 매니지먼트가 설립되면서 사업 확대가 이루어졌으며, 연예인을 관리하던 운영 방식에서 직접 제작에 참여하면서 매니지먼트-제작 수직 통합형 시스템이 구축되기 시작하게 되었다.

2) 일본의 엔터테인먼트산업 시장규모 및 비중

(1) 일본의 엔터테인먼트 시장규모는 8조 270억 엔

2009년 일본 콘텐츠 산업에서 '영상', '음악 · 음성', '게임' 및 '만화 · 만화잡지', 그리고 '무대'와 '유원지 · 테마파크' 등 엔터테인먼트 산업 관련 시장규모를 합산하면 8조 270억 엔에 달한다고 발표함.[19]

① 일본의 연예 매니지먼트사는 '유료직업소개사업'으로 인재파견 회사 등과 함께 분류되어 있어 명확히 구분된 산업규모 집계는 어려우며, 연예 매니지먼트사의 비즈니스 모델별 업무 내용과 관련된 '흥행장 및 흥행단', '영상정보

19) デジタルコンテンツ協會(2011), 『2011 デジタルコンテンツ白書』, 電通總研(2011), 『情報メディア白書 2011』, ダイヤモンド社

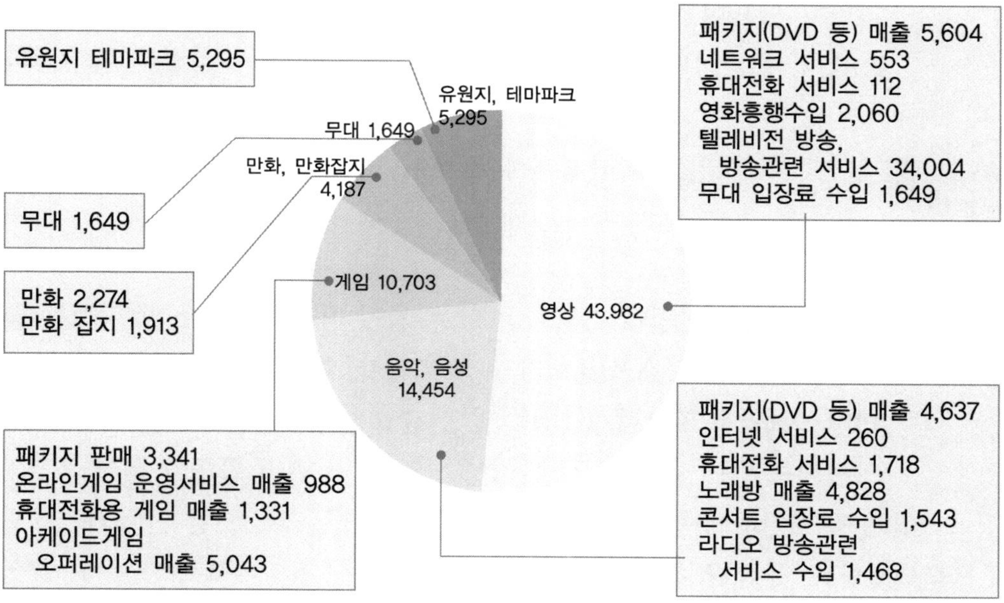

출처 : デジタルコンテンツ協會(2011), <2011 デジタルコンテンツ白書>, 電通總研(2011), <情報メディア白書 2011> 자료로부터 작성.

▌그림 3-5 일본 엔터테인먼트 산업 시장규모(2009년)

제작 및 배급업'에 대한 통계 조사 결과로 대략적인 최대치 규모를 추정할 때 연예 매니지먼트사 관련 업종의 연간 매출액은 1조 8,545억 엔이다.[20]

② 일본 정부통계센터가 2011년 3월에 공표한 자료에 의하면 2009년 흥행장 및 흥행단 업계의 연간 매출액은 8,934억 엔으로 나타나고 있으며, 형태별 매출 내역 중 프로야구 구단 및 프로축구 클럽, 기타 매출 등을 제외한 연예 매니지먼트 관련 매출액은 약 6,200억 엔이다.[21]

③ 2009년 영상정보제작 및 배급 업계의 연간 매출액은 1조 2,345억 엔으로 나

20) 통계 조사 항목별 데이터 발췌에 한계가 있어 연예 매니지먼트사 관련 데이터를 통한 최대치 규모 추정

21) 흥행장 및 흥행단의 조사 대상은 극장, 흥행장, 극단, 악단 · 무용단, 연예 · 스포츠 등을 대상으로 하고 있음

타나고 있으며, 업무의 종류별로는 텔레비전 프로그램 제작 및 배급업이 6,705억 엔(구성비 54.3%)으로 50% 이상이다.[22)]

(2) 일본 엔터테인먼트 산업에서 연예 매니지먼트 산업이 차지하는 비중은 약 23% 추정

3) 관련 협회 및 연맹에 가입하고 있는 연예 매니지먼트사 및 단체는 정회원 기준으로 600여개사(복수가입 포함)에 달하며, 가맹단체 및 사단법인은 단체교섭권을 활용해서 NHK 및 민간방송사, 제작회사 등과 출연조건 및 안전대책 등에 대해서 단체협약을 체결하여 연예 활동의 최저 조건 보장.

영화 및 드라마, 음악 등 관련 장르 연예인이 소속되어 있는 연예 매니지먼트사의 가맹단체 및 사단법인은 일본음악사업자협회 및 음악제작자연맹, 예능사업자단체연합회, 일본예능매니지먼트사업자협회, 일본예능실연가단체협의회 등이 있으며, 일본음악제작자연맹 등은 가입시 2사 이상의 동종업계 사업자의 추천이 필요하다.

2. 유형

1) 일본 연예매니지먼트사의 형태

일본의 연예 매니지먼트사는 소규모 단위의 매니지먼트사와 그룹 형태, 에이전시 형태 등 크게 세 가지 형태 로 나눌 수 있으며, 특히 대기업 자본의 관련 산업 시장 유입으로 인해 거대 그룹형 종합 연예 매니지먼트사 시스템 확대.[23)]

과거 일본의 연예매니지먼트사는 가수나 배우 등의 개인스케줄 및 개인사관리를 해주면서 원활한 연예 활동을 돕는 소규모의 개인 매니지먼트사가 주를 이루었

22) 조사 내용의 업무 종류별 매출액 결과로 보면 영화 제작 · 배급 수입 및 비디오 판권 수입, 상품화권 수입, 수탁 제작 수입 등 대부분이 제작- 유통 수직통합형 비즈니스 모델을 구축하고 있는 연예매니지먼트사 업무 영역에 해당

23) 하윤금 · 김영덕, 『방송과 연예매니지먼트』, 한국콘텐츠진흥원, 2004.

▌표 3-5 일본 연예매니지먼트사의 형태

형태	사업 영역
소규모 연예 매니지먼트사	• 연예인 교육, 프로모션 : 스타급 연예인 육성 • 소자본 창업 : 운영용이 • 연예인이 직접 운영하는 경우도 있음
그룹형태 연예 매니지먼트사	• 매니지먼트 이외에 연예인 권리 관계, 부대사업 등 사업영역이 확장된 형태 • 사업다각화 형태로 운영 : 제작부터 저작권 관리까지 다양화
에이전시 연예 매니지먼트사	• 주로 음악영역의 조직형태 • 가수가 직접 제작하고 에이전시는 영업 업무만 담당 • 관리 대행업무를 하고 발생하는 수수료로 수익을 내는 형태

출처 : 하윤금 · 김영덕(2004), <방송과 연예매니지먼트, 재구성>

으나, 현재는 매니지먼트 업무 보다는 에이전시 및 제작, 권리 처리, 해외 진출 등의 업무에 중점을 두면서 분업화된 대형 연예 매니지먼트사 확대 된 상태이다.

대표적인 그룹형 연예 매니지먼트사로는 요시모토흥업 및 어뮤즈, 호리프로, 쟈니즈, 쇼치쿠예능, 오피 스기타노 등이 있다. 일본의 연예매니지먼트사의 형태를 보면 <표 3-5>와 같다.

대형 연예 매니지먼트사는 제작에서 유통, 저작권 관리까지 비즈니스 모델의 확장을 모색하고 있으며, 관련 사업 외에도 부동산 사업 및 요식업 등 사업 영역의 확장된 형태로 사업의 다각화를 추진하고 있는 현실이다.

2) 연예 매니지먼트사 소속 연예인의 다양성

연예 매니지먼트사의 비즈니스 모델이 다양화 및 대형화되면서 가수나 배우 외에도 코미디언, 스포츠선수, 프리랜서 방송인, 정치인까지 소속 구성원이 다양하게 확대되고 있으며, 요시모토흥업이나 쟈니즈, 호리 프로, 어뮤즈 등 거대 그룹형 연예 매니지먼트사에 소속되어 있는 연예인들의 인기도와 영향력이 매우 높다 하겠다.

▌표 3-6 일본 연예인 파워랭킹 10 및 소속 매니지먼트사

랭킹	연예인	장르	소속사
1	아라시(嵐)	가수	쟈니즈(ジャニーズ)
2	사잔올스타즈(サザンオールスターズ)	가수	아뮤즈(アミューズ)
3	마츠시마 나나코(松島奈々子)	배우	seventh avenue
4	비토다케시(ビートたけし)	배우	office KITANO
5	아야세 하루카(綾瀬はるか)	배우	호리프로(ホリプロ)
6	후쿠시마 마사하루(福島雅治)	배우	아뮤즈
7	아베 히로시(阿部寛)	배우	시게타오피스(茂田オフィス)
8	아카시마 산마(明石家さんま)	코미디언	요시모토흥업(吉本興業)
9	스마프(SMAP)	가수	쟈니즈
10	이치로(イチロー)	스포츠선수	BOW기획

출처 : 日經BP(2012. 6),『日經エンタテインメント』

3) 일본 연예매니지먼트사의 개런티 지급형태

(1) 일본 연예 매니지먼트사의 개런티 지급 방식

일본 연예 매니지먼트사의 개런티 지급 방식은 크게 세 가지 패턴으로 구분 · 운영되고 있다.

① 완전보합제

연예인과 계약할 당시 일정 비율의 수익 배분 비율을 정하는 시스템으로 배우나 베테랑 음 악 아티스트, 스포츠 선수의 매니지먼트 계약 시 많이 보이는 형태

② 월급제

일반 샐러리맨과 동일하게 일정한 금액을 보수로 받는 시스템으로 신인 배우나 아이돌 가수 등 의 매니지먼트 계약 시 많이 보이는 형태

③ 월급제 + 완전보합제

대형 인기 스타 배우나 음악 아티스트 등에게 많이 보이는 계약 형태

(2) 다양한 개런티 지급 방식을 통해 유연한 연예 매니지먼트 계약 · 운영 가능

① 월급제

연예인 역시 평생 직업이라는 의식의 전제하에 연예 활동을 하지 않는 기간에도 생활 유지를 위한 최소한의 금전적 고충을 해결해준다는 연예 매니지먼트사의 의무 이행 차원에서 연예인의 보수를 책정하여 지급 · 운영

- 신인의 경우 월급제를 통한 기초 생활문제 해결과 연예 활동과 관련된 금전적 지원을 연예 매니지먼트사로부터 받을 수 있다.
- 가수와 배우를 겸하고 있으며, 인기 퀴즈 프로그램 <퀴즈! 헥사곤2>에서 사회를 볼 정도로 연예 활동량과 인기를 인정받는 여자 연예인 미소노(みその)의 월급은 약 30만 엔 정도이나 월세와 수도, 광열비, 의류비, 교통비, 통신비 등을 연예 매니지먼트사가 부담하는 구조로 연예인의 생활 안정화 배려를 하고 있다.
- 단, 인기도와 비례하는 지급 방식이 아니기 때문에 인기도 향상에 따른 처우 개선 등의 문제로 연예인과 연예 매니지먼트사와의 분쟁이 일어나는 경우도 있다.

② 완전보합제

연예 활동의 양에 따라 개런티를 전혀 지급받지 못하는 양극화 현상이 일어날 수 있다는 단점이 있어 연예 매니지먼트사와 어느 정도의 협상력이 있는 중견 베테랑 연예인들을 중심으로 체결하고 있는 상태이며, 연예계 입문을 위한 연예 매니지먼트 계약을 한 연예인이 지속적인 연예 활동과 미디어 노출로 연예 매니지먼트사에 그 공헌이 인정되는 경우에 월급제나 월급제+완전보합제로 전환되는 경우도 있다.

③ 월급제+완전보합제

연예 매니지먼트사를 대표할 수 있는 간판스타들과 지속적인 계약 관계를 유지하는데 유리하다.

Chapter 04

엔터테인먼트 매니저의 업무

제1절 엔터테인먼트 매니저의 개념 및 정의

제2절 엔터테인먼트 매니저의 기본적 업무

제3절 엔터테인먼트 매니저의 일반적 업무

제4절 엔터테인먼트 매니저의 제작관련업무

제01절 엔터테인먼트 매니저의 개념 및 정의

Entertainment Manager 연예매니저(일명: 매니저라 칭함)란 직업은 어떤 것일까 한마디로 표현하자면 '관리자'라고 표현 할 수 있으며 연출자를 모든 스텝과 출연진 등을 총괄하는 '감독'이라고 호칭하는 것처럼 실연자(연예인)의 모든 활동을 관리, 감독하는 사람, 즉 'Manager'라고 말할 수 있겠다.

매니지먼트활동의 주체는 근본적으로 스타를 운용 관리하는 매니저라 할 수 있다. 매니저의 사전적 의미는 지배인, 경영자, 관리인 등을 뜻하며 매니저란 다른 사람을 다룰 수 있는 사람, 즉 다른 사람을 훈련시키고, 지배하고, 영향을 미치는 사람이며, 이에 필요한 임무를 수행하는 사람을 뜻한다. 따라서 개념적으로 본 연예매니저는 스타의 전반적인 활동과 기획, 관리를 하는 존재를 의미한다고 할 수 있다.[1)]

몇 년 전부터 엔터테인먼트 기획사가 전문화된 거대한 기업으로 되어가고 있으며 연예매니지먼트 산업이 고부가가치 산업으로 인정받으면서 고급인력의 지원과 거대한 자본의 유입으로 인하여 예전의 주먹구구식에서 탈피 점차 체계화시킨 시스템화 되고 있다. 규모가 큰 엔터테인먼트 기획사의 경우 업무 분담도 잘 되어 있는데, 캐스팅, 트레이닝, 기획, 제작, 홍보, 마케팅 등 각 분야의 전문가들이 모여서 일을 진행한다. 그 중에서 매니저는 주로 기획단계에서부터 실연자(연예인)의 활동에 관여하게 된다.

연예매니저를 종류에 따라 분류하면 대략 다음과 같은 분야로 연기자 매니저, 가수 매니저, MC 및 개그맨 매니저, 모델 매니저가 있다. 그리고 역할에 따라 분류하면 로드매니저와 스케줄매니저(chief manager, main manager, PR manager라고도 함)로 분류된다.

실연자(연예인) 매니저들의 단체인 한국 연예 제작자 협회는 92년에 사단 법인으로 등록을 했으며 이는 매니저의 역할이 그만큼 커지고 표면화되고 있다는 것을

1) 하윤금 외, 방송과 연예매니지먼트산업, 커뮤니케이션북스, 2003.

나타내 주고 있다. FTA[2), 바람을 타고 연예 전문 다국적기업들이 국내에 진출함에 따라 그런 경향은 더욱 가속화될 것으로 보인다. 이에 매니저들도 그동안의 전 근대적인 방법에서 탈피하여 점차 최첨단 시스템의 연예 매니지먼트 경영기법을 도입하고 있는 현실이다.

이미 전국에 엔터테인먼트 매니지먼트와 관련되어 대학원을 비롯한 4년제 대학교와 2년제 대학에서 정규교육이 실시되고 있는가 하면 이러한 대학에서 엔터테인먼트 매니지먼트를 전공하고 졸업한 사람을 매니저로 공채 하는 연예 기획사들이 점점 늘고 있다.

매니저는 보통 무슨 기획사라는 상호를 걸고 비즈니스를 하는데, 이러한 연예기획사가 전국에 300여개를 상회한다. 그러면 매니저는 도대체 무슨 일을 하는가?

실연자(연예인)를 상품이라고 말하면 그 상품을 만들어 이를 소비자들에게 널리 마케팅 하는 일이 매니저의 몫이며 매니저는 그러한 마케팅 판매 활동은 다음과 같이 구별 될 수 있다.

스타들의 전반적인 활동을 기획 · 연출 하는 스케줄 매니저, 스타들과 일거수일투족을 함께 하는 로드 매니저, 복장을 담당하는 코디네이터, 홍보전담 매니저 등으로 전문화하고 있으며 예를 들면 연예인의 복장이 자유로운 것 같지만 거기엔 나름대로 매니저들의 치밀한 전략 마케팅이 있으며 스타일리스트가 고용돼 어떠한 모습으로 출연할 것인지 까지 다 조언을 해 주고 있다.

기획과 연출을 잘 하는 스타 매니저는 년 간 많은 수익을 창출 한다. 실제로 연예인이 노래와 연기로 수익을 올리지만 매니저가 왜 그렇게 많은 수익을 올리는지 의아하게 생각할 사람이 적지 않을 것이다. 그것은 그만큼 매니저의 역할이 매우 중요하다는 것을 뜻하며 매니저의 아이디어와 기획과 연출이 스타를 양성하는데 중요한 포지션을 차지한다는 증거로 볼 수 있을 것이다.

우리나라에선 아직 매니저의 역할이 과학적인 사고와 치밀한 계산 못지않게 로비활동을 하거나 몸으로 때우는 식의 방법에 의존하는 경향이 있는 건 분명하다. 또 매니지먼트의 방법도 지나치게 전근대적인 인간관계에 의존하고 있어 매니저와 연예인들 사이의 불화가 최근에 와서 법정문제로 야기되고 있다. 연예인과 소속사

2) Free Trade Agreement, 자유 무역 협정

간의 계약해지건 또는 재계약건 수익분배의 부당성 등 여러 가지의 문제점을 안고 있는 것이 또한 현실이다.

그러나 최근엔 대기업들마저 연예 매니지먼트 사업에 활발히 진출함에 그러한 문제는 차츰 해소 될 것이며 그에 따라 매니저의 역할이 더욱 증대될 것임이 틀림없다. 매니저의 업무 중 하나인 팬 관리방법도 더욱 조직화 되고 정교한 시스템으로 행해지고 있다. 팬 서비스용 전화카드를 제작하는 방법은 옛말인가 하면 인터넷을 통한 인기 연예인과 팬이 직접 대화를 나눌 수 있는 인기 연예인 팬클럽 서비스까지 등장하고 있고 인기 연예인 쇼핑몰 코너도 운영하는 인터넷 싸이트도 운영하고 있다.

최근 연예매니지먼트 기업들은 최저비용으로 홍보효과를 극대화 시킬 수 있는 방법 중 하나로 입소문마케팅에 관심을 가지고 있다. 입소문마케팅은 소비자들이 자발적으로 기업의 제품이나 서비스에 대해 긍정적인 메시지를 전달하는 것으로 꿀벌이 윙윙거리는(buzz)것처럼 소비자들이 상품에 대해 말한다하여 버즈마케팅이라고하는데 이것이 SNS(페이스북, 트위터, 블로그 등)서비스가 입소문마케팅에 활용되고 있는 현실이다.

1. 역할에 따른 매니저의 종류

1) 로드 매니저(road manager)

실연자(연예인)와 함께 스케줄을 동행하는 매니저(manager).

매니저 일을 처음 시작하면 당연히 거치게 되는 현장 매니저 과정이며 연예인의 부모나 형과 오빠 같은 존재이며 요즈음 그룹가수들의 경우 합숙하는 경우가 많아서 함께 동거동락하며 연예인을 관리를 하는데 운전, 식사, 건강, 학교, 집안, 사생활까지 총괄하여 관리하며 뛰어난 운전 실력과 강인한 체력이 요구되고 어떠한 경우라도 스케줄에 맞춰 정확한 시간에 연예인을 데리고 가야 하며 무엇보다 연예인과의 신뢰를 쌓는 것이 중요하다.

특히 신입매니저에게는 자동차 "밴" 사용법, 스케줄이 급할 때의 운전하는 요령과 연예인(실연자) 개개인의 특성을 제일 먼저 교육받으며 로드 매니저로서의 발을 딛기 시작하는 첫 번째 단계에 들어서는 과정이라 할 수 있다.

2) 스케줄 매니저(schedule manager)

실연자(연예인)의 연예활동을 총괄하며 스케줄을 관리하는 매니저. 가장 중요한 것은 홍보와 그에 따른 기획력이라 할 수 이다. 자기가 관리하는 연예인을 어떻게 포장하여 대중에게 어필시키느냐가 관건이며 실연자(연예인)의 이미지 구축이 얼마나 중요한 것에 중점을 두어야 할 것 이다.

역시 시간엄수는 필수적이고, 실연자(연예인)과 클라이언트 사이에서의 처세술이 매우 중요하다 할 수 있다. 신인연예인(실연자)의 경우 홍보하는 것이 가장 중요할 수 있지만 유명연예인의 경우에는 예의 바르게 거절하는 것 또한 매우 중요하다 할 수 있다. 박학다식한 지식과 다양한 경험을 바탕으로 뛰어난 기획력과 추진력이 요구되는 매니저라 하겠다.

3) 캐스팅 매니저(casting manager)

최근 들어 연예 매니지먼트사의 매니저의 업무가 전문적이고 세분화된 직업으로 변모하고 있어 이에 신인 실연자(가수 & 연기자)발굴을 전문적으로 맡고 있는 캐스팅 매니저를 말한다.

4) 제작 매니저 : 프로덕션 사장

매니저는 실연자(연예인)의 홍보를 위해 많은 사람들과 만나고 실연자(연예인)의 활동에 같이 움직여야 하는 실연자(연예인)보다 더 바쁜 활동을 한다고 할 수 있다. 특히 신인을 관리할 경우 기존 연예인보다 많은 연습과 홍보가 필요하다. 최근 인터넷을 통한 동호회나 펜클럽 관리도 매니저의 새로운 업무로 등장하고 있다.

2. 매니저의 기본적인 요건

1) 운전능력

자신뿐만이 아닌 여러 실연자(연예인)들을 태운 상태에서의 안전하고 신속한 운전 실력이 요구된다.

2) 신뢰성

시간을 지키는 것은 기본이며 참고로 매니저는 스케줄 펑크시 그 책임을 져야 한다.

3) 성실성

남들보다 더 열심히 노력하려면 강인한 체력과 성실성이 필수이다.

4) 처세술

사람을 만나는 직업이므로 원만한 대인관계가 아주 중요하다 할 수 있다.

5) 기획력

스타를 만들기 위해서는 커뮤니케이션, 광고, 홍보, 마케팅 등 다양한지식과 아이디어가 요구된다.

6) 대중매체의 이해

실연자(연예인)은 대중매체에 노출되는 직업이다. 그러므로 매니저는 당연히 다양한 매체의 특성과 제작시스템을 파악하고 있어야 한다.

7) 외국어

영어회화 정도는 할 수 있어야 연예인의 해외에서의 활동에도 적극 동참하여 매니저로서의 업무를 할 수 있다.

제02절 엔터테인먼트 매니저의 기본적 업무

1. 에티켓

1) 전화예절

(1) 외부에서 회사

외부에서 회사로 전화가 걸려 왔을 때 받는 방법은 다음과 같은 방법으로 전화를 받는 것이 좋다.

'감사합니다. 최고로 모시겠습니다. (주)한국 연예 매니지먼트사 홍길동 입니다.' 라고 응대하며 상대방이 자신의 신분을 밝히든지, 또는 전화를 응대하는 사람이 모르는 사람일 경우라 할지라도 반갑게 "안녕하세요." 라고 인사를 건 내며 전화에 응한다.

(2) 회사 내 타부서

회사 내 타부서의 사람을 찾을 때는 "잠시만 기다려 주세요. 자리에 계신지 확인해 보겠습니다."라는 멘트와 함께 아래와 같은 방법으로 전화에 답하면 되겠다.

• 찾는 사람이 통화 중일 경우

"통화중인데 죄송하지만 기다려 주시겠습니까?"라고 말을 하며 "통화가 길어질 것 같은데 메모 남겨 드릴까요?" (메모용지 사용)라고 한다.

• 찾는 사람이 자리에 없을 경우

"죄송하지만 지금 자리에 안 계십니다. 메모 남겨 드릴까요?"라며 상대방의 의견을 물어본다.

(3) 메모

찾는 사람이 없을 때에는 꼭 메모를 해서 해당하는 사람의 책상 위에 메모를 올려놓고, 담당자가 들어오면 메모를 전달 받았는지를 확인한다(회사 비즈니스의 아주 중요한 포인트 중에 하나이다.).

(4) 일정 및 연락처 관리

대표이사, 임원 등 소속 연예인의 일정이나 연락처, 음반 발매량은 공개 하지 않는다. 대표이사 또는 임원에게 오는 전화는 연락처 메모 후 비서에게 전달한다. 소속 가수의 일정에 대한 문의나 섭외전화는 연락처 메모 후 해당 매니저에게 전달한다.

(5) 전화를 연결시키는 방법

① 전화를 건 사람이 누구인지 확인하고 보류(플래시)버튼을 누른 후, 연결시키고자 하는 사람에게 누구에게서 전화가 왔다고 알려주고 수화기를 내려놓는다.

② 통화중일 경우 상대방에게 통화중이라고 전달하고 메모를 받아서 담당자에게 전달한다.

③ 전화 연결이 확실히 되었는지 확인하고 전화를 끊는다.

(6) 전화 통화 후

① 전화 통화가 끝난 후, 전화를 끊을 때는 상대방이 먼저 끊는 것(수화기 내려놓는 소리)을 확인 한 후 전화를 끊는다.

2) 호칭예절

표 4-1 호칭예절

상급자가 부를 때		동급자를 부를 때		하급자를 부를 때	
연상의 상급자	연하의 상급자	연상의 동급자	연하의 동급자	연상의 하급자	연하의 하급자
이사님, 부장님, 팀장님		선배님, ○○○씨/형	○○○ 씨/형/군/양	부장, 팀장, ○○○씨	

(1) 존칭예의

조직 사회에서는 나이보다 직급이 우선 시 되며 조직 사회에서 서로에게 존칭에 신경을 쓰며 서로에 예의를 갖추는 것이 사회생활에 좋다. 연하의 상급자에게도 '님'으로 호칭 하는 예를 갖추며 연상의 하급자에게는 '님'은 생략하고 말씨를 높이며 업무에 임하고 평소에도 예를 갖추는 것이 관리자로서의 자질이라 할 수 있다(○○○ 부장 나 좀 봐요, ○○○ 팀장 나 좀 봐요 등 하급자에게도 가급적 존칭을 쓰는 것이 좋다.).

(2) 말씨

모든 경우에 기본적으로 말씨는 높이는 것이 서로에게 좋은 호감과 업무의 능률에도 상당히 효율적이다(상호 신뢰성과 신뢰감을 형성 할 수 있다).

(3) 고위상급자에게 하위상급자를 말할 때(임원에게 부-과장을 말하는 경우)

① 원칙 : 직급과 행위를 모두 낮춘다(부장님, 과장은 잠깐 나갔습니다.).

② 합리적 : 직급은 높이고 행위는 낮춘다.

- '부장님, 과장님은 잠깐 나갔습니다.'
- '부장님, 과장님은 잠깐 나가셨습니다.'는 실례이며 대화에 신경을 쓴다.

3) 악수예절

(1) 원칙

① 연장자(상급자)가 먼저 청하고 연하자(하급자)가 이에 응한다 : 아랫사람은 몸을 약간 굽히거나 목례를 같이하는 예의를 표시한다.

② 또래의 이성 간에는 여성이 먼저 청하고 남성이 이에 응하는 것이 좋다.

(2) 예절

① 상대방과 눈을 부드럽게 마주하며 손은 가볍게 2-3회 정도 흔들며 가벼운 대화부터 이어 간다 .

② 슬프거나 또는 애사 일 경우에는 악수를 청하지 않아도 무방하며 마음속 깊이 애도를 표한다.

③ 장갑을 끼고 있을 때는 장갑을 벗고 예의를 표시 한다(예복을 입었을 때는 예외).

4) 소개 인사말

(1) 자기 자신을 상대방에게 직접 소개하는 경우

① 두 사람이 단나서 처음으로 자기 자신을 소개할 경우 :

ex) 처음 뵙겠습니다, 인사드리겠습니다, (저는) ○○○입니다.

② 여러 사람 앞에서 자기 자신을 소개할 경우 :

ex) 처음 뵙겠습니다. ○○○ 입니다, 안녕하십니까? ○○○입니다.

(2) 중간에서 다른 사람을 상대방에게 소개하는 경우

① 친분 관계를 살펴보고 자기와 가까운 사람을 먼저 소개하는 것이 좋다.

② 손아랫사람을 손윗사람에게 먼저 소개하는 것이 예의이며 정중히 소개한다.

③ 남성을 여성에게 먼저 소개, 이때 중요한 것은 아주 매너 있게 소개한다.

5) 명함교환 예절

(1) 교환 방법

① 자기를 먼저 소개하는 사람이 자기의 명함을 두 손으로 명함의 위쪽을 잡고 정중하게 건네며 가벼운 목례와 함께 인사를 나눈다.

② 명함이 없는 경우

죄송합니다! 다침 명함이 없는데 다른 종이에 적어 드려도 되겠습니까? 라고 미안한 마음의 표시를 겸해 의견을 물으며 적어주는 것이 상대방에 대한 좋은 호감을 줄 수 있는 방법이라 할 수 있다.

③ 상대방에게서 받은 명함은 공손히 들고 잘 살핀 다음 정중하게 앉아 테이블 앞에 놓고 대화에 응하면 된다.

④ 상대방과 헤어진 다음에 명함을 정리하며 자기의 명함 파일에 잘 정리할 수 있도록 한다. 이때 명함의 한쪽에 상대방과의 만난 날짜와 장소 누구의 소개로 만난지를 메모하는 것이 상대방과 다음에 만날 때 아주 유익하게 활용 할 수 있다.

(2) 주의할 점

① 한쪽 손으로는 자기의 명함을 주면서 한쪽 손으로는 상대의 명함을 받는 것은 상대방에 대한 실례이며 첫인상이 좋지 않을 수 있다.

② 상대가 보는 앞에서 명함 꽂이에 꽂는 다던가 아무 곳에나 방치하면 실례이며 상대방의 인격을 무시하는 분위기를 연출하여 상대방으로 하여금 비즈니스에 관련되어 악영향을 미칠 수 있다.

6) 손님을 접대하는 방법

(1) 면담자가 누구인지 확인한 뒤 손님 접견실로 정중히 안내를 한다.

(2) 음료나 차를 대접하며 가벼운 책을 권하는 것이 좋다.

(3) 면담자가 회의 중 이거나 다른 사람과 면담중일 때에는 방문자에게 이유를 설명하고 양해를 구한다.

(4) 면담자가 자리를 비웠을 경우에는 면담자 에게 연락을 취하여 면담 유무를 확인하고, 방문자에게 그 내용을 전달한다.

2. 업무 처리 수완

1) 업무시간

(1) 불가피한 상황으로 지각이 예상될 경우 유, 무선으로 사무실(관리부)에 보고한다.

(2) 업무상 사무실 출근이 늦어질 경우에도 최소한 하루 전날 관리부에 사실을 통보하는 것이 좋다.

(3) 점심시간에도 사무실에서 전화를 받을 수 있는 인원을 확보하며 사무실 내에적어도 1인 이상을 배치하여 점심시간 중에 전화 및 기타 업무진행 전달이 확실히 되도록 한다.

(4) 외부에서 업무가 늦어져 바로 퇴근을 할 경우 외출하기 전 또는 후에라도 관리부서나 담당 팀장에게 연락하며 업무종료 후에는 약식으로 전화(연락이 안 될 경우 메시지를 남긴다)나 문자를 이용해서 임원과 담당부서에 반드시 보고한 후 퇴근한다.

2) 보고

동료나 상사의 부탁 또는 지시사항은 그 결과(또는 중간결과)에 대해서 반드시 통보 또는 보고하는 습관을 갖는 것이 좋다.

(1) 보고방식

① 무엇 무엇을 했습니다. 그래서, ○○○ 합니다.
② 무엇 무엇을 했습니다. 그리고, ○○○ 합니다.
③ 무엇 무엇을 했습니다. 그러나, ○○○ 합니다.

3) 업무 지시사항의 종료

업무 지시사항의 완전 종료는 일의 부탁, 지시에서 일의 결과에 대한보고 또는 통보까지로 한다.

4) 업무상의 과실

업무상의 과실은 시말서를 작성하여 제출하는 경우도 있으며 그 업무의 중요도에 따라 업무 능력이 평가 된다(연봉조정 시에 관련되는 경우가 많다.).

5) 업무기간

업무를 지시 받을 때는, 언제까지 해야 하는 일인지. 그리고 다른 사람에게 일을 지시해서 처리해도 될지를 반드시 확인하는 것이 좋다.

6) 업무지시

업무 지시를 받은 것에 대해서 본인이 동의한 경우에는 확실하게 종료를 맺는다. 이러한 업무내용이 지켜지지 않을 경우, 문책을 받는 경우도 있다.

7) 행사의 진행사항

콘서트 등과 같은 각종 행사의 진행사항들은 모두 문서화하여 게시판에 올리고 지침서를 만들어 다음 콘서트와 행사에 도움이 되게 하는 것이 좋다.

8) 점수제

데모곡이나 가수소개, 포스터 ,디자인 등을 올릴 때 점수를 매겨서 올린다. 예를 들면 A, B, C, D 등급이나 90, 80, 60 ......점 등으로.

9) 결정 의사

어떤 일이든 단순보고 이외에는 자신의 의견이나, 결정 의사를 꼭 쓰거나 표명하는 것이 업무의 진행에 좋은 아이디어가 될 수 있으며 그 아이디어가 향후 회사의 노하우를 축척하는 방법 중의 하나이다.

10) 기자재관리

회사에서 업무용 6mm카메라 및 MD, 그리고 비디오 테잎을 출고할 때는 관련 부서의 확인과 출고 및 대출일지에 기록하고 출고하는 것을 명시화 하며 반납 시에도 확인을 받는 것을 원칙으로 한다.

11) 회의

회의 또는 업무 진행상 타부서의 업무에 대한 평가를 하거나 본인의 의견을 제시할 때. 그 내용에 대한 대안이나 해결방안을 제시하도록 하며 상대 부서의 업무에 너무 깊이 관여하지 않는 것이 좋다.

3. 회의

1) 업무회의

(1) 그 주에 어떠한 요일을 정하여 정기적으로 실시하는 것이 좋다.

(2) 사내 모든 부서의 임원 및 팀장 또는 대리인이 참석을 원칙으로 한다.

(3) 부서별 업무협조, 타부서에 대한 협조사항, 자기 부서의 광고 또는 알림 사항, 사옥청결, 인사, 총무, 구매, 교육, 사규, 제도 등 사내 공통점의 여러 일반 업무에 대한 사항을 개선하기 위한 회의로 회의기록지에 꼭 남긴다.

(4) 가능한 짧은 시간에(30분 이내에서 늦어도 1시간) 끝내도록 하는 것이 좋다.

(5) 한 번 제기된 안건은 그 다음주 회의 시 반드시 진행 상황을 확인되도록 하며 만일 해결되지 않은 경우 그 안건의 해당자는 반드시 책임을 완수하도록 하여 추후 보고한다.

(6) 기록은 별도로 전 직원용 업무지침서에 첨가하여 업그레이드 시키며 회의의 중요성을 알 수 있도록 직원들에게 알려주는 것이 좋다.

2) 임원회의

(1) 임원회의 참석

임원회의에 참석할 수 있도록 하자. 일반적으로 임원회의는 회사의 임원급만 참석할 수 있다. 이사급 이상만 참석할 수 있는 경우나 부장급이상등 회사마다 룰이 정해져 있다. 그러나 경우에 따라서는 능력 있는 중간 직급(과/차장급)도 임원회의에 참석하는 경우가 많다.

중간직급이 임원회의에 참석하기 위해서는 일을 잘하고 어느 정도 실적과 주인의식(Ownership)을 발휘해야 한다. 그럴 경우 회사에서 인정받아 임원회의에 참석하는 경우가 생길 수 있다. 회사의 임원회의는 많은 고급정보가 교환된다. 그곳에 참석하는 것과 아닌 것은 정말 많은 차이가 있다. 본인이 임원이 아니지만 임원회의에 참석하고자 한다면 그만큼의 실적과 책임 있는 모습들을 보여줘야 한다. 그럴 경우 회사에서는 예외적으로 중간직급의 사람을 임원회의에 배석하는 경우가 많다. 경우에 따라서는 상사가 임원회의에서 정보교환을 할 때, 상사가 잘 모르는 경우 아랫사람을 임원회의에 비정규적으로 배석시키는 경우가 많다.

예를 들어 아랫사람이 만든 보고서를 상사가 임원회의에 보고할 때 잘 모르는 경우가 추가적인 질문을 받았을 때 본인을 써포트 해줄 부하직원이 필요한 경우가 많다. 그런 경우 가끔 부하직원을 임원회의에 배석시키는 경우가 있다. 이때 기회를 잘 잡아야 한다. 이때 무언가 프로적인 모습을 보여주게 된다면 임원회의의 배석을 자주 요청받을 수 있으며 좀더 시간이 흐르면 항구적인 멤버로 참석하게 될 수 있다. 그렇기 때문에 항상 상사가 임원회의 때 보고하는 내용에 대해 상사보다 많은 지식과 정보를 가지고 있다면 상사도 아랫사람을 필요하게 될 것이다.

(2) 정보교류

정보가 많은 사람과 자주 교류하라. 비슷한 직급을 가진 동료직원 중에 남들보다 먼저 고급정보를 아는 사람이 있다. 정보습득에 노하우가 있는 경우다. 상사와 자주 얘기를 한다든지 비정규적인 핵심 업무를 맡는다든지, 임시적으로 임원회의에 참석하는 경우에 해당된다. 정보가 많은 동료직원과 자주 티타임(Tea-Time)이나 식사 및 술자리를 자주하여 정보를 얻는 게 좋을 것이다.

정보라는 것은 일부 몇몇 사람들에게만 독점되는 경우가 많다. 그렇게 때문에 그런 독점적인 사람과 교류를 통해 정보를 획득하는 것이 고급정보를 얻을 수 있는 좋은 방법이다. 그 외 술자리나 식사를 동료나 아랫사람들과만 하지 말고, 가끔 타부서 사람이나 직속상사가 아닌 타부서 상사와 같이 하는 것도 좋다.

그렇기 위해서는 사람들과 두루 사귈 수 있는 마당발 능력이 필요하다. 아무래도 높은 사람들과 자주 식사하다 보면 더 많은 고급정보를 얻을 수 있는 확률이 높아지기 마련이다.

(3) 회사의 비정규적인 업무에 참여하라

본인이 하는 업무와 벗어나는 일회적이거나 단기적으로 끝나는 업무를 맡게 되는 경우가 있을 수 있다. 예를 들어 테스크포스트팀(TFT : Task-Force Team)처럼 임시적으로 사람들을 뽑아 단기적으로 일을 진행하는 경우가 많다. 보통 이런 업무는 일을 잘하는 사람들로 구성하는 경우가 많다. 그렇기 때문에 평소 그런 비정규적인 업무에 참여할 때는 더욱 열심히 해야 한다. 그래야 다음번에도 그런 업무를 맡길 확률이 높아지기 때문이다. 그런 비정규적인 업무에 참여하게 되면 회사의 중요한 일들을 다루게 되고 다른 팀의 상사나 더 위의 상사와 같이 일을 하게 되면서 역시 여러 정보들을 얻을 수 있다. 그런 비정규적인 업무들은 많은 회의와 늦은 업무로 인한 저녁식사 자리를 가질 수 있으므로 더욱 많은 정보를 얻을 수 있다.

2) 부서회의

(1) 각 부서 단위로 갖는 전문회의(약식으로 수시로 업무 진행에 대해서 회의)

(2) 시간과 장소의 구분 없이 각자 부서의 고유 업무에 대해 부서원들끼리 회의를 가질 수 있다.

(3) 결과를 기록으로 남기고 반드시 각 부서의 업무지침서에 첨가하여 업무에 대한 노하우를 계속 업그레이드 한다.

3) 기획회의

(1) 프로젝트에 따라 수시로 실행되는 회의.

(2) 어느 부서의 누구나 회의소집, 주최, 진행을 할 수 있으며, 이 회의를 통해 자신 또는 자기 부서의 업무적인 역량을 발표한다.

(3) 예를 들면 소속사 연예인의 뮤직비디오에 아이디어가 있는 사람 A가 회의를 원할 경우 자신이 회의스텝을 코디네이션 하여, ○월 ○일 ○시에 회의가 있으니 참석을 희망한다는 내용의 회의소집 문구를 게시판에 띄우면 된다.

(4) 그 게시판에 지정된 부서의 대표는 꼭 참석해야 하며, 그렇지 못할 경우는 대리인을 참석시키어 회의가 진행되게 해야만 한다(부서별 참여인원은 제한 없이 한다.).

(5) 모든 회의내용은 반드시 기록으로 남겨야 한다. 기획회의의 내용도 마찬가지로 기록 후 각 부서의 업무지침서에 첨가한 후 참여 하지 않은 다른 직원도 알 수 있도록 한다.

(6) 기획회의(해외업무회의 별도)와 업무중간의 약식회의는 필요에 의해 수시로 실시한다.

4) 회의 시 준수 사항

(1) 모든 회의 내용은 e-mail 게시판에 올리는 것을 원칙으로 하여 모든 사원이 공유 할 수 있도록 한다.

(2) 회의시간은 되도록 엄수하는 것이 좋다.

(3) 회의 중 또는 손님과 면담 중에 핸드폰이나 호출기는 진동으로 설정하거나 전원을 꺼두는 것이 예의이며 회의 및 면담에서 집중도를 높일 수 있다.

(4) 메모하는 습관은 절대적으로 필요하며 본인스스로 습관을 드린다(메모는 차후 엄청난 기록과 자산이 된다).

(5) 회의 시 다른 사람의 의견이나 기타 업무진행에 대한 비평을 할 때에는 반드시 더 좋은 대안이나 실제 해결방안을 제시하도록 한다.

4. 양식

1) 공가계

(1) 일요일 또는 휴일 근무를 할 경우, 평일 업무에 지장이 없는 경우에 한해대체 휴무를 할 수 있다.

(2) 대체 휴무의 경우 공 가계를 제출하며 업무상 지장이 없을 경우에 한 한다.

(3) 공 가계는 최소 3일 전에 제출한다.

2) 아이디어 제안서

(1) 업무와 관련된 아이디어 또는 건의 사항이 있을 때에는 아이디어 제안서에 내용을 필히 메모한다.

(2) 아이디어 제안서는 임원 또는 해당 부서 팀장에게 제출하거나 회의석상에서 제시한다.

(3) 인터넷 e-mail을 통해서 제출할 수도 있다.

3) 지출결의서

(1) 소액의 업무비 지출은 사비로 사용한 후 지출 결의서에 영수증을 첨부하여 자금을 신청한다.

(2) 지출결의서는 매주 수요일과 토요일에 마감하여 수요일 마감 분은 그 주 목요일에, 토요일 마감 분은 그 다음 주 월요일에 업무비가 개인의 계좌로 입금되도록 시스템화 하는 것이 좋다.

(3) 지출결의서 작성 시는 세부사항을 상세하게 기록한다.

(4) 지출결의서 작성 시는 부가세와 원천징수를 구별하여 기재한다(포함인지 별도인지).

(5) 아르바이트생을 쓸 경우에는 주민등록등본 및 주민등록증(사본)을 받으며 통장 계좌번호 역시 빠짐없이 기입한다.

(6) 금액이 큰 지출(뮤직비디오 앨범제작 및 광고, 고가 비품구입 등)은 지출계획을 세워 담당부서에 사전 보고한 후 지출 예정일의 일주일 전 담당부서에 자금을 신청한다(영수증을 나중에 제출할 시는 빠른 시일 안에 처리한다.).

(7) 자본주의 경제원칙에 따라 최소의 비용으로 최대의 효과를 창출할 수 있도록 하는 것이 좋다(비교견적).

(8) 업무에 관련되어 결제를 받은 지출결의서는 담당부서(경리, 관리부장)에서 이상 유무를 체크한 뒤 최종적으로 임원 및 대표이사의 결재를 받고 집행하며 이때 영수증 또는 세금계산서는 꼭 확인하여 받는다.

(9) 지방에서 교통비를 사용할 경우 영수증 첨부가 불가능함에 따라 교통비에 대한 증빙으로, 내부결제에 의한 교통비 사용 내역서를 첨부. 교통비 사용내역은 팀장 전결사항으로 하며 팀장이 없는 부서는 임원이 결제한다.

(10) 매니저 팀의 차량과 관련한 지출결의서는 다음과 같은 형식으로 작성.

▌표 4-2 차량사고 및 교통법규위반 경위서

차량사고 및 교통법규위반 경위서

작 성 자 : 홍 길 동

차량번호 : 서울 ○○○○○○

일　　시 : 0000년 00월 00일 00시

내　　용 : 예) 00의 방송으로 00에서 00으로 이동 중 상대편 차량의 차선변경 중 접촉사고가 발생하여 차량의 왼쪽 앞부분이 파손되어 보험회사에 연락한 후 처리하였습니다.

예) A.B.C 행사로 ○○에서 ○○으로 이동 중 00시까지 도착해야 되는 사정으로 급히 이동 중 과속감지카메라에 찍혀 회사로 발부 되었습니다.

예) D.E.F 방송이동으로 ○○에서 ○○으로 00시까지 도착해야하는 사정으로 이동 중 중앙선을 넘어 운행하다 교통경찰에게 적발되어 스티커를 발부 받았습니다.

견적금액 : 차량수리 견적금액 또는 스티커발부 금액

2012년 12월 12일

홍 길 동 서명

5. 기타

1) 업무 진행에 따라 분류한 사원의 5가지 유형

(1) 지시 대기형

일방적 지시에 따르는 수동적 형태라 할 수 있다.

(2) 지시 요구형

지시를 요구한다는 차원에서 대기형에 비해 적극적 지시라는 측면에서는 여전히 수동적 형태라 할 수 있다.

(3) 선제안 → 토론 → 보고 + 집행형

일의 창출이라는 측면에서 지시를 벗어나는 적극적인 형태이며 일을 창출해 토론을 통해 공론화함으로써 위험성을 제거하고 일을 집행

(4) 집행 + 보고형

일을 창출해 동시에 집행하면서 중간 중간 일의 경과를 계속해서 보고하는 형태이며 중간 중간 계속적으로 위험 부분을 제거하며 일을 진행

(5) 집행 → 보고형

일을 창출해 최종 결과물이 나오기까지 일을 단독으로 집행한 후, 나중에 최종 결과만을 보고, 일의 시작에서 끝까지 모든 과정에 대해 책임을 지게 되며 일정부분 위험성을 포함한다.

2) 회사 내에서 반드시 지켜야 할 사항

(1) 전화예절 : 회사의 이미지가 대외적으로 상당부분 차지한다.

(2) 업무상 대외적 보안 : 회사의 존폐 부분을 차지하며 무척 중요하다.

(3) 지시 및 부탁에 따른 Feedback : 정확한 지시와 그 지시에 따른 Feedback은

회사의 생명이라 할 수 있다.

(4) 일을 서로 미루지 말 것 : 회사와 개인에게 막대한 손실이 온다.

3) 자료관리

(1) 이미 판매, 활용되고 있는 자료 이외는 모든 자료가 대외비이므로, 철저히 보안에 유의한다.

(2) 특히 외부(방송국, 잡지사 등)로 전달되는 자료(영상자료, 문서자료 등)는 반드시 담당부서를 통한 임원회의에서 검토를 받은 후 전달하도록 한다.

(3) 미발표된 곡은 어떠한 일이 있어도 외부로 유출되어서는 안 된다. 따라서 관련자(녹음기사, 매니저, 작곡 섭외자) 이외에는 절대로 취급하지 못하도록 한다.

4) 청소

(1) 출근 후 업무시작 전에 각 부서별 사무실을 정리 정돈한다.

(2) 청소 및 각자 위생에 관련된 청결 관리를 철저히 한다.

(3) 쓰레기봉투는 매주 정해진 요일에 회사 앞 정해진 장소에 내 놓는다.

(4) 매주 요일을 정하여 전 직원 대청소의 날로 정하여 회사의 이미지를 깨끗하게 할 필요가 있다.

5) 연습실사용

(1) 최소 하루 전 캐스팅부와 사용가능 여부를 협의하여 사용할 수 있어야하며 시간을 엄수 할 필요가 있다.

(2) 사용하고 난 후에는 반드시 뒷정리는 다음 팀을 위하여 철저히 정리한다.

6) 회사제물 및 비품사용

(1) 비디오카메라 등 회사의 제물을 사용할 때는 그 제물의 담당부서에서 제물청구서를 제출하고 반드시 허락을 득하며 사용하며 시간과 반납 일정을 확

실히 통보한다.

(2) 사용한 후에는 담당자 또는 지정된 자리에 정확하게 반납하며 제물의 이상 유무 역시 확인할 수 있도록 한다.

7) e-mail 사용 및 인터넷

(1) e-mail을 보낼 때 본인의 이름을 글 끝 또는 시작하는 부분 오른쪽에 명시 하여 보낸다.

(2) 문서로 작성한 내용을 보고할 때, 되도록이면 별도의 파일을 첨부하지 말고 편지내용에 전 내용을 다 넣는 것이 좋다(시간을 절약 할 수 있으며 첨부파일을 별도의 확인 없이 보고 내용을 알 수 있다.).

(3) 파일을 첨부해야 할 경우에는, 문서를 한글(hwp) 파일로 첨부하지 말고, MS-word 파일로 첨부하는 것이 좋다. 해외에서 e-mail을 확인할 때는 한글 파일 프로그램이 없으면 열리지 않는 단점이 있다.

(4) 게시판이나 e-mail 문서 작성 시 "가로열의 문장길이"를 한 화면에 다 보이게 타이핑 하고 정확한 표현과 글의 구성에 신경을 써 읽는 사람이 쉽게 이해할 수 있도록 배려한다.

(5) 게시판은 하루에 한 두번씩 확인하고 e-mail을 전달받았을 때에는 항상 답변 e-mail을 보내며 어떠한 프로젝트의 진행 사항을 신속하게 알린다.

(6) 회사의 업무 Order는 받는 즉시 바로 시행할 수 있도록 하며, 인터넷을 활용하여 e-mail로 정확한 업무 지시 및 보고가 이루어지도록 한다.

(7) 인터넷 활용을 철저히 함과 동시에 (주) ○○ Entertainment 에서의 모든 내용의 최초 공개는 인터넷을 통하여 하도록 시스템을 구축할 필요가 있으며 이에 전 사원이 동참할 수 있는 툴을 만들어야한다.

8) 업무의 효율적인 진행을 위한 세 가지 전략

(1) Speed : 업무의 효율성

① 체계화된 DB 구축으로 단시간 내에 자료를 찾고 활용하는 시스템 서버를 구

축 하여 적극 활용 한다.

② 국내/외 간 자료 이동시 인터넷과 e-mail 활용으로 시간을 단축하여 효율적인 업무 진행이 되도록 하며 정보 보안유지에 신경을 각별히 써야한다.

(2) Interactive : 상호작용

① 업무지시와 실행에 따른 상호작용의 활성화, 정확한 업무전달과 Feedback.

② 리서치를 통한 정확한 데이터를 바탕으로 소비자(고객)가 원하는 것이 무엇인지를 파악하는 소비자와의 상호작용

(3) Preference : 업무의 우선순위

① 모든 업무에 있어서 진행상의 우선순위를 결정한 후에 중요도에 따라 집행하는 체계화를 해야 한다.

② 업무의 우선순위를 알 수 있도록 업무의 종류와 일정 등을 세분한다.

제03절 엔터테인먼트 매니저의 일반적 업무

1. 업무 개요

우선 크게 네 가지 업무를 다룬다.

첫째, 음반 기획과 제작에 관련한 제반 업무, 녹음진행, 앨범별 컨셉 구상, 앨범의 완제품까지의 자켓 제작 및 포스터와 뮤직비디오 홍보물 제작 등의 업무를 행한다.

둘째, 앨범 출시를 전후해서 해당 음악의 방송과 연예인의 방송출연, 언론사 인터뷰 등을 섭외하며 음반과 가수의 홍보 활동을 행한다.

셋째, 음반의 홍보를 위한 TV나 CF 제작과 Radio CM 제작 그리고 해당 연예인의 대외적인 상업 활동을 위한 섭외(CF출연, 행사)와 연예인의 가치를 높이기 위한 이미지 관리를 한다.

넷째, 방송 활동 외의 연예인 개인 신상과 관련된 업무를 이행한다(학적, 건강, 병무, 신변보호).

2. 용어의 정리

1) Management

실연자(연예인) 개인 신상 관리와 활동 스케줄 관리(매니저)

2) Promotion

방송 홍보. 방송에 음악이 나가고 뮤지션이 출연하도록 섭외하는 일(매니저)

3) Public Relations

언론 홍보, 보도자료 제작, 배포(언론 홍보)

4) Excusive Personal Representation

대변인 역할. 기자 면담(언론 홍보)

5) Records Production

음반 제작(매니저 : A&R 과 협조)

6) Marketing

마케팅(소속 연예인의 각개성에 따른 마케팅)

7) Artist Development

실연자(연예인) 예를 들면, 가수의 여건개선을 위한 일들. 마케팅 관련(CF섭외, 행사 추진, 콘서트, 스폰서 계약 등)

3. 매니저 기본 수칙

1) 음성보고 철저히

- 오전 : 이름, 현재시간, schedule
- 오후 : 이름, 현재시간, 결과보고, 정보 or IDEA 꼭 남길 것

2) 정확한 의사 전달

정확한 발음으로 모호하지 않게 상대방에게 전달한다.

3) 매니저는 기획자이다.

사전적인 의미의 기획(企劃)은 '일을 꾀하여 계획함'을 말하기에 연극, 영화, 방송 등에서 기획, 제작의 책임자를 말하며 예술 표현면의 책임자를 연출가(director)라고 말하기도 한다.

(1) 일의 목적을 정확히 파악한다.
(2) 항상 생각하는 자세를 가져라.
(3) 가수의 concept에 대한 idea를 스스로 연구 및 개발하라.
(4) 백마병에 빠지지 마라(철저한 service 정신).
(5) 타인의 험담과 음해에 현혹되지 않아야 되며 듣고 보고한 모든 것에 관심을 갖지 않는 습관이 몸에 익힐 수 있어야한다.

4) 항상 예의를 갖추고 행동한다.

(1) 인사를 예의 바르게 한다.
(2) 용모는 단정히(두발, 복장 등)
(3) 바른말과 고운 말을 사용 한다.
(4) 전화예절은 바르게 한다.

5) 기록하는 습관을 가져라.

(1) 필기도구, 6mm camera는 항시 휴대하라.
(2) monitor도 확실히 할 것.

6) 어느 곳에 있든지 연락망을 확보하라.

(1)휴대폰 & 호출기를 항시 휴대하라.

7) 방송국(행사장)에서의 수칙

(1) 방송국(행사장)에서는 항상 member들과 함께 한다.
(2) 대기실 확보 신속히(대기실은 관계자외 출입을 철저히 통제 시킬 것)
(3) cue sheets 확보를 신속히 한다.
(4) 소품준비를 철저히(6mm camera 등등)한다.
(5) 음료 및 식사준비는 늦지 않도록 한다.
(6) Fan들의 방청객 좌석 확보도 협조를 받도록 한다.
(7) 리허설 후 모니터링 를 철저히 하는 습관을 같도록 한다.
(8) Fan들로부터 member 들을 확실히 보호할 것(무척 중요한 사항임)
(9) 시간엄수는 생명과도 같으므로 확실히 철저히 지킨다.
(10) 방송국 관계자들(PD, AD, FD, 작가)과의 관계를 돈독히 할 것

8) 항상 확인하는 습관을 가져라.

기자를 사칭하는 사람, 본사 상부의 허락을 받았다는 말에 현혹되질 말 것.

9) schedule을 정확히 파악하라.

member들이나 사무실 schedule 담당자에게 정확히 알려줄 것 예를 들면 생방송인지 녹화인지 등 시간 및 장소, 목적 등을 정확히 파악해야한다.

10) 각 방송사 메모

각 방송사의 PD, AD, 작가의 이름까지 모두 메모하여 암기할 것.

11) 콘텐츠파악

자신이 담당하고 있는 연예인을 명확히 파악하고 있을 것 가수의 특성, album의 특성, 곡에 대한 설명을 확실 할 수 있어야 한다.

12) 언론

기자와 하는 대화는 기사화 될 수 있다는 것을 명심하고 항상 긴장하라. 담당 연예인이 언론과 대화를 할 때에는 세심한 주의를 하지 않으면 안 된다(언론과 대화 시 그 목적이 무엇인지 생각하며 대화하라.)

4. 홍보팀원 필수교육 사항

1) 커뮤니케이션(COMMUNICATION)

사내 및 외부의 모든 사람과 의사소통 시 상대방이 전달하고자 하는 내용을 정확히 인지하도록 하며, 인지여부를 복창을 통해 상대방에게 전달하고, 정확히 인지하지 못하였을 경우 재차 확인하도록 한다.

2) 피드백(FEEDBACK)

상사 및 동료로부터 지시 및 전달을 받을 때 업무기한을 미리 제시하고 내용에 대한 결과여부를 기한 내에 정확히 보고하도록 하며, 기한 내에 이행하지 못했을 경우 추후 보고 예정임을 보고토록 한다.

3) 경제성

회사의 모든 업무를 집행할 경우 회사의 수익창출 극대화와 업무비 지출 최소화를 위해 노력한다. 또한 모든 일을 진행함에 있어서 수입과 지출의 경제성을 따져 업무를 진행하도록 한다.

4) 타이밍

'문화콘텐츠는 타이밍이다'라는 말을 꼭 명심하여 업무 진행시 최적의 타이밍 포착을 위하여 역순으로 타임테이블을 만들어 업무를 세분화하고 계획된 타이밍에 어긋나지 않도록 체크하도록 한다.

5) 사전 컨펌제

어떤 업무를 계획하고 추진함에 있어 항시 상사로부터 사전 컨펌을 받은 후일을 진행하도록 하며 업무의 누수와 시행착오를 막고 개인의 독단적 취향으로 업무의 흐름이 흐르지 않도록 예방한다.

6) 기획자로서의 자세

업무를 수행하는데 있어서 자기 자신이 기획자라는 생각하래 항상 idea를 연구, 개발하여 회사의 발전과 이익에 도움이 되며 개인의 성공에도 절대적인 도움이 될 것이다.

7) 방송국에서의 행동교육

방송국과의 업무를 행함에 있어 회사의 정책과 지시를 정확히 숙지하여 회사의 정책에 위반하지 않도록 하며, 매니저는 서포터 맨 임을 항시 인지하고, 대인 관계에 있어 소홀함이 없도록 노력한다. 또한, 인기가수의 매니저라는 매너리즘에 사로잡혀 실수를 범하는 일이 없도록 지속적으로 교육 받도록 한다.

8) 회사 및 부서의 기본 업무지침 주지

"(주)한국 Entertainment" Man 이라는 긍지와 자부심을 가질 수 있도록 애사심을 고취시키고 회사 및 부서에서 행하는 기본 업무지침 예를 들면 근태, 복장, 사무실 청결, 호칭, 선후배간의 질서, 대인관계 및 업무일지작성 등을 정확히 숙지하도록 교육한다.

9) 부서의 특성에 맞는 실무교육

- **부서의 특성에 맞는 실무교육 프로그램** : 소속 연예인과의 관계, 방송/음악용어, 앨범제작과정, 체계적 스케줄 진행요령 및 홍보방법 등을 체계화하여 교육하고, 더욱 업무의 질을 향상 시킬 수 있도록 개선하도록 한다.

10) 창조적 아이디어를 위한 교육

회사의 전반적인 모든 사항에 관심을 가지고 진취적으로 일을 할 수 있도록 교육하며 소속 연예인의 작품 및 앨범제작, 기획/홍보에 이르기까지 전반에 걸쳐 창조적인 아이디어를 배출할 수 있도록 교육하고 의욕을 고취시킨다.

5. 매니저로서의 자세

1) 목적

(1) 자신이 담당한 가수, 연기자, 모델, 개그맨, 등을 신인에서 정상으로 도약 할 수 있게 최선의 노력을 다한다.
(2) 정상을 유지할 수 있게 관리, 감독을 철저히 한다.

2) 정신

(1) Assist Man(서비스)정신을 바탕으로 모든 업무에 임한다.
(2) 상대방을 대할 때 항상 예의를 갖춰 좋은 이미지 갖도록 한다.
(3) 사랑과 믿음을 기본 바탕으로 멤버들을 관리한다.

3) 세부사항

(1) 출, 퇴근 시 보고 철저와 사고 시 선보고 후 조치한다.

(2) 주 단위로 업무내용을 파악, 보고한다(주간업무 MATRIX[3]).

(3) 동료나 상사의 부탁 또는 지시사항은 반드시 그 결과(중간결과)를 통보 또는 보고를 몸에 철저히 익힌다.

(4) 담당한 연예인의 신상을 철저히 파악한다.

(5) 방송 진행요령을 숙지한다(콘서트, 쇼, TV, 라디오, ENG, 잡지 등).

(6) 상대를 알고 나를 알아야 한다(방송 PD, AD, 작가 등. 스텝들의 명단과 신상에 대하여 기본적으로 파악하는 것이 좋다).

(7) 방송 용어들을 항상 숙지하고 새로운 용어와 방송장비의 변화에도 신경을 써야 한다.

(8) 소액의 업무비 지출을 사비로 사용한 후 지출 결의서에 영수증을 첨부하여 자금을 신청한다.

(9) 회사의 경비 절감에 최선을 다한다.

(10) 업무일지를 통해 업무 내용, 진행 상황을 파악한다.

(11) 업무상의 성과는 그 업무의 중요도에 다라 업무 능력이 평가된다(기획, 제작자로서 자신의 능력을 업그레이드 시킨다).

4) 매니저로 성공할 7가지 가치관 기준

(1) 이 세상에서 가장 멋진 것은 일생을 바칠만한 일을 가지고 있는 사람이다.

일은 사람에게서 돈을 버는 그 이상의 가치를 가지고 있습니다. 당신이 목숨을 걸 만한 일을 하세요.

(2) 이 세상에서 가장 비참한 것은 인간으로서 교양이 없는 것이다.

교양은 인간의 가장 아름다운 화장입니다. 교양은 곧 그 사람의 얼굴입니다. 교양을 가지는데 관심을 가져야 합니다.

---

3) 수학적 : 여러 개의 숫자나 문자를 몇 개의 행(行)과 몇 개의 열(列)로 나열한 것. 또는 음악적 : 레코드 제작에서, 네 개 채널의 각 채널 신호에 기호를 달아 정리한 후 그것을 다시 두 개의 채널로 나눈 것.

(3) 이 세상에서 가장 쓸쓸한 것은 할 일이 없다는 것이다.

살아가면서 일을 하지 않고 사는 사람은 사실은 가장 괴로운 사람입니다. 아무리 풍족해도 일을 꼭 하셔야 합니다.

(4) 이 세상에서 가장 추한 것은 남을 부러워하는 것이다.

남을 부러워하는 것은 자신을 더욱 추하게 만듭니다. 남을 부러워하기 전에 당신만이 가지고 있는 것이 분명히 있습니다. 그 장점을 개발한다면 분명 다른 사람이 당신을 부러워 할 것입니다.

(5) 이 세상에서 가장 존귀한 것은 봉사 하고 보상을 바라지 않는 마음이다.

봉사는 인간의 가장 아름다운 행위입니다. 봉사는 대가를 바라지 않고 하는 순수함이 가장 값진 것입니다.

(6) 이 세상에서 가장 아름다운 것은 사물에 대하여 애정을 가지는 것이다.

무관심은 우울증의 첫 번째 증상입니다. 항상 모든 관심을 가지고 애증을 가지면 오히려 당신이 더 건강해지고 더 많은 관심과 사랑을 받게 됩니다.

(7) 이 세상에서 가장 슬픈 것은 거짓말을 하는 것이다.

거짓말이 가장 슬픈 것입니다. 남을 속이기 이전에 벌써 자기 자신을 속이는 것이기 때문입니다.

6. 매니지먼트의 단계

1) 기획, 구성

(1) 자신이 담당한 연기자, 가수, 모델, 개그맨 등 Top으로 도약시키고 관리하기 위해서는 철저한 분석과 연구가 따라야 한다.

(2) PR 방법과 내용: 팬 카페, 메일발송, 인터넷 방송, 국외 PR 등...

(3) 기획시기: 앨범구성의 첫 단계와 곡이 바뀔 때(신중히 기획한다)

(4) 소속연예인의 전체적인 컨셉과 이미지를 연구 및 분석을 해야 한다.

- 가수 : 음악성(발성, 발음, 곡의 이해도), 댄스, 개인기 등
- 연기자 : 대본해석, 표정연기, 액팅, 발음, 발성, 개인기 등

2) 예산

(1) 예산을 계획할 때는 현재의 자금수행 능력과 지출, 수입의 체계적인 분석 후에 이뤄져야 한다.

- 수입 : 앨범판매 수입, 출연료, 행사비, CF 등
- 지출 : PR비, 의상비, 앨범 제작비(곡비, 자켓 등), 진행비 등

3) 실행

(1) PR은 철저한 분석과 계획아래 이뤄져야 하며, 활동은 기획된 틀 내에서 계획적으로 진행되어야 한다.

(2) 가수 스케줄

기본 활동 4개월, 공백기간 3개월 이내(단, 공백기간에는 외국활동이 1~2개월 포함되어 있어야 한다.)

- 전제적인 방송의 흐름에 앞서 나가야 한다.
  그러기 위해서는 연구 및 개발을 지속적으로 해야 한다.
- 적극적이면서도 계획적인 활동을 진행한다.

4) 분석, 리서치

(1) 가장 중요한 단계라 할 수 있다.

두 번의 실수가 있어서는 안 되며 성공한 예는 계속 이어질 수 있게 업그레이드 시킨다.

• 앨범판매 : 전체 호응도 및 연령대별 판매량 분석
• 방송 : TV, 라디도 출연횟수 및 시청률 및 청취율 분석
• C F : 전체적인 컨셉 및 호응도를 분석하여야 한다.

5) 최종평가

(1) 최종 단계로서 명확한 데이터를 바탕으로 다음 기획단계의 밑받침이 될 수 있게 객관적이고도 정확한 평가가 이루어져야 한다.

제04절 엔터테인먼트 매니저의 제작관련업무

1. 재작관련 업무

M/V, 사진촬영, 댄스안무, 디자인작업, 의상시안제작 등 타 기업이나 타인에게 어떠한 사무를 의뢰 제작할 경우 다음사항을 꼭 명심하고 업무에 임하도록 한다.

1) 기획 의도

본인이 기획 의도나 컨셉을 정확히 인지하여야 하며 상대방에게 내용을 정확히 전달하고 꼭 재차 확인하여야 한다.

2) 미팅

본인의 해당업무에 대해 미숙할 경우 해당 전문가의 조언을 듣고 미팅시에 되도록이면 전문가와 동행하도록 한다.

3) 제품 견적서

어떤 회사의 제품에 대해 조사하고 접촉할 시에는 항상 최소 2곳에서 3곳 이상의 견적서와 기획서를 받도록 한다. 견적서를 받을 때에는 해당일이나 제품이 처음 의도와 맞아 "우리가 활용할 경우에는 얼마, 안 쓸 경우에는 얼마"의 두 가지 형태로 나누어 받도록 하는 것이 아주 효율적이라 할 수 있다.

4) 제작의뢰

제작 의뢰한 일이 우리의 의도대로 될 때까지 수정을 의뢰할 수 있도록 일의 시작 전에 확인토록 해야 한다.

5) 계약서

접촉한 회사나 개인이 우리의 조건과 맞아 일을 개시할 경우 꼭 계약서를 작성하며 쌍방간에 합의점과 업무 중 발생하는 추가 또는 그 반대인 경우도 꼭 명시하여야 한다.

6) 결재

결재 시에는 최종적으로 일의 마무리가 된 후 결재를 해 주어야 한다.

7) 마무리

일의 마무리 후에는 꼭 감사 전화를 드리고 찾아뵙는 것도 좋다할 수 있다. 또한 일이 성공적으로 진행되지 않아 중도 하차할 경우 상대방에게 오해가 없도록 충분한 해명을 하고 상대와 더욱 두터운 친분을 쌓도록 한다.

2. 앨범제작

1) 음반기획

(1) 컨셉 회의

전체적인 흐름을 잡는 작업이므로 관련자 모두가 참석한다.

(2) 곡 수집(A&R)[4]담당 및 녹음

(3) 코디섭외

HAIR / 의상 컨펌 / 스타일 픽스

---

4) A&R은 레코드 회사의 직무 중 하나로, Artist and Repertoire(아티스트 앤 레퍼토리)의 약어이다. 아티스트의 발굴, 계약, 육성과 그 아티스트에 맞는 악곡의 발굴, 계약, 제작을 담당한다.

(4) 사진작가 섭외

스타일이 확정(fix)되면 재킷용 사진 촬영을 한다.

사진과 필름을 풍부하게 받도록 하고 사진작가의 베스트 컷을 선정하여 받으며 보드지에 정렬하여 작가와 회사의 대표이사 또는 임원의 사전 결재를 받는다. 이때 반드시 단체와 개인 베스트 컷을 각각 선정 받는다.

(5) 디자이너 섭외

각 3~4명의 디자이너에게 앨범의 컨셉과 카피를 건네주고 사진이 나오기 전에 시안을 미리 받고 컨펌을 한 후 디자이너를 결정한다. 사진 컨펌 후 필름을 인쇄소에 드럼스켄를 하여 디자이너에게 넘겨 디자인을 시작한다(섭외시 MC CD 재킷, 포스터, 브로셔, 엽서, 스티커디자인을 포함 한다.).

(6) 라디오 CM제작

가수의 앨범 타이틀곡이 완성되는 시점에서 카피 구성 후 성우를 선정하여 녹음/컨펌 후 심의를 거쳐 방송한다.

(7) 안무가 섭외

앨범 타이틀곡과 스타일이 확정(fix) 완성되면 안무가를 섭외/안무구성/컨펌을 거쳐 안무를 완성한다.

(8) 주문가능 발주

앨범출시 시기가 결정되면 음반 유통 팀에 연락해서 각 도매상에서 주문을 받도록 하고 주문량이 결정되면 마케팅 음반 유통점과 회의를 통해서 의견 수렴한 뒤 초도물량을 회사에 보고해서 결정한다.

(9) 심의용 CD

첫 방송 날짜를 감안하여 심의용 CD를 미리 만든다. PR-CD를 제작하여 심의가 통과가 된 뒤 첫 방송까지 무리가 없으면 PR-CD로 진행하지만 날짜가 촉박한 경우에는 심의용으로 간편한 CD를 특별 제작해야 한다.

(10) PR – CD

음반 제작중간에 비매품으로 표시된 홍보용 CD를 각 부서에 필요량만큼 신청/인계하여 음반 심의가 통과된 후 방송국에 배포/DM 발송 등에 사용한다.

(11) 보도자료/DM제작/발송

A&R(회사 소속 가수와 그 곡목을 담당하는 디렉터)부서에서 앨범을 수령하여 작곡가로부터 곡 설명을 받아 보도자료 담당자와 DM을 제작한다. PR-CD가 나온 시점에서 담당자는 각 관계처로 DM을 발송한다.

3. 음반제작

1) 자켓

(1) 담당 웹디자이너에게 사전에 컨펌된 삽지의 최종 본을 받아 초도 물량이 나온 후 미리 인쇄한다(시간단축에 유리하다.).

(2) 프로그래머에게 CD-KEY를 받아 인쇄소로 인계/삽지에 부착한다.

(3) A&R에서 최종 곡 순서와 가사를 받고 매니저에게 앨범를 받아 디자이너에게 넘긴다.

(4) A&R로부터 인터넷용 가사와 곡 순서를 받아 인터넷 팀의 담당자에게 인계한다.

(5) 완성된 디자인을 1, 2차 컨펌을 거쳐 완성 후 인쇄소로 넘겨, 교정 후 최종 컨펌, 인쇄한다.

(6) 홀로그램을 사전에 인계 받아 인쇄소로 넘겨, 자켓에 부착 후, 레코드사로 넘긴다.

(7) 포스터 디자인 역시 컨펌/인쇄하여 사전에 유통으로 인계/배포한다.

2) 음원

(1) A&R에서 최종 MASTER를 받아 MC MASTER와는 미리 레코드사에 넘겨 제조, 시간을 단축한다.
(2) CD MASS는 인터넷 팀의 CD-PLUS 부분과 함께 담당회사(쿨 사운드)로 넘겨서 CD-PLUS가 포함된 최종 음원을 받아서 레코드사로 넘긴다.
(3) 이때 자켓이 넘어가는 시점을 스케줄 링 해야 하며, 레코드사에서의 처음 음원을 최종 컨펌 한다.

3) CD-PLUS

담당 웹 PD, 디자이너, 매니저 등의 참석 하에 CD-PLUS 회의를 거쳐 담당 웹 PD와 디자이너는 디자인 된 동영상을 완성/컨펌 후 CD_PLUS 담당 업체로 인계 오점을 수정한다.

4. M/V 촬영 지침

1) M/V 의 기본 개념

M/V는 기본적으로 영상을 위한 노래의 삽입이 아닌 노래를 돋보이게 하기 위한 영상의 표현이다. 그러므로 M/V를 찍을 때 반드시 있어야 하는 cut은 다음과 같다.

2) M/V 의 필수 cut

(1) Tight-full-shot

거의 몸 전체를 보여주되, 사람이 화면전체에 full로 들어가는 장면(주로 춤동작에 중요한 shot). 가수가 힘 있게 안무를 하여 춤을 좋은 상태로 보여줄 수 있도록 멤버가 지치기 전에 찍어야 하므로 촬영 시작 시점에 가장 먼저 찍는 것이 좋다.

(2) Close-one-shot

얼굴 위주의 가깝게 찍은 장면, 주로 립 씽크(Lip Sync)에 중요한 shot, 너무 이른 아침에 촬영이 시작 될 경우 멤버들의 얼굴이 부어 있거나 하여 최상의 모습을 보여줄 수 없는 경우가 생길 수 있으므로 오후 촬영의 시작 시점에 찍는 것이 좋다. 그러나 지치기 전에 얼굴과 헤어의 상태가 좋을 때 찍는다.

그 외에 Full-shot(배경까지)과 One-shot(바스트 또는 몸 가까이 찍은 shot)이 있다. 위의 두 종류의 cut(Tight-full-shot 과 Close-one-shot)은 멤버가 지치기 전에 ot)찍어 최상의 상태를 보여주는 것이 중요하므로 촬영 시작 시점에 찍어서 save 한다.

3) M/V 촬영시 노래의 구성

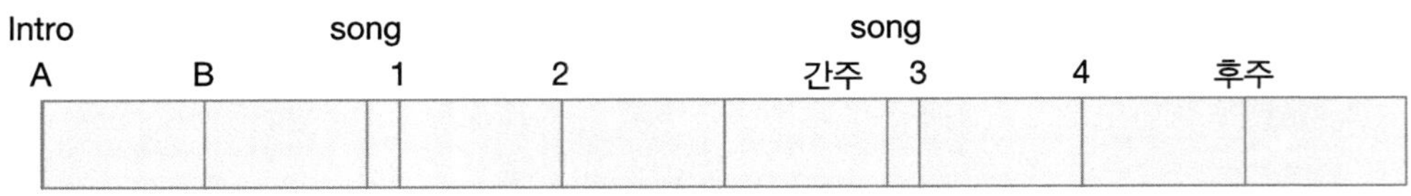

1) Intro 에서 A는 전주중에서의 또 다른 도입부분 상의 Intro 이고 B에서 전체 리듬이 시작될 경우 B의 첫 cut 은 Tight - full - shot → 안무가 되어야 한다.

2) Song이 시작되는 부분의 해당 멤버의 첫 cut 은 Close - one - shot → 립싱크가 되어야 한다. 이는 Song 1, Song 2, Song 3, ...Song n 의 첫 박자를 모두 말하며, 특히 이 중 가장 중요한 부분은 위의 노래 구조 중 Song 1 과 Song 3 부분이 되므로 이 부분에 해당하는 cut 은 best cut 이 되도록 해야 한다.

3) 간주부분의 첫 cut 은 Tight-full-shot → 안무가 되어야 한다.
위의 1), 2), 3)에 해당하는 부분을 놓칠 경우 M/V에서 보여지는 노래의 거의 모든 부분을 놓치는 것과 같다. 그러므로 M/V를 통한 효과를 최대로 하기 위하여, (1), (2), (3) 부분은 반드시 위의 의도가 충분히 보여 질 수 있는 cut으로 진행하고 뒤에 붙는 장면은 영상의 아름다움을 가미한 cut으로 대체할 수 있다. 따라서, 매니저(감독)는 M/V 촬영 시 가수의 얼굴을 모니터로 체크하여야하며 Song 1의 첫 박자 얼굴은 전체 체크 할 부분의 립싱크 얼굴 중 가장 중요하므로 반드시 체크하여야 한다. 그 한 cut이 전체 M/V의 장면 중 노래를 위해서는 가장 중요하다고 할 수 있다.

4) M/V 촬영

(1) 미리 뮤직비디오 감독을 선정, 사전 견적을 받고 감독, 대표이사, 임원, 멤버 등의 참석 하에 M/V 회의를 한다.

(2) M/V 이외에도 30분의 CF와 BEST 동영상 컷을 포함하는 것을 부탁한다.

(3) 감독이 선정되면 계약서를 작성하고 진행한다(각각의 CABLE CF용/첫 방송 CG용).

(4) 안무가 완성되면 스케줄링 하여 촬영한다(촬영 시 담당 웹 PD와 사진작가를 동행하여 동영상과 보드용 사진촬영을 한다.).

(5) 각색(DRAMATIZE)할 경우에는 미리 시놉시스를 받아 전달/컨펌 한다.

(6) 완성 후 B-TAPE CF/MV 각각 5/15개 정도 받아서 심의를 거쳐 방송한다(M/V제작비는 촬영시작과 MASTER-TAPE을 받는 시점에서 1/2씩 나누어 입금한다.).

Chapter 05

엔터테인먼트 매니저의 실무

제01절 음반기회 및 제작 관련

1. 녹음 스케줄 제작 관련 실무

1) 녹음 전

(1) 타임 테이블에 의해 앨범 출시 일을 정하고 그 정한 일시에 맞추기 위한 녹음 계획을 수립하여야 한다.

(2) 녹음계획을 수립할 때는 앨범에 수록된 수 있는 충분한 곡수와 그 곡을 녹음할 날의 수(솔로인 경우 1곡 당 1-2일 정도, 그룹일 경우 2-3일 정도: 곡이 어려운가와 가수들의 컨디션에 따라 변동의 소지가 있음.)

녹음한 앨범을 믹싱 할 수 있는 기간과 마스터링을 할 수 있는 기간(약 2-3곡 당 1일 정도: 녹음실 상황과 엔지니어에 따라 차이가 있음.), 출시 전 심의를 접수하여 통화하는 기간(약 1주일), 첫 방송일자에 따른 노래와 안무를 숙련시킬 수 있는 기간을 고려하여 수립한다.

(3) 녹음계획이 수립되면 A&R에서 담당가수를 위해 수집한 곡을 확인하고 녹음시작 최소한 3-4일전에 데모테이프와 가사를 가수에게 전달하여 노래에 대한 충분한 이해와 연습이 될 수 있게 한다.

(4) 녹음을 시작하면 세부계획은 A&R과 녹음실과 충분한 협조를 구하여 진행을 시켜야 하는데 세션(밴드나 코러스 등 기타)하는 일정도 체크하도록 한다.

(5) 세션비 지급과 작곡가에 대한 곡비 지급은 A&R부에서 담당하고 있으나 세션비 같은 경우는 세션 경비 지출서를 담당매니저가 작성을 하여야 하기 때문에 A&R와 사전에 충분한 상의가 요구된다.

2) 녹음진행

(1) 가수들에게 녹음스케줄을 충분히 고지를 시킨 후 연습을 체크하고 녹음실 출발 전에 가수가 녹음 시에 녹음만 할 수 있게 세심하게 신경을 쓸 필요가 있으며, 필요할 경우 식사나 음료 등을 준비하여 출발하도록 한다.

(2) 녹음실에는 예정된 시간보다 늦지 않도록 도착하는 것이 중요하다.

(3) 녹음실에 도착하면 작곡가와 엔지니어에게 가수를 인사시키고 녹음이 시작된다.

(4) 녹음진행은 대부분 작곡가가 진행을 하지만, 필요한 사항 이 발생할 경우가 생길 수도 있고 가수가 녹음을 하는 모습을 매니저가 지켜본다는 것을 보임으로써 믿음을 줄 수도 있으므로(특히 신인가수) 항상 작곡가 옆에 매니저가 1명은 꼭 있는 것이 좋다.

(5) 녹음이 진행되면서 노래가사가 일부 수정되는 경우가 많은데 이 때 이 수정부분을 체크하여 A&R에 알려주는 것이 필요하다. 이유는 녹음완료 후 심의를 신청할 때 가사가 틀리면 안 되기 때문이고 두 번 일하지 않고자 함이다.

(6) 녹음이 진행될 때는 특히 건강관리가 중요시되기 때문에 가수가 감기나 몸살에 걸리지 않도록 세심한 주의가 필요하다.

7) 녹음스케줄 진행시에는 새벽 늦게 끝나는 것이 일반화 되어 있으니 매니저 건강문제도 스스로 챙겨야 한다(특히 졸음운전 예방이 중요하다).

3) 녹음 후

(1) 녹음실에서 녹음스케줄이 종료되면 자신의 팀이 사용했던 장소는 깨끗이 정리한 후에 작곡가와 엔지니어에게 인사 후 녹음실에서 철수한다.

(2) 그날 녹음한 녹음부분을 MD테이프에 담아 다음날 녹음실 출발 전 A&R부에 전달하여 결재를 받을 수 있게 준비해 준다.

(3) 다음 일정을 체크하여 가수들에게 충분히 고지시킨 후 노래연습을 시킨다.

2. 자켓 촬영 제작 관련 실무

1) 장소 이동전

(1) 촬영 전날 촬영 장소를 정확히 파악하고 야외일시 날씨가 어떤지도 확인한다.

(2) 가수, 스텝, 코디에게 장소와 시간을 정확히 알려준다.

(3) 출발 전 시간을 숙지하고 의상, 소품, 인원을 체크한다.

(4) 출반 전 셋트 준비 상태와 준비가 완료되는 시점을 체크해 출발한다.

2) 장소 도착 후 촬영

(1) 장소 도착과 동시에 대기실과 셋트 준비 상태를 체크한다.

(2) 촬영 전 사진작가와 연예인과 스텝 회의를 통해 촬영을 진행 숙지하여 스케줄 진행에 차질이 발생하지 않도록 한다.

(3) 촬영 장소에서는 스텝 외엔 출입을 통제하고 방송 잡지는 사전에 허가된 자만 출입시켜 촬영시간과 장소를 엄격히 통제하여 진행한다.

(4) 촬영 시 폴라로이드 사진을 확인하여 정해진 컨셉대로 진행되는지 체크하고 소속 연예인의 표정이나 포즈를 지적해 준다.

(5) 촬영 시 컨디션을 최상으로 올려주기 위해 스트레스 받지 않도록 세심하게 체크한다.

(6) 촬영 시 모든 장면을 영상자료로 만들어 internet 팬 미팅, 콘서트 영상으로 사용한다.

3) 촬영 후

(1) 촬영이 끝난 후 사진작가와 마무리 미팅을 가지고 촬영이 잘 진행됐는지 체크한 후 서로 인사 후 이동을 실시한다.

(2) 연예인이 미팅을 가질 때 스텝은 소품, 의상 등을 분실하지 않게 세세히 체크

후 이동시킨다.

(3) 사진이 나온 후 촬영 본에 대해 미팅을 갖고 Best cut을 분리한 후 그렇지 않은 cut에 대해 분석한다.

3. 뮤직비디오 촬영 제작 관련 실무

1) 장소 이동전

(1) 촬영 전날 촬영 장소가 어디인지 정확히 파악하고 날씨가 어떤지도 염두 해두어야 한다. 같이 동행할 가수, 스텝이나 코디에게 장소와 시간을 정확히 알려준다.

(2) 시간을 숙지하고 의상, 소품, 인원을 체크한다.

(3) 촬영 장소에 도착해 의상이나 소품을 빠뜨리고 와 다시 가지고 오는 실수를 방지하기 위해 출발 전 매니저가 직접 다시 체크해 주는 것이 좋다.

2) 장소 도착 후 촬영

(1) 장소 도착과 함께 셋트 준비 상태 언제쯤 촬영이 가능한지 체크한다.

(2) 가수와 감독과의 회의를 통해 마찰 없이 진행될 수 있도록 한다.

(3) 촬영 장소에는 스텝 외엔 출입을 통제하고 사무실의 허가가 있는 방송 또는 잡지 기자라 해도 보통 뮤직비디오를 촬영하는 카메라가 돌아가고 있을 때만 촬영 가능하다.

(4) 촬영 시 모니터를 주시하고 가수가 어떤 모습으로 나오는지 정확히 관찰 하고 가수에게 더 좋은 아이디어가 있으면 제시 해준다.

(5) 뮤직비디오 촬영은 거의 날을 세며 긴 시간을 촬영하는 일이기 때문에 가수의 건강을 해치지 않게 매니저가 챙겨줘야 한다.

(6) 촬영 시에는 시간적으로 여유가 있으면 여러 각도에서 촬영해서 나중에 후반편집 작업 시 용이 하도록 한다.

3) 촬영 후

(1) 촬영이 끝난 후 피곤한 가수를 빨리 이동 시킨 후 소품, 의상 등을 놓고 오는 물건이 없도록 유의한다.

(2) 촬영도 중요하지만 장시간 촬영한 많은 분량의 내용을 조화롭게 편집하는 것도 중요하므로 편집 시 함께 모니터 하는 것도 잊지 말아야 한다.

제02절 방송 스케줄 관련

1. 쇼 프로그램(show program)

1) 드라이 리허설(음악리허설)

드라이 리허설은 대부분 오는 순서대로 진행되므로 리허설 시작 최소 10분전에 도착하여 댄서 도착여부를 확인하고, 연출자 혹은 작가에게 도착 여부를 알린 후 객석 혹은 대기실을 확보하여 대기하도록 한다.

작가(혹은 무대감독)에게 큐시트를 받은 후 순서를 확인하고 방청권을 확보한 후 순서에 따라 리허설을 진행한다. 부족하다거나 실수가 있었을 경우 라이브무대일 경우, 첫 방송일 경우에는 가능하면 음악 리허설을 2회 이상하도록 요청한다.

2) 카메라 리허설

카메라 리허설은 본 방송과 똑같이 진행되는 리허설이다. 따라서 카메라 리허설을 시작하기 전에 의상, 헤어 등 모든 준비를 완벽하게 해야 한다.

드라이 리허설 후 매니저는 멤버들의 의상, 헤어 등의 준비 상태를 점검하고 카메라 리허설에 들어가야 한다. 매니저가 2인 이상일 경우 1명은 스튜디오에서 대기하여 카메라 리허설 시작여부를 확인하고 다른 1명은 대기실에서 가수들의 준비 상태를 점검하고 외부인의 출입을 통제한다.

큐시트 순서에 따라 항상 두 팀 전에 스튜디오에서 대기하여 리허설 때 무대에 늦게 올라가는 일이 없도록 한다. 카메라 리허설 때 TV화면을 6mm로 녹화하여 리허설 후 또한 그 날 무대에서 사용할 마이크는 어떤 타입(마이크 On/off 또는 head set)을 사용할 것인지 명확히 하고 미리 준비하여 카메라 리허설에 지장이 없도록 한다. 그리고 가수의 식사 및 음료를 빠짐없이 준비하여 공연에 지장이 없도록 한다.

카메라 리허설 후 방청객이 입장하므로 드라이 리허설 때 확보한 방청권을 카메라 리허설 전에 팬클럽임원에게 전달하도록 한다.

• 카메라 리허설

본 방송과 똑같이 진행(총연습) / 의상, 헤어, 모든 준비를 완료한다.

① 드라이 리허설 후 매니저는 멤버들의 의상, 헤어 등의 분비상태 점검
② 카메라 리허설 시작여부 수시 파악 매니저 2인 이상일 경우: 1명은 녹화스튜디오에서 대기하여 카메라 리허설 시작 여부를 확인, 다른 1명은 대기실에서 가수들의 준비 상태를 점검 하고 외부인의 출입을 통제 한다.
③ 사전 녹화: 대부분의 사전녹화는 카메라 리허설 전에 진행되므로 사전녹화가 잡혀 있을 경우 모든 준비를 완료하고 녹화 10분전에 대기하여야 한다.

2. 라디오

1) 시간체크

(1) 멤버들과 출발할 시간을 체크한 후 시간에 맞추어 방송국으로 출발한다(출발 전에 작가와 어느(몇 번) 스튜디오에서 방송을 하는지 확인한다.).

(2) 방송시간 최소 20~30분전에 도착하여 도착여부를 작가에게 통보한다. 작가에게 통보 후에 그 날 방송분의 대본을 받은 후 멤버들에게 보여주며 리딩을 하게 한다.

(3) 방송시작 5~10분전에 라디오 스튜디오에 멤버들과 함께 들어가서 PD와 인사를 한다.

(4) 방송이 시작되면 멤버들의 방송을 모니터 한다.

(5) 방송 시작 전에 음료수를 멤버들이 필요하다면 탄산음료를 제외하고 갖다 준다(방송 중에 음료수를 전달할 때는 각별히 신경을 써야 한다. 필히 담당PD에게 양해를 구할 것).

(6) 방송 후에는 PD와 작가들에게 인사를 한 후 스튜디오 밖으로 나온다. 모니터를 하던 중에 실수한 부분을 이야기하여 다음방송분 부터는 실수하지 않도록 하고 잘했던 부분들은 다음에도 더욱 잘할 수 있도록 칭찬을 한다.

(7) 방송국(생방송)에는 각각 경비가 있는데 무척 출입을 통제하고 있다. 출입여부는 경비와 잘 타협을 하여 출입에 아무런 지장이 없도록 친분을 쌓아두는 것도 매니저로써의 요령이다.

3. ENG(Electronic News Gathering)[1] Program

(1) 스케줄 확정 후 작가와 협의하여 멤버들이 끼를 표출할 수 있도록 대본 요청(대본상의 멤버가 원하지 않는 질문이나 행동 등의 문제가 있을 시 수정을 요구해야 한다.)

(2) 대본을 멤버들에게 전달하여 숙지하도록 한다.

(3) 촬영일정과 촬영장소를 확인하여 스케줄에 차질이 없도록 해야 한다(주변 대기실이나 식사장소를 항상 체크한다.).

(4) 촬영이 시작되면 멤버들과 모니터 옆에 붙어서 모니터링을 철저히 하여야 한다(멤버들의 이상한 모습이 촬영되는지 확인하여야 한다.) 모니터를 못할 경우 최종 편집 시 같이 참여한다.

(5) 오락프로나 게임프로 또는 퀴즈프로 일 경우 작가들에게 상의하거나 부탁하여 멤버들에게 사전에 알려야 한다(멤버들을 더욱 빛나게 해야 한다.). 그 프로그램을 멤버들이 이끌어 나갈 수 있도록 분위기를 재 조성 한다.

(6) ENG 촬영이 길어지기 일쑤여서 다음 스케줄에 차질이 없게 작가와 ENG 감독에게 최대한 양해를 구한 후 다음 스케줄을 진행한다. 전날 촬영시간을 항상 정한 후 ENG 촬영에 들어간다.

1) 현장 이동 방송(시스템) : 휴대용 TV 카메라와 음향기기를 이용한 뉴스 보도 시스템. 약어 ENG.

(7) 촬영이 끝나면 감독님과 작가들에게 인사를 드리고(멤버와 함께) 현장을 정리 한다.

(8) 현장촬영에 대한 편집일자 및 방송일자를 확인하여 야식 및 음료를 준비하여 편집실로 방문한다(편집실 방문은 PD와의 관계를 돈독히 하고 멤버들에게 해가 되는 그림을 삭제하기 위함이다.).

(9) 절대 지각을 해서는 안 된다. 지각을 했을 때 항상 멤버에게 감독을 찾아가서 사죄하게 하고 잘못을 깨우치게 하여 다시는 지각이 없도록 한다.

(10) 매니저에 의한 ENG 촬영에서의 주의 점(매니저 필독)

현재 (주)한국 Entertainment사 소속가수가 방송국의 각종 프로에 축하 메시지 등을 간편하게 6mm테이프로 촬영하여 전달하는 경우가 많다.

이때 ENG촬영은 방송활동 중에는 방송용 메이크업과 의상이 준비되는 스케줄 중에 촬영을 한다. 전체적으로 충분한 계획이 없이 진행되고 있으며 가급적이면 아래의 주의 점에 유의하여 보다 가수들을 위한 ENG촬영을 하도록 한다.

① 배경이 ENG촬영의 의미와 부합되는지 여부를 확인하여 가수멤버들이 배경으로 인하여 전체적으로 이미지에 손해를 미치는지를 확인하여 신중하게 고려하여 배경을 결정하여야 한다.

② 조명문제도 충분히 고려하여야 할 것이며 촬영에 앞서 사무실에서 찍을 경우 전등, 야외에서 찍을 경우 태양의 각을 살펴보고 화면상이나 멤버들의 얼굴 등에 음영이 두드러지게 나타나 화면을 망치는 경우를 조심하여 촬영을 할 것이며. 2인이 촬영하여 한사람은 촬영하는 동안 다른 매니저는 방사판 등의 기구를 이용하여 화면상에 음영을 없애 음영으로 인하여 전체 화면을 망치는 일이 없도록 주의를 하여야 할 것이다.

③ 축하 멘트 촬영 시 대본 없이 촬영하는 것보다는 간단한 대본을 준비하는 것이 멤버들이 말을 하는데 있어서 보다 자연스럽게 나올 수 있도록 유도할 수 있으며 그래서 전체적으로 부드럽게 이어지는 내용의 촬영을 할 수 있을 것이다.

④ 촬영 진행 후 편집실에 필히 맡겨 화면의 색상과 화질을 조정 후 방송국에보내야 하며 용도에 따라 화면을 조정하여 환상적이나 멋있게 하고자 할 때는 미리 종합 편집실을 섭외 편집을 하여야 할 것이며 이것도 바탕화면이 상태가 밝고 깨끗한 화질을 유지하고 있을 때 가능한 것으로 화면상태가 좋지 않으면 한계가 있어 마음에 드는 화면을 가질 수가 없다고 한다.

⑤ 지하에 크로마키촬영장이 있어 특수한 배경을 원할 때 촬영할 수 있으니 ENG촬영마감이 시간적 여유가 있고 특수한 배경을 원할 때는 미리 웹 PD에게 사전 도움을 청해 촬영한다.
배경이 파랗다고 그냥 촬영하면 크로마키효과를 얻을 수 없다는 것을 명심하고 필름 상에 크로마키 처리를 따로 하여야 그 효과를 얻을 수 있다고 하니 모르면 웹 PD에게 도움을 청한다.

⑥ 매니저에 의한 ENG촬영을 쉽게 생각할 수 있는데 한 장면 한 장면이 전국적으로 방송이 나가는 장면임을 생각할 때 그 중요성을 명심하여 하나 하나에 최선을 다 해야 할 것.

제03절 행사 스케줄의 중요성

1. 행사 스케줄의 중요성

방송 스케줄도 중요하지만 행사 스케줄 또한 많은 중요성을 띄고 있다. 행사 스케줄은 거액의 출연료를 받고 하는 것이기 때문에 스케줄을 펑크 내는 경우 행사비의 환불상의 문제가 있다(계약서 확인).

2. 행사 출발 전

1) 계약상 금액의 입금 여부를 확인한다.
2) 행사담당자와 연락해서 곡목 수, 곡명 등에 대해서 얘기하고, 행사성격에 대해서 파악한다.
3) 행사 당일 집결 상황을 고려해서 팬 동원 등을 적극 검토한다.
4) 행사지로의 소요시간과 경로, 이동수단을 파악한다.
5) 차량점검 및 주유 등에 소홀히 하지 않는다.
6) 행사에 필요한 CD 또는 DAT[2)]를 준비하고 헤드마이크 등 그 외의 소품들을 빠짐없이 준비한다.
7) 보조 출연자(댄서, 연주자)들에게도 스케줄 강조와 시간에 대해서 정확히 알려 준다.

---

2) digital audio tape 디지털 녹음 테이프.

3. 행사 이동시

1) 행사시간에 늦지 않도록 여유롭게 출발하는 것이 좋다.

2) 안전이 제일 중요하므로 안전운전에 더욱 신경 써야 한다. 특히, 졸음운전에 주의해야 한다. 졸음을 예방하는 방법은 다음과 같은 경우가 있다.
   (1) 전날 숙면을 충분히 취한다.
   (2) 운전은 한 시간씩 하며 휴게소에 들러 간단한 스트레칭과 휴식을 취한다.
   (3) 운전 중 연락은 이어폰을 사용한 핸드폰으로 전화를 한다.
   도착 전 행사장에 경호원과 연락하여 출입구를 최대한 안전한 경로로 이동 할 수 있도록 한다.

4. 행사장 도착 시

1) 우선, 큐 시트를 확인한다. 출연순서, 곡수, 곡 순서 등을 확인하고 CD를 음향팀에 넘겨준다.

2) 대기실을 확보하고 불필요한 인원을 통제한다.

3) 인원을 점검하고 가수와 스텝(댄서, 연주자 등)이 올라갈 순서와 시간을 숙지한다.

4) 무대에 오르내리는 입구와 동선을 파악한다.

5) 출연 순서가 바뀔 수도 있으므로 매니저 1명은 항상 무대 옆에서 체크한다.

5. 행사 후

1) CD를 회수하고 소품 및 돌아올 인원을 체크한다.

2) 행사가 끝나고 출발 전 경호팀과 협조해 행사장을 안전하고 신속하게 빠져 나온다.

3) 행사의 진행사항들과 문제점, 개선 방안 등을 숙지하여 회사에 보고함으로써 행사 진행의 개선방안모색을 도모한다.

4) 차량 이동시 안전에 최선을 다한다.

제04절 특별 스케줄 진행지침

1. 해외공연

1) 공연 전

(1) 해외공연의 경우 공연장비 등 준비상황에 대한 사전확인이 불가능하므로 계약서 작성 시 '공연준비가 불충분할 경우 공연을 할 수 없다'는 조항을 반드시 삽입하여 만일의 사태에 대비한다.

(2) 금전적인 문제에 있어서 각각의 경우(비행기 표나 숙박비 등)에 따라 비용부담을 사전에 명확히 합의한다.

(3) 계약서 상 포함되지 않는 공연 참가자(세션, 댄서 등)의 출연료 문제는 사전에 미리 합의한다.

① 여권 및 비자

- **여권** : 군필자의 경우는 여권사진 2매와 신청서, 미필자의 경우는 국외여행 허가서를 추가로 첨부하여 강남구청에 문의하면 정상적인 방법은 3박4일, 사정상 협조를 구하면 1박 2일로도 여권을 발급받을 수 있다.
- **비자** : 해당 국가별로 다르지만 가수와 댄서는 반드시 공연 비자를 받으며, 가능하면 참가자 전원이 공연 비자를 받도록 한다. 공연비자의 경우 공연 주최 측의 초청장이 필요하므로 공연계획이 확정됨과 동시에 참가인원을 파악하여 주최 측에 초청장을 요구한다(준비물 : 관광비자 및 여권, 사진, 신청서(공연 비자는 초청장 추가).

② 일정관리

- 출발 1주일 전 반드시 회의를 갖도록 한다(참석인원: 해외출장을 가는 모든 스텝+해외공연 경험자+해당업무관련자).
- 현지 가이드를 섭외하여 스텝들은 공연 및 오디션에 충실할 수 있도록 한다. 가이드는 공연이 있을 경우 공연 주최 측과 합의하여 공연이 없을 경우 현지 스텝 등을 동원한다.
- 선발대가 먼저 현지에 도착하여 가이드역할을 수행한다(차량 렌트, 숙소예약, 공항 마중 등).
- **비상연락망** : 이동전화기를 미리 신청하고 번호를 사전에 알려주어 보고체계에 문제점이 없도록 하며 휴대전화 이외에 호텔 전화번호와 방 번호를 전파하여 긴급 상황 시 연락토록 한다.
- 해외에서의 모든 연락처를 게시판에 명기한다.
- 출국 시 가수에 대한 공항에서의 안전에 대비하여 공항경비대에 사전에 협조를 구 한다.
- 한국에서 국제전화, 인터넷 등을 이용하여 숙소, 차량문제를 해결한다.
- 여행사 및 렌트카 회사를 이용하여 차량을 렌트하도록 한다.
- **비행기표** : 비용은 누구부담인지, 출입국 시간은 언제인지, 또한 좌석은 직위에 맞게 배정되어 있는지 반드시 확인한다.
- **숙박** : 호텔의 예약상황 및 비용과 급수를 확인하고 체류기간 동안의 국제전화와 호텔 내 음식료에 대한 비용은 누구 부담인지 확인한다. 전기(전압) 및 인터넷 접속이 가능한지 항시 체크한다. 호텔 내 비즈니스 센터의 유, 무 및 사용가능 시간대, 가격 등을 체크 한다. 비즈니스센터를 이용할 수 있도록 케이블 및 연결 장비를 준비한다.
- 해외에 나갈 때는 항상 노트북을 지참한다.
- 현지 PC방 등의 위치를 파악하여 비상시 사용할 수 있도록 한다.
- 해외 출장 시 e-mail로 매일 업무보고를 실시하며 연락이 안 될 경우 전화, 또는 음성으로 업무를 처리하면 된다.
- 만약의 경우를 대비해 단기 해외여행자 보험에 가입한다.

- **행사기록** : 출국에서부터 공연, 입국까지 담당 연예인들의 모든 일정은 카메라에 담아 자료로 보관한다. 이때는 소속연예인 및 상급자의 동의를 받도록 한다.공연 시 사진촬영을 담당할 인원을 미리 준비시킨다.
- 인터넷에 필요한 6mm 촬영을 위한 준비를 항상 체크한다(스케줄 체크 후 계획을 짜서 촬영한다.).
- **사전답사** : 국내 연출자와 음향 및 조명기사는 가능하면 공연 3일전 현장에 도착 하여 미리 준비할 수 있도록 한다.
- 공연일정 중에 사용될 여비는 미리 파악하여 차질이 없도록 한다.
- 체류기간 중에는 수시로 회의를 통하여 의사소통을 원활히 하고 일정관리자는 음주를 자제하고 다음날의 일정을 미리 파악하여 차질이 없도록 한다.
- 귀국 시 마중 나올 인원을 준비시키고 특히 공항에서 담당 연예인의 안전에 대비, 공항 경비대에 사전에 협조를 구한다.
- 해외 출장용 수첩을 미리 준비하여 해외 출장 때마다 가지고 가도록 간다(지도책, 비상연락망, 콜택시/렌트카 전화번호 등).

③ 공연준비

- **큐시트(cue Sheet)** : 주최 측의 연출자와 국내 연출자, 멤버, 코디네이터 간의 회의를 통해 작성하며 공연시간(Running Time)을 확인하여 주최 측에 통보한다.
- **MR 준비** : 가수와 녹음실 간에 직접 연락하도록 하여 Play가 가능한 소재와 그에 대한 Back up CD를 반드시 준비한다(연출가 Monitor용 CD준비).
- **영상자료** : 소재가 VHS Tape[3]인지 Beta-Tape[4]인지 또는 Digi Beta-Tape인지와 또한 NTSC방식[5]인지 PAL방식[6]인지 미리 파악하여 준비한다.
- **기타** : 공연장내의 가수 및 댄서의 대기실내 전기사용 여부와 공연 참가인원이 공연을 관람할 수 있는 좌석이 확보되어 잇는지 확인한다. 국내에서 준비

3) video home system 가정용 비디오 테이프 레코더의 방식

4) 일본의 소니사가 개발한 가정용 비디오 테이프 리코더.

5) 아날로그 텔레비전방식

6) phase alternating by line system의 약기. 동시방식으로 양립성을 갖지만, 두 색도신호 중 I신호의 부반송파의 위상을 주사선마다 반전하여 전송하는 컬러텔레비전 방송방식.

해야 하는 준비물(현수막 등)도 파악하고 공연이 끝난 후의 처리문제도 미리 협의한다.

④ PRESS

- 기자회견 : 공연준비에 방해가 되지 않는 한 기자회견을 하는 것은 바람직하나 의사소통은 어떻게 할 것인지, 보도 자료는 준비할 것인지를 파악한다.
- 취재진 : 국내 취재진의 동행여부와 숙박은 어떻게 할 것인지, 취재에 어려움은 없는지(공연장 입장 등)를 확인하여 조치한다.
- 공연 종료 후에도 취재진의 일정을 파악하여 우호적인 관계를 유지한다.

⑤ 업무분담

- 자금관리 : 비용 지출시 영수증을 확보하고 귀국 후에는 해당일의 매매환율을 기준으로 출장보고서를 작성한다.
- 스텝외 별도 인원의 체제비용은 반드시 개인부담으로 한다.
- 계약 시 체류비를 지원 받는 스텝의 인원수를 반드시 명시한다. 주위에 부담을 주는 행위를 피하여 이미지가 흐려지지 않도록 한다.
- 물품관리 : 출발 시와 귀국 시 물품의 분실여부와 일정 진행 간에 준비해 갔던 물품이 목적에 맞게 사용되는지를 관리한다.
- 자료기록 : 카메라를 휴대하고 가수들과 항상 동행하며 촬영하여 기록으로남길 수 있도록 한다.
- 일정관리 : 출국부터 귀국할 때까지 일정을 관리하여 참여자들에게 항상 다음 일정을 사전에 파악, 미리 통보하여 대비할 수 있도록 한다.

2) 출발전

(1) 기획부(일반 staff)

① 해외공연 장소, 날짜가 정해지면 참가인원을 결정한다(연출자, 가수, back dancer, 코디네이터, 일반 staff 등등).

② 해외여행에 부적절한 인원이 있는지 파악하고 신속히 해결한다(군 미필자, 해

외여행에 결격 사유가 있는지 확인 후 여권 및 visa 발급 받도록).

③ 인원이 확정되면 참가자 전원의 list를 작성한다(한글 및 영문 성명, 주민등록번호, 여권번호 등등).

④ 현지 관계자와 협의, 도착지 교통편 확인, 숙식문제, 통역 인원을 확인한다(방 배정 및 현지 이동 수단 파악).

⑤ 공연장소 및 규모, 동원 가능한 관중, 관람권 판매 상황을 확인한다(관중은 무조건 '만 원'이어야 한다.).

⑥ 공연과 관련하여 시스템 확인을 철저히 한다.

- 조명과 음향 담당자는 국내 전문가이거나 현지인 이라면 확실한 의사소통이 되는 사람이어야 한다.
- 현지 비디오(video)출력방식을 확인하고 그 방식에 맞는 테이프(tape)를 준비한다.
- 공연 시 필요한 현지인은 미리 섭외해 둔다.

⑦ 현지에서의 일정(schedule)은 시간, 장소, 목적을 정확히 해두고 출국 전 미리 모든 스테프(staff)에게 통보 한다(변동사항이 있을 경우 즉시 재 통보 할 것).

⑧ 공연의 비디오(video)제작 여부, 방송 여부, 방송될 경우 어느 방송사가 참여하는지 확인 한다(위 사항에 따라 공연 내용이 달라질 수가 있음).

⑨ 공연장에 출입할 국내외 기자들의 소속과 명단을 입수한다.

⑩ 기록으로 남길 6mm video 촬영과 관련하여 전문가 1인을 섭외하거나 스테프(staff)중 전담할 인원을 협의 후 결정한다(tape은 충분히 준비할 것. 약 20시간 분량으로).

(2) PR부

① 기획부에서 준비한 모든 자료와 일정(schedule)을 숙지하고 준비에 차질이 없도록 지원 한다(가수 및 back dancer 코디네이터와 관련한 문제들).

② 공연에 지장이 없도록 완벽한 무대 연출을 위해 충분한 연습 및 훈련을 지시한다.

③ 공연에 참가하는 인원을 수시로 파악하고 변동사항이 있을 경우 적절한 조치를 취한다.

④ 가수가 필요로 하는 준비물이 있으면 빠짐없이 준비한다.
⑤ 6mm video 촬영을 PR부에서 1인이 항상 관리한다.
⑥ 좀더 나은 모습을 관중들에게 보이기 위한 방법이 있으면 즉시 의견을 제 시 한다.
⑦ 현지 일정(schedule)을 확인한 후 그 상황에 대비하여 인원 비치를 생각해 둔다.
⑧ 공항 경비대와 연락을 취해 출국에 차질이 없도록 한다.
⑨ 현지에서 사용할 무전기는 반드시 준비한다(충전기 포함)

(3) 코디네이터

① 완벽한 모습을 위해 필요한 의상, 장비, 분장재료를 철저히 확인한다.
② 가수 1인당 1인의 코디네이터를 배정한다.
③ 현지 일정(schedule)을 확인하고 거기에 맞는 의상을 준비하고 인원을 배치 한다.
④ 현지에서 사용할 세면도구 등을 준비한다.

(4) CASTING

① 현지 오디션(audition)참가 인원을 체크한다.
② 오디션(audition)을 시행할 장소 및 통역인원을 파악한다.
③ 오디션(audition)참가자를 담을 6mm 촬영을 준비한다.
④ 다양한 장르의 음악을 준비한다.

3) 공항에서

(1) 기획부(일반 staff)

① 출국 전 팬들의 모습과 가수의 모습을 담는다(협의 후 적절한 인원을 적절한 장소에 배치한다.).
② 출발 2시간 전에 공항에 와서 공연에 참가하지 않는 매니저들과 함께 출국하는 전원의 발권(ticketing) 및 출국 수속을 밟는다.
③ 비행기에 실릴 짐의 총 개수를 파악하고 이를 출국할 매니저에게 통보한다.

(2) PR부

① 소속 연예인과 함께 공항에 도착하면 공항 경비대와 연락을 취하고 입구를 결정한 뒤 공항에 진입한다.

② 출국하지 않는 PR부 직원은 공항까지의 교통수단을 책임지고, 출국 후 모든 차량을 귀사 시킨다.

③ 출국수속 후 비행기 이륙시간까지 담당 연예인이 대기할 공간을 파악한다.

④ 다른 승객들로부터 피해를 입지 않도록 담당 실연자(연예인)을 보호한다.

4) 현지공항에서

(1) 기획부(일반 staff)

① 비행기에서 내린 짐의 총 개수를 파악하고 짐을 옮긴다(코디네이터와 back dancer 도움 필요).

② 입국수속을 마친다.

③ 현지 공항에서의 반응을 6mm카메라에 담는다.

(2) PR부

① 현지 관계자와 만난 후 공항을 빠져나갈 동선을 확인한다.

② 준비된 교통수단에 가수를 무사히 태운 후 현지 숙소로 출발시킨다(매니저 1인 동승).

③ 현지 공항에서의 팬들의 반응을 6mm에 담는다.

④ 도착한 후 총 인원수를 체크(check)한다.

⑤ 도착한 짐의 총 개수를 체크(check)한다.

(3) 코디네이터

① 국내에서 준비한 의상이 무사히 도착했는지 확인한다.

② 인원을 확인한다.

5) 현지 숙소에서

(1) 기획부

① 방 배정이 올바르게 되었는지 확인하고 문제가 있으면 즉시 조치한다.
② 통역이 제시간이 도착했는지, 통역할 인원수가 맞게 왔는지 확인한다.
③ 변동된 일정(schedule)이 있는지 현지 관계자 및 PR부와 논의한다.
④ 짐이 제대로 도착했는지 확인한다.

(2) PR부

① 일정(schedule) 관리를 철저히 한다.
② 현지 숙소 내에서 담당 실연자(연예인)들의 동선을 정확히 파악해둔다.
③ 방 배정표 현지 연락처, 현지 사용 가능한 휴대폰을 입수한다.
④ 담당 연예인과 가장 가까운 곳에서 항상 보호한다.
⑤ 연출자는 물론 전 스테프(staff)와 항시 연락이 취해지도록 한다.
⑥ 현지에 온 국내 기자들을 파악하고 그들과 항시 연락을 취한다.
⑦ 현지 경비 및 담당 실연자(연예인)들의 안전에 관련하여 긴밀한 협조를 요청한다.
⑧ 담당 실연자(연예인) 및 현지 팬들의 모습을 수시로 6mm에 담는다.
⑨ 담당 실연자(연예인)들이 안전히 숙소로 들어간 후 모든 업무를 종료하고 업무보고를 한다.
⑩ 익일 일정(schedule)은 미리 확인 후 정리한다.
⑪ 현지 이동수단을 미리 파악해둔다.

(3) 코디네이터

① 현지 팬들에게 완벽한 모습을 보이기 위해 그 상황에 맞는 준비를 한다.
② PR부로부터 정확한 일정(schedule)을 통보 받는다.
③ 항시 의상 및 준비물을 체크(check)한다.

6) 공연장에서

(1) 기획부

① 공연에 관련된 시스템(system)을 확인한다.
② 우리 측이 준비한 자료를 빠짐없이 챙기고 팬들에게 바로 분배한다.
③ 공연장 안팍의 팬들과 공연 실황을 6mm에 담는다.

(2) PR부

① 담당 실연자(연예인)들에게 필요한 것들을 빠짐없이 챙긴다(식사, 물, 음료 등등).
② 원활한 공연 전개를 위해 항시 대기(stand by)한다.
③ 준비된 자료를 팬들에게 분배한다.
④ 공연장 안팎의 팬들과 공연실황을 6mm에 담는다.
⑤ 국내기자들을 빠짐없이 입장시킨다.
⑥ 공연장 출입증을 확보한다.
⑦ 큐시트(cue sheet)를 확보한다.

(3) 코디네이터

① 원활한 공연전개를 위해 항시 대기(stand by)한다.
② 큐시트(cue sheet)를 확보한다.
③ 준비해온 의상을 공연 전날 빠짐없이 setting 해놓는다.

7) 귀국시

(1) 기획부

① 공연 팀 전원의 체크아웃(check out)을 한다.
② 공연기간동안 촬영한 6mm tape을 편집한다.
③ 현지 신문에 난 우리 측 기사를 스크랩한다.
④ 귀국 시 발생할 문제점이 있는지 파악하고 이를 조속히 해결한다.

(2) PR부

① 공연 팀 전체인원을 빠짐없이 챙긴다.
② 사용했던 휴대폰 등을 회수, 반납한다.
③ 빠진 물품이 있는지 check한다.
④ 귀국 시 가지고 갈 짐의 총 개수를 파악한다.
⑤ 국내 PR부 직원과 연락을 취해 귀국시간과 비행기 편명을 통보하고 차량과 공항 경비인원을 대기시킨다.
⑥ 귀국과 동시에 있을 인터뷰 또는 기자회견을 상황에 따라 결정하고 미리 대처한다.

2. CF촬영

1) 촬영 전

(1) CF 섭외에 대한 요청이 들어오면 제품과 소속 실연자(연예인)의 특성이 맞는지를 판단하고 소속 실연자(연예인)와 회사의 의견 조율 후 계약금 등을 확인하고 계약을 체결 한다. 함께 촬영하는 모델이 있으면 확인해서 보고하고 소속 실연자(연예인) = (신인/연기자)를 활용 할 수 있는 부분에 대해서 조정(deal)한다.

(2) 계약이 체결되면 광고 대행사와 CF 촬영 팀 등 담당자의 연락처를 확보하고 기본 스케줄에 피해가 가지 않도록 촬영일자를 잡는다.

(3) 촬영 콘티를 반드시 체크하여 담당 실연자(연예인)의 컨셉과 이미지에 피해를 줄 수 있는 사항이 있을 경우 사전에 협의토록 한다. 수차례에 걸친 회의를 통해 실연자(연예인 = 연기자/가수)의 이미지와 제품을 동시에 부각시킬 수 있는 최적의 콘티를 만들어 내도록 한다(코디에 대해서는 대표이사, 임원, 아티스트(artist)에게 미리 보여줘서 수정/보완 사항에 대해서 사전 조율을 해서 촬영일 혼선이 없도록 한다.).

(4) 광고물의 특성상 광고주나 촬영 팀에서 모델의 컨셉(헤어, 의상, 메이크업(make-up))등에 대해 특별등에요구하는 경우가 많으므로 담당 코디네이터와 연락이 가능하도록 하여 상호협조를 통해 완성도를 높인다.

(5) 촬영장소와 시간을 담당 실연자(연예인)에게 하루나 이틀 전에 다시한번 숙지시키고 건강 상태 등을 관리하도록 하는 것도 중요하다.

2) 촬영 일

(1) 촬영장에 도착하면 스텝들에게 정중히 인사를 한 후 당일 촬영분과 콘티(촬영내용)에 대해 감독에게 다시한번 설명을 듣도록 한다.

(2) 소속 실연자(연예인)의 준비가 완벽히 끝나면 촬영에 들어간다. 일반적으로 촬영시간이 길기 때문에 피로도가 높다. 따라서 항상 최적의 컨디션을 유지되도록 신경 쓰도록 한다(촬영시간을 단축시킬 수 있음).

(3) 방송사 스케치 또는 인터뷰 요청이 현장에서 들어오면 사전에 협의된 사항인지 다시한번 확인하고 인터뷰의 질문내용과 촬영범위를 정한 후 촬영을 허가하도록 한다. 방송촬영이 끝나면 기자들을 신속히 철수시키고 본 촬영에 몰두하도록 신경을 써야한다.

(4) 인터뷰를 할 경우 본 촬영에 지장을 주지 않는 범위 내에서 한다. 예를 들어 조명의 위치를 바꾼다거나 세트를 변경하는 경우 등 사전에 스텝의 양해를 구하는 것도 잊지 말아야 할 것이다.

(5) 대기실은 다른 스케줄 때와 마찬가지로 외부인의 출입을 통제하도록 한다.

(6) 본사소속 PD가 촬영장을 항상 스케치하도록 하여 자료를 보관한다.

3) 촬영 후

(1) 방영일 또는 지면 광고 게재일 등을 확인하고 사전에 완성본을 받아 본 후 수정사항이나 추가사항이 발견되면 협의 재편집하도록 한다.

(2) 본사소속 PD가 촬영한 촬영 분 또한 편집이 끝나면 모니터 후 홈페이지에 올리도록 한다.

3. 콘서트 스케줄

1) 콘서트 전 계획 및 준비사항

(1) 콘서트를 공연할 최소 1-2달 전부터 계획 및 연출을 준비한다.

(2) 연출과 콘서트 기획을 설정 및 결정한다.

(3) 언제, 어디서(수용인원, 교통, 편의시설, 주차시설 확인), 어떻게, 무엇을 할 것인지 결정한다(멤버와 스텝). → 결정 뒤에는 각 종 계약 건에 대해서 확인

(4) 멤버들과 곡명(곡을 선정하는 것은 매우 중요한 작업이다. 콘서트가 지루하지 않도록 결정을 해야 함), 곡수, 개인기를 결정하고 어떠한 영상물을 촬영하고 편집을 할 것인지 결정한다.

(5) 곡수와 곡명이 정해지는 대로 곡을 수집 후 편집과 편곡을 하여 멤버들과 댄서들 에게 음원을 전달하여 연습할 수 있도록 한다(편곡 작업이 걸리는 곡은 미리 편집만 하여 들려 줄 수 있도록 한다.). → 의상 변환, 무대 변환 등을 고려해서 순서 결정

(6) 편집과 편곡이 완료되는 즉시 무대 연출과 조명 팀에게 곡을 전달한다(빠를수록 좋으나 최소 10일 전에는 전달해야 한다.). 편집 또는 편곡에 시간이 걸리는 곡은 원곡이나 편집자 곡이라도 전달해야 한다.

(7) 감독들에 대한 무대 동선을 알 수 있는 영상(방송 또는 연습)을 모아서 무대/조명 연출팀에게 전달한다.

(8) 멤버들이 편곡과 편집을 원할 경우 편집자 또는 편곡자와 만나 원하는 곡을 만들 수 있어야 한다.

(9) 편곡이나 편집이 완성되는 대로 멤버들과 연출 그리고 조명 팀에게 곡을 전달해야 한다.

(10) 처음부터 체크리스트를 만들어 무엇이 어떻게 진행되고 있는지를 확인하여 신속히 일이 전행될 수 있도록 해야 한다.

(11) 콘서트 때 멤버들이 외국 곡과 국내 곡 그리고 자작곡은 꼭 저작권 신청도 아울러 해야 한다. 만약 공연기획이나 연출 팀에서 할 수도 있으므로 확인해두어야 하며 공연의 분위기와 내용을 좀더 알차게 하기 위해서는 외국 곡이나 가요를 공연 중에 부르는데 사전에 저작권 협의회에 사전 동의를 하고 차후 음반과 영상에 곡이 들어갈 수 있도록 해야 하며 저작권 담당자와 확인을 해야 한다.

(12) 신곡을 발표할 것인지에 대해서 확인하고 공연 중에 신곡을 포함시키게 되면 앨범 출시에 많은 영향을 줄 수 있고 콘서트를 좀 더 신비롭고 다채롭게 할 수 있다.

(13) 콘서트가 다가올수록 멤버들의 컨디션과 부상에 관심을 가져야 하며 안무 및 구성을 원활하게 하고 있는지도 확인해서 체크하도록 한다(중간평가).

(14) 콘서트 연습중이나 콘서트 회의가 있을 경우 멤버들이 꼭 참석하여 어떠한 것을 요구하는지 그리고 무엇을 하고 싶은지를 매니저뿐만 아니라 연출팀도 알아서 보다 좋은 연출이 나올 수 있도록 해야 한다.

(15) 콘서트는 라이브로 해야 하는데 만약 당일 날 멤버들의 컨디션을 고려하여 콘서트용으로 사전에 녹음해둔다.

(16) 멤버들이 안무를 연습할 수 있도록 안무 연습실을 섭외해야 한다.

(17) 콘서트 전 세션과 게스트를 결정해야 한다. 멤버들과 친분관계에 있는 게스트들과 안무 및 연출을 구성하여 공연을 최대 극대화 될 수 있도록 해야 하며 콘서트 최소 2주전에 연습을 실시하고 실제 공연 중에 문제가 발생하지 않도록 주의해야 한다. 비용에 대해서는 최소비용으로 하고 사전에 회사의 컨펌(confirm)을 받아야 한다.

(18) 콘서트 최소 일주일 전에 의상을 완성하고 그에 대한 수정과 의견을 고려하여 재 작업한다(멤버와 백댄서 및 보조 출연자의 의상색상은 다르게 해야 한다.).

(19) 콘서트 시작 후 언제까지 오픈을 할지 여부를 결정하여 각 기자들에게 전달하며 오픈을 할 경우 몇 곡과 어디까지(시간)할 것인지, 결정 후에 곡이 끝나면 경호원들이 기자들을 퇴장시킬 수 있도록 해야 한다.

(20) 콘서트용 홍보물(포스터, 브로셔 등) 제작 여부를 결정해야 하며 홍보물을 제작할 경우 입장관객용과 음반 매장용을 만들지에 대해 면밀히 검토해야한다.

(21) 리허설은 몇 번 어떻게 진행을 할 것인지 꼭 확인하도록 하며 리허설은 본 콘서트 행사와 똑같은 자세로 임한다.

(22) 콘서트 후 기자 회견이 있는지 확인 후 있을 시에 기자회견장도 만들 수 있어야 한다(준비물 : 포스터, 테이블, 의자, 음료 등)

(23) 무대 뒤에 준비 대기실을 만들어 보다 효율적으로 진행될 수 있도록 하며 대기실은 관계자 외에 출입을 자제한다(멤버 대기, 세션 및 댄서대기실).

(24) VIP, 대표이사 및 임원, 타 연예인이 공연장에 도착했을 시 경호원이 자리를 안내할 수 있도록 해야 한다.

2) 콘서트 리허설 당일

(1) 멤버들을 리허설 시간에 맞춰 공연 장소에 도착한다.

(2) 리허설 시작 전 음향과 조명 그리고 무대를 확인한다.

(3) 멤버들이 공연장에 출입과 출구의 동선을 미리 파악하여 보다 안전하게 해야 한다.

(4) 멤버들 대기실 확인 및 환경(setting)에 신경을 써야 한다.

(5) VIP / 대표이사 및 임원의 관람 좌석 및 동선을 check 해야 한다.

(6) 콘서트 당일 날 기자와 공연 관계자들의 비표(press)를 만들고 기자와 관련자

의 표를 구분한다(비표에도 차등을 주어서 스티커를 붙여준다.). => 현장 촬영 시 혼돈을 피할 수 있음 : 스티커 한 장-기자, 두 장-멤버 친인척, 세 장-직원(인터넷 사업 팀 및 매니저)모든 관객, 기자들과의 마찰을 피하기 위해서 모든 통제는 경호원이 진행할 수 있도록 해야 한다.

(7) 업무 분담을 하여 보다 효율적으로 진행될 수 있게 해야 한다(이때 멤버, 세션, 댄서를 확인할 수 있는 담당자가 필히 있어야 한다.).

(8) 세션과 행사 관련자(댄서 등)의 대기실도 미리 확보해 둔다.

(9) 리허설 시작 30분전 세션들의 도착여부를 확인한다.

(10) 리허설 중 멤버들과 세션들의 음료와 식사, 구급약을 준비해 둔다.

(11) 리허설 중이라도 연출자가 원하는 것에 대하여 확실하게 멤버들에게 숙지시키고 멤버들도 무엇을 원하는지 확실하게 숙지할 수 있도록 연출자와 멤버에게 현장에서 전달할 수 있어야 한다.

(12) 콘서트와 똑같이 큐시트 상태로 진행하여 모든 문제점들을 체크한다.

(13) 멤버들과 세션, 댄서들의 의상을 확인한다.

(14) 무대 점검을 하여 멤버들의 안전 여부를 확인한다.

(15) 리허설은 본 행사 전 약2번 정도 실시하는데 대개 조명, 음향 리허설을 먼저 행한 후 최종 리허설을 실시한다(최종 리허설은 의상, 곡 영상, 세션 및 댄서 동선 등 모든 상황들이 본 행사와 같이 이루러져야 한다.).

(16) 리허설 시 공연 당일 사용될 거울, 전기(드라이기), 행거 등의 위치 및 수량을 체크한다.

3) 콘서트 공연 후

(1) 콘서트 직후 기자회견이 있을 시에 멤버들을 준비할 수 있도록 해야 한다.

(2) 인터뷰는 멤버들이 피로하지 않고 시간을 적절하게 결정하여 진행할 수 있도록 한다.

(3) 콘서트 후 팬들이 공연장 주위에 많으므로 사고를 우려 사전에 경호원들과 상의 후 동선을 만들어 놓는다.

(4) 의상과 소품 등을 정리하고 확인한다.

(5) 공연 후 연출자 및 관계자들에게 인사 후에 이동할 수 있도록 해야 한다.

(6) 멤버들의 연습실, 곡의 편집 및 편곡, 작곡비, 댄서비, 안무비, 세션비 등을 체크하여 콘서트 후 결제가 가능하도록 해야 한다.

(7) 마지막으로 콘서트에 관련되었던 것들을 피드백 하여 자기만의 정리가 필요할 것이다.

4) 콘서트, 매니저 숙지사항

(1) 공연 준비사항

① 장소 헌팅 : 수용인원, 교통, 편의시설, 주차시설을 확인하여 선택한다.

② 노래선택 : 노래를 선택하는 것은 콘서트의 성공을 좌우할 수 있는 매우 중요한 작업이다. 댄스곡, 랩, 힙합, 발라드 등 잘 선택하여 콘서트가 지루함이 없도록 하여야 한다.

③ 저작권 : 공연의 활기참과 내용을 좀 더 알차게 하기 위해서는 외국 곡이나 기타 한국가요를 공연 중에 부르게 되는데 이때 중요시되는 문제가 저작권이다. 꼭 저작권협회에 사전 동의를 협조하고 차후 음반과 영상에 곡이 들어갈 수 있도록 확인을 하여야 한다.

④ 1차 회의 : 멤버들과 연출 회사와 회의를 거쳐 멤버들이 원하는 방향과 팬들이 원하는 방향을 고려하여 연출을 구성하여야 한다.

⑤ 신곡 : 신곡을 발표함으로서 콘서트 앨범출시에 많은 영향과 콘서트를 좀더 신비롭고 다채롭게 할 수 있다.

⑥ 안무 : 리믹스 된 곡과 편집된 곡에 안무를 반영하여 새로운 안무를 구성하고 개인기 안무를 새로 창작하여 구성한다.

⑦ 안무연습실 : 안무연습실은 댄서와 멤버들의 교통과 주변 주민들에게 최소한에 피해가 없어야 하며 팬들에게 알려지지 않은 곳을 정하여 안무연습을 한다.

⑧ 개인기 : 콘서트는 방송과 달리 팬들과 같이 호흡하는 무대이기 때문에 멤버 개인의 색다른 모습을 보여줌으로서 신선함을 보여주어야 한다.

⑨ 음원 : 곡 선택이 끝나고 신곡 및 리믹스곡, 편집곡이 완성되면 콘서트에불러진 전곡을 MR작업 하여 콘서트용 AR을 만든다. 라이브(live)노래를 불러야 하는 곳이어도 콘서트 당일 신체변화를 예측하지 못함으로 사용을 안 하더라도 대처방안을 미리 모색해 두어야 한다.

⑩ 경호 : 콘서트 한달 전부터 섭외를 하고 멤버들의 동선과 대기실에 배치하여 안전사고에 문제가 발생하지 않도록 한다.

⑪ 의상 : 리허설 일주일 전에 의상이 완성되어야 하고 그 의상과 멤버들의견을 고려하여 수정 및 재작업을 하여 최종의상은 리허설 3일전에 완성되어야 한다.

⑫ guest : 멤버들과 친분관계에 있는 게스트(guest)들과 안무 및 연출을 구성하여 공연을 최대 극대화 될 수 있도록 노력한다.

⑬ 출연료 : 출연료는 친분관계 및 최소한에 입장을 고려하여 지급하되 기존에 출연료를 초과하여서는 안 된다.

⑭ 세션 : 콘서트 한달 전에 섭외하여 연습을 실시하고 실제 공연 중에 문제가 발생하지 않도록 각별히 주의하며 공연에 만전을 기하도록 한다,

(2) 리허설

① 1차 리허설 : 콘서트와 똑같이 큐시트 상태로 진행하며 모든 문제점들을 체크 한다.

- 안무 상태는 문제가 없는가
- 게스트(guest)들은 콘서트 때 스케줄이 없는가
- 음향은 문제가 없는가
- 조명은 정상인가

- 멤버들이 춤을 추었을 때 무대는 안전 한가
- 경호팀은 안전배치 되어 있는가
- 의상은 모두 완성 되어 있는가
- 대기실은 확보가 되어 있는가(출연진 포함)

② 2차 리허설 : 최종리허설로서 옷 갈아입는 시간, 노래시간, 영상시간, 세션들 대기시간, 멤버들 동선, 세션들 동선, 매니저들 간의 통신 등을 모두 체크하여 일말에 오차가 없도록 한다.

(3) 공연 중 진행사항

① 팬 입장 : 안전사고 없이 팬들이 입장할 수 있도록 질서를 확립하고 부모님친지 또는 친구들의 좌석을 확보하여 원활한 공연이 진행될 수 있도록 한다.

② 간식, 물, 식사 : 공연 전에 미리 준비한다.

③ 구급약 : 만일에 사태를 대비하여 응급 상비약을 비치한다.

(4) 공연 후 마무리 사항

① 안전한 퇴장 : 공연 후 멤버들이 안전하게 공연장을 빠져나갈 수 있도록 미리 차량을 대기후 멤버들을 탑승시켜 안전하게 빠져나갈 수 있도록 한다.

② 팬 퇴장 : 안전사고 없이 퇴장할 수 있도록 질서를 유지시켜 주어야 한다.

4. 내, 외부 귀빈 스케줄

1) 외부 및 내부 주요인사 출입국시 공항스케줄 요령

(1) 주요 인사를 담당하는 담당자에게 사전에 일자, 시간, 장소, 편명, 인원, 연락처 등을 정확히 파악하여 인원배치, 차량배치 등의 계획을 세운다.

(2) 주요 인사를 담당하는 담당자는 미리 배정된 자의 신상과 연락처를 주요인

사에게 사전에 전달하도록 한다.

(3) 해당일자에 미리 배치된 인원과 차량을 점검/교육하도록 한다.

(4) 스케줄 진행자는 주요 인사의 입국 후 스케줄 담당자와 사전에 파악하여 공항에서 목적지까지의 이동경로, 소요시간, 스케줄 예정지 연락처 등을 사전에 파악하고 숙지하도록 한다.

(5) 스케줄 진행자는 주요인사 출국 시 공항에서 동행하여 출국수속업무를 대행하고 주요 인사를 출국장까지 안내토록 한다.

(6) 스케줄 진행자는 주요인사 도착예정시간 30분전에 공항에 도착하여 비행기 편명에 따른 출구를 확인하고 차량까지의 동선을 파악하도록 한다(인천공항의 경우 입국게이트가 많으므로).

① 주요인사 도착시간에 주요인사에게 전화를 걸어 몇 번 게이트로 나오실 예정인지 사전에 확인토록 한다.

② 사전에 연락이 안 되어 게이트 지정을 못 받았을 경우 예정된 게이트 이외에 다른 게이트도 예의주시토록 함.

(7) 공항의 혼잡이 예상될 경우 사전에 공항경비대에 연락하여 협조를 구하도록 한다.

(8) 스케줄 진행자는 주요 인사를 가장 신속하고 안전하게 모실 수 있도록 차량 운전 시에 각별히 유의하도록 한다.

(9) 스케줄 진행자는 스케줄 진행시 문제가 발생하였을 경우 선임자에게 즉시 보고하고 담당자와 통화하여 사후대처를 논의하도록 한다.

(10) 스케줄 담당자는 이상 없이 스케줄을 마쳤을 경우 선임자에게 스케줄 결과와 문제점 등을 상세히 보고토록 한다.

(11) 선임자는 스케줄이 차질 없이 진행되었는지의 여부를 담당자와 더블체크하도록하며, 발생되었던 문제점을 업무지침서에 추가하여 보완토록 한다.

Chapter 06

일반관리 실무 I

제01절 아티스트 관리

1. 학사관리(학생인 경우)

담당 조교 및 담임선생님과 자주 연락을 취해 친분을 쌓는다. 대학생일 경우 한 학기에 최대한으로 멤버들이 수업을 들을 수 있도록 하고 담당 조교나 교수님께 멤버들의 인사를 잊지 않는다.

1) 멤버가 대학생일 경우

(1) 수강신청

1년에 각각 2번 학기 시작 전에 신청(1학기-1월말~2월초, 2학기-7월말~8월초)

① 시간표 관리

학기 시작 전에 학과 사무실로 조교선생님과 연락을 취한다. 학과 조교선생님에게 전화로 정중히 수강신청을 부탁드려 조교선생님으로 부터 수강신청을 하는 방법을 먼저 알아본 뒤 만약 안 될 경우 실연자(연예인)와 함께 수강신청을 한다.

대리 신청 시(예 : 매니저...) 멤버의 주민등록번호와 학번, 필요한 서류를 알아보고 대리인의 신분증과 회사소속을 확인할 수 있는 신분증을 지참한다.

(2) 등록금

학기시작 한 달 전쯤 고지서가 오면 기안서를 작성하여 회사에 통보하고 등록금 기간 안에 납부가 늦지 않도록 신경 쓴다. "단" 기간에 등록금은 내지 못했을 때 담당 조교선생님과 면담 후 계좌번호 확인 후 입금할 수 있도록 한다.

(3) 성적관리

조교선생님과 자주 연락을 취해 중간고사 및 기말고사 레포트 제출 등 기간에 시험과 과제물을 제출하는데 관리를 해야 한다. 학기말쯤 멤버들의 성적을 미리 알아 본 뒤 담당조교 선생님과 연락을 취해 사정을 설명 한 후 정정할 부분이 있으면 정중히 부탁드린다. 담당 교수님과 연락을 취하지 말고 반드시 조교와 상의 할 것

(4) 문서관리

수강신청 등 학교에 가게 될 일이 생길 시 성적표, 재학 증명서를 꼭 여러 부 발급 받아 온다. 여행 및 업무 등에 서류로 쓰이므로 매학기 새로 받아 놓아야 함

2) 멤버가 중-고등학생일 경우

새 학기 때 담임선생님께 인사드리고 회사 PR-CD 등을 드리며 교장선생님 및 담임선생님과 면담 후 멤버가 특기생 혜택을 받을 수 있게 하면 보다 수월하게 생활을 할 수 있다. 데뷔전 또는 녹음 시 미리 결석, 조퇴 공문서를 작성하여 담임선생님께 협조를 부탁하며 제출한다(단, 기타결석으로 처리될 시 법정일이 넘지 않게 해야 하며 반드시 사전에 제출하여 협조를 얻는다.).

고등학교 3학년인 경우 성적을 자주 확인하여 멤버가 원하는 전공의 과를 들어갈 수 있는지에 대해서 확인하고 수시로 담임선생님과 면담을 하는 것이 좋다. 영주권자의 대학 입학 전형 시 가고자하는 대학의 입학처에 의논하여 입학을 정한다.

2. 외국인 멤버관리(해외 영주권자, 시민권자)

1) 여권 만들기 및 비자업무/여행사

(1) 영주권자

여자에 한하고 대신 남자는 신검을 받기 전에 한한다. 영주권자는 미국 비자가 필요 없다.

(2) 한국 국적을 가진 사람

남자 / 군 미필자인 경우 : 1회용 단수여권 만들기

2) 필요서류

(1) 귀국보증서(나갈 때마다 만들기)

(2) 도장

부모, 대표이사의 인감(도장) & 종이와 비닐에 찍은 대표이사 도장 종이첨부(총4장), 대표이사 인감도장 필요 없이 부모님 인감으로 귀국보증보험으로 귀국보증을 대처할 수 있다.

(3) 인감증명서

동사무소에서 만들기 =≫ 부모, 대표이사(보증보험으로 할 경우 부모만)

(4) 과세 완납 증명서

대표이사의 주소를 유의

(5) 대표이사 위임장

각각1부씩 멤버 인원별

(6) 국외 여행허가 신청서

(7) 위임자의 신분증 지참

(8) 위의 준비물을 가지고 동사무소로

(9) 병무청의 국외 여행창구

동사무소에서 확인 받은 위의 서류들과 구여권, 주민등록증과 도장 등 준비물 확인을 들고 병무청의 국외 여행창구에서 국외여행허가서를 쓰고 제출하면 된다.

병무청에서 극외여행허가서와 국외여행허가증명서를 받으면 후자는 나중에 여권에 접어서 넣는다.

(10) 여행사

국외여행허가서, 여권용 사진 3매, 주민등록등본 주민등록증이나 복사본을 준비해 여행사로 낸다. 여행사에서 허가증명서(여행허가서는 병무청 발행으로 여행사에 보낼 필요가 없다.)가 오면 여권 뒤에 넣고 매니저에게 드린다.

(11) 결재

임원(이사급)의 사전 컨펌을 받은 후 대표이사의 결재를 받는다. 여행을 갔다 오면 매니저에게 여권을 회수 회사에 보관 한다.

• 만약 멤버들이 여행이나 관광목적이 아닌 CF 나 TV 프로모션일 경우

CF 및 관광목적으로 여권을 만들 수 없을 경우(행사로 주관된 경우)만드는 방법 : 계약서 사본 또는 초청장사본, 이력서 + 사진, 여행개요서, 출장증명서, 추천서 등 문화관광부에서 추천서를 받아 멀티여권을 받는다(이때 대학재학 3학년 이하 여야 한다).

3) 시민권자 멤버의 체류기간 연장신청

(1) 필요한 서류

① 계약서(전속계약서 : 회사와의 계약서)

② 신원보증서

③ 00합동법률 사무소 : tel : 02-123-4567
　　장소 : 서울시 강남구 00동 123번지 엔터테인먼트 B/D
　　수수료 : 각 00.000원
　　필요서류 : 본인 신분증, 도장,
　　　회사법인 인감증명서 1통(6개월 이내)
　　　위임장 법인인감도장
　　　신원보증서(법인도장 찍어서)

④ 공연허가서(영상물등급 위원회)

⑤ 외국인 등록증

⑥ 수수료 00,000원

⑦ 본인의 신분증, 재직증명서

(2) 영상물등급 위원회

① 필요한 서류

- 신청서(변경추천)
- 공연 프로그램(일정기간동안의 스케줄을 작성)
- 공영계약서(회사와의 계약서)
- 공연단 프로필(보도자료, 음반, 노래가사)
- 외국인 명단 4부
- 변경 사유서
- 기추천증사본(신원보증서, 법인등기부등본)

(3) 비자

① 관광비자(단수) → 상용비자(비즈니스)2번 이상 → 복수비자 발급가능

- 관광비자 신청 시 명함(주민증, 운전면허증) 사본이 반드시 있어야 함(없을시, 주민등록등본)
- 상용비자 신청 시 반드시 명함이 있어야 함(반드시 원본이어야 함)
- 신청서 작성 시 회사이름, 회사주소, 회사 전화번호, 집 주소, 집 전화번호 정확히 기재(번지, 호까지)
- 외국인 비자 신청 시는 명함이나 외국인 등록증 사본이 있어야 함.
- 불량글씨로 알아보기 힘들거나 여권번호, 생년월일, 영문이름이 틀린 경우에는 비자 거절 됨

② 미국비자 : 미성년일 경우

- 부모 소득금액증명원(최근 1년치)
- 재직증명서
- 갑근세 증명서
- 급여명세표(최근 1년치)
- 재산세 납세 증명원
- 호적등본(주민등록등본)
- 재학증명서, 성적증명서
- 소속증명원
- 미국 가는 사유서
- 초청장(가능하면)
- 여권, 사진 1장

③ 이중국적 지니고 있는 멤버들

여권에 항상 외국인 등록증, 재학증명서(반드시 원본이어야 한다), 출입국허가서를 반드시 넣어준다.

④ 한국국적의 멤버들

여권에 항상 병무청 허가서, 출입국허가서를 반드시 넣어준다

⑤ 비자가 이미 있는 것은 구여권과 새 여권을 같이 붙여준다.

⑥ 여행보험

기간 및 금액 등을 알아봐서 관리부서의 임원과 상의, 결재를 받아야 한다. 출국팀들에게 상기시킴, 분실 시 해당 국가 또는 시의 경찰서에서 분실증명서 발급 받아와야 한다.

⑦ 문화관광부(추천서)=> 병무청(허가서)=> 여행사(여권), 비자=> 매니저(공항 병무과)

- 문화관광부 추천서 받기 위한 서류(1박 2일)
  - 여행 개요서(계획서) : 일정, 장소, 국명, 내용, 참가자 등
  - 초청장이나 계약서 사본
  - 병적증명서 1통
  - 졸업, 재학증명서 1통
  - 공문
  - 추천원서
  - 이력서(사진첨부)
- 병무청에 제출할 서류 → 국외여행허가서(1박 2일)
  - 귀국보증서: 부모님 인감, 부모님인감증명서, 선생님 인감, 과제증명서, 임원 인감, 과세증명서
  - 추천서(문화관광부에서 발급 -> 소요시간 1박 2일)
- 시민권자 재입국 허가 문제: 공항에서 단수 또는 출입국 관리소에서 복수로 받음
- 여권, 외국인등록증

4) 병역의무자 국외여행허가

병역의무자로서 군복무를 마치지 아니한 사람이 국외여행을 하고자 할 때에는

병역법 등 관계법령에 의거 거주지 지방병무청장의 국외여행허가를 받아야 합니다.

(1) 허가대상

① 25세 이상의 제1국민역(징병검사 대상, 현역입영 대상)

② 25세 이상자로서 보충역으로 소집되지 아니한 사람.

③ 산업기능요원, 전문연구요원, 공익근무요원, 승선근무예비역.

④ 공중보건의사, 국제협력의사, 징병검사전담의사, 공중방역수의사, 공익법무관

공익근무요원 등 대체복무자는 24세 이하자도 국외여행 허가를 받아야 함. 단, 승선근무예비역 및 해운 · 수산업 분야 산업기능요원은 병무청에서 직권 허가하고 의무자에게 통보

(2) 구비서류

① 국외여행(기간연장)허가 신청서 1부

② 입학허가서 등 여행목적을 증명하는 서류(단기여행은 제외) 1부

(3) 출원기관

① 지방병무청, 다만 공익근무요원 등으로 복무중인 사람은 병적 관할 지방병무청

5) 병역의무자 국외여행기간연장허가

국외여행허가를 받고 출국한 사람 중 허가기간 내에 여행목적을 다하지 못하고 계속 국외에 체재하고자 하는 사람, 24세 이전에 출국한 사람, 국외에서 출생한 사람으로서 25세 이후에도 계속 국외에 체재하고자 하는 사람은 국외여행기간연장허가를 받아야 합니다.

(1) 국외여행기간연장허가서 제출시기 및 제출기관은

① 25세가 되기 전에 출국한 사람은 25세가 되는 해의 1월 15일까지 재외공관장을 거쳐 병무청장에게 출원

② 국외여행 허가를 받은 사람은 허가기간 만료 15일전까지 재외공관을 거쳐 병무청장에게 출원

③ 국내에 일시적으로 귀국한 사람과 선원으로서 항해 중에 있는 사람은 병적 관할 지방병무청장에게 직접 출원 가능

(2) 국외여행 기간연장 허가에 필요한 구비서류는

① 국외여행 기간연장 허가 신청서 1부(재외공관에 비치)

② 체재목적 인정 증명서 1부
유학의 경우 재학증명서, 입학허가서 또는 재외공관장의 재학사실 확인서, 영주권 신규취득은 가족거주사실확인서 등

6) 국외불법체재 병역의무자 관리

국외여행 허가를 받지 아니하고 출국한 사람, 국외에서 체류하고 있는 사람 또는 정당한 사유 없이 허가된 기간 내 귀국하지 아니한 사람 등 국외여행 허가 위반자는 「병역법」과 「병역법시행령」에 의거 다음과 같이 제재하고 있습니다. 법적 제재는 미귀국자 본인은 3년 이하의 징역, 37세까지 병역의무 부과 행정제재는 미귀국자 본인은 40세까지 공사업체 임직원 채용 제한, 관허업 인 · 허가 억제 또는 국외여행 제한 등을 하고 있습니다.

제02절 여권 상식

1. 여권

외국을 여행하고자 하는 국민들에게 정부가 여행자의 국적과 신분등을 증명하고 상대국에게 자국민의 편리의 도모와 보호를 의뢰하는 증명서이며 외국을 여행하고자 하는 사람은 정부가 규정하는 여권법에 의하여 소정의 절차를 걸쳐 여권을 발급받아야 한다.

해외여행 결격사유가 없는 대한민국 국민은 누구나 외교통상부장관으로 부터 여권을 발급 받을 수 있으나, 대한민국 출입국 관리법에 의해 발급을 거절당할 수도 있다. 여권발급은 외무부 여권과, 각 시/도청, 구청 또는 여행사에 신청을 하면 특별한 경우(개인적으로 법적 인 문제에 연루되어 있거나, 출입국 관리법에 의해 출국이 금지된 자)를 제외하고는 7-15일 정도의 기간이 지난 후 발급된다.

2. 여권의 용도 및 종류

1) 여권의 용도

- 달러 환전시
- VISA신청 및 발급시
- 출국 수속 및 항공기 탑승시
- 현지 입국 수속시
- 귀국시
- 면세점에서 면세상품 구입시

- 국제 운전 면허증 만들 때
- 국제 청소년 여행 연맹카드(FIYTO카드)만들 때
- 여행자 수표(Travel cheque, T/C)로 대금 지급이나 현지 화폐로 환전할 때
- T/C를 도난이나 분실 당한 후 재발급 신청할 때
- 출국시 병역의무자가 병무신고를 할 때와 귀국신고 할 때
- 해외 여행중 한국으로부터 송금된 돈을 찾을 때
- 렌터카 임대할 때
- 호텔 투숙할 때

2) 여권의 종류

여권의 종류 여권은 일반여권과 외교관여권, 관용여권으로 나뉘며, 일반여권은 다시 복수여권, 단수여권으로 나뉜다. 일반 복수여권은 유효기간이 5년이며, 이 유효기간이 만료 될 때까지 횟수에 제한 없이 외국 여행을 할 수 있으며 관광객은 특별한 사유가 없는 한 대부분 복수 여권을 발급 받는다.

(1) 일반여권

① 발급대상

대한민국 국적을 보유하고 있는 국민. 법령에 의한 여권발급 거부 또는 제한 대상이 아닌 자(여권법 제12조).

여권은 예외적인 경우(의전상 필요한 경우, 질병 · 장애의 경우, 18세 미만 미성년자)를 제외하고는 본인이 직접 방문하여 신청을 해야 한다. 유효기간이 남아있는 여권 소지자는 여권을 반납하여야 하며, 법무부에서 복수국적자로 인정된 경우 여권 발급이 가능하다. 단, 복수국적자라도 구 국적법에 따라 외국국적을 이미 선택하였거나, 개정법에 따른 국적 선택에 의해 우리국적을 상실한 경우에는 여권 발급이 불가하며, 이미 발급된 여권은 유효기간 만료일 이내라도 그 효력이 상실되므로 유의하여야 한다. 외국국적 취득으로 한국국적이 자동적으로 상실된 후 한국여권을 계속 사용한 경우에는 출입국관리법 등 관련 규정에 의한 처벌대상이 될 수 있다.

② 일반인 구비서류

- 여권발급신청서
- 여권용 사진 1매 : 6개월 이내에 촬영한 사진. 단, 전자여권이 아닌 경우 2매
- 신분증 : 사진이 부착되어 있는 주민등록증, 분실자의 경우 "주민등록발급신청확인서", 운전면허증, 여권, 공무원증, 군인신분증, 사관생도의 학생증, 장애인증
- 병역관계서류
  - 25-37세 병역 미필 남성 : 국외여행허가서
  - 18-24세 병역 미필 남성 : 없음
  - 기타 18-37세 남성 : 주민등록초본 또는 병적 증명서

③ 미성년자

- 여권발급신청서
- 여권용 사진 1매

  6개월 이내에 촬영한 사진. 단, 전자여권이 아닌 경우 2매, 여권 발급동의서(동의자가 직접 신청하는 경우는 생략), 동의자(부모, 친권자, 후견인 등 법정대리인) 작성, 부모동의서로써 본인에 대한 신분확인과정을 거친 것으로 인정하므로 해당 미성년자의 신분증은 제출하지 않아도 된다.
- 동의자의 인감증명서

  여권 발급동의서에 날인된 인감과 동일여부 확인 : 동의자가 직접 신청시는 생략
- 기본증명서 및 가족관계증명서(행정전산망으로 확인 불가능시)
- 기타
  - 부모가 이혼한 경우 : 법적으로 지정된 친권자가 동의
  - 친권자인 부모가 국외 체류 중인 경우 : 체류지 관할공관의 영사확인 또는 공증인의 공증(영사확인 요)을 받은 친권자의 여권발급동의서 제출(여권발급동의서의 사본 제출도 가능하며, 인감증명서 제출은 생략)
  - 친권자가 외국시민권자인 경우, 공증인의 공증확인서 제출
  - 친권자로 지정된 자가 친권을 행사할 수 없는 사유 등이 있을 경우, 학교 등 교육기관에서 교육목적으로 출국하면 학교장 등 기관장의 여권발급 협조요

청 공문(학교직인날인), 신원보증서 등의 증빙서류를 제출하고 단수여권 발급신청 가능

④ 질병 · 장애의 경우

- 여권발급신청서
- 여권용 사진 1매
  6개월 이내에 촬영한 사진(단, 전자여권이 아닌 경우 2매)
- 대리인 신분증
- 신청인 신분증(사본 가능)
- 위임장
- 가족관계기록사항에 관한 증명서
  미성년자 : 기본증명서 및 가족관계증명서, 기타: 기본증명서 또는 가족관계증명서 또는 친족관계에 관한 법원의 결정문, 전문의 진단서 · 소견서(장애인등록증, 국가유공자증만으로는 대리신청 불가)

(2) 관용 및 외교관여권

① 관용여권 발급대상

- 공무원과 공공기관, 한국은행 및 한국수출입은행의 임원 및 직원으로서 공무로 국외에 여행하는 자와 관계기관이 추천하는 그 배우자, 27세 미만의 미혼인 자녀 및 생활능력이 없는 부모.
- 공공기관, 한국은행 및 한국수출입은행의 국외주재원과 그 배우자 및 27세 미만의 미혼인 자녀.
- 정부에서 파견하는 의료요원, 태권도사범 및 재외동포 교육을 위한 교사와 그 배우자 및 27세 미만의 미혼인 자녀.
- 대한민국 재외공관 업무보조원과 그 배우자 및 27세 미만의 미혼인 자녀.
- 대한민국으로 귀화한 자로서 원국적국에 거주하고자 하는 자.
- 외교통상부 소속 공무원 또는 외무공무원법 제31조의 규정에 의하여 재외공관에 근무하는 공무원이나 현역군인이 그 가사 보조를 위하여 동반하는 자

• 전-현직대통령/국회의장/대법원장/헌법재판소장/국무총리/외교통상부장관 본인, 그 배우자 및 27세 미만 미혼인 자녀.

(3) 거주여권

① 발급대상

• 외교통상부장관에게 해외이주신고를 한 자
• 보건복지부장관의 국외입양허가를 받은 자
• 거주지국의 영주권 또는 이민사증을 취득한 자
• 영주권 제도가 없는 국가의 영주권에 갈음하는 장기 체류허가를 받은 자
  - 4년 이상의 장기 체류허가를 받은 자(단, 취업, 유학, 상용 등 해외이주의 목적이 아닌 경우에는 거주여권 발급 불가)
  - 4년 미만의 체류허가만을 부여하는 국가에서는 전가족이 5년 이상 현지에 거주한 자로 거주지국의 장기 체류허가를 받은 자.
• 국외에서 혼인 등의 사유로 거주여권의 발급이 특히 필요하다고 인정 되는 자 (일반여권으로 출국, 일본에 체류중에 있으면서 정주권 또는 영주권 취득전인 자로서 일본인 또는 영주자 이상인 재일동포와 혼인한 자 중 본인이 원할 경우 예외적으로 인정)
• 대한민국으로 귀화한 자로서 원국적국에 거주하고자 하는 자
• 중국거주 재외국민의 경우는 아래 요건이 모두 충족되는 경우에만 거주여권 신청 가능
  - 중국내에서 전 가족이 4년 이상 체류한 자
  - 중국정부가 발급한 거류증 소지자, 다만(취업사증, 유학사증, 상사주재사증) 등을 취득하여 일정기간 체류하는 경우는 거주여권 발급 불가
  - 현지 영주하겠다는 의사를 문서로 표시한 자

② 접수처 : 외교부여권과

③ 접수비용 : 수수료

④ 구비서류

- 거주여권 발급 대상자임을 증명하는 서류
- 국세 납세증명서 : 주소지 관할 세무서에서 발행(용도는 해외 이주용)
- 지방세 납세증명서 : 구청, 읍 · 면사무소 및 주민센터 발생.
- 국외이주신고증명서 : 읍 · 면사무소 및 주민센터 발행
- 병역관계서류
  - 25세-37세 병역미필 남성 : 국외여행허가서
  - 18-24세 병역미필 남성 : 없음
  - 기타 18세-37세 남성 : 주민등록초본 또는 병적 증명서
- 가족관계기록사항에 관한 증명서
  - 미성년자 : 기본증명서 및 가족관계증명서
  - 기타 : 기본증명서 또는 가족관계증명서
- 현 소지여권(해당자)
- 여권발급 신청서
- 여권용 사진1매 : 6개월 이내 촬영한 사진(단, 전자여권이 아닌경우 2매)
- 수수료
- 신원조사(만 14세 이상)

(4) 문화여권

① 단체에 소속된 사람의 경우

소속 단체장의 추천서, 단체등록금사본, 재직 및 출장 증명서

② 단체에 소속되지 않은 경우

자격을 증빙하는 서류, 귀국 서약서등이 필요

③ 발급 대상자

국제회의 참석 또는 국제기구에 근무하는 자, 국제경기 참석 또는 스포츠 교류, 국외에서의 취재, 공연 또는 영화 촬영, 문화 목적의 연수, 선교 사업, 국내 치료가 불가능한 질병치료, 단기 학술.

3. 여권 발급 기관

여권발급기관 일반여권의 발급은 1995년 10월 1일자로 외무부 여권과에서 서울 시내 일선 구청으로 이관되었다. 일반적으로 출신 지역에 관계없이 현재 본인이 거주하고 있는 곳에서 가장 가까운 발행관청으로 가면 발급이 가능하다. 그러나 관용여권이나. 외교관여권, 거주여권, 쿠바등 특수국가 여행허가 에 관한 여권 발급은 예전과 같이 외무부 여권과에서 발급 받을 수 있다.

여권은 서울의 각 구청 여권과와 광역시청 및 도청 여권계에서 발급하며, 관용여권과 거주 여권은 외무부 여권과에서 발급한다. 신청에서 발급까지는 개인은 1주일이 걸리며, 6월~8월과 12월~2월의 여행성수기와 여행사 등의 대리인이 신청할 수 도 있다. 여권 발급에 관한 진행 사항은 여권접수 번호로 민원 홀의 전산 단말기와 외무부 자동응답 안내 번호로 알 수 있다. 여권이 발급되면 접수증과 주민등록증을 가지고 가서 여권을 받는다. 여권발급 수수료는 <표 6-1>과 같다.

1) 여권발급 수수료

▌표 6-1 여권발급 수수료

종류	구분		여권발급 수수료		국제교류기여금		합계	
			국내	제외공관	국내	재외공간	국내	재외공관
전자여권	복수여권 (거주여권 포함)	5년 초과 10년 이내	40,000원	40불	15,000원	15불	55,000원	55달러
		5년 만8세이상	35,000원	35불	12,000원	12불	47,000원	47달러
		만8세미만			-	-	35,000원	35달러
		5년 미만(여권법 시행령 제6조 제2항 2,3,4호에 해당되는 경우	15,000원	15불	-	-	15,000원	15달러
	단수여권	1년 이내	15,000원	15불	5,000원	5불	20,000원	20달러
사진부착식 여권	단수여권	1년 이내	10,000원	10불	5,000원	5불	15,000원	15달러
기타	여행증명서	사진전사식	10,000원	10불	2,000원	2불	12,000원	12달러
		사진부착식	5,000원	5불	2,000원	2불	7,000원	7달러
	잔여유효기간 부여 여권		25,000원	25불	-	-	25,000원	25불
	유요기간 연장 배잘급		25,000원	25불	-	-	25,000원	25불
	기재사항변경		5,000원	5불	-	-	5,000원	5달러
	여권 사실증명		1,000원	1불	-	-	1,000원	1달러

2) 사진규정

(1) 여권사진규격

가로 3.5cm, 세로 4.5cm인 6개월 이내에 촬영한 천연색 상반신 정면 탈모사진으로 얼굴의 길이가 2.5~3.5cm이어야 한다. 바탕색은 흰색이어야 한다.

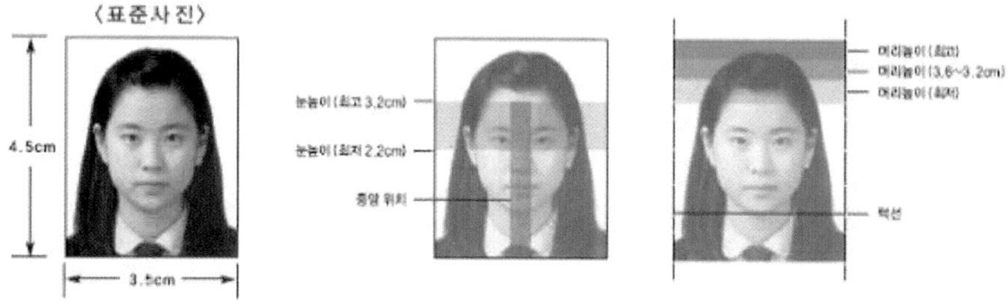

출처 : 문화체육관광부 홈페이지

▌그림 6-1 여권사진규격

(2) 사진품질 I

복사한 사진, 포토샵으로 수정된 사진은 사용할 수 없다. 사진이 접히거나 손상되지 않아야 하며, 표면이 균일하지 않거나 저 품질의 인화지를 사용하여서는 안 된다.

출처 : 문화체육관광부 홈페이지

▌그림 6-2 사진품질 I

(3) 사진품질 II

- 사진크기 : 3.5cm(가로) × 4.5cm(세로), 얼굴길이(머리 정수리부터 턱까지): 2.5~3.5cm(세로)

출처 : 문화체육관광부 홈페이지

▌그림 6-3 사진품질 II

(4) 얼굴방향

얼굴은 정면을 응시하여야 하며, 얼굴이 한쪽으로 기울어져서는 안 된다.

출처 : 문화체육관광부 홈페이지

▌그림 6-4 얼굴방향

(5) 어깨선

상반신은 어깨까지만 나와야 하고 양 어깨가 나란히 위치하여야 한다.

출처 : 문화체육관광부 홈페이지

▌그림 6-5 어깨선

(6) 눈동자

조명에 의하여 눈동자의 적목현상이 나타나거나 칼라렌즈를 착용하여서는 안 된다. 눈동자는 정면을 응시하여야 한다.

출처 : 문화체육관광부 홈페이지

▌그림 6-6 눈동자

(7) 표정

가능한 한 자연스러운 표정이어야 하며, 입은 자연스럽게 다문 상태이어야 한다.

출처 : 문화체육관광부 홈페이지

▌그림 6-7 표정

(8) 안경

안경 착용 사진은 일상생활시 항상 착용하는 신청자에게만 허용되며, 색안경을 착용하여서는 안 된다. 눈동자가 선명하게 보이기 위해서는 가능한 한 얇은 테의 안경을 착용하여야 하며, 안경렌즈에 조명이 반사되거나 착용한 안경테가 눈을 가려서는 안 된다.

출처 : 문화체육관광부 홈페이지

▌그림 6-8 안경

(9) 머리모양 및 악세사리

귀 부분이 노출되어 얼굴 윤곽이 뚜렷이 드러나야 하며, 가발은 일상생활시 항상 착용하는 신청자에게만 허용 된다. 모자나 머플러를 착용하여서는 안 되며 악세사리를 착용하는 경우 악세사리에 조명이 반사되지 않아야 한다.

출처 : 문화체육관광부 홈페이지

▌그림 6-9 머리모양 및 악세사리

(10) 조명

초점이 명확하고 조명이 적정하여야 한다. 얼굴에 그림자 현상이 없어야 한다.

출처 : 문화체육관광부 홈페이지

▌그림 6-10 조명

(11) 배경

사진 바탕은 균일한 흰색바탕의 무배경으로서 테두리가 없어야 한다. 배경에 사물이 노출되거나 야외를 배경으로 촬영하여서는 안 되며, 배경에 그림자와 반사가 없어야 한다.

출처 : 문화체육관광부 홈페이지

▌그림 6-11 배경

(12) 의상

제복, 군복, 흰색 의상을 착용하여서는 안 되며, 군인은 공무여권(외교관 또는 관용) 신청시에만 제복 착용이 허용 되고, 종교적 의상은 일상생활시 항상 착용하는 종교인(신부, 수녀, 승려)에 한하여 허용 된다. 학생의 경우 교복 착용은 허용 된다.

출처 : 문화체육관광부 홈페이지

▌그림 6-12 의상

(13) 유아(만 7세 이하)

사진 크기는 성인사진 규격과 동일하여야 한다. 얼굴 길이(머리 정수리부터 턱까지) : 2.0~3.5cm. 유아사진은 유아 단독으로 촬영되어야 하며 의자, 장난감, 보호자 등이 사진에 노출되지 않아야 한다. 유아는 눈을 뜬 상태로 정면을 주시하여야 한다.

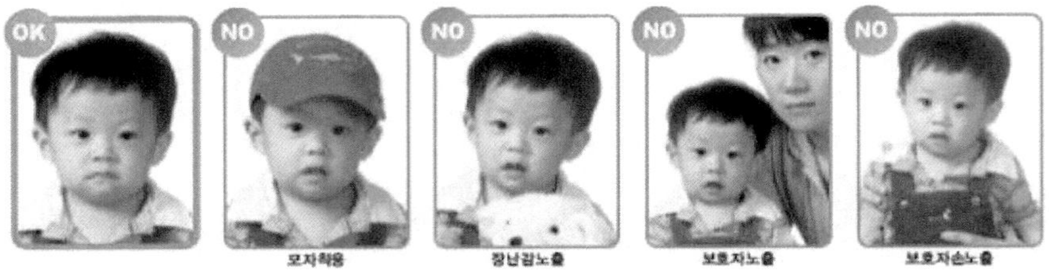

출처 : 문화체육관광부 홈페이지

▌그림 6-13 유아(만 7세 이하)

4. 여권 기재사항 변경

1) 영문성명표기/변경

(1) 여권상 영문성명 표기 방법

① 여권상 영문성명은 한글성명을 로마자(영어 알파벳)로 음역 표기함

② 한글성명의 로마자표기는 국어의 로마자 표기법에 따라 적는 것을 원칙으로 함

③ 영문이름은 붙여쓰는 것을 원칙으로 하되, 음절 사이에 붙임표(-)를 쓰는 것을 허용함(예 : GILDONG, GIL-DONG)

④ 종전여권의 띄어 쓴 영문이름은 계속 쓰는 것을 허용. 기타 여권 영문성명 변경에 대한 자세한 사항은 각 여권발급대행기관에 직접 문의 요망

(2) 최초 여권발급 신청시 확인 사항

① 여권상 영문성명은 해외에서 신원확인의 기준이 되며 변경이 엄격히 제한되므로 특별히 신중을 기하여 정확하게 기재하여야 합니다.

② 가족 간 영문 성(姓)은 특별한 사유가 없는 경우 이미 발급받은 가족구성원의 영문(姓)을 확인하여 일치시키기 바랍니다.

③ 가족관계등록부상 등록된 한글성명을 영어로 표기시 한글이름 음역을 벗어난 영어이름은 표기할 수 없으며, 반드시 음역을 정확하게 표기하여야 합니다. 예) 요셉 → JOSEPH(×)

④ 대리인이 영문성명을 잘못 기재하여 여권이 발급된 경우에도 영문성명의 변경은 엄격하게 제한되며 이로 인한 불이익은 여권명의인이 감수해야 합니다.

(3) 여권법 시행령 제3조 2(여권의 영문성명 변경 등)에 의거, 영문성명 변경이 허용되고 있는 경우

① 여권의 영문성명이 한글성명의 발음과 명백하게 일치하지 않는 경우

② 국외에서 여권의 영문성명과 다른 영문성명을 취업이나 유학 등을 이유로 장기간 사용하여 그 영문성명을 계속 사용하려고 할 경우

③ 국외여행, 이민, 유학 등의 이유로 가족구성원이 함께 출국하게 되어 여권에 영문으로 표기한 성(이하 "영문 성"이라 한다)을 다른 가족구성원의 여권에 쓰인 영문 성과 일치시킬 필요가 있는 경우

④ 여권의 영문 성에 배우자의 영문 성을 추가 · 변경 또는 삭제하려고 할 경우

⑤ 여권의 영문성명의 철자가 명백하게 부정적인 의미를 갖는 경우

⑥ 개명된 한글성명에 따라 영문성명을 변경하려는 경우

⑦ 최초 발급한 여권의 사용 전에 영문성명을 변경하려는 경우

⑧ 그 밖에 외교통상부장관이 인도적인 사유를 고려하여 특별히 필요하다고 인정하는 경우

- 외교통상부장관은 제1항에 따라 영문성명이 정정되거나 변경되는 경우로서 새로 발급되는 여권에 구 영문성명을 표기할 필요가 있다고 인정할 때에는 새로 발급되는 여권에 구 영문성명을 표기할 수 있다.
- 제1항 및 제2항에서 규정한 사항 외에 영문성명의 정정 및 변경에 필요한 사항은 외교통상부장관이 정한다.

2) 사증란 추가

빈번한 해외여행 등으로 출입국 사증 스탬프를 날인할 여백이 없는 경우, 사증란 추가를 1회에 한하여 허용함. 구비서류: 여권기재사항변경신청서, 여권.

3) 동반자녀 분리

모의 여권에 동반자녀가 함께 기록되어 있는 경우, 동반자녀는 8세가 되는 시점에 새로운 여권을 발급받아야 함(현재 발급되는 여권은 1인1여권 원칙에 따르므로 해당사항 없음)

- 구비서류 : 여권기재사항변경등신청서, 여권 및 여권사본 1부

4) 구여권번호 기재

- 구비서류 : 여권기재사항변경등신청서, 여권

※ 민원인이 요청하는 구여권번호를 4개까지 병기 가능

※ 광역지방자치단체에서만 신청 가능

5. 여권 재발급

1) 일반여권

(1) 여권의 유효기간 연장(여권법 시행령 부칙 제2조)

2008.6.28 이전 발급된 복수 일반여권의 유효기간이 10년 미만인 경우에는 종전의 규정에 따라 최초발급일부터 10년이 되는 날까지 유효기간을 연장할 수 있음. 이 경우 유효기간 연장신청은 여권의 유효기간 만료전 1년부터 만료후 1년까지의 기간 내에 하여야 함

(2) 구비서류

여권발급신청서, 여권용 사진 1매(6개월 이내에 촬영한 사진. 단, 긴급 사진부착식 여권 신청시 2매), 가족관계기록사항에 관한 증명서(미성년자: 기본증명서 및 가족관계증명서, 기타: 기본증명서 또는 가족관계증명서), 신분증(여권으로 갈음), 병역관계서류(25세-37세 병역 미필 남성: 국외여행허가서, 18-24세 병역 미필 남성: 없음, 기타

18세-37세 남성: 주민등록초본 또는 병적 증명서, 자주묻는질문-여권발급 참조), (18세 이상 37세 이하 남자), 부모 또는 친권자의 여권발급동의서(18세 미만자 해당)

(3) 수록정보변경 재발급

여권발급신청서, 여권용 사진 1매(긴급 사진부착식 여권 신청시 2매), 현 소지여권, 가족관계기록사항에 관한 증명서, 신분증(여권으로 갈음), 여권재발급사유서, 병역관계서류(18세 이상 37세 이하 남자), 증빙서류(영문성명 변경의 경우)

(4) 분실 재발급

여권발급신청서, 여권용 사진 1매, 가족관계기록사항에 관한 증명서, 신분증, 여권분실신고서, 여권재발급사유서, 병역관계서류(18세 이상 37세 이하 남자)

(5) 훼손 재발급

여권발급신청서, 여권용 사진 1매(긴급 사진부착식 여권 신청시 2매), 현 소지여권, 가족관계기록사항에 관한 증명서, 신분증(훼손여권으로 갈음/사진 또는 기재사항 판독 불능시는 신분증 요), 병역관계서류(18세 이상 37세 이하 남자), 여권재발급사유서

(6) 사증란 부족 재발급

여권발급신청서, 여권용 사진 1매(긴급 사진부착식 여권 신청시 2매), 현 소지여권, 가족관계기록사항에 관한 증명서, 신분증(여권으로 갈음), 여권재발급사유서, 병역관계서류(18세 이상 37세 이하 남자)

(7) 행정기관 착오로 인한 재발급

여권발급신청서, 여권용 사진 1매(긴급 사진부착식 여권 신청시 2매), 현 소지여권, 관련 증빙서류(가족관계등록부, 주민등록등본, 기타 인적사항빙서착오로 기재되었다는 내용빙서들어있는 행정기관의 공문 등), 신분증(여권으로 갈음), 여권재발급사유서, 병역관계서류(18세 이상 37세 이하 남자)

2) 거주여권

(1) 거주여권 재발급 기본 구비서류

영주권 또는 장기체류허가증 등 거주여권 발급 대상임을 증명하는 서류, 병역관계서류(25세-37세 병역 미필 남성: 국외여행허가서, 18-24세 병역 미필 남성: 없음, 기타 18세-37세 남성: 주민등록초본 또는 병적 증명서, 자주묻는질문-여권발급 참조), 가족관계기록사항에 대한 증명서(미성년자: 기본증명서 및 가족관계증명서, 기타: 기본증명서 또는 가족관계증명서), 현 소지여권, 여권발급신청서, 여권용 사진 1매(6개월 이내에 촬영한 사진. 단, 전자여권이 아닌 경우 2매),수수료, 신원조사(만14세 이상)

(2) 유효기간 연장 재발급(기출국자)

기본 구비서류, 현 소지여권, 영주권 · 장기체류허가증 등 거주여권발급 대상임을 증명하는 서류

(3) 유효기간 연장 재발급(미출국자)

기본 구비서류(주민등록말소자 등본 제외), 현 소지여권, 이민사증 또는 해당대사관의 이민허가통지서 등 거주여권 발급대상임을 증명하는 서류, 국세납세증명서, 지방세납세증명서

(4) 분실 재발급

기본 구비서류, 영주권 · 장기체류허가증 등 거주여권발급 대상임을 증명하는 서류, 여권분실신고서, 여권재발급사유서, 재입국허가서(일본, 싱가포르에 한함)

(5) 훼손 재발급

기본 구비서류, 영주권 · 장기체류허가증 등 거주여권발급 대상임을 증명하는 서류, 여권재발급(훼손)사유서, 훼손여권

(6) 분리 재발급

기본 구비서류, 영주권 · 장기체류허가증 등 거주여권발급 대상임을 증명하는

서류, 현 소지여권, 여권재발급사유서, 재입국허가서(일본, 싱가포르에 한함)

(7) 영문성명 변경 재발급

기본 구비서류, 영주권 · 장기체류허가증 등 거주여권발급 대상임을 증명하는 서류, 현 소지여권, 여권재발급사유서, 관련 증빙서류(영주권, I-20, 재학증명서 등), 기본증명서(개명한 경우, 행정정보공동이용망 확인시 생략)

(8) 사증란 부족 재발급

기본 구비서류, 현 소지여권, 영주권 · 장기체류허가증 등 거주여권발급 대상임을 증명하는 서류

(9) 여권의 유효기간연장(여권법 시행령 부칙 제2조)

- 종전의 일반여권의 유효기간 연장에 대한 경과조치 : 2008.6.28 이전 발급된 복수 일반여권의 유효기간이 10년 미만인 경우에는 종전이 규정에 따라 최초발급일부터 10년이 되는 날까지 유효기간을 연장할 수 있음. 이 경우 유효기간 연장신청은 여권의 유효기간 만료전 1년부터 만료후 1년까지의 기간내에 하여야 함

6. 여권 관련 주의사항(분실시)

해외여행 중 여권을 분실했을 경우에는 가까운 대사관 또는 총영사관에 여권 분실 신고를 하고 여행증명서나 단수여권을 발급받아야 된다. 분실 신고된 여권은 즉시 효력 정지되며 회수신고를 하지 않는 한 사용할 수 없다. 해당 여권의 위-변조 및 부정사용 방지를 위해 분실 신고 시 재발급 신청을 하는 것이 바람직하다. 분실 신고된 여권상에 있는 사증을 재사용하려 할 경우 사증 발급 국가에 사전 확인해야 한다. 특히, 미국의 경우 이를 인정하지 않는다.

분실 신고된 후 다시 찾은 여권에 사증이 있을 경우 여권을 첨부해 신규로 사증

을 신청하면 짧은 기간 내에 사증을 재발급 받을 수 있다. 이런 일을 대비하여 여행 전에 여분의 사진과 여권 유효기간 및 여권 번호를 수첩에 꼭 적어 두거나 기재 사항 면을 복사해 가지고 다니는 것이 좋다. 현지 한국 대사관이나 영사관에서 재발급 수속을 하고, 현지 경찰서로 가서 Police Report(분실증명확인서) 발급받는다.

이때 필요한 서류는 다음과 같다. 사진 2장(여권용 컬러사진), 여권 분실 증명서, 여권 번호와 발행 년/월/일, 여행증명서, 입국 증명서 여권 번호 및 발행 연월일, 여권 유효기간, 수수료 등을 제출하면 된다.

1회 이상 분실하면 6개월, 2회 이상은 1년간 재발급이 중지되며, 6개월 이상의 잔여기간을 요구하는 국가들이 있으므로 여권 유효기간을 꼭 확인해 둔다. 한국인의 여권을 탈취하여 위,변조 하는 사례가 빈번하게 일어나고 있으니 주의해야 한다.

제03절 비자

1. 비자

비자는 방문하고자하는 상대국의 정부에서 입국을 허가해주는 일종의 허가증입니다. 여행계획을 세우고 방문국가가 결정되면 방문하고자 하는 나라에서의 비자 필요여부를 확인해야 합니다. 비자가 필요한 국가들 중에는 방문 목적에 따라, 체류기간이 다를 수 도 있고, 요구하는 구비서류가 다른 경우가 있습니다.

최근 우리나라는 많은 나라들과 비자 면제 협정을 맺고 있으며, 이들 국가들은 단기간의 여행 시에는 비자가 필요치 않으나, 허용하는 기간을 초과하여 체류할 때에는 반드시 체류목적에 맞는 비자를 받아야 합니다. 비자에는 입국의 종류와 목적, 체류기간 등이 명시되어 있으며, 여권의 사증에 스템프나 스티커를 붙여 발급하게 됩니다.

2. 비자의 종류

한국 비자의 종류는 크게 40여 가지이며, 세분화하면 100여 가지 정도가 된다. 비자의 종류는 방문목적, 체제기간, 사용횟수 등에 따라 다음과 같이 분류할 수 있다.

- **방문목적별** : 관광비자, 학생비자, 방문비자, 주재원비자, 경유비자, 이민비자, ARRIVAL비자, 문화공연 비자
- **체류기간별** : 영주비자, 임시비자
- **사용횟수별** : 단수비자, 복수비자

▌표 6-2 비자의 종류

체류자격	체류자격명(설명)	
A-1	외교	외교사절단, 영사기관 구성원 등
A-2	공무	외국정부 또는 국제기구 공무 수행자 및 가족
A-3	협정	정부와 협정에 의해 외국인등록 면제자 및 면제필요 인정자 및 가족
B-1	사증면제	사증면제협정을 체결한 국가의 국민으로 그 협정에 의한 활동자
B-2	관광통과	관광, 통과 등의 목적으로 사증없이 입국하려는 자
C-1	일시취재	일시적인 취재 또는 보도활동을 하려는 자
C-2	단기상용	시장조사, 업무연락, 견학, 수출입기계 설치및보수 등
C-3	단기종합	관광, 통과, 친지방문, 친선경기, 행사참가 등(영리 목적자 제외)
C-3-9		자진출국 단기종합
C-4	단기취업	일시흥행, 광고, 패션모델, 강의/강연, 연구, 기술지도 등(수익목적)
D-1	문화예술	학술 또는 예술상의 활동(수익목적 아님)
D-2-A	유학	유학(전문학사과정)D-2-B유학(학사과정)
D-2-C		유학(석사과정)
D-2-D		유학(박사과정)
D-3-1	산업연수	해외투자업체, 기술수출업체연수자
D-3-2		중소기업협동조합중앙회장 추천연수자
D-3-3		수산업협동조합중앙회장 추천연수자
D-3-4		주무부처 의장 추천연수자
D-3-5		건설협회 추천연수자
D-3-6		해운조합협회 추천연수자
D-4-4	일반연수	대학부설 어학원 연수
D-4-5		대학부설 어학원을 제외한 기타기관 및 단체연수
D-4-8		초등학교재학 불법체류아동에 대한 특별체류허가
D-5	취재	외국 언론기관의 파견 또는 계약에 의해 국내주재하면서 보보활동자
D-6	종고	국내에서 종교활동 또는 사회복지활동에 종사하고자 하는 자
D-7	주재	외국 공공기관 또는 단체
D-8	기업투자	외국인 투자기업의 경영 관리 또는
D-9	무역경영	국내에 회사 설립하여 경영 또는 영리사업을 위한 활동
E-1	교수	전문대학 이상 교육기관 또는 이에 준하는 기관 교육 /연구지도활동
E-2	회화지도	학원, 초등학교 이상 교육기관 및 단체에서 외국어 회화지도 종사자
E-3	연구	공사기관으로부터 초청되어 각종 연구소에서 연구하는자
E-4	기술지도	자연과학분야 또는 산업상 특수분야 기술 제공자

체류자격	체류자격명(설명)	
E-5	전문직업	외국 변호사, 공인회계사, 의사 등
E-6	예술흥행	수익에 따르는 예술활동 및 전문방송 연기자 등
E-6-A		관광진흥법에 의한 호텔업시설 등에서 공연활동자
E-6-B		프로축구, 야구, 농구 등 운동분야 종사자 등
E-7	특정활동	
E-7-1		F2자격의 취업활동 허용
E-7-A		특정활동(제조업)
E-7-S		초등학교 재학 불법체류아동부모에 대한 체류자격외 활동허가
E-8	연수취업	
E-9-1	비전문취업	불법체류외국인근로자에 대한 특례규정에 의함
E-9-2		고용허가절차에 의해 고용된 외국근로자 : 제조업
E-9-3		고용허가절차에 의해 고용된 외국근로자 : 건설업
E-9-4		고용허가절차에 의해 고용된 외국근로자 : 농축산업
E-9-5	비전문취업	고용허가절차에 의해 고용된 외국근로자 : 연근해어업
E-9-6		고용허가절차에 의해 고용된 외국근로자 : 냉장, 냉동창고업
E-9-7		고용허가절차에 의해 고용된 외국근로자 : 재생용 재료수집 및 판매업
E-9-A		고용허가절차에 의해 고용된 외국근로자 : 음식점업
E-9-B		고용허가절차에 의해 고용된 외국근로자 : 청소관련서비스업
E-9-C		고용허가절차에 의해 고용된 외국근로자 : 가사서비스업
E-9-D		고용허가절차에 의해 고용된 외국근로자 : 건설업
E-9-E		고용허가절차에 의해 고용된 외국근로자 : 자동차수리업
E-9-F		고용허가절차에 의해 고용된 외국근로자 : 제조업
E-9-G		고용허가절차에 의해 고용된 외국근로자 : 농축산업
E-9-H		고용허가절차에 의해 고용된 외국근로자 : 연근해어업
E-9-I		고용허가절차에 의해 고용된 외국근로자 : 욕탕업
E-9-J		고용허가절차에 의해 고용된 외국근로자 : 재생용 재료수집 및 판매업
E-9-K		고용허가절차에 의해 고용된 외국근로자 : 냉장, 냉동창고업
E-10	어선원	내항선원
E-10-A		선원취업(내항선원)
E-10-B		선원취업(어선원, 20톤이상 어선)
F-1-1	방문동거	동포1세의 체류기간 연장
F-1-2		동포1세의 처 · 자로서 F1으로 자격변경
F-1-3		국민과 결혼한 외국인배우자
F-1-4		취업관리제 대상 외국국적동포

체류자격	체류자격명(설명)	
F-2-1	거주	국민의 배우자
F-2-2		난민인정을 받은자
F-2-3		영주F-5소지자의 배우자
F-2-4		고액투자외국인
F-2-5		기타장기체류자
F-3	동반	D-1 내지 E-7자격자의 배우자 및 20세 미만 자녀
F-4	재외동포	재외동포
F-5	영주	
F-5-A		5년이상 대한민국 체류하고 있는자
F-5-B		국민 또는 영주자격자의 배우자, 미성년자녀 및 대한민국 출생자녀
F-5-C		미화 50만불이상 투자자
F-5-D		재외동포 자격 소지자
F-5-E		국적취득 요건을 갖춘자
F-5-F		대한민국 출생 제한화교
F-5-G		첨단산업분야 박사학위 소지자
F-5-H		첨단산업분야 학사학위소지자/자격증소지자
F-5-I		특정분야 능력 소유자
F-5-J		특별공로자
F-5-K		연금수혜자
G-1	기타	어느 체류자격에도 해당하지 아니하는 사람으로 법무부장관 인정자
H-1	관광취업	관광을 주목적으로 하면서 관광경비 등을 충당하기 위한 취업자
H-2-A	방문취업	방문취업자격 변경자
H-2-B		연고자 또는 국가유공자 등에 대한 방문취업
H-2-C	방문취업	유학생 부,모 또는 배우자에 대한 방문취업
H-2-D		06년 자진출국자에 대한 방문취업자격
H-2-E		연수취업 후 자진귀국한 자에 대한 방문취업
H-2-F		한국말시험 등으로 선발된 방문취업

3. 국가 간 사증현황

1) 사증면제제도란?

국가 간 이동을 위해서는 원칙적으로 사증(입국허가)이 필요 하다. 사증을 받기 위해서는 상대국 대사관이나 영사관을 방문하여 방문국가가 요청하는 서류 및 사증 수수료를 지불해야 하며 경우에 따라서는 인터뷰도 거쳐야 합니다.

▌표 6-3 비자(사증)면제협정 체결현황

<table>
<tr><th>총 체결국</th><th>적용대상</th><th colspan="3">국가명</th></tr>
<tr><td rowspan="8">95개국</td><td>외교관
(3개국)</td><td colspan="3">우크라이나(90일), 우즈베키스탄(60일), 투르크메니스탄(30일)</td></tr>
<tr><td>외교관 · 관용
(29개국)</td><td colspan="3">필리핀(무제한), 파라과이(90일), 이란(3개월), 몽골(30일),베넹(90일), 베트남(90일), 에콰도르(외교 : 업무수행기간, 관용 : 3개월), 사이프러스(90일), 벨리즈(90일), 이집트(90일), 파키스탄(3개월), 일본(3개월), 크로아티아(90일), 우루과이(90일), 인도(90일), 아르헨티나(90일), 러시아(90일), 알제리(90일), 벨로루스(90일), 아제르바이잔(30일), 캄보디아(60일), 카자흐스탄(90일), 방글라데시(90일), 라이소(90일), 미얀마(90일), 볼리비아(90일), 키르기즈(30일), 아르메니아(90일)</td></tr>
<tr><td rowspan="6">외교관 · 관용 · 일반
(63개국)</td><td>30일
(1개국)</td><td colspan="2">튀니지</td></tr>
<tr><td>60일
(2개국)</td><td colspan="2">포르투갈, 레소로</td></tr>
<tr><td rowspan="4">90일
(60개국)</td><td>아주지역
(4개국)</td><td>태국, 싱가포르, 뉴질랜드, 말레이시아</td></tr>
<tr><td>미주지역
(24개국)</td><td>바베이도스, 바하마, 코스타리카, 콜롬비아, 파나마, 도미니카(공), 도미니카(연), 그레나다, 자메이카, 페루, 아이티, 세인트루시아, 세인트키츠네비스, 브라질, 세인트빈센트그레나딘, 트리니다드로바고, 수리남, 안티구아바부다. 니카라과, 엘살바도르, 멕시코, 칠레, 과테말라, 베네수엘라(외교 · 관용 : 30일, 일반 : 90일)</td></tr>
<tr><td>구주지역
(29개국)</td><td>[쉥겐국(25개국 중 슬로베니아 제외)] 그리스, 오스트리아(외교 · 관용 : 180일, 스위스, 프랑스, 네덜란드, 벨기에, 룩셈부르크, 독일, 스페인, 몰타, 폴란드, 헝가리, 체코, 슬로바키아, 이탈리아, 라트비아 리투아니아, (이하 180일 중 90일) 에스토니아, 핀란드, 스웨덴, 덴마크, 노르웨이, 아이슬랜드(포르투갈은 60일에 해당)
[비쉥겐국] 리히텐슈타인, 영국, 아일랜드, 불가리아, 루마니아, 터키</td></tr>
<tr><td>아프리카 · 중동지역
(3개국)</td><td>모르코, 라이베리아, 이스라엘</td></tr>
</table>

사증면제제도란 이런 번거로움을 없애기 위해 국가간 협정이나 일방 혹은 상호 조치에 의해 사증 없이 상대국에 입국할 수 있는 제도입니다.

2) 우리나라 사람이 무사증입국이 가능한 국가

2012. 5월 현재 협정에 의해 일반여권으로 무사증 입국이 가능한 국가는 독일, 프랑스, 이스라엘, 태국, 튀니지 등 63개국이 있고 일방 혹은 상호주의에 의해 입국이 가능한 국가는 53개 국가입니다.

3) 우리나라에 무사증입국이 가능한 국가

2012. 5월 현재 협정에 의해 일반여권으로 우리나라에 입국이 가능한 국가는 독일, 프랑스, 이스라엘, 태국, 튀니지 등 63개국이며 일방 혹은 상호주의에 의해 사증을 요구하지 않는 국가는 51개 국가 이다.

4) 한국인의 무사증입국(30일)이 가능한 국가

▌표 6-4 한국인의 무사증입국(30일)이 가능한 국가

구분	가능한 나라
아주(11)	동티모르(외교 · 관용, 30일), 마카오(90일), 라오스(15일), 홍콩(90일), 베트남(15일), 브루나이(30일), 몽골(최근 2년 이내 4회, 통산 10회 이상 입국자, 30일), 인도네시아(외교 · 관용/14일), 일본(90일), 대만(30일), 필리핀(21일)
미주(9일)	미국(90일)*, 캐나다(6개월), 가이아나, 아르헨티나(90일), 에콰도르(90일), 온두라스(90일), 우루과이(30일), 파라과이(30일), 북마리아나연방(30일)
구주(15)	사이프러스(90일), 산마리노(9일), 세르비아(90일), 모나코(90일), 모테네그(90일), 조지아(90일), 슬로베니아(90일/쉥겐국), 크로아티아(90일), 안도라(90일), 보스니아 · 헤르체고비나(90일), 우크라이나(90일), 코소보(90일), 피지(4개월), 마샬군도(30일), 키리바시(30일), 마이크로네시아(30일)
아프리카 중동(7)	남아프리카공화국(30일), 모리셔스(16일), 세이쉘(30일), 오만(30일), 스와질랜드(60일), 보츠와나(60일), 아랍에미리트(30일)

※ 미국 : 사증 자체는 필요 없으나, 비자면제프로그램에 의해 전자여권으로 https://esta.cbp.dhs.gov 에서 전자여행 허가를 미리 받아야 함

※ 영국 : 무사증입국시 신분증명서, 재정증명서, 귀국항공권, 숙소정보, 여행계획 등 제시 필요(주영국대사관 홈페이지 참조)

5) 우리나라에 무사증입국(30일)이 가능한 국가

▌표 6-5 한국인의 무사증입국(30일)이 가능한 국가

구분	가능한 나라
아주(11)	동티모르(외교 · 관용, 30일), 마카오(90일), 라오스(15일), 홍콩(90일), 베트남(15일), 브루나이(30일), 몽골(최근 2년 이내 4회, 통산 10회 이상 입국자, 30일), 인도네시아(외교 · 관용/14일), 일본(90일), 대만(30일), 필리핀(21일)
미주(9일)	미국(90일)*, 캐나다(6개월), 가이아나, 아르헨티나(90일), 에콰도르(90일), 온두라스(90일), 우루과이(30일), 파라과이(30일), 북마리아나연방(30일)
구주(15)	사이프러스(90일), 산마리노(9일), 세르비아(90일), 모나코(90일), 모테네그(90일), 조지아(90일), 슬로베니아(90일/쉥겐국), 크로아티아(90일), 안도라(90일), 보스니아 · 헤르체고비나(90일), 우크라이나(90일), 코소보(90일), 피지(4개월), 마샬군도(30일), 키리바시(30일), 마이크로네시아(30일)
아프리카 중동(7)	남아프리카공화국(30일), 모리셔스(16일), 세이쉘(30일), 오만(30일), 스와질랜드(60일), 보츠와나(60일), 아랍에미리트(30일)

※ (　　)에 기재되지 않은 국가는 30일 무사증 입국 허가

※ (외교 · 관용) : 외교 · 관용여권 소지자에 대해서만 무사증 입국 허용

6) 기타 사증관련 협정 체결현황

▌표 6-6 기타 사증관련 협정 체결현황

적용대상	대상국가
복수사증(13개국) (법정 및 상호주의에 의거)	인도(상용, 고용, 관광), 호주(상용), 아르헨티나(상용), 미국(단기 종합), 일본, 캐나다(상용), 브라질(상용, 투자, 취재), 러시아(단기 복수), 중국, 우즈베키스탄(상용 등), 우크라이나(상용, 주재 등), 몽골, 독일(주재, 투자 등)
취업관광사증(13개국)	호주, 캐나다, 일본, 뉴질랜드, 프랑스, 독일, 미국, 아일랜드, 스웨덴, 덴마크, 대만, 홍콩, 이탈리아
항공기승무원양해각서	중국, 러시아

※ 상기 비자 관련 상세정보는 해당국 재외공관에 문의하시기 바랍니다.

※ 자세한 입국관련 사항은 아래의 개별국가의 입국허가 요건을 참조하시기 바랍니다.

7) 사증면제국가 여행시 주의할 점

(1) 사증면제제도는 대체로 관광, 상용, 경유일 때 적용이 되며, 사증면제기간 이내에 체류할 계획이라 하더라도 국가에 따라서는 방문 목적에 따른 별도의 사증을 요구하는 경우가 많으니 입국 전에 꼭 방문할 국가의 주한공관 홈페이지 등을 통해 확인.

(2) 특히, 미국 입국시에는 ESTA라는 전자여행허가를 꼭 받으셔야 하고, 영국 입국시에는 신분증명서, 재직증명서, 귀국항공권, 숙소정보, 여행계획을 반드시 지참하셔야 한다.

4. 비자가 불필요한 국가

다음 국가들은 단기간 여행시 비자 없이 방문 할 수 있는 국가들 이다. 그러나 허용하는 기간을 초과해 체류할 경우 체류 목적에 맞는 비자를 받아야 한다. 방문 목적, 체제기간, 사용횟수 등에 따라 다음과 같이 분류할 수 있습니다.

1) 3개월(90일)

(1) 아시아

태국, 파키스탄, 뉴질랜드, 말레이시아

(2) 미주

멕시코, 엘살바도르, 안티구아바뷰다, 니콰라과, 트리니다드토바고 수리남, 세인트빈센트그나딘, 세인트킷츠네비스, 세인투루시아 도미니카연방, 자메이카, 그레나다, 콜롬비아, 아이티, 페루, 코스타리카 바하마, 바메이도스, 브라질, 아르헨티나

(3) 유럽

그리스, 오스트리아, 스위스, 프랑스, 네덜란드, 리히텐슈타인, 영국 벨기에, 독일,

룩셈부르크, 스페인, 핀랜드, 스웨덴, 덴마크, 노르웨이 아일랜드, 아이슬랜드, 몰타, 폴란드, 헝가리, 체코, 불가리아, 터키 슬로바키아, 루마니아

(4) 특수지역

라이베리아, 이스라엘, 모로코

2) 1개월(30일)

튀니지, 사이판, 남아프리카공화국, 스리랑카, 칠레, 대만, 싱가폴

3) 2개월(60일)

포르투칼, 레소토, 이탈리아, 인도네시아(입국비자)

4) 6개월

영국, 캐나다

5) 기타

싱가폴(14일~30일), 괌(14일), 마카오(20일), 필리핀(21일), 대만(30일), 베트남(15일)

제04절 해외여행 비자정보

1. 특기자 비자 : O

1) 특기자란?

특기자 비자는 과학, 교육, 경영, 체육에 특기가 있는 사람에게 주는 단기 체류 비자이다. 특기자라 함은 해당 분야에 특출한 능력을 소유한 사람을 뜻합니다. 특출한 능력의 소유자임을 증명하기 위해서는 그 분야에 국내적 혹은 국제적인 명성이 있음을 밝혀야 합니다. 특기자임을 증명하기 위해 세계적으로 알려진 노벨상 같은 국제적인 상을 받은 경력을 제시 하면 된다. 만약 국제 수상 경력이 없으면 출판물, 협회 회원증, 기타 탁월한 명성 등을 밝힐 수 있는 자료를 제시하여 그 분야에 명성 있는 자임을 증명하면 된다.

2) 실연자(연예인)

영화나 TV에 관련된 예술인이나 실연자(연예인)도 특기자 비자를 받을 수 있다. 실연자(연예인)의 경우는 특출한 능력 대신에 특출한 업적만 밝히면 특기자 비자를 받을 수 있다.여기서 실연자(연예인)라 함은 실연자(연예인) 및 전문 기술자 그리고 보조자도 실연자(연예인)에 포함된다.

3) 수행원

특기자를 수행하는 사람은 O-2비자를 받으며, 수행원의 임무는 특기자의 공연에 중요한 역할을 담당하여야 합니다. 특기자와 수행원의 가족은 O-3 비자를 받아 미국 내에 체류할 수 있으나 취업은 허용 되지 않습니다.

4) 신청절차

특기자를 일시적으로 고용하기 위해서는 고용주가 이민국에 특기자 비자신청서류를 제출하여야 합니다. 이민국에서는 먼저 그 해당 분야의 관련 단체로부터 초청에 관한 자문적 의견을 받은 뒤, 모든 서류가 구비되었으면 특기자 비자신청을 승인해 준다. 이민국의 승인을 받으면 한국 소재 미 대사관에서 특기자 비자를 받아 미국에 입국할 수 있다.

5) 체류기간

이민법상 특기자 비자의 체류 기간에 대해 명백한 법적 상한선은 없습니다. 따라서 체류 요건만 갖추면 체류 목적을 달성할 수 있는 기간 동안 계속 체류할 수 있다고 볼 수 있다. 그러나 이민국 규칙상 처음 받는 특기자 비자의 기간은 3년으로 제한되어 있습니다. 3년의 체류기간이 만료되면 체류 기간 연장을 통해 미국 내에서 계속 활동할 수 있다.

2. 예-체능인 : P

1) P-1

P-1비자는 국제 수준급의 경기에 참석차 방문하는 체육인이나 국제적으로 인정된 극단에 출연할 연예인이 신청할 수 있습니다. 중요한 것은 체육인의 경우에는 개인 자격으로 경기에 참석할 수 있으나 연예인의 경우에는 단체로 참가해야 한다.

체육인으로서 국제 수준급임을 증명하기 위해서는 국제적으로 인정받은 팀이나 협회로부터 받은 계약서를 제시하여야 하며, 국제 수준급 대회에 참가한 경력이나 국제 대회 수상 경력 등을 제시하여야 합니다.

연예인의 경우 연예인 단체는 구체적으로 알려진 공연 단체이어야 하며, 일반적으로 단체 단원 중 최소한 75%는 1년 이상 단체 소속원 이어야 한다. 방문 기간은 출전 경기나 출연에 필요한 기간 동안 체류할 수 있으나 개인 자격으로 방문한 체육인의 경우에는 처음에는 5년 동안의 비자를 받고 후에 5년을 더 연장할 수 있다.

2) P-2

P-2비자는 상호 교환 프로그램을 통해 방문하는 개인 혹은 단체의 예술인이나 연예인에게 주어집니다. 증명 서류로서 상호 교환 계약서의 사본을 제출하여 상호 교환 프로그램의 존재 여부를 밝히고, 또한 주최측의 편지로 상호 교환 프로그램의 내용을 설명해야 한다. 방문 기간은 상호 교환 프로그램에 필요한 체재 기간 동안이며, 최대한 1년까지 체류할 수 있다.

3) P-3

P-3비자는 개인이나 단체를 불문하고 예술인이나 연예인 중에서 독특한 문화적 공연에 참가하는 사람에게 부여됩니다.

예를 들어 교포 단체에서 문화 행사 중의 하나로 한국으로부터 한국 전통 고전 무용단을 초청할 경우에는 참가자 전원이 P-3비자를 받을 수 있다. 초청 받은 개인이나 단체는 국내적으로나 국제적으로 인정받고 있어야 하며, 공연 내용이 문화적으로 독특한 내용임을 밝혀야 한다.

4) P-4

P-1, P-2, P-3 비자 소유자의 가족, 즉 배우자와 21세 미만의 미혼 자녀는 P-4 비자를 받고 미국에 체류할 수 있습니다. 다만 미국 체류 중에는 취업은 할 수 없다.

제05절 해외여행시 주의사항

1. 여권 분실

가까운 경찰서에서 POLICE REPORT(분실증명 확인서)를 받는다. 현지 공관(한국 영사관)에 가서 다음과 같은 서류를 발급 받는다. 필요한 서류는 다음과 같다. 사진, 여권 분실증명서, 여권번호와 발행 년/월/일, 여행증명서(Travel Certificate), 입국증명서(입국 증명이 되지 않으면 출국할 수 없는 경우가 있음)

여행증명서로는 다음 여행이 불가능하며, 바로 귀국한다. 계속 여행할 시는 경유지 란에 다음 목적지를 명기해 계속 여행할 수 있도록 한다.

이 경우 다음 여행국의 VISA 관련 사항도 확인하여 VISA가 필요할 시는 현지에서 다음 여행국의 VISA를 받을 수 있도록 한다. 여권 분실로 인한 입국 확인(입국 STAMP)을 위해 사전에 또는 공항에서 출국 시 입국 STAMP를 받을 수 있는지를 확인해야 한다.

2. 항공권 분실

해당 항공사의 현지 사무실로 가서 항공권 분실에 대한 Lost Ticket Reissue를 신청해야 하며, 이때 항공사는 항공권 발권지인 서울 사무실로 전문을 보내 Reissue Authorization을 현지에서 받게 된다. 이때 다음의 사항과 발권 사실을 확인하고 소요되는 시간은 약 1주일 정도 소요된다. 항공권 번호, 발권 연월일, 구간 등.

현지에서 항공권을 새로 구입하는 방법도 있으며, 귀국 후에 분실 항공권에 대한 발급확인서를 받고 새로 구입한 항공권의 승객용 티켓과 신분증을 가지고 해당 항공사(본사)에 가면 재발급 신청시 지급했던 비용을 환불 받을 수 있으나 이때 소요되는 기간은 약 3개월 정도이다.

3. 여행자수표 분실

현지 여행자 수표 발행처에 전화하여 분실신고를 하고 절차를 알아보며, 분실 증명 확인서(Police Report)가 필요한 경우에는 현지 경찰서에 신고하여 받도록 한다.

대개의 경우 **REFUND CLAIM** 사무소가 각 나라별로 한 도시에 일원화되어 있으며 분실 경위, 장소, 수표 번호 등을 정확히 신고하고 나서 24시간 후에 희망 지역의 은행 또는 수표 발행처에서 재발급 받을 수 있다.

수표에는 반드시 여행자의 서명이 돼 있어야 하며 정확한 수표 번호를 알고 있어야 하므로 여행자 수표 지참 시에는 반드시 서명과 수표 번호를 별도로 기재하여 지참하여야 한다.

4. 수하물 분실

짐을 붙이고 나서 받았던 Baggage Claim Tag(짐표, 화물보관증서)을 제시한다. 화물을 반환 받을 투숙 호텔이나 연락처를 기재하며, 다음 여정이 있는 경우에는 여행일정을 알려주고 분실증명서를 받아 화물을 찾지 못했을 경우 보상받기 위해 대비를 해야 한다. 공항에서 BAGGAGE CLAIM이라고 쓰여 있는 수하물 분실 신고소에 가서 신고한다. 신고 시에는 가방의 형태, 크기, 색상 등을 자세히 알려 주어야 한다.

5. 항공기지연 또는 파업

화물을 찾지 못했을 경우에는 화물 운송협약에 의해 보상을 받을 수 있으며, 여행자 보험에 가입했을 경우에는 항공사에서 발행한 분실증명서를 근거로 보상을 받을 수 있다.

항공사 측의 사정으로 인한 경우, ADDITIONAL SUPPLEMENT(부가 제공)을 항공사에서 제공키로 되어 있다(보통 차량, 호텔, 식사, 관광 등을 제공한다. - 파업의 경우 다음편 연결까지 필요한 서비스 제공).

따라서 이 경우에는 반드시 항공사 측에 CLAIM(요구)하여 상기 서비스를 제공받아야 한다. 다음 여정에 지장이 올 경우에는 타 항공편으로의 ENDORSE를 받는다.

6. 교통사고의 피해자인 경우

T/C(tour conductor)가 현장에 있었을 경우는 구급차를 불러서 동승하고 병원으로 이동한다. 경찰에 연락하여 입회하에 가해자의 주소, 성명 등을 기록해 준다. TC가 현장에 없었을 경우는 통보자로부터 사고내용을 상세히 듣고, 피해자가 있는 장소(병원, 경찰서)로 가서 경찰서에 피해자의 성명, 사고발생 장소, 사고내용 등을 보고 한다.

관계기관에 연락방법 주재원 또는 재외공관, 호텔, 현지여행사, 병원 관계자에게 연락하여 사후조치에 대한 협조를 의뢰한다. 단독 배낭여행자인 경우 재외 공관에 연락하여 다음과 같은 사항을 보고 한다(피해자의 성명, 병원명, 상태).

회사 측에 연락하여 지시를 받고, 전화 등으로 상황을 상세히 설명하고 피해자 가족에게 연락을 의뢰한다. 가해자와의 교섭을 대사관원을 중재로 하여 경찰서에서 하고 보상 등은 후유증 등의 관계로 결론을 내리지 않는다. 상대방에게 사고를 일으킨 것을 인정하는 문서를 쓰게 한다.

7. 교통사고의 가해자인 경우

T/C(tour conductor) 자신이나 고객이 사고를 일으켜 가해자의 입장이 되었을 때에는 우선 사고 상황을 경찰에 신고한다. 손해를 입은 상대방이 부상을 당했을 때는 의사에게 가야할 의무가 있다. 피해자에게 다음과 같은 사항을 알려주고(성명, 주소, 차량번호)관계기관에 연락.

관계기관에 연락방법은 인사사고의 경우 즉시 해외공관에 연락한다. 사상사고인 경우 가장 빠른 수단으로 경찰에 통보한다. 의무를 이행하지 않으면 중형이 가해질때가 있다. 피해자의 성명, 주소, 손해의 정도를 조사해 둔다.

8. 절도 사고를 당한 경우

절도를 당한 즉시 가장 가까운 경찰서로 가서 반드시 POLICE REPORT를 받도록 한다. POLICE REPORT는 물건을 도난당한 본인이 직접 경찰서로 가서 분실한 여행객 인원수대로 각각 별도로 작성하여야 한다. 이는 보험으로 처리될 수 있는 휴대품 분실에 대한 보상 한도액이 최대 개당 20만 원이기 때문에 가족, 일행이 모두 도난을 당한 경우이고 도난품이 50만 원 이상일 때는 반드시 나누어 보고해야만 피해액에 근접한 보상을 받을 수 있다. 경찰서에서 신분증 확인을 하므로 여권까지 분실한 경우는 본국에서 여권 COPY를 수령해야 한다.

9. 보험 처리를 위한 서류는 다음과 같다.

- POLICE REPORT
- 손상품 수리 견적서(영수증 포함)
- 여권 COPY
- 본인 통장 사본 및 인적사항 : 보험 처리 시 주의할 점은 휴대품의 경우 여행

객이 영수증을 보험 증빙 서류로 첨부할 수 없는 경우가 대부분이므로(영수증 미 보관으로) 도난품의 품명 및 모델넘버 등을 기재하는데 보험처리 시 보험사 직원이 이를 직접 확인하므로 정확한 기재가 필요하다. 참고로 다음 사항은 보험처리가 전혀 되지 않는다(현금, 수표, 항공권 등의 유가증권). 법적으로 항공권은 유가증권에 해당되지 않음

10. 여행 중 사망의 경우

여행 도중 단체 여행이나 배낭여행의 사망을 했을 경우 당황하지 말고 다음과 같은 절차를 밟아야 한다.

- **병원** : 의사의 사망진단서를 발급받는다.
- **경찰** : 검사진단서 및 경찰 사망증명서 등 필요서류를 발급 받는다.

** 한국 재외공관에 자세한 사항을 신고한다. **

- When : 언제(사망일)
- Where : 어디(사망 장소, 유해안치장소)
- Why : 왜(사망원인)
- Name : 성명(사망자의 성명)
- Address : 주소(사망자의 한국 주소, 본적지, 유족의 성명과 주소)
- Passport : 여권번호(여권번호와 발급일 여행 주관 회사에 다음 사항을 보고 한다.)
- 가족에 대한 연락
- 보험 수속의 의뢰

처리는 유족의 의사를 존중하여 그 지시에 따라 처리한다. 위임장이 없을 경우 전보로 유해인수 법정 대리인의 취지를 전보로 전달하여 위임장으로 할 경우가 있다. 주재원 및 현지 여행사, 현지 행사 주관 여행사와 긴밀히 연락해 최대한 협조를 요청한다. 장의사에게 부탁하면 이에 따른 제기관에 대한 신고 증명, 허가 수속, 기

타 증명서류 취득을 대행해 준다. 또한 화장/매장 여부, 유해의 보관 항공 화물용, 유해의 방부보존처리, 항공 화물 수속대행 등 모든 업무를 맡길 수 있다.

여기에 소요되는 제반 비용은 해외여행 보험 가입자에 한해 처리가 가능하므로 반드시 해외여행 보험을 가입하고 가야한다.

11. 국내에서 보험 처리를 하기 위한 서류는 다음과 같다.

- 사망진단서(또는 사체 검안서)
- 피험자의 호적등본

단, 자살은 보험 처리가 되지 않으며, 사망시 보험 처리가 되지 않는 경우는 다음과 같다.

- 전쟁, 침략, 교전, 외국무력행사, 혁명, 내란, 반란, 계엄령 선포, 폭동, 소요 등으로 인한 사망
- 피보험자의 자살, 자살미수, 범죄행위, 폭력행위(정당방위는 제외)
- 피보험자의 지병, 뇌질환 또는 심신상실로 인한 사망
- 피보험자의 무면허 운전 및 음주운전으로 인한 사망
- 피보험자의 핵연료물질에 의한 사망
- 피보험자의 방사능 오염물질에 의한 사망

위의 경우를 제외한 모든 사망의 경우 전액을 보상받을 수 있다.

12. 여행 중 질병의 경우

우선 병원에 가서 또는 의사를 불러서 진료 및 치료를 받도록 한다. 결재는 카드로 처리하는 것이 좋으며 보험 처리를 위해 의사 소견서 및 치료비 영수증을 수령하여 귀국 후 보험 처리하도록 한다.

** 보험처리를 위해 보험사에 제출해야 하는 서류는 다음과 같다. **

- 의사 소견서
- 치료비 영수증
- 치료비 명세서(또는 치료비 명세가 적힌 영수증)
- 본인의 통장 사본과 인적 사항(주소, 전화번호, 주민등록번호)

13. 질병 등에 대한 간단한 회화

표 6-7 질병 등에 대한 간단한 회화

	필요한 영어	한국어
1	Is it OK for me to fly?	비행기를 타도 지장이 없겠습니까?
2	Please call a doctor.	의사를 불러 주십시오.
3	I have a fever.	열이 있습니다.
4	I have a chill.	한기가 납니다.
5	I have a headache.	두통이 있습니다.
6	I have a stomachache.	복통이 납니다.
7	I have diarrhea.	설사를 했습니다.
8	I have cramp.	시름시름 아픕니다.
9	I have a sharp pain.	쿡쿡 찌르듯이 아픕니다.
10	I am not feeling well.	불쾌감을 느낍니다.
11	I feel a little better.	조금 좋아졌습니다.
12	I feel much better.	훨씬 좋아졌습니다.
13	What's wrong?	어디가 잘못되었나요?
14	Is it OK for me to continue my journey?	여행을 계속해도 되겠습니까?
15	How long will I have to stay in bed?	언제까지 누워 있어야 합니까?

14. 세관신고 보안검색 출국심사

- 고가의 물품(카메라, 시계, 귀금속, 보석류, 밍크제품 등)이나 미화 상당 1만불 초과 5만불 이하를 가지고 떠나는 경우 여행자 휴대품 신고서에 품목, 수량, 가격을 쓴 후 실제의 물품과 같이 제시해 반출신고를 해야 합니다.
- 물품을 신고하지 않고 그냥 나갈 경우, 귀국할 때 외국에서 구입한 것으로 간주하여 과세 등의 불이익을 당할 수 있습니다.
- 신고할 것이 없는 사람은 바로 통과합니다.

15. 탑승수속

탑승수속 --> 환전 --> 병무신고/검역

- 탑승수속카운터에서는 탑승권을 발급받고 수하물을 탁송합니다.
- 수하물 탁송 시 대형수하물이나 세관에 반출할 물품이 있을 때는 대형수하물 투입장소에서 세관에 신고한 후 탁송합니다.

  ※ **대형수하물 : 길이 90cm, 높이 75cm, 폭 45cm, 무게 50kg을 초과하는 화물**
- 탁송수하물 세관반출신고는 대형수하물 투입장소에서 세관에 신고한 후 탁송합니다(휴대품 세관반출신고는 출국장내 세관신고대).
- 발권카운터에서는 항공권구입, 예약항공권 발권, 좌석등급 및 여정변경, 초과수하물 운송료 납부 등이 업무를 합니다.

16. 여행자 검역 – 예방 접종

검역소에서는 외국여행자, 동물, 식물에 대한 검역 및 증명서를 발급하고 있습니다. 도착지 국가에 따라 검역증명서를 확인하는 경우가 있으므로 항공사에 확인하시기 바랍니다.

- 여행자검역 : 인천국제공항 정부합동청사 2층
- 동물검역 : 여객터미널 2층
- 식물검역 : 여객터미널 3층
- 구분 접종대상 및 주의사항
  - 황열 : 아프리카나 중남미 지역 여행자, 모기에 의해 발병되므로 모기에 유의하고 출국 10일전에 반드시 접종을 받아야 하며 유효기간은 10년
  - 콜레라 : 아프리카, 중남미, 동남아 지역 여행자중 선원, 음식물 섭취 등에 의해 발병되므로 음식물들 개인위생에 유의
- 여행자 검역 - 예방접종증명서
- 증명서 교부 : 국립인천공항검역소에서 예방 접종 후 교부, 삼성서울병원에서 예방접종을 받고 국립인천공항검역소에 증명서를 제출한 경우는 그 증명서 확인 후 교부
- 동물 검역 출국여객

17. 입국여객

1) 입국신고

외국에서 동물과 축산물을 가지고 들어오시는 분은 여행자 휴대품신고서에 기재하시고 입국자 세관검사장에 위치해 있는 국립수의과학검역원에 신고해야 합니다.

2) 식물 검역

(1) 출국여객

도착지 국가에 따라 반입금지 및 식물검역증명서를 요구하는 경우가 있으므로 사전에 항공사 및 식물검역소에서 확인하시기 바랍니다.

(2) 입국여객

① 휴대하여 반입하는 식물류에 막대한 피해를 줄 수 있는 병해충이 붙어 들어올 우려가 있으므로 반드시 신고하여 검역을 받으시기 바랍니다.

② 수입식물 검사신고

과일류, 채소루, 종자류, 묘목류 들을 휴대하신 분은 여행자휴대품신고서에 기재하시고, 입국자 세관신고대에 위치해 있는 식물검역소에 신고

③ 수입할 수 없는 식물류

식물에 해로운 해중이 부착될 수 있는 망고, 오렌지, 파파야, 양벚, 메론 등 대부분의 생과실 흙 또는 흙이 붙어있는 식물류

④ 수입금지 지역

- **망고, 오렌지, 파파야, 양벚, 메론 등 생과실** : 세계 전지역
- **사과나무, 포도나무 등 묘목류** : 대부분의 유럽지역
- **호도의 열매와 핵자** : 일부국가를 제외한 세계 전지역
- **흙 또는 흙부착 식물** : 세계 전지역

18. 예치/유치금 반환 및 면세품인도

예치 및 유치품이 있는 경우에는 출국 시 예치/유치품 창구에서 반환받을 수 있습니다. 국내 면세점에서 구입한 면제품은 출국 시 면세품인도장에서 인도받아 출국 한다.

19. 출입국카드 작성 예시

▌표 6-8 출입국카드 작성 예시

	항목	내용
1	ISSUED BY	발행 항공사 영문이름
2	ENDORSEMENTS/RESTRICTIONS	항공권 구입시 여러가지 제한사항 표시(NON-ENDS : 다른 사람에게 양도 할 수 없음, NO RSVN CHNG : 예약 변경 않됨)
3	NAME OF PASSENGER	여행자 영문 성명 여자 - MS(기혼/미혼) , MRS(기혼여성) , MISS(여자 유/소아) 남자 - MR(성인), MSTR(남자 유/소아) *여권의 영문 성함과 반드시 동일해야 합니다
4	CONJUNCTION TICKETS	항공권은 최대 네개의 일정까지 표시 가능하며 그 이상이 되는 여정일때, 첫 장과 이어지는 장수의 일련 번호를 나타냄
5	ORIGIN / DESTINATION	최초 출발지와 최종 목적지의 도시명 기재
6	AIRLINE DATA	예약번호(374-5809)
7	PLACE OF ISSUE	항공권 발권여행사(하나투어)
8	X/O	체류 가능여부표시 - X(머물 수 없는곳), O(머물수 있는곳) 승객이 여정 중에 특정 도시에의 체류 가능 여부를 나타낸다. 도시앞에 X 표시가 되어 있으면 해당 도시에 체류가 불가능함을 의미하며, O 표시나 아무런 표시가 없는 경우는 체류가 가능함을 나타냄
9	GOOD FOR PASSAGE FROM	출발 도시명
10	TO	도착 도시명 *OPEN 예약같은 경우는 티켓에 OPEN으로 씌여 있으며, 비항공 운송구간은 VOID라고 나타난다.
11	CARRIER	탑승하는 항공사명으로 영문 약자 2글자 CODE로 표시되어 있다(KE-대한항공, AZ-알이탈리아)
12	FLIGHT	탑승하는 항공편명
13	CLASS	좌석 등급을 표시
14	DATE	출발 날짜
15	TIME	출발 시각
16	STATUS	좌석예약상태(좌석이 확정된 경우 OK, 대기에 있으며 RQ, 유아같은 경우 좌석 비점유이기 때문에 NS로 표시된다)

	항목	내용
17	FARE BASIS	적용된 항공 요금의 종류
18	NOT VALID BEFORE	목적지에서 최소한 체류해야 하는 날짜 표시.(위 항공권을 보면 밀란에서 11월 28일까지는 체류해야하며 그 전에는 출발하지 못함)
19	NOT VALID AFTER	항공권 사용의 종료일 표시. 이 란에 적힌 날짜가 곧 항공권의 유효기간
20	ALLOW	무료 수하물 허용량
21	FARE	지불한 화폐단위와 항공요금
22	TAX/FEE/CHARGE	항공요금 외에 추가로 붙는 각종 세금 표시
23	TOTAL	항공요금과 세금의 합산액
24	FARE CALCULATION	요금이 어떻게 산출되었는지 알려주는 란
25	FORM OF PATMENT	요금 지불수단 표시로 현금일 경우(CASH), 신용카드(CC, 카드번호와 유효기간이 표시되어있다)
26	AIRLINE CODE	위 1번의 발행 항공사에 고유하게 부여된 세자리 숫자 코드(대한항공-180, 아시아나항공-988)
27	FORM AND SERIAL NUMBER	항공권 티켓번호(5177861412)
28	CK	항공권 체크 번호(항공권은 한매에 4번의 일정을 표시할 수 있으며 매 장수마다 다른 CHK 번호로 표시된다)
29	ORIGNAL ISSUE	항공권 분실, 유효기간 연장 등으로 인한 재발행시 원 항공권의 최초 발행된 항공권의 번호, 발행장소, 발행일자 등을 표시

Chapter 07

일반관리 II

제1절 사생활 관리

제2절 숙소 관리

제3절 병역관리

제4절 신인들 관리

제5절 녹음관련 기본 상식

제01절 사생활 관리

사생활이란 개인의 비밀보장 뿐 아니라 개인의 신체의 자유와 자유롭게 행동할 자유가 포함된다. 사람은 누구나 자기의 사생활을 관리하며 살아간다. 그러나 사생활관리를 무엇보다 중요하게 생각해야 하는 직업을 가진 실연자(연예인)나 매니저는 모든 행동과 상황을 신중하게 대처하고 각별히 신경 써야 할 부분이다.

* 어떤 상황에 어떻게 대처해야 하는지 몇 가지 예를 들어 나열하면*

첫째, 우선 연예인의 사생활 일거수일투족의 모든 부분을 매니저가 체크하고 알고 있어야 한다. 매니저가 항상 옆에 있어야 하지만(개인 사생활 제외) 그렇지 못할 경우에는 멤버가 누구를 만나는지 어디서 만나는지 무엇을 하는지 시간까지 알고 있어야 어디서 어떤 일이 있어도 신속하게 움직일 수 있다. 실연자(연예인)는 공인이기 때문에 행동의 제약을 받는다. 언제 어디서 무슨 일이 일어날지 모르기 때문에 항상 관심을 놓지 말아야 한다.

둘째, 어떤 사고가 있었을 때 그 일이 크게 부풀려지지 않도록 신속하게 대처하는 것도 중요하다. 무슨 사고가 일어났을 때는 사무실에 먼저 보고하고 언론이나 대중에게 최대한 노출이 되지 않게 하는 일도 매니저가 할 일이다.

셋째, 또 다른 공공장소에 갈 일이 있을 땐 그 장소에 대해 미리 파악하고 사고위험은 없는지 또 실연자(연예인)가 그 곳에 갔을 때 불편한 것이 없는지 미리 체크하고 음식점이나 다른 매장을 갈 때도 최대한 대중의 눈을 피해 움직여 소란을 일으키지 않는 일도 매니저가할 일이며 그 곳에 대한 예의이며 도리이다.

넷째, 실연자(가수)들의 숙소생활에 있어서 가장 신경 써야 할 부분은 팬들로 인해 주민들이 피해를 보는 일이 없도록 매니저는 항상 신경 써야 한다. 주로 나이가 어린 팬들은 아직 자제력이 부족하기 때문에 숙소 주변의 환경을 헤칠 수 있는 요인이기도 하다. 가수를 사랑하는 팬들의 마음을 충분히 이해해야 하지만 잘못된 점을 매니저로서 주의를 주고 설득해서 미연에 불미스러운 일을 방지해야 한다.

다섯째, 실연자(가수)들의 안전이 제일 중요하지만 팬들의 안전도 중요하다. 실연자(가수)들이 움직일 때 열성 팬들이 자동차로 몰려 소란을 피울 때 많다. 팬들은 순간적으로 위험하다고 느끼지 못하고 가수만 주시하기 때문에 안전에는 전혀 신경 쓰지 않을 때가 많다. 그럴 때 가장 조심해야 할 부분은 차바퀴에 팬의 발이 깔리지 않도록 조심해야하고 접촉사고가 없도록 해야 한다.

만약 접촉사고나 아무리 간단한 사고가 일어난다 하더라도 신속하게 병원으로 이동시켜 치료를 받게 하는 것이 최우선이고 멤버를 다른 곳으로(안전한 장소) 이동시킨 후 보고하여 재빨리 다른 매니저의 도움을 청해 스케줄에 늦지 않도록 조치를 취해야 한다.

만약에 작은 사고라 생각하여 그냥 무심결에 지나치면 후에 엄청나게 큰 문제로 될 수 있다(뺑소니). 이처럼 중요한 일이든 사소한 일이든 공인으로써 철저하게 자기 관리를 해야 하며 매니저는 항상 긴장을 늦춰서는 안 되고 항상 안전과 시간을 머릿속에 새기고 있어야 한다. 살아가면서 완벽하게 일에 대처 할 수는 없겠지만 사생활 관리는 연예인의 생명과 같이 중요한 일이기 때문에 정성을 다해서 사생활 관리를 해야만 한다.

제02절 숙소 관리

- 숙소에는 멤버, 담당 매니저, 코디, 부모님 외에 절대 출입을 삼가 한다.
- 출입시 물품 도난 및 물품 파손에 대한 모든 손해배상을 이행해야 한다.
- 숙소는 항상 청결상태를 유지하며 매월 몇째 주에 점검을 실시한다.
- 스케줄 외의 개인 사생활을 할 경우 매니저에게 보고한다.
- 익일 스케줄시에 멤버는 약속된 시간에 귀가를 하여야 한다. 단, 스케줄시는 제외한다.
- 멤버 및 매니저, 코디에게 언행적 폭행을 하면 않되며 서로간의 인간존중에 심혈을 기우리는 방법을 연구한다.
- 숙소에서는 항상 금주, 금연을 실시하며 공중 생활에 해가되는 일이 없도록 한다.
- 세탁물은 항상 지정된 장소에 넣고 식사 후 반찬 및 식기는 항상 원상복귀를 원칙으로 한다.
- 자신의 선물 외에는 절대 개봉을 금하며 필요시(위험물이 예상될 경우) 매니저가 개봉을 한다.
- 숙소 반경 1km내 멤버와 관련된(어머니, 코디, 숙소관리여직원)여성의 접근을 금하며 접근 발각 시 개인스케줄을 독단적으로 하지 못하게 실시한다.

제03절 병역관리

1. 해외이주자 병역관리법령

국외이주자(영주권자 & 이중국적자)로서 공연, 방송, 영화출연, CF촬영 및 경기 참가 등의 영리 활동을 하고 있는 연예인, 예술가, 체육선수 등은 국내체재 기간이 연간 합산하여 60일을 초과할 경우 병역의무가 부과된다.

실연자(연예인), 예술가, 체육선수 등이 공연, 방송, 영화출연, CF촬영 및 경기 참가 등의 활동으로 수입이 있으며 국내 체류 기간이 연간 합산하여 60일 이상인 사람 국외 이주자로서 영리활동을 하고 있는 것으로 확인된 연예인에 대해서는 60일이 경과한 이후 국내 체류 기간을 최종 확인하여 축국금지와 동시에 국외이주 사유 병역 면제 또는 연기 처분을 취소하고 병역 의무를 부과하게 된다.

또한 계속적인 고용관계는 아니더라도 국내에서 아르바이트, 영어강사 등 임시 고용관계에 의하여 일정 수입이 있는 경우 국내에서 60일 이상 체류하고 있는 사람도 해당 수익의 규모와 관계없이 최종 입국한 날로부터 1년 이내 60일 이상 체류하면 신체검사 통지서를 발부 받게 된다.

2. 해외이주자 출, 귀국 사항관리에 대한 법령

지방병무청장은 국외이주 또는 국외영주권 취득 사유 등으로 병역면제 또는 병역 연기된 병역 의무자에 대하여는 국외 이주자 명부를 작성하여 병역의무가 종료되는 37세 까지 관리하면서 출, 귀국 사항 등 신상변동사항을 정리 유지하여야 한다. -> 국외이주자의 병역의무부과 연령은 만 37세까지.

지방병무청장은 법무부 출입국사무소의 전산자료를 수시로 확인하여 국외 이주

사유 병역 처분자 중 출국기간 내에 출국하지 아니한 사람과 출국 후 귀국하여 1년 이내에 재 출국하지 아니한 사람, 취업 등 영리활동을 한 것으로 추정될 때에는 법무부 출국신고카드 등을 조회하여 국내 거주지를 파악하는 한편 시, 군, 구와 협조하여 실태조사를 실시하여야 한다. 영리활동을 하지 않는 경우, 국내에 머물 수 있는 최대 기간은 1년이다. 또한, 출국 후 6개월 내에 국내에 다시 입국할 경우에는 이 기간이 국내체류기간으로 산정된다.

국외이주사유 등으로 인한 병역처분자의 관리 및 의무부과는 국외 이주사유로 당해 병역처분을 한 지방병무청장이 한다. 다만, 현역병 또는 공익근무요원으로서 병역처분변경 또는 소집 해제된 사람에 대한 관리는 거주지 지방병무청장이 행한다. 국외이주사유로 인한 병역처분 및 연기자관리 현황은 매분기말 기준 다음달 10일까지 보고 하여야 한다.

3. 외국의 학교에 재학중인자의 해외거주기간 연장 허가에 관한 법

국외유학자의 국외여행기간 연장은 학교 별 제한연령(2년제 대학 : 23세, 4년제대학 : 25세, 대학원 : 27세)내에서 졸업 여부와 관계없이 제한연령까지는 허가하며 허가기간은 27세를 초과할 수 없도록 되어 있으며 박사과정에 입학하거나 재학하고 있는 경우 28세까지 연장허가 하고 있다.

국외여행 기간연장 허가를 받기 위해서는 재학증명서를 학교에서 발부 받아 재외 공간에 국외 여행기간 연장허가신청서를 출원하면 재외공관에서는 재학사실 등을 확인하여 외교통상부를 거쳐 지방병무청(지방병무사사무소)에 접수되고, 지방병무청(지방병무사사무소)에서는 연장목적의 타당성 여부를 검토하여 허가여부를 결정하게 되며, 허가자에 대하여는 즉시 관할 재외공관장에게 통보하여 여권유효 기간연장 등 필요한 조치를 하도록 하고 있다.

4. 우수 문화예술인의 국외여행 추천

병역미필 우수 문화예술인 및 체육인의 해외활동을 보장하기 위하여 문화부장관이 1년 기간의 국외여행허가 및 복수 여권발급 대상자로 추천한 문화예술인 및 국가대표 체육선수에 대하여는 병역사항 등을 확인하여 1년 이내 징병 소집대상자인 경우는 현재와 같이 해외공연 기간만 단기여행허가하고 1년 이내 징병 소집대상자가 아닌 경우는 국외여행허가 신청서, 귀국보증서(1년간 계속 보증의사 확인) 기타 국외여행허가 첨부서류를 확인하여 1년 기한의 국외여행을 허가하고 있다.

1) 문화관광부 추천 기준

① 예술체육 분야 공익근무요원 추천대상 대회로서 국내콩쿠르 3위 이상 또는 해외콩쿠르 입상자.

② 음반 2집 이상 발매한 음악인 또는 음반 1집으로 50만매 이상 발매한 경우 (단, 한국음반협회의 확인서 첨부)

③ 외화획득이 증명된 계약서에 의한 해외 문화 활동을 1년에 2회 이상 추진하는 경우.

④ 외국정부 또는 공인된 문화예술 관련 국제기구의 초청을 받은 경우.

5. 국내 일반 대학 입학자의 입영연기 한도

고등학교 이상의 학교에 재학하는 학생은 학교 별 제한연령(전문대 22세, 대학원 26세, 고교는 연령 제한 없음)까지 자동적으로 입영이 연기됩니다. 19세 때 징병검사를 받고 20세 되는 해에 대학에 입학한 사람은 24세가 되는 해에 졸업하게 되므로 졸업 시까지 입영 연기 대상이 되며, 연기처리는 각급 학교로부터 매년 3월말일 까지 송부 받은 학적보유자 명부에 의거 지방병무청(사무소)에서 직권으로 처리하고 있다.

만약 재학생 입영연기 처리 이전에 입영(소집)통지서를 받은 경우에는 입영일 전까지 재학 증명서 또는 입학금 납입영수증 사본을 입영통지서를 발급한 지방병무청(사무소)에 제출하면, 일단 입영통지를 취소한 후 입영연기 처분하고 학적보유자 명부 접수 시 입학여부를 재확인 처리합니다.

6. 산업기능 요원제도

본인의 자율적 의사에 따른 병역대체복무형태로서 현역병입영대상자는 3년 간 해당기술직무 분야. 공익근무요원소집대상자는 28개월간 제조, 생산 분야에서 종사하면 공익근무소집을 마치는 것으로 보는 제도

1) 현역병 입영대상자 또는 공익근무요원 소집대상자인 보충역중

① 대학졸업자/대학원 중퇴자 : 기사, 해기사 면허(소형선박 조종사 제외)

② 2년제 대학졸업자(대학 3~4년 중퇴 및 휴학자 포함) : 기사, 산업기사, 기능사, 면허 공익근무요원 소집대상자는 기술자격, 면허 제한 없음.
병역 특례 편입이 잘 되는 자격증(각 분야별 기사/ 산업기사/ 기능사 포함)

- **전기분야** : 전기기사, 전기공사기사
- **전자분야** : 전자기사

- **정보통신분야** : 정보처리기사, 전자계산 조직응용기사, 유무선 설비기사, 정보통신기사,
- **기계분야** : 선반기능사, 밀링기능사, 수치제어선반/밀링기능사, 연삭기능사, 가공기능사, 기계조립기능사, 기계제도기능사, 전산응용기계제도기능사, 일반기계기사, 공조냉동기계기사, 전기용접기능사
- **건축, 토목분야** : 건축기사 및 토목기사
- **환경안전분야** : 폐기물 기사, 대기환경기사, 수질환경기사, 위험물취급기능사, 품질관리기사, 보일러취급기능사
- **기타** : 화학분석기능사, 금속기사, 주조기능사, 나염기능사, 침염기능사 등
- **편입이 불가능한 자격증** : 컴퓨터그래픽운용, 워드프로세서, 사무자동화, 전자상거래, 국가 자격증이 아닌 민간 자격증

③ 출원기일 : 입영기일 5일전까지

④ 구비서류

- 이력서 및 자기소개서(자필 또는 전산 출력)
- 자격증 사본 및 주민등록등본
- 성적증명서 및 졸업증명서
- 경력증명서 및 재직증명서
- 학위증명서, 학원 및 기타 전문교육기관 과정 수료증
- 포트폴리오 및 프로그램 소스(전산분야일 경우에 한함)

⑤ 출원기관 : 지정업체의 장을 거쳐 업체 관할 지방병무(지)청에 제출

⑥ 종사할 해당 분야 : 산업기능요원 편입 당시의 기술 분야(보충역은 제조생산 분야)

⑦ 의무 종사기간 : 현역/2년, 공익근무요원/28개월
편입하는 해 또는 그 다음 해에 4주간의 교육소집 실시(의무종사기간에 포함)

7. 질병 또는 심신장애자 병역면제

현역병 또는 보충역으로 판정을 받은 사람이 질병, 심신 장애로 인하여 당해 병역을 감당할 수 없는 사람은 재 신체검사를 거쳐 그 결과에 따라 병역처분을 변경하고 있다.

재 신체검사를 받고자 하는 사람은 병무청지정병원에서 3개월 이내에 발행한 병사용 진단서를 첨부하여 병역처분 변경원서를 지방병무청(사무소) 또는 시, 군, 구청(병무계)에 출원해야 한다.

다만, 같은 병명으로 6개월 이내에 2회 이상 제출한 사람은 제한하고 있다. 1개월 이상 입원치료 또는 같은 병명으로 6개월 이상 통원치료 경력이 있을 경우에는 해당의료 시설에서 발행한 병사용 진단서 첨부. 재 신체검사결과 신체등위 5급은 제2 국민역, 6급은 병역면제 처분을 받는다.

제04절 신인들 관리

1. 비디오 촬영 및 모니터

멤버들을 항상 주시하며 촬영을 한다. 특히 프로필 촬영과 모의 방송을 했을 시에 멤버들이 나중에 모니터를 하여 자기의 장, 단점을 알 수 있게 한다.

또한 모니터 후에는 각자의 느낀 점을 적어서 제출한다면 보다 더 좋은 효과가 있으며 향후 연예활동 큰 영향을 얻을 수 있다.

2. 모의 방송(TV, 라디오)

모의 방송을 실시한다면 데뷔를 했을 때 더욱 더 방송을 잘할 수 있게 할 수 있는 효과가 있으며 모의 방송으로는 비디오 모의 방송이 있고, 라디오 모의 방송이 있다. 비디오 모의 방송은 TV처럼 토크쇼 등과 같이 이야기를 하면서 진행하는 동안 6mm 카메라로 촬영한다. 라디오 모의 방송은 라디오 프로그램처럼 현장에서 사용되는 대본으로 직접 라디오 스튜디오처럼 실시한다. 이때 녹음을 하여 모의 방송 후 모니터를 실시한다.

이렇게 모의방송을 하면 데뷔를 했을 때 보다 자신감과 용기를 가지고 할 수 있고 이때 주의해야 할 점은 생방송처럼 진지하고 자신감 있게 해야 한다. 매주 못할 시에는 격주로 시행을 하여 멤버들이 느낌과 자신감을 잃지 않게 한다.

3. 프로필(사진, 비디오) 촬영

데뷔하기 전에 자기의 어떠한 모습이 더욱 멋있고 예쁘게 나오는지에 대해서 멤버 본인들도 모른다. 하지만 사진촬영과 비디오촬영을 통하여 멤버 본인의 모습을 알 수 있다. 사진촬영을 할 시 코디네이터를 섭외하여 메이크업과 의상 및 헤어를 함께 연출한다면 더욱 좋을 것이다. 그래서 나중에 방송 때 본인 모습을 확실히 숙지하여 보다 좋은 방송을 할 수 있다. 사진 컷이 나오면 멤버들에게 모니터를 하고 장, 단점을 이야기한다.

비디오촬영은 사전촬영 중에 촬영을 하면 좋을 것이다. 메이크업과 헤어 및 의상의 준비상태가 되어 있기 때문에 이미지 컷과 송(SONG)컷을 촬영한다면 나중에 작곡가 및 외부에 PR을 할 때 따로 촬영을 안 해도 되며 좋은 효과가 있을 것이다(이미지 컷은 베스트로 결정하며 모든 사진 프로필 컷은 베스트를 우선으로 사용한다.). 이때 송(SONG)컷을 촬영한다면 MR을 준비하고 만약 없을 시에는 사전에 작업을 하여(예 : 피아노 등) 촬영을 한다. 이때 AR CD 및 TAPE는 사용을 금한다.

4. 음반녹음 및 데모곡(가이드)

신인그룹에게는 가장 중요한 부분이다. 신인들은 아직 어리기 때문에 데모곡(가이드)의 중요성을 잘 모른다. 그래서 분실 염려가 가장 중요하다. 멤버들에게 정확히 숙지하여 분실하지 않도록 하여야 한다. 음반녹음으로 인하여 녹음실에 갔을 때 멤버들이 가장 부담을 느낀다. 본인이 부른 노래가 녹음이 되어 나간다는 것을 알기 때문이다. 그러나 담당자가 이럴 때 멤버들이 최소한 부담을 덜어주고 용기를 줘야 할 것이다. 그리고 녹음실에서는 잡담을 하지 말고 노래연습에만 전념할 수 있도록 하게하며 작곡가나 기사를 만났을 때 인사를 제대로 할 수 있게 해야 한다.

신곡을 A&R 팀에게 받으면 곧바로 멤버들에게 전달해주며 가사지도 함께 전달한다. 이때 A&R 팀과 스케줄을 맞추어서 녹음 일정 및 작곡가가 노래 레슨도 해야 한다. 멤버들은 신인이기 때문에 데모만 듣고는 노래의 장단점과 분위기 및 테크닉을 모른다. 이때 담당자는 A&R 팀과 회의 후 작곡가와 스케줄을 맞춰 녹음 전에2~3번 정도 레슨을 받게 하는 것도 좋을 것이며 녹음실에 이동 중에는 잠을 자서는 안되며 전날 감기 등 컨디션이 안 좋을 시에는 약을 미리 챙겨 복용할 수 있게 한다.

멤버들이 녹음실에서는 조용히 연습을 할 수 있도록 공간을 만들어 주고 잡담 및다른 일을 되도록 하지 않도록 주의시킨다. 또한 녹음이 확정되면 담당자는 곧바로 녹음이 들어가 수 있도록 당일 날에 더 신경을 써야 한다(예 : 목을 사전에 풀고 다듬어서 녹음준비완료). 녹음 완료 후 모니터 CD 및 MD를 A&R 팀에게 전달하며 회사에 보고가 있을시 같이 참석하여 멤버들의 상황과 상태 등을 보고하고 지시를 받는다면 보다 빨리 시행하여 좋은 결과가 있을 것이다.

5. 호칭문제, 충고, 격언

멤버들을 호칭할 때 "야!", "너!" 등과 같은 말은 삼가고 이름을 불러야 한다. 그리고 충고나 조언을 할 때는 최대한 부드럽고 오해를 하지 않도록 해야 한다. 아무리 듣기 좋은 말이라도 충고나 조언을 할 때는 신경이 예민하기 때문에 멤버에게 좌절감이나 의욕 상실을 하지 않게 하는 것도 좋다.

또 멤버들이 실수를 하거나 잘못을 했을 때는 그때마다 이야기를 해주되 다시 한번 생각하여 이야기를 할 수 있게 해야 하며 만약 언어와 행동에서 크게 잘못을 했다면 임원 회의를 하여 반성할 수 있는 기회를 주는 것도 효과가 있다. 멤버가 실수를 하여 담당자가 바로 화를 낸다면 멤버들은 다음부터 계속적으로 실수를 할 수 있다는 것을 알아야 한다. 그래서 멤버들 앞에서는 흥분하거나 화를 되도록 내지 않아야 한다.

6. 학교문제

멤버들은 데뷔전에 중, 고등학생일 경우가 많을 것이다. 녹음이 있을 시에는 공문을 만들어서 학교 측에서 협조를 할 수 있게 한다. 미리 담임선생님을 찾아가 인사를 하는 것이 효과적이며 조퇴 및 결석이 있을 때마다 공문을 만들어서 제출하며 자주 담임선생님과 통화를 하여 친분을 쌓아놓는다(선생님을 만날 때는 예의를 갖출 것). 만약 담임선생님과도 협의가 안 될 시에는 교장선생님을 만난다. 그리고 시험 기간이나 학교행사 기간에 스케줄이 있을 시에는 되도록 빠지지 않도록 하며 빠질 시 에는 사전에 협조를 받는다.

7. 레슨 중 녹음하기

멤버들은 신인이기 때문에 레슨을 받을 때 매우 긴장된 상태이다. 이럴 때 녹음을 한다면 효과가 두 배 이상을 낼 수 있다. 레슨 중에 무엇을 배웠는지 조차 모르는 경우가 있는데 이럴 때를 대비하여 녹음을 하고 나중에 다른 후배 신인이 있을 시에 들려준다면 더욱 더 좋을 것이다. 또한 레슨강사의 쓸데없는 언행을 사전에 방지 할 수 있으며 되도록 레슨 중에 담당자가 레슨에 참여하여 청중 하는 것도 좋은 방법이다.

8. 멤버들 우대 및 존중

멤버들이 대외적으로 활동(녹음 및 프로필 사진 촬영 등)이 많아지므로 멤버들을 더욱 더 우대를 하여 작곡가 및 사진작가 등에게도 존중을 받을 수 있게 한다. 호칭이나 행동들이 멤버들을 무시할 수 있기 때문에 이점에 있어서는 담당자가 적절하게 멤버들에게 언행을 하여 본보기가 되어야 한다.

9. 숙소(집)문제

데뷔전에 꼭 숙소(집)를 결정해서 회사 임원에게 보고한다. 숙소를 결정할 때는 6mm로 촬영 후 회사 임원에게 보고 한다. 방송활동을 할 때는 멤버들이 함께 살기 때문에 꼭 필요하다.

10. PICK UP 문제

멤버들은 이미 데뷔 초읽기에 들어섰기 때문에 모든 스케줄이 끝났을 시에는 집으로 픽업을 한다. 이때 멤버용 차량이 없을 시에는 회사에서 지원할 수 있게 방안을 마련하며 차량이 있을 때까지는 택시 및 대중교통을 이용하여 집에 갈 수 있게 한다.

만약 녹음 시 늦게 귀가 때는 담당자가 직접 집까지 데려다 주어야 한다(만약 택시로 귀가를 할 시 차령번호를 적어두며 출발한 시간을 체크 후 시간오버가 되면 집 또는 핸드폰으로 전화를 걸어 도착여부를 확인한다.).

11. 멤버들과 연락

멤버들이 회사로 이동하거나 집에 도착했을 시에는 담당자에게 연락을 취하여 위치 파악을 할 수 있어야 한다. 불의의 사고를 줄일 수 있도록 항상 신경을 써야 한다. 특히 집에 도착을 했을 때를 주의하게 한다(스케줄이 끝났을 때는 야간 이므로).

12. 담당자에게 핸드폰 및 호출기를 맡긴다.

스케줄 중에 멤버들이 전화 통화를 자제 시켜야 한다. 주의 산만을 가져오며 이성친구와의 통화유무를 숙지해야 할 것이다. 스케줄 중 부모님으로부터 전화가 올 경우 담당자에게 전화를 할 수 있도록 해야 하며 쓸데없는 통화는 못하도록 한다. 그리고 담당자와 같이 있을 때는 전화기 전원을 끄거나 담당자에게 맡긴다.

13. 지출 결의서 작성요령

멤버들이 레슨을 할 경우 월초, 말 결제를 해야 한다. 멤버들이 레슨이 필요할 경우에는 강사명단을 회사에 보고하여 실행할 수 있게 해야 하며 아울러 강사와 레슨료도 결정한다. 그리고 레슨을 항상 체크하여 레슨료를 지불하며 사전에 스케줄이 있을 시에는 미리 연락을 한다.

멤버들의 지출일 경우에는 그룹명을 사용하여 회사의 관리회계부에서 직접 결제를 맡는다. 지출이 많을 경우 법인카드를 신청한다(멤버들에게 절약하면서 지출하는 행동을 보여준다면 좋은 교육이 될 것이다).

14. 담당자의 역할

세심하고 섬세하게 하여 오해가 생기지 않게 해야 하며 멤버용 연구수첩을 만들어 언행에 있어서 분석하여 연구하는 것도 담당자의 역할이라 할 수 있다. 멤버들은 회사에 들어왔을 때부터(회사 = 방송국)이라는 이미지를 심어주어 직원 및 동료 신인들과 인사를 올바르게 하도록 지도한다. 신인 때의 이미지와 습관들이 앞으로 데뷔 했을 때를 좌우 할 수 있다. 그러므로 지적사항들을 다음에도 지켜지지 않는다면 꾸중을 할 수 있다. 지금까지의 단점, 습관들을 단시일 만에 장점으로 바꿀 수는 없지만 계속적인 관심과 호응을 한다면 점차 나아질 것이다.

여자 그룹과 남자 그룹은 차이가 있다. 여자와 남자가 차이가 있듯 남자경우에는 농담과 스킨십이 가능할 수 있지만 여자일 경우에는 농담과 스킨십을 할 수 없다. 또한 여자 그룹일 경우 상식에서 조금만 벗어난 언행을 할 경우 거부반응을 곧바로 일으킨다. 그리고 쉽게 상처와 오해를 받을 수 있으므로 언행을 잘해야 한다.

항상 노래 연습과 댄스 연습이 우선이 아닌 예의 있는 사람이 되라는 것을 인식시켜주며 올바르게 언행을 할 수 있게 계속적으로 도와주어야 할 것이다. 모든 행동은 방송에 나타나며 연습 때는 실전처럼 실전에서는 연습처럼 부담을 가지지 않게 항상 말을 해준다.

멤버가 모르는 것을 물어봤을 때 모르면 모른다고 말하고, 알면 잘 가르쳐줘야 한다. 그러면 멤버들이 담당자를 무시하지 않고 잘 따를 수 있다.

담당자는 멤버들에게 끌려가지 않도록 항상 공부하며 노력해야 한다. 자칫 잘못하면 녹음실에 데려다 주는 심부름꾼으로 생각을 할 수 있으므로 음악적 지식과 방송용어 전문지식 등을 항상 꾸준히 공부해야 한다.

항상 꾸준한 피드백을 통해 잘못된 점을 고쳐나가는 담당자가 된다면 언젠가는 업그레이드된 매니저가 될 수 있다고 자신감을 갖는다.

매일 또는 매주 회사의 임원에게 스케줄 및 다른 여러 사항들을 보고한다(예 : 전화 및 상담).

제05절 녹음관련 기본 상식

1. 녹음이란

녹음은 실제 존재하는 소리를 일정한 파형(아날로그) 또는 숫자로(디지털) 변환하여 정해진 매체(테이프)에 담아두는 과정을 말한다. 다시 말해 음원의 채집이다. 음악에 있어서의 녹음은 아티스트의 연주(노래)뿐만 아니라 표현하고자 하는 정서와 감정을 담는 과정으로 단순한 녹음기기의 작동뿐만 아니라 녹음 과정 하나하나가 음악을 만들어 내는 중요한 과정으로 음악을 하는 아티스트뿐만 아니라 가수의 매니저도 그 일련의 과정을 이해하고 모든 과정들을 주시해야 좋은 작품을 만들어 낼 수 있다. 참고로 앞으로 설명할 녹음과정에 관한 내용들은 아주 기본적인 사항이며 매니저들이 알면 도움이 될만한 기초적인 것만 간단히 적도록 하겠다.

2. 녹음기기

1) 마이크로 폰

마이크는 녹음 시 소리가 제일 처음 거치는 장비이며 용도에 따라서 그 종류와 기능이 다양하며 몇 만 원선의 다이나믹 마이크(노래방 마이크)에서부터 수백 만원이 넘는 녹음실용 콘덴서 마이크에 이르기까지 그 종류가 다양하다. 참고로 손에 드는 핸드마이크로는 SHURE와 AKG가 많이 사용되며 녹음실 부스 안의 보컬용 마이크로는 고가의 NEUMAN사의 제품이 많이 쓰여진다.

2) 녹음기

녹음을 하기 위해서는 음악을 담을 매체가 필요하다. 최근에는 하드디스크 녹음기가 많이 보급되고 있으며 테잎을 사용하지 않는 편리함 때문에 인기가 많아지고 있지만 용량 문제와 안전한 저장을 위해서는 아직 하드디스크보다는 디지털멀티테잎 레코더가 많이 쓰인다(STUDER, ADAT, DA88 등).

녹음기하면 우선 흔히 사용되는 스테레오 카세트 녹음기를 예를 들 수 있다. 여기서 스테레오라는 말은 테잎을 들을 때 소리가 왼쪽과 오른쪽에서 동시에 공간감을 갖고 들린다는 뜻인데 쉽게 말해서 채널이 두 개라고 할 수도 있다. 녹음실에서 사용되는 멀티채널 레코더는 기본 8채널에서부터 24,48,64 채널에 이르기까지(물론 그 이상도 있다) 다양하며 보통 48채널 디지털 릴 테잎(동그란 판처럼 생긴) 레코더가 가장 많이 사용된다.

ADAT 또는 DA88이란 이름도 알아 두어야 한다. 디지털 멀티 테잎 레코더의 종류로 현재 활동 중인 작곡가들이 가장 많이 사용하며 요즘에는 컴퓨터를 이용한 하드디스크 레코더도 많이 쓰여 진다.

위에서 언급한 녹음기들은 모두 녹음실에서 그 주변 장비가 있을 때 사용 가능한 다채널 녹음 상식의 장비들이며 일반적인 스테레오 녹음기에는 카세트 녹음기, DAT, MD, CDR 등이 있으며 이 스테레오 녹음기들도 역시 녹음실에서 MIX DOWN 후에 MASTER 용으로 사용된다.

3) 컴프레서, 이퀄라이저, 이펙트

(1) 컴프레서

마이크로 들어오는 소리가 너무 크면 굉장히 시끄러운 잡음이 생긴다(노래방에서 마이크에 너무 크게 소리 지를 때). 어느 정도 미리 설정된 음악 이상이 마이크로 들어오면 그 소리를 일정하게 낮추어 주는 장치로 흔히 "컴프"라고 부른다. TV에서 축구 중계할 때 아나운서가 아무리 크게 "골인"을 외쳐도 시청자들은 아나운서의 목소리가 그렇게 크게 들리지 않는다. 1차적으로 녹음 과정에서 사용된다.

(2) 이퀄라이저

음색을 보정해주는 창치로 이미 녹음된 소리를 듣기 좋게 또는 녹음과정에서 손상된 음색을 교정해 준다. 쉽게 가정용 오디오에 달린 그래픽 이퀄라이저를 생각하면 된다. 이퀄라이저를 사용하는 것을 "이큐잉" 한다고 한다. MIX DOWN 과정에서 중요한 역할을 한다.

(3) 이펙터

보통 "에코"라고 알려진 장비로 녹음된 원음에 기계적인 효과를 주는 장비로 대표적으로 보컬 MIX DOWN 시 사용되는 리버브레이터(리버브)가 있다. 그 외의 수많은 종류의 변조기들이 있으으며 최근 FLY TO THE SKY의 곡 FLY TO THE SKY 보컬 MIXING에 사용된 보코더란 장비도 이펙터로서 많이 사용된다.

4) 모니터 스피커

모니터 스피커는 녹음의 전 과정에서 한번도 빠짐없이 사용되는 장비로 일반오디오에 사용되는 스피커보다 소리의 꾸밈이 없으며 녹음 후 재생되는 소리를 그대로 들려주어 녹음된 상태 및 녹음 시 연주되고 있는 상태를 정확히 판단 할 수 있게 해준다. YAMAHA의 NS10M은 가장 널리 사용되는 모니터 스피커이며 그 외에도 TANNOY GENELEC 등도 많이 볼 수 있다.

3. 녹음 과정

1) RECORDING

대중음악 작업에 있어서의 녹음의 첫 단계는 MR 녹음이다. 작곡가가 자신이 준비한 음악의 여러 소리들을 녹음실로 가져와서 멀티 레코더에 담는 과정이다. 보통 컴퓨터와 신디사이저를 갖고 오는 경우가 많으며 실제 사람의 연주는 MR 녹음 후에 이루어진다.

곡의 길이와 종류에 따라 다르지만 보통 녹음실의 시간 단위로 한 프로에 2곡 정도의 MR을 멀티 트랙 녹음기에 담을 수 있다(1PRO : 3시간30분). "레코딩 한다." 또는 "MR을 쏜다."라고 하며 이 작업이 끝나면 엔지니어가 반주 음악을(MR)을 MIX 하여 2트랙(스테레오)으로 만들어 계속 될 연주 및 보컬 녹음 시 일일이 수많은 채널의 소리들을 다시 조정하여 모니터 할 필요 없이 만들어 놓는다. 쉽게 말해서 MR을 녹음한 여러 채널들은 MIX DOWN 할 때까지 작업하지 않으며 우선 두 채널에 몰아 놓는 것이다.

MR 녹음이 끝나면 작곡가가 노래 부를 가수가 연습할 수 있도록 직접 시범으로 노래를 녹음하는데 GUIDE 녹음라고 하며 가수는 그전에 받은 데모 테잎보다 더욱 정확히 곡을 듣고 이해할 수 있게 된다. 가이드 녹음 다음으로 각 악기의 실제 연주 및 코러스 녹음이 들어가며 이 모든 과정이 끝나면 마지막으로 가수가 노래 녹음을 하는데 "ODER 한다."고 하며 이때는 음악의 디렉터가(보통 작곡가) 노래 교정을 해가며 녹음을 한다.

위의 모든 과정들은 모두 멀티 트랙 녹음기의 각 한 채널마다 들어가며 녹음과정 후에 상황에 따라 추가 녹음을 하기도 한다.

2) MIXING

지금까지 녹음한 각 노래의 수많은 채널들을 일반인들이 스테레오로 들을 수 있도록 2채널로 정리하는 과정을 MIX DOWN 이라고 한다. "MIXING 한다."고 하며 뒤에 DOWN 이란 단어가 붙는 이유는 수십 개의 트랙에 담긴 소리들을 2채널로 줄인다는 의미에서이다(스테레오L/R).

MIXING에서 많은 악기 소리와 가수의 목소리를 듣기 좋게 BALANCE를 맞추고 음색조정 및 이펙터 처리도 이 과정에서 이루어진다.

참고로 멀티 트랙에 담기는 모든 소리는 신디사이저 소리와 몇몇 전자안기를 제외하고 모두 원음이 녹음된다. 특히 노래 녹음 시에 들리는 에코가 녹음되는 것으로 생각되어 지는 경우가 많은데 가수의 목소리는 모두 이펙터가 없인 생톤이 녹음이 되며 단지 스튜디오에서 들을 때만 이펙터를 걸고 모니터 하는 것으로 최종적인 음반에 담기는 목소리는 MIXING 과정에서 만들어진다.

MIXING의 이해를 돕기 위해 예를 들어 설명하면은 여러 대의 카세트 녹음기가 있다고 가정하고 각각의 카세트 녹음기에 한 대에는 드럼, 또 한 대에는 베이스를, 다른 한 대에는 목소리 등의 소리를 녹음하여 방안에서 동시에 여러대의 녹음 된 카세트를 틀었을 때 결국 하나의 완성된 곡을 들을 수 있을 것이며 각각의 카세트의 볼륨 조절로 듣기 적절하게 맞추는 작업을 하게 된다. 이때 각각의 카세트 녹음기가 실제 녹음 과정에서 채널9트랙에 비유 할 수 있을 것이다. MIXING은 간단히 말해서 소리를 섞는 과정이며 단, 모든 악기와 목소리가 조화를 이룰 수 있도록 조정하는 과정이다.

3) MASTERING

mastering은 mixing 다음에 이루어지는 단계로 원래 명칭은 pre-mastering이며 CD를 만들어 내는 공장에서 하는 작업을 원래 mastering이라고 한다. 요즘은 흔히 pre-mastering 이라고 하며 mastering 전용 스튜디오에서 작업이 이루어진다.

mastering 은 mix가 완료 된 모든 곡들을 음반의 프로듀서가 원하는 곡의 순서대로 배열한 후 모든 곡들의 레벨(소리의 크기)을 갈게 만들고 전체 곡들의 "이큐잉" 작업을 하여 곡의 마무리 손질을 한다. mastering 작업은 쉽게 예를 들어 세차하는 것이 mixing 이라면 mastering은 세차 후에 하는 광택 내는 일로 생각하면 된다.

mastering작업 역시 전체적인 SOUND에 중요한 영향을 미치며 잘 된 mixing이라도 뒤에 이어지는 mastering 작업이 제대로 되지 않으면 그 효과를 볼 수 없다. 한국의 가요 음반과 외국 음반의 sound가 다른 이유는 mastering 때문이라는 의견이 많다.

4. 음악 산업의 10가지 구성요소[1)]

1) 밴드(The band)

대중음악의 정상을 갈망하는 그룹 이어야한다.

2) 매니저(The manager)

사업과 재정을 돌본다.

3) 가수 및 음악 담당 부서(The A&R department)

음반 계약을 체결한다.

4) 기획(Publishing)

가능성 있는 히트곡의 작사, 작곡가들을 찾는데 시간을 보낸다.

5) 스튜디오(The studio)

곡의 전체적인 음향을 담당하며 음악가들의 연주에 자신들의 아이디어 적용

6) 생산(Production), 포장(Packing), 판매(Sales)

7) 판촉(Promotion)

음반이 발매될 때 방송을 타는 것이 우선이다.

1) 더글러스 켈너-미디어의 문화 56p.

8) 언론홍보(Press)

연예인들이 하고 있는 모든 일을 알리기 위해 언론사에 보낸다.

9) 공연

순회공연(Touring)은 공연매니저, 음향담당, 엔지니어를 대동한다.

10) 홍보

DJ들과 기자들(DJs & journalists) 음반을 잠재적인 구매자들에게 홍보하는 본질적인 역할을 담당한다.

5. 녹음실과 방송국에서 자주 사용되는 용어(속어)들(무순으로 정리)

1) 방송에서

(1) AR

ALL(TRACK) RECORDED에서 파생 된 것으로 추정되는 속어, 완성된 원곡을 뜻하며 공연장에서 가수가 립싱크를 할 경우 "AR을 사용한다."고 하며 활동 중, 발매된 음반에서 타이틀곡과 후속곡 등을 따로CD에 담아 매니저가 공개방송 또는 행사 때에 갖고 다닌다.

(2) MR

속어(INSTRUMENTAL) MUSIC RECORDED에서 파생된 것으로 추정, 반수 음악으로 립싱크가 아닌 라이브 공연 시 사용된다.

(3) TV MR

말 그대로 TV에서 사용되는 MR로 보컬의 고음 부분과 TV 라이브 공연 시 생길 수 있는 곡의 어려운 부분들의 목소리를 작게 녹음하여 가수의 부담을 덜어 주기 위한 것이다. "TV MR로 부른다."고 하며 TV MR 은 녹음실에서의 별도 작업이 필요하다.

(4) 큐 시트

QUE SHEET. 가수들의 출연 순서와 부를 곡목, 방송 시간, 조명, AR/MR 여부, 특수 효과 등이 명시된 페이퍼

(5) 핸드마이크 : 손에 드는 마이크

(6) 헤드 셋 / WIRELESS : 머리에 착용하는 마이크

(7) 가라 마이크

속어이며 AR 사용 시 가수가 사용할 마이크. 방송국 음향 팀이 사용하는 말.

(8) 오픈마이크

속어이며 AR을 사용하지만 중간 중간 랩이나 에드립 또는 멘트를 가수가 직접 하길 원할 때 "오픈마이크로 간다."고 한다.

(9) 드라이(리허설)

음악 리허설. 방송 전 음악 모니터를 위한 리허설

(10) 카메라(리허설)

실제 방송과 똑같이 하는 리허설

2) 녹음실에서

(1) 한 따불

판 한 장을 가리키는 속어

(2) 반 따불

음반의 절반을 가리키는 속어로 작곡가나 엔지니어들이 주로 사용하는 속어.

(3) 싸비

곡의 후렴구를 가리키며 이 속어의 근원은 알 수 없음

(4) 오부리

현악기 세션

(5) 한 프로

녹음실 사용 단위로 3시간 30분

(6) 오전프로

오전 10시부터 낮 1시 30분

(7) 오후프로

오후 2시부터 오후 5시 20분

(8) 저녁프로

저녁 6시부터 9시 30분까지

(9) 땜핑

곡이 MIX 된 상태가 POP적이며 예를 들어 마이클 잭슨의 사운드를 가리켜 땜핑이 좋다고 한다. 발라드 곡이 Eoa이 좋다는 것보다는 빠른 곡이나 락 음악의 드럼 소리 상태를 가리켜 하는 말.

(10) 오바뜬다

녹음시 입력 레벨이 너무 커서 레벨 미터에 빨간 불이 들어올 때

(11) 모노로 듣는다

보통 스튜디오에서 녹음 중에는 스테레오로 듣는 것을 원칙으로 하지만 일정트랙(채널)의 녹음 상태를 확인 할 때는 모노로 듣는 경우가 있다.

(12) 쏜다

시퀴서(신디사이저) 녹음. MR 녹음

(13) 핑퐁

전문 용어. 녹음 중 트랙 정리를 위해 한 채널로 두 세 개 정도의 트랙을 몰아놓는 것. 특히 샘플링 된 효과음이나 곡의 일부에서 등장하는 악기 소리들을 한 채널에 모아 놓고 빈 채널을 확보하여 사용한다.

(14) DAT

DIGITAL AUDIO TAPE

Chapter 08

엔터테인먼트 매니저의 창조적 개발력

제01절 창조성(創造性)이란

1. 창조성이란?

엔터테인먼트산업 분야는 다른 어떤 분야보다도 창조성이 요구된다 하겠다. 일례로 TV 드라마 및 영화의 작가와 연출자의 독창적인 아이디어로 스토리를 재구성한 결과, 그 영화와 드라마를 외면하는 사람들 까지도 사로잡으며 성공을 거두는 예가 많다.

그렇다면 창조성이란 무엇인가? 창조성이란 용어는 원래 "만들다"라는 의미의 라틴어 크레드(cred : 신뢰도)를 어근으로 하는 크레이션(creation : 창조)에서 유래되었으며, 어떤 현상을 개선하고 부가가치를 증진시키기 위해 아이디어를 창출하고 이를 실행에 옮기는 능력, 다시 말하면 새로우면서도 유용한 산출물을 생성해낼 수 있는 능력을 말한다.

창조성이란 단지 사물을 연결하는 것이다. 창조적인 사람들에게 어떻게 그런 일을 할 수 있었는지 묻는다면 그들은 약간 죄책감을 느낄 것이다. 왜냐하면 그들은 진정 창조적인 일을 한 것이 아니라 단지 무엇인가를 봤을 뿐이기 때문이다(스티브 잡스, 1996년 와이어즈).

미국의 대표적인 IT 전략컨설팅업체 델파이그룹의 토마스 쿨로폴루스 CEO는 "애플의 MP3 플레이어 아이팟을 구성하는 하드웨어와 콘텐츠 중에서 애플이 직접 개발한 것은 하나도 없다"며 "애플은 이미 개발된 하드웨어와 소프트웨어를 기능적으로 잘 통합(integrate)하고 여기에 음악 콘텐츠를 결합해 새로운 서비스를 창안했다"고 말했다.

Believe It or Not : 믿기 힘들겠지만(이것은 사실이다)

- 5달러의 쇳덩어리로
- 말편자를 만들면 10달러 50센터
- 재봉틀용 바늘을 만들면 3,285달러
- 시계 속의 스프링을 만들면 25,000달러

Robert Ripley 컬럼에서

제02절 창조적 사고

1. 창조적 사고

이전의 생각과는 다른 새로운 생각. 창조적 사고를 위해서는 주변 세계에 관심을 갖고 늘 관찰하는 태도를 유지하는 것이 필요하다. 그리고 남들과는 다른 관점과 시각으로 사물과 현상을 바라보고 새로운 언어와 참신한 표현으로 나타낼 수 있어야 한다. 창조적 사고는 글을 쓸 때 새로운 주제와 소재를 제공하며 읽는 이에게 흥미를 불러일으킬 수 있다.

주어진 상황에 최적인 단 하나의 해답을 찾기 위해 심사숙고 하는 것을 논리적 사고라고 한다면 창조적 사고란 틀에 박힌 고정관념에서 벗어나 다양한 접근방식으로 생각함으로써 독창적인 아이디어를 찾는 것이라고 할 수 있으며, 창조적 사고로 도출된 어떠한 해답도 맞거나 틀리다고 구분하지 않는 것이 특징이다.

1) 창조적 사고의 기능

창조적 사고의 기능은 창조적 사고를 할 수 있게 해주는 능력적 측면의 기초가 곧 창조적 사고 기능이며 다음과 같이 정의 할 수 있다.

(1) 민감성

창조적 사고에는 주변의 환경에 대해 민감한 관심을 보이고 이를 통해 새로운 탐색 영역을 넓히는 능력의 민감성.

(2) 유창성

어떤 문제에 대한 다양한 아이디어를 빠르고 거침없이 내어놓고는 능력의 유창성

(3) 독창성

기존의 것에서 탈피하여 새롭고 참신하고 독특한 아이디어를 산출하는 독창성

(4) 융통성

고정적인 사고방식이나 시각자체를 변환시켜 다양한 해결책을 찾아내는 융통성

(5) 종합력

아이디어를 보다 포괄적인 형태로 조직하는 종합력

(6) 분석력

큰 구조를 분할하여 새로운 구조를 만드는 분석력

(7) 평가력

새로운 아이디어의 가치를 평가하는 능력인 평가력

(8) 정교성

다듬어지지 않은 기존의 아이디어를 보다 치밀한 것으로 발전시키는 정교성, 등의 다양한 구성요소가 있다.

2) 창의적 사고의 성향

창의적 사고의 성향은 인간의 내적 인지적 특징으로써의 창조적 사고 기능이 최종적인 인간의 성취를 위해 작용하는 과정에서 개인에게 요구되는 정의적 또는 태도적 특성으로 다음과 같이 정의 할 수 있다.

(1) 자발성

문제 상황에서 아이디어를 자발적으로 산출하려는 성향이나 태도이다.

예) 지금까지 남의 것으로만 생각했던 문제를 자신의 문제로 받아들이는 것을 말한다.

(2) 독자성

자신이 생각해낸 아이디어에 대한 가치를 인정하고 다른 사람들의 평가에 구애받지 않으려는 성향이나 태도

예) 다른 사람이 낸 아이디어와 다른 것을 내 놓으려는 태도를 통해 자신만의 새로운 아이디어가 나타날 수 있다.

(3) 집착성

문제를 해결하기 위해 가능한 한 다양한 정보를 수집하고 문제가 해결될 때까지 물고 늘어지는 성향

(4) 호기심

항상 생동감 있게 주변의 사물에 대해 의문을 갖고 끊임없는 질문을 제기하려는 성향

예) 주변의 사물이나 사태에 대해서 "왜 그럴까" 또는 "무슨 일일까" 질문을 의식적으로 제기하는 성향

(5) 정직성

자신이 관찰한 것과 생각한 것을 꾸밈없이 그대로 받아들이는 태도

(6) 개방성

이세상은 변화고 있으며 내 자신이 이러한 변화의 주체가 되어야 한다는 자발적인 태도.

창조적 사고 예

<고유가 문제를 해결 할 방법은 무엇인가?>

- 사고를 전개하기 위한 어떠한 규칙도 없기 때문에 다양한 시각의 사고가 가능
  - 대중교통 이용하기
  - 실내온도 낮추기
  - 겨울철 내의 입기 등
- 색다르고 황당한 생각도 자유롭게 할 수 있다.
  - 지구를 태양 가까이 옮긴다.
  - 겨울철을 없애 버린다.
  - 축지법을 사용하거나 날아다니도록 한다.
- 창의적 사고에서는 이러한 답들의 옳고 그름을 판별하지 않는다.
- 가장 색다른 생각이 새로운 접근과 흥미로운 발견의 영감이 될 수도 있다.

제03절 창조력 발휘에 임하는 자세

1. 창조력 발휘에 임하는 자세

창의력을 발휘하기 위해서는 첫째, 많은 정보를 수집하고 이를 정리하여 자기자산으로 확보하여야 한다. 폭 넓은 지식은 창의적 사고의 바탕이 되며 정보 수집력은 폭넓은 지식을 갖추기 위한 소양이다.

둘째, 호기심을 많이 가져야 한다. 호기심이란 새로운 희귀한 사물과 미지의 것에 대한 흥미를 가지는 것으로 과학을 발전시키는 중요한 동기가 된다. 호기심은 상식을 의심하는 일에서부터 시작되며 호기심이 왕성한 사람은 익숙해져 있는 사물의 미세한 변화도 이를 놓치지 않고 인지한다.

셋째, 고정관념에서 탈피하여야 한다. 고정관념은 생각의 패턴을 만들어 창조성을 발휘하지 못하도록 가두는 역할을 한다. 그러므로 일상에서 당연하게 여겨지는 것에 얽매이지 않아야 한다.

넷째, 주변지식을 풍부하게 한다. 창의성은 주변지식이 풍부하면 풍부할수록 많

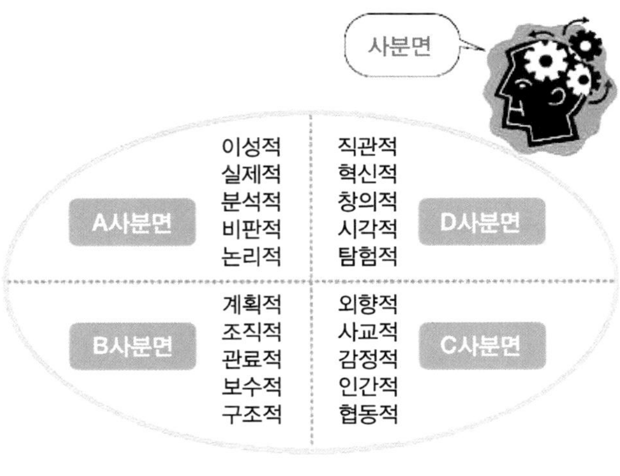

그림 8-1 허만의 지능모형 1

이 나올 수 있다. 주변지식이 풍부하다는 것은 다른 분야에서의 이점 또한 알고 있다는 것을 의미하며 물건이나 특정 상황에서 불편함을 느낄 때, 다른 분야에서의 이점을 결합시킬 수 있다.

다섯째, 도전적이며 위험을 감수할 수 있어야 한다. 창의적인 사람은 실패를 두려워하지 않는다. 성공이란 수차례의 실패 끝에 찾아오는 경우가 많기 때문이다.

여섯째, 자기가 생각하고 있는 것은 반드시 실행해 본다. 자신이 생각한 것을 다른 사람도 생각한 경우가 많다. 다른 사람들이 생각을 하고 있어도 실행하지 않는 것을 자신이 실형한다면, 그것이 곧 창의적인 것이다.

일곱째, 서로 관련이 없는 둘 이상의 사물이나 생각을 결합하여 제 3의 이미지를 만들어 낼 수 있다.

여덟째, 거꾸로 생각하거나 의문점을 가진다. 문제가 생겼을 때에 뒤집어 생각하면 풀리는 경우가 많고 뒤집어 생각하는 것이 창조적인 경우가 많이 있다. 끊임없이 의문점을 만들고 이해관계인들에게 질문을 하여 새로운 것을 습득한다.

아홉째, 자유 발상과 메모의 습관을 기른다. 자유로운 발상을 하는 습관과 메모의 습관화가 필요하다. 황당한 아이디어라도 모두 메모해 두었다가 나중에 스스로 평가해 보도록 하거나 평상시에도 문득 떠오르는 아이디어를 메모하는 습관을 길러야 한다.

열 번째, 인내력이다.

무엇인가 문제에 대한 해결책을 마련할 때에는 한 번에 되지 않는 경우가 많다. 실패나 장벽에 막히는 것을 시련으로 기쁘게 받아들이는 마음가짐을 가지고 시행착오가 여러 번 되풀이 되어도 이를 극복할 수 있는 인내가 필요하다.

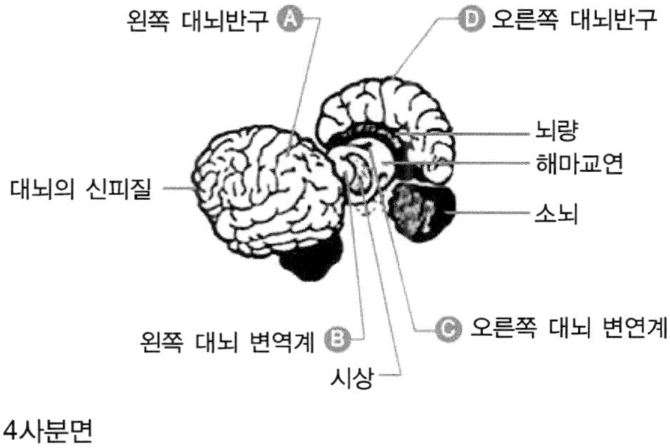

▌그림 8-2 두뇌와 4사분면

제04절 창조적 발상의 기법

1. 발상법과 체계

발상법은 유형에 따라 몇가지 타입으로 분류 체계화 할 수 있다. 일본의 다카하시는 "문제해결 수법지식"에서 문제해결 기법을 분류 · 체계화화고 있다.

이 분류중 발상법에 관한 부분을 정리하면 <그림 8-3 문제해결 기법의 체계>와 같다.

다카하시 분류에 근거해 체계를 설명하면 우선 문제해결 기법은 크게 두가지로 분류된다. 첫째, 발상기법(發想技法) 발상기법은 아이디어를 내는 경우의 사고법이며 비즈니스 탐색 시에 기본적으로 발상기법을 적용한다. 둘째, 수속기법(收束技法) 수속기법은 발상에 의해 나온 아이디어를 정리하기 위한 기법, 수속기법은 비즈니스 찬스 탐색의 범위가 좁혀져 있는 경우 또는 발상기법 속에 제1단계로 포함되는 형태로 사용된다. 이장에서는 발상기법에 대하여 주로 설명하기로 한다. <그림 8-1 문제해결 기법의 체계>를 보면 발상법은 세 가지 유형으로 분류된다.

1) 자유 연상법

연상법은 자신의 상상력을 이용하여 새로운 것을 만들어 내거나 창조적인 것을 만들어 내는 방법으로써 자유로운 생각으로 주제의 적용 범위를 확장시켜 주제에 대하여 생각나는 것을 정리하여 아이디어를 도출해 낸다. 일반적으로 연상법은 암기법으로 많이 사용된다. 어떤 테마에 대한 사실이나 아이디어를 생각나는 대로 자유롭게 계속해서 낸다.

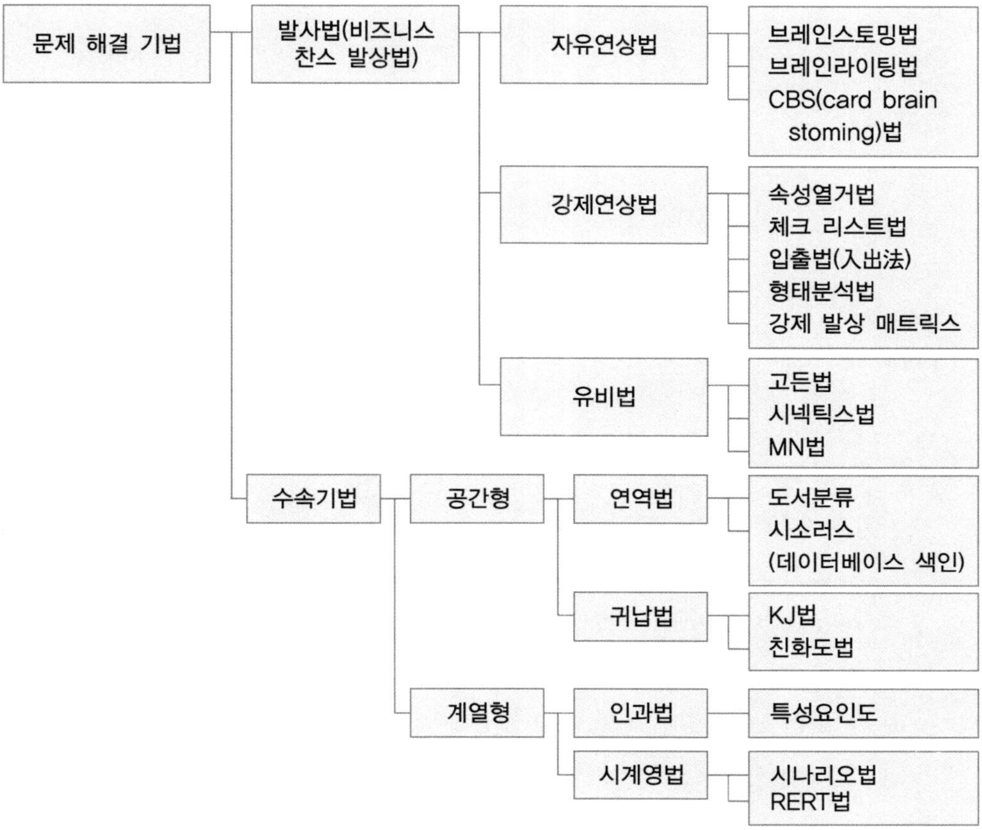

출처 : 조인희-김홍재, 창조적연구개발론, 2009.

▍그림 8-3 문제해결 기법의 체계

2) 강제 연상법

강제 연상법은 주제와 다른 내용을 강제로 연관 지어 다양한 결론에 도달하게 하는 기초적이고 창조적인 발상 기법으로써 주제를 선정한 다음 다른 주제를 대입하여 강제 연결시켜 아이디어를 도출해 내는 방법이다. 테마에 대한 가이드라인을 보고 사실이나 아이디어를 연상한다. 강제 연상법의 예를 들면 다음과 같다.

- 주제 : 모자
- 강제 연결 단어 : 양파

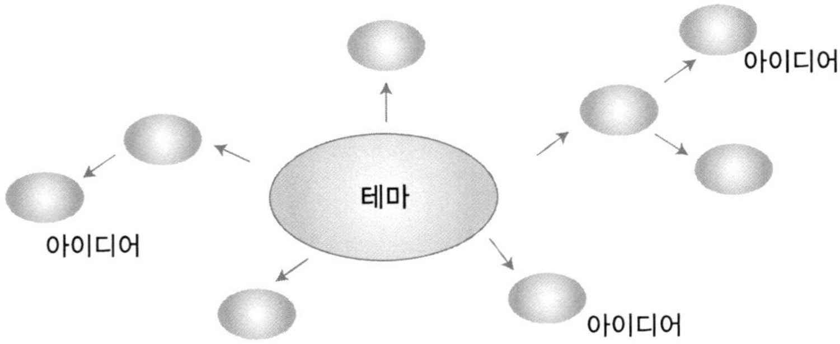

▌그림 8-4 자유 연상형 : 자유롭게 발상

- 양파의 속성 연결(뿌리, 속껍질, 냄새 등)
- 강제 연결 후 아이디어의 예
  - 양파의 뿌리는 머리카락과 같은 느낌이므로 모자에 머리카락 같은 것을 달아 머리카락이 있는 것처럼 보이게 하자 - 가발
  - 모자 안에 다른 형태의 모자를 넣어 기분전환 또는 용도 변경 시 모자를 뒤집거나 내부의 모자를 꺼내 착용할 수 있도록 한다.
  - 모자에 향을 넣어 여러 날 동안 머리를 감지 않아도 냄새가 밖으로 새어나가지 않는 모자를 만들자.

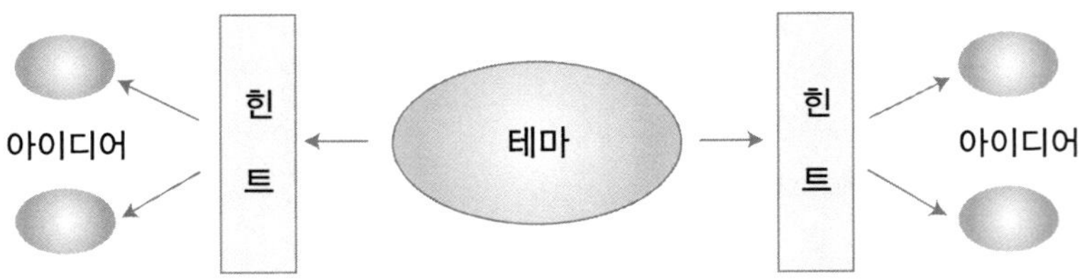

▌그림 8-5 강제 연상법: 사고의 방향을 정한다

3) 유비법(類比法)

테마와 본질적으로 비슷한 것(힌트)을 가이드라인으로 사실이나 아이디어를 연상한다.

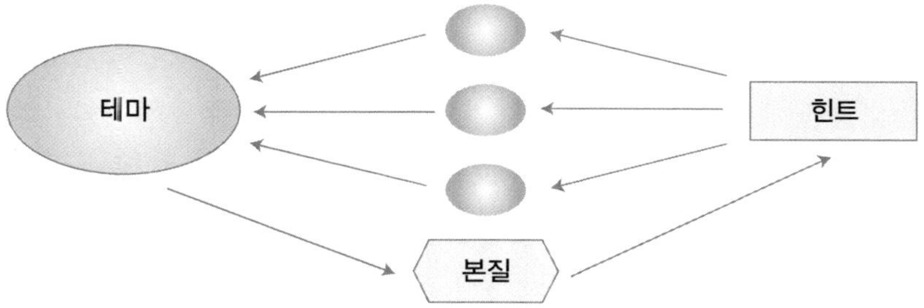

▌그림 8-6 유비법

2. 브레인스토밍(Brainstorming)

브레인스토밍은 Brain과 Storming을 합병하여 만들어진 단어로써 1938년 광고업을 하는 오스본(Alex Osborn)에 의해 개발된 창조적 아이디어 창출을 위한 팀 활동을 일컫는다. 개인보다 그룹 위주의 아이디어 접근 방법으로 여러 명의 사고를 조합하여 새로운 결과를 도출해내는 방법으로 많은 사람이 모여 아이디어를 제시하면, 하나의 아이디어에서 시작된 다른 아이디어의 촉발과 증폭 현상이 발생하여 창조적인 아이디어를 생성하는데 가장 흔히 쓰이는 방법이다.

브레인스토밍의 회의 시간은 50분 이내가 가장 적합하며 회의 주제가 명확해야 하고, 참여자 전원이 아이디어를 제시할 수 있도록 유도하기 위하여 다른 사람의 아이디어를 비판하기보다 그 아이디어에 기반을 둔 새로운 아이디어를 발표하게 하여야 하며 기발하고 엉뚱한 아이디어도 적극적으로 받아 들여야 한다. 따라서 참여자의 의견에 대해 무시하거나 비판은 삼가 해야 한다.

브레인스토밍 회의는 자유분방하고 상상력이 풍부한 다양한 전문 분야의 인력 5~10명 정도의 인원으로 팀을 구성하여 1~2주제를 가지고 각 50분 이내의 토론시간으로 운영하는 것이 가장 효율성을 높일 수 있다. 브레인스토밍의 절차는 회의주제 및 참가자, 사회자, 서기를 선정하고 회의 시작 시 주제 및 주제와 관련된 잘 알려진 아이디어를 먼저 설명한다. 기존의 아이디어 외 창조적인 아이디어 창출을 유도하여 회의 시간 동안 제시된 아이디어를 정리한다. 원활한 회의 진행을 위하여 창조적인 아이템 개발 사례 및 아이디어 제시하고 어느 정도의 결과가 도출되지 않을 경우 진행자가 황당한 아이디어를 던져서 분위기를 촉진시키거나 "만약 ~한다면" 이라는 질문을 던져 발언을 유도하는 것도 원활한 회의 진행의 한 방법이며 여전히 부진하면 잠시 휴식 후 억지 끼워 맞춤 방법을 사용하여 40~50개 정도의 아이디어가 창출되도록 한 다음 진행한다. 회의 시간 후 정리된 아이디어를 평가하여 가장 좋은 아이디어를 선택한다. 브레인스토밍 시에는 다음 다섯 가지 사항을 고려하여야 한다.

첫째, 제시된 아이디어의 다양성은 만족스러운가?
둘째, 다른 참여자가 제시한 아이디어는 내가 생각할 수 있었던 아이디어인가?
셋째, 다른 참여자가 제시한 아이디어를 변형한다면 나는 어떻게 할 것인가?
넷째, 제시된 아이디어는 전문가여야만 제시할 수 있는 아이템이었는가?
다섯째, 내가 제시한 아이디어의 단점은 무엇인가 등이다.

위 다섯 가지 사항을 고려한 브레인스토밍방법에는 다음과 같은 네 가지 규칙이 있다.

첫째, 기발함 환형 : 상식의 범위에서는 여간해서 좋은 방법을 얻을 수 없다. 기발한 발상은 그 자체로는 실현성이 떨어지더라도 어떠한 방법으로든 구체화할 수 있다.

둘째, 질보다 양 : 질을 생각하면 개인 안에 이노베이션 저해 요인이 생겨 상식의 범위를 벗어나지 못한다.

셋째, 비판엄금 : 비판을 금함으로써 집단의 이노베이션 저해 요인을 제거한다.

넷째, 공동기회제공 장려 : 어떤 한 사람의 아이디어를 계기로 이를 새로운 아이디어로 발전시켜 상식을 초월한 발상을 촉진한다.

3. 형태학적 분석법

형태학적 분석법은 대상의 구조를 파악하여, 재배치함으로써 새로운 방법을 찾아내는 방법이다. 대상의 특성 및 속성 등을 표로 정리하고 특성 및 속성에 따른 대안을 다양한 각도에서 분석하여 기존 주제에 약간의 변형과 조합을 통해 창조적인 아이디어를 개발하는 방법이다.

형태학적 분석법에서 주의하여야 할 것은 주제의 특성이 많으면 보다 많은 대안을 생각하고 주제의 특성이 누락되면 중요한 대안을 놓칠 수 있으므로 꼭 필요한 주제의 특성만을 제시하여야 한다.

표 8-1 자동차의 형태학적 분석의 예

자동자	대체	결합	적용	변형/확대	다른 용도	최소화	역방향
체적					트레일러		
인원					밴, 버스	기차	
연료	하이브리드차						
부착		캠핑카 수륙양용차					
전달성			광고차				
화학			방역차				
내구력				군용트럭			
속력				스포츠카			
무게						경차	

출처 : 조인희 외, 「엔터네인먼트 산업학개론」, 내하출판사, 2010.

4. 체크리스트(Check List)방법

체크리스트 방법은 1953년 오스본(Alex Osborn)이 기술한 여러 아이디어 발상 방법 중 MIT에서 9개 항목을 새로운 아이디어 발상을 위한 기본 체크리스트로 선정하고 이를 이용하여 창의적 아이디어를 창출해 내는 방법을 말한다.

▌표 8-2 체크리스트 방법

Combine (결합)	기존의 주제에 다른 주제 또는 상태를 더하여 새로운 아이디어를 도축해 내는 방법	지우개 달린 연필, 목걸이형 볼펜 등
Elimination (제거)	기존의 주제에서 한 부분을 제거하여 더욱 간결한 아이디어를 도출하는 방법	무선전화기, 노트북, 컴퓨터
Magnity (확대)	기존의 주제 또는 사물을 크게 확대하여 더욱 편리한 아이디어를 도축하는 방법	바람개비 - 풍차 등
Minify (최소화)	기존의 큰 주제 또는 사물을 작게 축소하여 새로운 아이디어를 도출하는 방법	카세트 라디오 - 워크맨 벽걸이 시계 - 손목시계
Adapt (적용)	다른 주제를 본 주제에 적용하여 새로운 아이디어를 도출하는 방법	물고기 형대 - 선박의 외형 등
Substitute (대체)	기존 주제를 본 주제에 적용하여 새로운 아이디어를 도출하는 방법	유리접시 - 플라스틱 접시 등
Reverse (반전)	기존 주제 또는 사물의 속성을 반대로 생각하여 새로운 아이디어를 도출하는 방법	늘어나는 용수철 - 줄어드는 용수철 등
Other Use (타 용도)	기존 주제 또는 사물의 용도를 다른 곳에 적용하여 새로운 아이디어를 도출하는 방법	온도계 - 체온계 페타이어 - 보도블럭 등
Modify (변형)	기존 주제 또는 사물의 형태를 바꿔 새로운 아이디어를 도축하는 방법	화장지 - 엠보싱 화장지 등

출처 : 조인희 외, 엔터테인먼트산업학개론, 내하출판사, 2010.

5. 스캠퍼(Scmaper)방법

스캠퍼 방법은 오스본의 9개 항목의 체크리스트를 Bob Eberle가 7개 항목으로 재구성한 방법으로 Adapt(적용), Combine(결합), Elimination(제거), Modify(수정), Other use(다른 용도), Reverse(반전), Substitute(대체)항목만을 사용하고 기존 Magnify(확대)를 Modify(변형), Rearrange(재배열)을 Reverse(반전)으로 하나의 항목으로 통합하였다.

스캠퍼 방법은 주제에 대한 창의적 사고 기준을 정해두고 다양한 방법을 이용한 다각적 사고를 전개하는 방법으로 기존 주제를 개선할 때 쓰이는 유용한 방법이다.

표 8-3 스캠퍼 방법

구분	내용
Adapt(적용)	대상과 비슷하게 적용할 수 있는 것은 어떤 것이 있는가?
Combine(결합)	대상에 추가할 다른 기능은 무엇이 있을까?
Elimination(제거)	대상 중 없애도 되는 불필요한 기능은 무엇이 있을까?
Modify(수정)	대상의 형태를 바꾸면 어떻게 될까?
Other use(다른 용도)	대상을 다른 용도로 사용하면 어떨까?
Reverse(반전)	대상의 방향, 용도 등을 반대로 하면 어떨까?
Substitute(대체)	대상 대신 사용할 수 있는 것에는 무엇이 있을가?

출처 : 조인희 외, 엔터테인먼트산업학개론, 내하출판사, 2010.

6. 마인드맵핑(Mind Mapping)방법

마인드맵핑(Mind Mapping)은 토니 부잔(Tony Buzan)에 의하여 창안된 창조성을 유발하는 시각적 사고 기법으로써 사람의 두뇌는 핵심단어나 개념을 중심으로 사고한다는 이론에 바탕을 두었다.

핵심어를 중심으로 하고 이를 시작으로 다양한 주제를 부여하거나 독특한 이미지, 상징적 기호, 다른 색 등을 이용하여 생각의 핵심을 강조하는 개인적인 브레인

스토밍 과정이다. 특히, 좌뇌와 우뇌의 기능을 효과적으로 활용하는 것이 특징이다. 마인드맵핑 기술을 향상시키기 위해서는 항상 즐거운 마음으로 느긋하게 행동하고 빨리 생각하고 기술하며, 판단하지 말고 떠오르는 모든 생각을 있는 그대로 적는 습관을 가지며, 편하고 자유롭게 아이디어를 표현하도록 한다. 백지를 사용할 때에는 먼저 중앙을 사용하고 가능한 경우 사고를 조직화 한다.

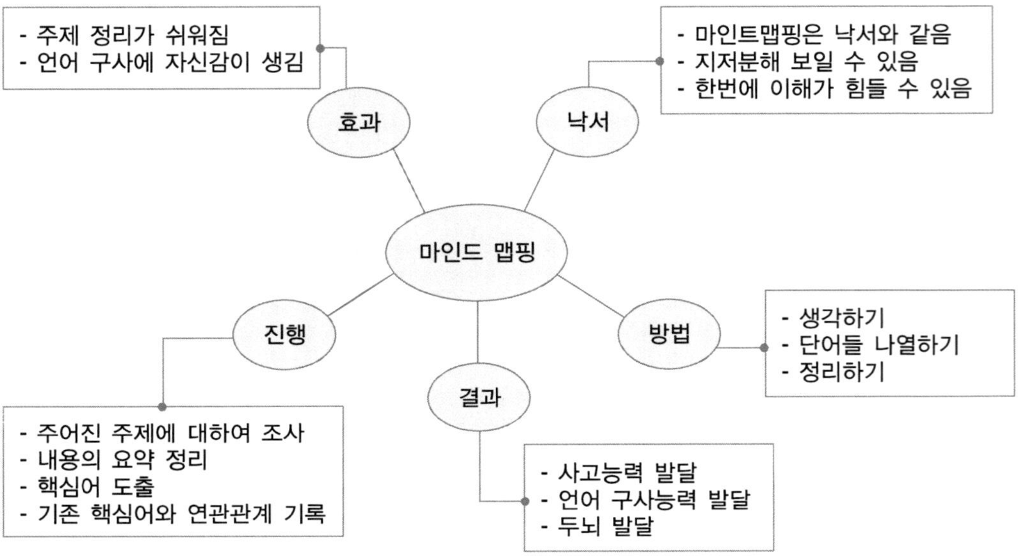

출처 : 조인희 외, 「엔터테인먼트산업학개론」, 내하출판사, 2010.

▌그림 8-7 마인드맵핑 예

7. PMI(Plus Minus Interesting)방법

PMI 방법은 특정 주제를 장점, 단점, 흥미 세 분야로 나누어 집중적으로 분석하는 방법이다. 장점, 긍정적인 면은 Plus, 단점, 부정적인 면은 Minus, 흥미, 재미있는 면은 Interesting으로 표시한다.

주제 또는 아이디어에 대하여 장점, 단점, 흥미 세 분야로 나누어 정리하여 각 분야에 대하여 각각의 장점과 단점 그리고 대안을 모색하고, 타 아이디어의 장점에 자신의 아이디어를 추가하여 새로운 창의적인 아이디어를 도출해 내는 기법이다.

▌표 8-4 PMI의 예

아이디어 : 현행 의무 교육제도를 철폐한다면?
• Plus - 학생들에 대하여 학부모의 관심이 증가한다. - 틀에 박히지 않은 창의적인 아이디어들이 많아진다.
• Minus -비행 청소년의 수가 증가한다.
• Interesting - 국제 자격증을 취득하면 의무교육 대상에서 면제된다고 한다면? - 의무교육제도가 원래부터 없었다면 진학하려고 하는 학생들의 비율은?

출처 : 조인희 외, 엔터테인먼트산업학개론, 내하출판사, 2010.

8. 고든(Gorden)법

고든법은 윌리엄 고든이 미국의 엘리트 집단인 아서 D. 리틀사(社)에 있을 때 개발한 것으로 개발자의 이름에서 따온 명칭이다. 이 방법은 과제를 밝히지 않은 채 추상적인 테마를 던져 거기에서 아이디어를 발상하는 형태를 취한다. 과제에 대한 고정관념의 탈피를 겨냥한 발상법이다. <그림 8-3 문제해결 기법의 체계>에서는 유비법(類比法)에 분류되어 있는데 자유 연상적 요소와 강제 연상적 요소를 함께 포함하고 있어 발상 기법의 복합적 발상 기법이라고 할 수 있다.

추진방법은 브레인스토밍과 마찬가지로 그룹회의 형식이다. 리더만이 진짜 과제를 알고 있고 다른 참가자는 모른다. 진행방법은 다음과 같다.

① 우선 리더가 과제에서 기본 기능 속성 등을 추상화하여 참가자에게 테마로 준다.

② 참가자는 테마에 대해 자유 발상하여 아이디어를 낸다.

③ 어느 정도 아이디어가 나온 단계에서는 리더는 과제를 다소 구체적인 형태로

테마를 설정 한다.

④ 참가자는 새로운 테마에 대해 다시 아이디어를 낸다.

⑤ ③, ④번을 몇 번 반복 후 리더는 과제를 참가자에게 알린다.

⑥ 참가자는 전 단계에서 낸 아이디어를 활용하면서 과제에 대한 아웃 풋(Output)을 발상 한다.

위의 방법이 성공하기위한 최대 포인트는 리더에 있다. 발상되는 아이디어를 감안하면서 회의 전체를 리드해 가지 않으면 안 된다. 또한 참가자는 과제를 모른 채 회의에 참가하기 때문에 리더에게 조종당하고 있다는 욕구불만에 빠지게 되므로 회의 전체 분위기 조성도 리더의 중요한 역할이 된다. 이 기법에 정통한 리더가 없는 경우는 과제의 절반 정도까지를 미리 참가자에게 알리는 등 변형시켜 진행하는 경우도 있다.

Chapter 09

코디네이션 관리

제01절 패션 이미지에 따른 코디네이션

1. 이미지 분류

이미지를 계절감각에 응용시켜 분류하면 봄, 여름, 가을, 겨울로 표현되는 4가지 존(zone)으로 분류된다.

1) B(bubbling)존

씨에서 싹이 나서 분출해나가는 생명력을 포함하는 집단, 겨울에서 봄으로 가면서 꽃이 개화하는 이미지.

예) 로맨틱, 엘레강스, 내추럴 등

2) G(growth)존

싹튼 식물이 성장하여 개화하기까지의 시간 의미. 젊음, 행동적인 이미지, 만개한 꽃 이미지

예) 캐주얼, 아방가르드 등

3) R(ripen)존

멋지게 핀 꽃이 열매를 맺고 숙성해 가는 시기. 잘 익은 과일의 이미지

예) 고저스, 에스닉 등

4) W(withering)존

아름다운 나뭇잎이 물들어 마침내 말라가는 시기. 가을에서 겨울로 가는 완성된

것의 차가움이나 말라가는 것의 애환이 느껴지는 이미지

예) 모던, 매니시, 클래식 등

2. 이미지와 코디네이션

1) 로맨틱(Romantic)

- 꿈꾸는 듯한, 감미롭고 귀엽고 사랑스러운 이미지
- 기능성 보다는 장식적 요소가 강한 것이 특징

(1) 색상

가볍고 온화하고 부드러운 느낌을 주는 은은한 색상. 핑크, 피치, 옐로우, 퍼플계열 등 페일 톤 라이트, 브라이트 등

(2) 패션 디자인

귀엽고 사랑스러운 소녀적인 스타일이 기본

① 프릴, 레이스, 리본 등 부드러운 감각으로 표현된 장식적인 디테일 사용

② 액세서리는 코사지와 리본, 꽃 장식, 스팽글, 구슬장식 등

③ 무늬: 꽃무늬, 체크 무늬, 물방울 무늬 등

(3) 메이크업

꾸미지 않은 순수함과 화사하면서도 생기발랄한 소녀 적인 분위기 강조. 핑크빛이 도는 파운데이션, 핑크와 보라계열의 아이섀도우, 펄 파우더, 핑크계열의 입술, 립글로스로 글로시한 느낌, 피치빛 핑크계열이나 오렌지계열로 볼에 포인트를 주어 귀여운 이미지

(4) 헤어디자인

긴 머리 형태, 덩굴 같은 컬, 머리핀, 모자 헤어밴드나 리본 등을 사용하여 귀엽고 낭만적인 분위기 연출. 약한 대비색의 염색 등

2) 엘레강스(Elegance)

- 우아하고 고상하며 세련된 이미지
- 신고전주의 양식의 질서미를 추구, 간결하고 온화한 느낌

(1) 색상

채도가 낮은 부드러운 색조와 약간 어두운 톤의 보조색의 조화

① 인디언 핑크, 레드 퍼플, 퍼플 등. 톤은 부드러운 라이트 그레이시가 적합

② 세련된 색, 커리어우먼을 상징하는 원숙한 감각의 색, 절제된 느낌의 색으로 차분한 기품을 돋보이게 연출.

(2) 패션 디자인

여성적인 아름다움을 지향하는 대표적인 스타일.

① 실루엣은 절제되면서도 여성스러우며 드레시한 분위기(세련미, 성숙미 표현)

② 둥근 어깨선, 부풀린 가슴선, 잘록한 허리선, 깊게 파인 목둘레선, 스커트의 깊은 트임 등

③ 소재 : 매끄럽고 광택 있는 소재, 부드럽고 반투명한 소재

④ 액세서리 : 실크 스카프, 백, 진주 등

(3) 메이크업

우아하면서 고상하고 흐트러짐이 없는 깔끔한 것이 특징. 밝은 핑크나 베이지색의 파운데이션, 아치형의 눈썹, 파스텔조의 아이섀 도우, 자주-브라운-보라 등의 포인트 컬러 사용. 산호색, 인디언 핑크, 와인 등의 입술

(4) 헤어디자인

우아한 여성미를 강조한 헤어스타일, 어깨선 정도의 길이가 적당. 굵은 웨이브, 브라운 색상으로 염색, 은은한 그라데이션 기법을 사용한 부분 염색

3) 내추럴(Natural)

- 자연의, 천연의, 가공하지 않은 등의 의미
- 인간 본래의 체형을 거스리지 않고 변형이나 과장을 피한 실루엣
- 소재 : 가공되지 않은 천연의 소재(면, 마, 울, 니트)

(1) 색상

베이지, 아이보리, 옐로우, 올리브그린, 브라운, 카키 계열(톤은 가라앉은 느낌, 라이트 그레이시, 덜톤)

(2) 패션 디자인

헐렁하고 편안하며 심플한 디자인(핸드백은 부드러운 소재의 백이 적합. 모자는 작고 중간정도의 챙이 있는 것)

(3) 메이크업

피부표현은 톤을 낮추고 베이지 컬러나 엷은 브라운 컬러

① 아이섀도는 베이지나 브라운 계열 자연스럽고 은은하게
② 입술은 오렌지나 피치계열
③ 아이섀도와 립스틱, 볼터치 등의 색상은 톤을 맞추는 것이 효과적

(4) 헤어디자인

가볍고 부드러운 질감, 약간 헝클어진 듯한 자연스러운 머리 형태

① 히피 스타일의 스트레이트, 자연스러운 웨이브 등
② 색상은 브라운, 오렌지 계열

4) 캐주얼(Casual)

- 자유분방하고 활동적이며 편안하고 생동감 있는 이미지
- 유쾌하고 명랑한 분위기에 속도감 있는 감각 표출

(1) 색상

화려한 색상, 따뜻한 색상. 컬러풀한 2~3가지의 고채도의 색상을 함께 사용 비비드, 스트롱, 브라이트 톤이 주류. 배색은 강하게(쾌활하고 스포티한 느낌)

(2) 패션디자인

간결한 실루엣, 셔츠와 진팬츠, 스웨터, 트레이닝 웨어가 선호

① 소재 : 촉감이 부드러운 소재(면, 울), 기능성 소재, 데님 등
② 양말이나 가방 등에 색상대비의 효과를 살린 코디네이션 포인트
③ 가방은 천, 합성수지 제품이 어울린다.

(3) 메이크업

피부표현은 밝은 느낌으로 경쾌하고 즐거우며 생기 있게 하며

① 아이섀도는 오렌지, 핑크, 그린, 블루 등
② 입술은 오렌지 계열사용. 글로시한 느낌
③ 입술, 눈, 볼 등 어느 한 곳에만 포인트 줌

(4) 헤어디자인

형태가 아래로 처지는 것보다 위로 향하게 연출. 짧은 머리일 경우 모발 끝이 바깥쪽으로 향하게, 긴 머리는 포니테일 스타일이 적합. 위로 높이 묶으면 젊고 발랄한 이미지. 전체적인 염색보다 컬러풀한 색상 배색을 중심으로 색의 대비를 강하게

5) 아방가르드(Avantgarde)

- 프랑스 군대 용어 '정예부대' → 전위적인

• 기성의 개념을 무시하고 새로운 것에 대한 혁신적인 유행을 창조한다.
• 대중성이 무시된 실험적인 성격이 강한 디자인
• 일반의 유행을 앞선 독창적이고 기묘한 디자인

(1) 색상

독창적인 배색. 강한 색상. 무채색과 반사, 대조의 효과로 표현

(2) 패션 디자인

기능에 관계되는 트임이 아닌 파괴의 목적으로 트임 장식(의복의 구조변경)

① 패치워크 활용
② 코디의 법칙과 약화시킴(wearing)을 무시하는 파괴의 이미지
③ 사각형, 원, 삼각형 등 기하학적인 cut-out으로 파괴의 초점을 맞춤
④ 대표 디자이너 : 장 폴 골띠에

(3) 메이크업

도전적이고 실험적인 이미지를 개성 있게 표현하며 전위적이고 예술적인 느낌을 주도록 한다.

① 피부표현은 창백할 정도로 희게 하거나 일정한 스타일 보다는 새롭고 독창적으로 표현
② 눈은 다양한 기법으로 강한 라인 또는 오브제를 활용
③ 인조 속눈썹, 다크톤의 아이섀도우, 강렬한 레드 또는 블랙 입술, 사이버 느낌의 실버색과 창백한 느낌으로 표현

(4) 헤어디자인

일정한 형태는 없으며 각자의 개성에 맞게 연출한다. 기존의 개념을 깨뜨린 다양한 소재를 사용하여 새로움을 창조.

6) 고저스(Gorgeous)

사치스러우며 호화롭고, 찬란한 이미지, 상류층의 고급스러우면서도 눈에 띄는 화려한 분위기 연출

(1) 색상

- 화려한 색상 : 골드, 베이지, 카멜, 레트, 딥 퍼플, 오렌지, 옐로우 등(스트롱, 덜, 딥 톤이 주류)

(2) 패션 디자인

화려한 이미지를 지닌 스타일로 깊이감이 있으며, 원숙함을 표현

① 인체의 곡선을 살리는 실루엣
② 소재는 광택 있는 옷감(벨벳, 실크 등), 모피, 장식적인 트리밍
③ 골드 계열이나 선명하고 깊이 있는 중후한 색의 액세서리 활용
④ 구두와 핸드백의 색이나 소재에서 세트로 연출하면 고저스 느낌을 배가시킬 수 있다.

(3) 메이크업

짙은 색상 계열 사용하거나 포인트를 주어 뚜렷하게 표현

① 피부표현은 적당의 두께 감으로 표현하는 것이 효과적
② 색채는 단계적 그라데이션(gradation : 점차적인 변화)을 이용하여 그윽하고 분위기 있는 패턴으로 표현하고 라이트 톤은 피하는 것이 좋다.
③ 적절한 강약을 주어 깊이 감 있게 표현

(4) 헤어디자인

보석류의 헤어핀을 사용하면 효과적

① 컬을 풍성하게 볼륨감을 살려준다.
② 골드나 와인색의 염색이 적당

7) 에스닉(Ethnic)

유럽을 제외한 세계 여러 나라의 민속의상과 민족 고유의 염색, 직물패턴, 자수, 악세서리 등에서 영감을 얻어 디자인한 패션. 종교적 의미가 가미된 토속적이며 소박함을 나타내는 패션

(1) 색상

강렬한 색상의 카키, 올리브 그린, 브라운 계열(비비드 톤이 주류, 강한 색상 대비)

(2) 패션디자인

① 20C초 동양에 대한 호기심과 동방예술로 인해 푸아레의 동양풍이 복식에 도입
② 20C중기 히피문화 집단으로부터 상향 전파된 아프리카 풍, 히피풍 등이 복식에 적용.
③ 1980년대 중반 중국풍의 오리엔탈 룩이 유행, 자카드 효과가 나는 사치스런 직물, 붓글씨, 핸드스티치, 드레이프성을 강조한 모자나 두건, 허리의 wrap 등이 유행
④ 20C후반 아프리카가 관심의 초점 → 사파리룩 등장, 라틴아메리카풍의 에스닉 의상 등장
⑤ 인디언의 토속적 문화에서 영감(술장식, 줄무늬, 전통적 소재인 수직물 등)
⑥ 소재 : 면, 마, 모시, 삼베 등 민속적인 전통소재가 효과적
⑦ 오리엔탈리즘(Orientalism)
⑧ 이그조틱(Exotic)
⑨ 트로피칼(tropical)
⑩ 포클로어(folklore)

(3) 메이크업

다양한 인종의 개성이 부각되면서 유행에 따라 표현됨

① 동양의 경우 피부표현은 희게, 이집트, 인도, 라틴 아메리카의 경우 검게 표현 → 피부색보다 두 단계 어두운 색, 다갈색의 파운데이션 사용

② 입술은 핑크와 붉은 입술이 대표적

(4) 헤어디자인

특정 지역의 색채나 헤어 형태를 모티브로 디자인

① 그대로 사용하거나 약간의 변형을 추구하면서 독특한 스타일 표현
② 레게 스타일의 길게 땋은 머리, 직모를 이용한 포니테일 스타일, 동양풍의 업스타일, 이집트풍의 헤어스타일 등
③ 가발, 터번, 모자 등의 머리 장신구 이용

8) 모던(Modern)

도회적 감성을 표현하고 기능적이면서 심플하고 기하학적이며 장식을 배제한 이미지(하이테크한 분위기, 진취적인 분위기)

(1) 색상

현대적 감각으로 하드하고 차가운 느낌

① 화이트, 블랙 등의 무채색, 블루계열의 차가운 색, 기계적인 색 → 차가운 분위기와 명확한 느낌 강조.
② 딥, 다크 톤. 라이트 톤과 함께 사용하면 효과적

(2) 패션디자인

세련되고 절제된 느낌과 지적인 이미지 추구

① 직선미를 살린 날카로운 형태, 절개선의 묘미를 살려 이지적이며 냉철한 인상 강조, 장식성 배제
② 액세서리는 실버계통의 차가운 분위기의 대담하고 기하학적인 것

(3) 메이크업

'아름답다'라는 개념보다 개성을 중요시

① 피부표현은 베이지 색의 파운데이션과 투명파우더로 깨끗함 강조
② 은색이나 청색, 회색 계열의 아이섀도로 차가움 강조
③ 와인, 자주 등의 다크 계열의 입술화장으로 이지적인 분위기

(4) 헤어디자인

짧은 단발머리나 커트, 뱅스타일, 직선의 롱 헤어, 일정치 않게 커팅된 헤어스타일 등

① 부분염색이나 왁스, 무스 등으로 윤기 있고 빛나는 머릿결 표현

9) 매니쉬(Manish)

- 자립성이 강한 여성의 이미지
- 역할상승과 활동성의 상징으로 선호

(1) 색상

늠름한, 씩씩한, 용감한, 단호한 느낌

① 블랙, 무채색, 네이비 계열
② 그레이시와 딥 톤이 주류

(2) 패션디자인

남성복의 아이템을 여성복으로 하거나 여성스러우면서 남성적인 특징이 가미된 디자인

① 정장 슈트, 캐주얼스타일
② 문양 : 스트라이프, 헤링본, 솔리드 선호
③ 액세서리는 거의 사용하지 않고 남성적인 이미지를 살린 넥타이 모자, 구두 등 활용
④ 댄디, 보이시, 밀리터리, 마린 룩이 포함

(3) 메이크업

세련되고 깔끔한 메이크업

① 피부표현은 얇고 가볍게, 직선의 눈썹
② 회색 톤은 지닌 카키나 브라운 계열의 아이섀도우, 누드컬러나 와인 브라운 계열의 입술화장

(4) 헤어디자인

짧고 깔끔한 헤어스타일, 짧은 롤 스트레이트, 깔끔하고 심플하게 빗어 올린 업 스타일(짙은 헤어컬러 → 강한 이미지)

10) 클래식(Classic)

• 전통적, 보수적, 중후한 이미지
• 깊이감과 격조감이 내재. 트래디셔널 포함

(1) 색상

짙고 따뜻한 색

① 갈색계열, 베이지, 다크 브라운, 골드, 와인, 네이비
② 딥과 덜, 그레이시 톤

(2) 패션디자인

시대를 초월하고 유행에 관계없이 지속되는 스타일

① 비교적 단순하고 스트레이트 실루엣이 기본
② 베이직 테일러드 슈트, 샤넬 슈트, 가디건, 진 등
③ 소재 : 광택 있는 벨벳, 따스한 느낌의 트위드, 울 등이 적합
④ 무늬 : 체크무늬 선호

(3) 메이크업

차분하면서 자연스럽게 표현. 와인, 브라운 색상으로 깨끗하고 안정된 피부 톤에 포인트 메이크업이 튀지 않게 하여 귀족적이고 이지적인 이미지 연출

(4) 헤어

굵은 웨이브의 단발머리, 품위 있고 중후한 느낌의 업스타일, 짧은 스타일은 스트레이트 형태와 보브 스타일

제02절 인체와 코디네이션

1. 체형과 코디네이션

체형의 장점을 잘 이끌어내고 단점을 적절히 감추는 코디네이션 기법을 연출하기 위하여 체형의 유형을 분류하고 각 유형별 코디실습을 한다.

1) 삼각형

(1) 특징

전통적인 한국인의 체형. 어깨 폭이 엉덩이 폭보다 좁은 체형

(2) 코디네이션

어깨와 상반신 부분에 볼륨감을 더해주고, 허리 아래는 부드럽고 느슨하게. 악세서리는 시선이 위로 집중되게

(3) 추천아이템

넓게 강조된 네크라인, 상반신이나 어깨에 장식이 들어간 스타일. A라인이나 플레어스커트

(4) 피해야 할 아이템

타이트한 스커트, 길이가 힙까지 오는 타이트한 상의, 팔과 어깨를 노출시킨 블라우스나 탱크 탑, 밝은 색 하의, 등

2) 역삼각형

(1) 특징

어깨 폭이 넓은 반면 허리와 엉덩이는 좁다. 상반신이 무거워 보임. 등이 튼튼하고 넓으며 다리는 보통 가늘다.

(2) 코디네이션

상반신을 작게 연출하고 아랫부분에 볼륨을 주어 엉덩이를 강조. 상반신을 최소화하면서 목선의 앞 중심이나 허리 아래 부분을 강조

(3) 추천 아이템

플리츠, 플레어, 개더스커트 등의 폭이 넓은 스커트, 디자인이 심플한 블라우스, V네크라인

(4) 피해야 할 아이템

어깨 장식, 폭이 넓은 깃 등 어깨 주위를 장식한 의상, 상반신이 수평인 선, 크고 넓은 소매의 디자인, 짧은 재킷과 상의

3) 모래 시계형

(1) 특징

볼륨 있는 상반신, 가는 허리, 넓고 튀어나온 엉덩이. 전체적으로 균형 잡힌 스타일이나 상반신과 어깨가 강조되어 보임

(2) 코디네이션

얼굴 쪽으로 시선을 끌게. 허리 부분에 볼륨감을 더해줌

(3) 추천 아이템

폭이 넓은 벨트, 스카프나 부드러운 소재로 허리선과 엉덩이 부분을 감싸주는 디자인, 플레어스커트

(4) 피해야 할 아이템

겹쳐 입는 재킷과 두툼한 스웨터, 피트 되며 가슴을 강조 하는 스타일, 가슴부분의 리본 장식이나 힙 부분의 패치포켓

4) 다이아몬드형

(1) 특징

어깨와 엉덩이, 대퇴부는 좁고 가늘며 허리가 굵은 스타일

(2) 코디네이션

어깨와 다리 부분은 볼륨을 더해주고 중간 부분은 자연스럽게 피트 되게, 허리 쪽에서부터 얼굴 쪽으로 시선이 끌리게

(3) 추천 아이템

러플과 패치포켓 등의 주름장식이나 볼륨을 느끼게 해주는 상의와 하의 디자인, 스트레이트 실루엣의 긴 셔츠나 오버 블라우스.

5) 관형

(1) 특징

어깨와 허리, 엉덩이의 너비가 거의 비슷하며 일반적으로 몸매가 균형잡혀 있다. 인체라인이 곧고 각이 졌으며, 전체적으로 왜소하게 보이고 두드러지는 곡선은 없다.

(2) 코디네이션

전체적으로 볼륨감을 더해줌. 가늘고 각진 부분을 최소화. 어느 부위든지 강조해

도 무방하다.

(3) 추천 아이템

드레이프가 들어간 옷, 느슨한 상의와 하의, 어깨 위에 장식이 있는 디자인, 인체의 곡선을 살린 디자인

(4) 피해야 할 아이템

몸에 피트되는 스타일, 부피가 너무 큰 소재와 큰 무늬와패턴, 소매선이 없는 원피스와 깃이 넓은 드레스, 비치는 소재

6) 직사각형

(1) 특징

전체적으로 부드러움이 적고 각진 느낌을 주는 체형

(2) 코디네이션

전체적으로 부드럽고 호리호리한 체형으로 연출. 허리를 가늘어보이게, 허리위의 앞 중심을 강조하여 허리 쪽에서부터 얼굴 쪽으로 시선이 끌리게

(3) 추천 아이템

허리선이 잘록해 보이는 상의, 로우 웨이스트 원피스, 바지, 플레어 스커트나 플리츠 스커트

(4) 피해야 할 아이템

수평 라인의 무늬, 허리에 큰 주머니가 있는 디자인, 어깨 폭이 넓은 재킷 등

7) 둥근형

(1) 특징

살찌고 둥근형으로 허리, 가슴, 엉덩이 등의 사이즈가 크고 배도 나온편. 전체적으로 부드러운 느낌을 주는 체형

(2) 코디네이션

체형을 세로로 길고 가늘어 보이도록, 허리 쪽에서부터 얼굴 쪽으로 시선을 끌게

(3) 추천 아이템

허리선이 없는 심플한 스타일의 원피스, 길이가 긴 헐렁한 스타일의 재킷

(4) 피해야 할 아이템

폭넓은 벨트와 눈에 띄는 색의 디자인, 수평의 선과패턴, 두툼한 소재와 볼륨감 있는 질감의 소재, 몸에 딱 맞는 스타일

2. 부분 체형과 코디네이션

1) 키가 작고 뚱뚱한 체형

(1) 짙고 어두운 색상으로 입는다.

① 건강하고 귀여운 이미지, 부드럽고 편안한 인상 → 사랑스러운 로맨틱 룩이 잘 어울림

② 개성 없어 보이고 세련된 이미지가 약해서 색상, 아이템, 액세서리 선택에 신중

(2) 어울리는 스타일

몸매가 약간 드러날 정도의 가벼운 소재, 플라워 프린트나 도트 프린트, V넥 U

넥, 상의는 밝게 하의는 어둡게 연출, 슬림한 롱 팬츠와 다트가 들어간 재킷

(3) 피해야 할 스타일

몸에 피트 되는 스타일(니트류), 어깨 부위에 화려한 큰 무늬의 스카프

2) 키가 작고 마른 체형

1) 왜소하고 빈약한 인상을 커버하고 다리가 길어보이게 코디
2) 어울리는 스타일: 빳빳한 질감의 부피감이 느껴지는 소재, 약간 여유가 있는 실루엣, 허리에 다트가 들어간 심플한 재킷과 동색의 미니스커트
3) 피해야 할 스타일: 복잡한 장식의 스카프나 크라운이 높은 모자, 큰 단추나 벨트, 높은 하이 힐, 지나친 프릴 장식이나 레이스

3) 키가 크고 뚱뚱한 체형

(1) 위 · 아래를 대조적인 색상으로 코디한다.
(2) 서구적인 타입으로 살찐 체형은 둔해 보일 수 있지만 키가 커서 시원스럽고 당당한 느낌
(3) 어울리는 스타일: 스트라이프를 살린 샤프한 이미지의 수트, 직선적인 느낌의 셔츠, 스트레이트 팬츠, 깊은 V넥, 크고 대담한 디자인의 악세서리, 너무 낮은 구두는 큰 키 강조, 4~5cm가 적당
(4) 피해야 할 스타일: 빳빳하거나 두꺼운 소재, 지나치게 피 트되는 스타일, 프릴이나 레이스를 사용한 리틀걸 룩이나 페미닌 룩

4) 키가 크고 마른 체형

(1) 밝고 환한 정장 스타일, 상의는 짙게 하의는 밝게
(2) 액세서리는 확실하고 각진 디자인, 서류가방같이 딱딱한 느낌의 핸드백, 옷보다 짙은 색상의 구두. 단발이나 웨이브의 긴 헤어스타일
(3) 어울리는 스타일 : 정장스타일이 가장 잘 어울림(테일러드 자켓, 슬림한 팬츠,

통 넓은 팬츠, 샤넬라인 스커트, 롱 플레어스커트 등), 매니쉬한 이미지의 팬츠나 셔츠, 레이어드 스타일

(4) 피해야 할 스타일 : 지나치게 몸에 피트 되는 스타일, 소매 없는 스타일

5) 가슴이 큰 체형

(1) 한국인에 그리 많지 않은 체형으로 자칫하면 둔해 보일 수 있는 체형이지만 장점을 살려 섹시한 이미지로 연출

(2) 어울리는 스타일 : 심플한 디자인의 수트나 원피스, V네크라인, 일직선 또는 곡선처리 앞트임의 옷으로 연출, 와인색이나 카키 또는 짙은 회색 등 어두운 상의

(3) 피해야 할 스타일 : 너무 직선적이거나 모던한 디자인, 가슴부분에 아웃포켓이 있거나 볼륨감이 느껴지는 디테일이 있는 셔츠나 블라우스, 반소매(가슴부분에서 끝나는 소매)

6) 가슴이 작은 체형

(1) 여성스러운 아름다움이 덜 해 보일수 있으나 기능성 속옷으로 커버 가능

(2) 어울리는 스타일 : 러플, 개더, 플리츠 등의 디테일이 가슴부분에 장식된 상의, 가슴 선에 커팅선이 있고 잔잔한 주름이 들어간 원피스, 엠파이어 라인의 원피스, 뻣뻣한 느낌의 개버딘이나 데님 같은 소재, 부피가 크고 표면이 울퉁불퉁한 니트 등

(3) 피해야 할 스타일 : 여성미가 돋보이는 원피스나 블라우스. 스판 소재나 얇고 부드러운 소재

7) 허리가 굵고 아랫배가 나온 체형

(1) 나온 배로 인하여 스커트 단이 들릴 경우 2-3cm정도 앞단을 길게 하여 커버한다.

(2) 어울리는 스타일 : 우아한 스타일의 원피스, 허리선이 없는 재킷이나 원피스,

길이가 긴 스웨터나 재킷 등 전체적으로 A라인 실루엣.

(3) 피해야 할 스타일 : 허리선에 잔잔한 주름이 들어가 있는 팬츠나 스커트, 넓은 벨트나 짧은 조끼, 허리 주위의 두꺼운 직물, 하렘 스타일 바지 등

8) 상반신이 길고 하체가 짧은 체형

(1) 상의를 밝게 또는 악세서리로 위쪽에 포인트를 주어 시선을 위쪽으로 유도. 구두는 심플한 디자인

(2) 어울리는 스타일 : 상의는 짧게 하의는 길게, 원피스 보다는 상하의가 따로 떨어진 슈트, 상의는 짧은 볼레로 재킷이나 가디건, 엠파이어 스타일, 슬림하고 타이트한 팬츠, 아코디언주름 스커트나 개더스커트, 짧은 재킷과 미니스커트

(3) 피해야 할 스타일 : 힙 선이 가려지는 긴 자켓, 허리선이 짧은 팬츠

9) 다리가 굵은 체형

(1) 어울리는 스타일 : 일자형의 헐렁한 스커트, 플레어나 고어스커트, 폭이 넓은 스트레이트 바지, 작은 무늬와 세로줄 무늬의 스커트와 바지.

(2) 피해야 할 스타일 : 통이 좁은 팬츠, 종아리 길이의 팬츠나 스커트, 밝은 색이나 눈에 띄는 무늬의 하이 삭스.

10) 다리가 짧은 체형

(1) 상체가 긴 체형으로 대부분 엉덩이가 처진 경우가 많다

(2) 단색의 옷이 효과적, 구두와 비슷한 색상의 스타킹, 중간 정도의 굽이나 높은 굽의 심플한 디자인의 구두

(3) 어울리는 스타일 : 하이 웨이스트 원피스, 상하 같은 컬러, 스탠드 업 칼라, 어깨장식이 있는 옷

(4) 피해야 할 스타일 : 로우 웨이스트, 짧은 부츠, 종아리 길이의 코트나 스커트

Chapter 10

계약서관련 실무

제01절 표준전속계약서의 주요 내용

1. 가수 · 연기자중심 대중문화예술인 표준전속계약서(2종) 제정

공정거래위원회는 대중문화예술인(연예인)들의 정당한 권익을 보호하고 연예산업에서 불공정한 내용의 계약체결 관행을 개선하기 위하여 「대중문화예술인(가수중심) 표준전속계약서」와 「대중문화예술인(연기자중심) 표준전속계약서」 2종을 심사하여 공시(2009. 7. 6)

1) 계약의 자율성

이번 표준계약서에는 계약당사자들의 자율성을 최대한 존중하면서, 그 동안 많은 문제점을 야기했던 불공정조항들을 솎아내어 연예인이 실질적으로 대등한 계약당사자로 자리매김 할 수 있도록 하였음

2) 실연자 권익향상

연예인의 사생활보장 등 연예인의 인권보호 장치를 마련하고, 연예활동에 대한 연예인 자신의 통제권을 부여하는 등 전속계약의 모범을 제시함으로써 연예인 권익향상에 기여할 것으로 기대.

3) 파트너십

이와 함께 연예산업 발전을 통한 수익창출이 결국 연예인도 바라는 바이므로 연예기획사측의 정당한 비즈니스 활동에 연예인도 적극 협력할 것을 명시하여 파트너십(Partnership) 제고를 통한 상호 발전 도모

4) 연예산업의 발전토대

그 동안 연예산업 발전에 걸림돌로 작용하던 관행들도 정비하여 연예산업의 선순환적 발전토대 마련, 이번 표준전속계약서는 향후 가수 · 연기자부문 전속계약서 체결에 중요한 가이드라인으로 작용

(1) 비록 표준계약서 사용이 강제사항이 아니라 자율적으로 사용 여부를 결정할 수 있지만, 가수 또는 연기자(지망생 포함)들은 공정위 표준계약서를 통해 무엇이 공정한 내용인지 확인할 수 있어 자신의 권익확보에 도움이 될 것임

(2) 그간 연예산업에서는 계약서 문구 자체보다는 상호 신뢰관계를 우선시 하여 거래가 이뤄졌지만, 그 신뢰관계도 공정한 내용의 계약서 작성이 전제된 후에야 서로 상승작용을 통해 지속적인 신뢰관계 유지가 가능할 것임

(3) 물론 표준전속계약서 제정으로 그 동안 연예산업의 문제점과 관행들이 일거에 사라지는 것으로 기대하는 것은 무리이지만, 선진적인 연예산업 발전을 강구하기 위한 중요한 시발점이 될 것으로 기대

표 10-1 표준전속계약서 제정 시 중점사항 및 반영내용

	중점사항	반영내용
1	대중문화예술인의 권익증진	① 장기 계약기간설정 제한 또는 해지권 강화. 다만, 개인문제로 활동중단 시 연장 가능하며 가수의 경우 해외활동 등의 경우 장기계약 유지 가능 ② 구체적인 연예활동 범위 · 매체 등이나 독점적 권리부여는 합의하여 결정토록 하여 자율성을 존중 ③ 연예인의 사생활보장 등 인격권 보호강화 및 기획사측의 부당행위 요구 시 거절할 권리 확보 ④ 연예인의 실연권 보호 및 제3자에게 권리양도 시 연예인 서면동의 필요
2	연예산업 발전토대 마련	① 비용의 합리적 분담 및 수익분배의 투명성 확보 ② 저작권 귀속관계의 명확화(계약기간 종료 후 콘텐츠 판매에 필요한 저작권 등의 이용 보장) ③ 연예인 인성교육 강화, 정신건강 지원 및 연예기획사의 자격강화(연예인에게 보증토록) ④ 유통 활성화(사업다각화) 협력 명시 및 불필요한 소송남발 방지(중재절차 선택 가능)

▌표 10-2 연예기획사 및 연예인 관련 협회(단체) 개요(2009.7월 기준)

사업자단체	대표	회원사(수)	설립	비고
(사)한국연예제작자협회	김영진 (팀 엔터테인먼트 대표)	293개	1992.5월	가수중심
(사)한국연예매니지먼트협회	정훈탁 (前 iHQ대표)	62개	2007.5월	연기자중심
(사)한국방송영화공연 예술인노동조합	김응석 (탤런트)	13,000여 명	1988.4월	13개 지부
(사)대한가수협회	태진아 (가수)	1,000여 명	2006.5월	1957년 임의단체로 설립(초대회장 백년설)

2. 표준전속계약서의 주요 내용

1) 장기 전속계약에 따른 폐해 방지

(1) 연기자, 7년 범위 내에서 계약기간 설정

① 연기자의 경우 7년을 초과하지 않는 범위 내에서 계약기간을 설정할 수 있도록 하였음 - 연기자(지망생 포함)가 제대로 연예활동을 하고 수익을 내기 위해서는 조연, 보조출연 등 다소 주목받지 못하는 역할부터 천천히 올라가는 경우가 많아 전속계약기간을 최장 7년으로 설정

② 과도한 장기계약은 연예인이 다른 연예기획사로 옮겨 새롭게 연예활동을 할 기회를 박탈하고, 특별한 성과 없이 경과되는 장기계약은 오히려 연예기획사 측과 불필요한 분쟁과 마찰만 초래할 가능성이 큼 - 개별 · 구체적인 전속기간은 연예인의 성별, 나이, 경력 등에 따라 달라지는 것은 당연한데, 7년을 넘는 장기계약은 피할 필요

③ 만일 장기계약이 필요하면 연예기획사와 연예인의 합의에 따라 계약내용의 일부 변경을 통해 계약기간을 변경하거나 계약의 갱신도 가능

(2) 가수, 계약기간 제한 없지만 7년 지나면 해지를 용이하게 함

① 가수의 경우 당초 계약기간에는 제한이 없지만, 7년이 넘으면 가수가 계약해지를 주장할 수 있도록 하였음(해지통보 후 6개월 후에 계약이 종료되므로 실질적으로는 7년 6개월) - 하지만, 연예기획사와 가수가 합의한 경우에는 해지권 행사를 제한할 수 있도록 하여 정당한 사유가 있는 경우에는 별도 합의에 따라 장기계약도 가능(해외활동 등을 위해 7년 이상의 계약존속이 필요한 경우)

② 신인가수들을 체계적으로 발굴 · 육성 및 수익창출을 위해서는 10년이 넘는 계약기간도 필요하고, 굳이 소속 가수들이 원한다면 계약기간 자체는 문제 삼을 것이 없다는 기획사측의 주장도 일면 타당하나, 표준약관은 일부 성공한 가수보다는 대다수의 가수들의 권익보호에 초점을 맞추었음

③ 장기 해외활동 등을 위해 필요한 경우에는 전속기간이 7년을 초과하더라도 계약해지를 주장할 수 없도록(합의한 경우) 하여 연예기획사들의 우려(아카데미기능 마비)를 불식시키기 위해 노력하였음 - 또 연기자의 경우와 마찬가지로 7년을 넘는 장기계약이 필요하면 계약기간 중 기획사와 연예인의 합의에 따라 계약내용의 일부 변경을 통해 계약기간을 변경하거나 계약의 갱신도 가능하므로 장기간 계약 유지 가능

④ 만일 연예기획사가 처음 계약체결 당시 조건(가수에게 불리한 조건)으로 연예인을 묶어둘 계산으로 장기계약을 활용하는 것은 적절하지 않고, 특히 가수의 경우에는 자신만의 음악을 추구하는 경향이 강하므로 서로 추구하는 방향이 다름에도 불구하고 장기계약을 유지하는 것은 서로에게 큰 손실임

- 소수 대형 연예기획사의 경우 훈련기간(1~3년)과 투자회수기간을 감안하여 전속계약기간이 10년을 넘는 경우가 많으나, 중소 기획사의 시장 진입을 곤란하게 하는 요인으로도 작용하는 등 경쟁을 제한하는 폐해도 있음
- 굳이 7년을 기준으로 삼은 이유는 공정위가 그간 법원 판결과 실제 계약기간 현황 조사결과 등을 통해 마련한 것이고, 연예인 관련 단체에서도 계약기간 7년을 초과하는 것은 문제 있다고 강력하게 주장한데 기인
- 참고로 미국(캘리포니아주법)의 경우 전속기간은 7년을 넘지 못하도록 하고, 실제 영화배우조합(SAG)과 미국TV라디오연예인연맹(AFTRA)은 연예인에이전트협회(ATA)와의 단체협약을 통해 계약기간을 3년으로 제한하고, 미국

음악가연맹(AFM)은 5~7년의 기간제한을 두고 있음(가수는 7년 뒤에 소속 음반사를 바꿀 수 있음)

2) 장기 전속계약에 따른 폐해 방지

(1) 연기자, 7년 범위 내에서 계약기간 설정

① 연기자의 경우 7년을 초과하지 않는 범위 내에서 계약기간을 설정할 수 있도록 하였음 - 연기자(지망생 포함)가 제대로 연예활동을 하고 수익을 내기 위해서는 조연, 보조출연 등 다소 주목받지 못하는 역할부터 천천히 올라가는 경우가 많아 전속계약기간을 최장 7년으로 설정

② 과도한 장기계약은 연예인이 다른 연예기획사로 옮겨 새롭게 연예활동을 할 기회를 박탈하고, 특별한 성과 없이 경과되는 장기계약은 오히려 연예기획사 측과 불필요한 분쟁과 마찰만 초래할 가능성이 큼 - 개별 · 구체적인 전속기간은 연예인의 성별, 나이, 경력 등에 따라 달라지는 것은 당연한데, 7년을 넘는 장기계약은 피할 필요

③ 만일 장기계약이 필요하면 연예기획사와 연예인의 합의에 따라 계약내용의 일부 변경을 통해 계약기간을 변경하거나 계약의 갱신도 가능

(2) 가수, 계약기간 제한 없지만 7년 지나면 해지를 용이하게 함

① 가수의 경우 당초 계약기간에는 제한이 없지만, 7년이 넘으면 가수가 계약해지를 주장할 수 있도록 하였음(해지통보 후 6개월 후에 계약이 종료되므로 실질적으로는 7년 6개월) - 하지만, 연예기획사와 가수가 합의한 경우에는 해지권 행사를 제한할 수 있도록 하여 정당한 사유가 있는 경우에는 별도 합의에 따라 장기계약도 가능(해외활동 등을 위해 7년 이상의 계약존속이 필요한 경우)

② 신인가수들을 체계적으로 발굴 · 육성 및 수익창출을 위해서는 10년이 넘는 계약기간도 필요하고, 굳이 소속 가수들이 원한다면 계약기간 자체는 문제 삼을 것이 없다는 기획사측의 주장도 일면 타당하나, 표준약관은 일부 성공

한 가수보다는 대다수의 가수들의 권익보호에 초점을 맞추었음

③ 장기 해외활동 등을 위해 필요한 경우에는 전속기간이 7년을 초과하더라도 계약해지를 주장할 수 없도록(합의한 경우)하여 연예기획사들의 우려(아카데미기능 마티)를 불식시키기 위해 노력하였음 - 또 연기자의 경우와 마찬가지로 7년을 넘는 장기계약이 필요하면 계약기간 중 기획사와 연예인의 합의에 따라 계약내용의 일부 변경을 통해 계약기간을 변경하거나 계약의 갱신도 가능하므로 장기간 계약 유지 가능

④ 만일 연예기획사가 처음 계약체결 당시 조건(가수에게 불리한 조건)으로 연예인을 묶어들 계산으로 장기계약을 활용하는 것은 적절하지 않고, 특히 가수의 경우에는 자신만의 음악을 추구하는 경향이 강하므로 서로 추구하는 방향이 다름에도 불구하고 장기계약을 유지하는 것은 서로에게 큰 손실임

- 소수 대형 연예기획사의 경우 훈련기간(1~3년)과 투자회수기간을 감안하여 전속계약기간이 10년을 넘는 경우가 많으나, 중소 기획사의 시장 진입을 곤란하게 하는 요인으로도 작용하는 등 경쟁을 제한하는 폐해도 있음
- 굳이 7년을 기준으로 삼은 이유는 공정위가 그간 법원 판결과 실제 계약기간 현황 조사결과 등을 통해 마련한 것이고, 연예인 관련 단체에서도 계약기간 7년을 초과하는 것은 문제 있다고 강력하게 주장한데 기인
- 참고로 미국(캘리포니아주법)의 경우 전속기간은 7년을 넘지 못하도록 하고, 실제 영화배우조합(SAG)과 미국TV라디오연예인연맹(AFTRA)은 연예인에이전트협회(ATA)와의 단체협약을 통해 계약기간을 3년으로 제한하고, 미국음악가연갱(AFM)은 5~7년의 기간제한을 두고 있음(가수는 7년 뒤에 소속 음반사를 바꿀 수 있음)

3) 연예인의 인권보호 및 대등 당사자로서의 지위 강화

(1) 연예인의 사생활보장 등 연예인의 인격권 보호

① 연예기획사측이 연예인의 사생활을 과도하게 침해할 수 있는 조항*들은 없애고(대내적으로 침해 금지) 더 나아가 연예기획사는 연예인의 사생활이 대외적으로도 침해되지 않도록 연예인을 보호할 의무 강화.

(예) 항상 자신의 위치를 연예기획사에 통보하게 하거나, 사생활 일체를 연예기획사와 미리 상의하여 연예기획사의 지휘감독을 따르도록 한 조항 등

② 연예인의 사생활뿐만 아니라 연예인의 인격권이 대내외적으로 침해되는 것을 방지하도록 함. - 인격권은 헌법 제10조(인간의 존엄과 가치 및 행복추구권)에 근거하여 인정되는 권리로서 신체에 관한 권리, 건강에 대한 권리, 정조에 관한 권리, 명예권, 초상권, 성명권 등 인격의 형성 · 발전 · 유지에 관한 모든 권리를 내용으로 함

③ 기획사는 연예인에 대해 연예인의 사생활이나 인격권을 침해하거나 침해할 우려가 있는 행위를 요구하지 못하도록 별도 규정을 만들었고, 연예인은 기획사측의 부당한 요구에 대해 거절할 수 있도록 명문화. - 만일 기획사측이 연예인에 대해 인격권 침해행위 등을 요구하면, 연예인은 이를 거절할 수 있을 뿐만 아니라 계약해지 및 손해배상청구도 주장 가능할 수 있음

(2) 연예인 자신의 연예활동에 대한 통제권 강화

① 연예인은 연예기획사측의 매니지먼트 활동에 대하여 언제든지 자신의 의견을 제시할 수 있고, 필요한 경우 관련 자료의 열람 · 복사를 요청 가능하고, 연예기획사는 이에 응하도록 규정

② 연예기획사측은 연예인의 연예활동 관련 계약을 체결할 경우 연예인에게 미리 계약의 내용과 그 일정 등을 설명하고, 연예인의 신체적 · 정신적 준비상황을 반드시 고려하도록 함

③ 연예인이 미리 자신의 연예활동에 대한 명시적인 의사표명을 한 경우에 연예기획사는 연예인의 그 의사에 반해 계약을 체결하지 못하도록 규정

(3) 연예인의 저작권 및 저작인접권(실연권) 보호

① 우리나라 저작권 관련 법령에 따라 보호되는 연예인 자신의 저작권 및 실연권의 존재 및 가치를 인정하고, 연예인의 실연권 · 퍼블리시티권 등을 전속계약기간에 한해 사용가능 하도록 명시. - 퍼블리시티권(right of publicity)이란 재산적 가치가 있는 유명인의 성명, 초상 등 프라이버시에 속하는 사항을 영리목적으로 이용할 수 있는 권리

② 연예활동에서 연예인의 예명이나 캐릭터 등이 차지하는 비중이 크므로, 전속계약기간이 종료되면 연예인의 연예활동과 관련하여 취득한 상표권이나 디자인권을 연예인에게 이전하도록 함(다만, 기획사측은 정당한 대가 요구 가능)

(4) 연예인의 자유로운 경제활동 보장 및 수익의 정기지급

① 연예인이 연예활동 이외의 경제활동을 하고자 할 경우에는 원칙적으로 자유롭게 이를 할 수 있도록 함(다만 연예활동에 지장을 초래해서는 안 됨) - 당초 심사청구(안)에는 연예활동 이외의 경제활동을 하고자 할 경우 연예기획사의 서면동의를 받도록 하였으나 연예인 자신도 생활인으로서 필요한 경우 연예활동 이외의 경제활동을 할 수 있으므로 이들 조항 삭제

② 연예인에게 원칙적으로 매달 정기적으로 수입확보(정산금 지급)를 할 수 있게 함으로써 안정적이고 예측 가능한 경제활동을 할 수 있도록 명시

③ 연예기획사는 연예인에게 정산금 지급과 동시에 정산자료도 제공하도록 하여 투명한 수익분배가 이뤄지도록 하고, 30일 이내에 이의제기도 가능

④ 연예기획사가 연예인에 대해 부당한 금품을 요구하지 못하도록 규정

(5) 계약상 권리이전은 연예인의 사전 동의 필요

① 연예기획사가 연예인에 대한 전속계약상 권리 및 지위를 제3자에게 양도하기 위해서는 미리 사전에 을의 서면 동의를 받도록 하였음

② 연예활동은 연예인 자신의 대체 불가능한 노무의 제공을 통해 이뤄지는 것임

을 감안하면, 연예기획사의 변경은 연예인에게 매우 중요한 사항이므로 연예인에게 연예기획사 변경에 대한 선택권(계약유지 또는 종료)을 부여할 필요

(6) 연예인의 진정한 의사와 능력에 합치되는 전속계약

① 연예인의 연예활동 범위를 가수인 경우에는 뮤지션으로서의 활동을 기본으로 하고, 그 이외의 연기자로서의 활동 · 문예활동 등 뮤지션으로서의 활동과 거리가 먼 활동은 서로 합의를 통해 그 활동범위를 넓힐 수 있도록 함 - 이는 연기자의 경우에도 마찬가지인데, 연기자 본연의 연예활동을 기본으로 정하고, 그 밖의 뮤지션으로서의 활동 · 문예활동 등은 별도로 연예기획사와 연예인 자신이 합의하여 정할 수 있도록 규정

② 전속적 매니지먼트 권한의 일부를 위임하는 것을 유보할 수 있도록 규정함으로써 연예인은 연예기획사에게 포괄적인 매니지먼트 권한을 위임할 수도 있고, 아니면 일부 매니지먼트 권한을 위임할 수도 있도록 하였음 - 이로써 연예인이 자신의 연예활동의 원활한 이행 및 이익극대화를 위해 다양한 계약을 체결할 수 있게 되어 연예기획사와 연예인이 대등한 당사자로서의 지위를 갖게 될 수 있음

③ 아울러 연예인 자신의 신상문제로 연예활동을 할 수 없게 된 경우에는 연예기획사와 합의하여 구체적인 계약기간 연장일수를 정할 수 있도록 함 - 군복무, 임신 · 출산 및 육아, 대학원 진학 등의 경우 계약기간 연장 가능

4) 연예산업 발전토대 마련

(1) 연예활동에 따른 비용부담 관계 명시

① 연예인의 공식적인 연예활동으로 현장에서 직접적으로 소요되는 비용, 광고수수료, 기타 연예인이 동의하여 지출된 비용 등을 공제한 나머지 수익을 토대로 연예기획사와 연예인이 수익분배 하기로 정함. - 그 동안 연예기획사측이 연예활동 관련 제반비용을 대부분 부담함에 따라 연예기획사측의 수익에 악영향을 미치고, 고비용 저수익 구조를 유지하는 원인으로 작용

② 연예활동과 무관한 비용은 연예인이 부담하도록 하여 연예기획사측의 불필요한 지출을 막고, 합리적인 재정운용을 도모하는 기반 마련. - 2008년 말 기준으로 상위 연예기획사들의 영업이익 및 당기순이익이 3년 연속 마이너스를 기록하는 등 연예기획사들의 재정상황이 어려운 상황

③ 다만 연예기획사측의 아카데미기능(교육 · 훈련)과 관련된 비용은 연예기획사측이 원칙적으로 부담하도록 하여 신인 연예인 발굴 및 육성 역할 수행 - 신인 연예인 발굴을 통해 우리나라 문화산업의 지속적인 발전에 기여하는 연예기획사측의 역할은 산업적 측면뿐만 아니라 문화적 측면에서도 매우 지대함

(2) 유통역량 강화를 통한 수익확대 토대 마련

① 연예기획사가 콘텐츠(제품) 판매를 수월하게 하기 위하여 연예인 자신의 실연이 포함된 콘텐츠의 이용을 위해 필요한 권리를 자동으로 연예기획사에 부여되는 것으로 규정 - 현재 음반의 경우, 영상제작물과 달리 제작자에게 실연자의 권리가 양도되는 것으로 간주하는 규정이 없어 작곡 · 작사가, 가수, 연주자 등으로부터 일일이 동의를 받아야 함(유통확대를 위해 미리 필요한 권리를 부여받는 내용 명시 필요)

② 연예인에게도 연예기획사측이 연예인 자신의 저작권 및 저작인접권(실연권) 활용을 통한 유통을 통한 매출확대 및 수익구조 다변화에 적극 협력할 것을 규정

(3) 연예기획사는 자신의 매니지먼트 역량을 보증해야

① 연예기획사는 전속계약을 체결한 연예인에 대해 매니지먼트 권한행사 및 의무이행을 위한 필요한 인적 · 물적 자원을 보유하거나 그러한 능력을 갖출 것을 계약 당사자인 연예인에게 확인하고 보증하도록 함 - 계약당사자인 연예인은 당해 전속계약체결이 제3자와의 계약을 침해하지 않는다는 것 등을 연예기획사측에 확인하고 보증

② 이 약관내용은 연예기획사가 아무런 제반시설 및 능력도 없으면서 전속계약

체결하는 것을 방지하고 연예인 입장에서도 자신의 연예활동을 전혀 지원할 능력이 없는 연예기획사로부터 벗어날 수 있는 근거로 작용 가능

(4) 중재제도 이용(선택) 가능토록 명시

① 전속계약과 관련하여 분쟁이 발생할 경우 대한상사중재원의 중재를 통해서도 해결할 수 있도록 선택권 부여(소송과 중재 중 하나 선택) - 그 동안 일부 연예기획사는 소속 연예인을 상대로 소송을 남발하여 장기간 당해 연예인이 연예활동에 막대한 지장을 초래하고 경제적 · 정신적 고통을 주는 수단으로 악용하는 경우가 있었음

② 중재제도는 일반 소송(3심제)과 달리 단심제이지만, 특히 프라이버시가 중요시되는 연예인 관련 분쟁해결에 적합할 것으로 기대

(5) 연예인의 인성교육 및 정신건강 지원 명시

① 연예기획사가 연예인에게 연예인으로서 갖춰야 할 자질과 인성교육을 제공할 수 있는 근거를 마련하여 지속가능하고 건전한 연예산업 발전을 위한 연예산업 시장참여자들 자발적인 노력 토대 마련 - 연예인뿐만 아니라 매니저들에 대한 교육도 실시 중(한국연예매니지먼트협회 등)

② 대중들의 사랑에 민감한 연예인들이 연예활동과 수반되어 발생할 수 있는 극도의 우울증 등이 발견될 경우 연예인의 동의 하에 적절한 치료를 지원할 수 있도록 규정 - 최근 사회적 문제가 되고 있는 연예인들의 자살을 연예인과 가장 지근거리에 있는 연예기획사들이 적극적으로 연예인을 지원할 수 있도록 계약서에 명시

5) 기존 판례, 공정위 심결례 및 약관법 개정사항 반영

(1) 법원 판결 및 심결례 반영

① 전속계약기간 제한, 연예활동에 대한 연예인의 통제권 확대, 연예인 사생활 보호 등은 앞에서 본 바와 같음

② 위약금(벌) 금액의 합리적 제한

- (가수) 기존 연예활동기간 월평균 매출액 × 잔여기간 개월 수
- (연기자) 계약 잔여기간 동안 발생될 매출액의 ______% (15% 초과 못함)

A. 가수부문은 계약 잔여기간 동안 연예활동으로 인해 발생했을 일실이익에, 연기자부문은 계약해지 이후 잔여 계약기간 동안 발생할 장래의 매출액에 중점을 둠

- B. 종전에는 위약벌로 총 투자액의 5배, 잔여 계약기간동안 예상되는 이익금의 3배, 그리고 3억 원을 정한 사례 등이 있었음

(2) 약관내용을 쉽게, 명확하게 표시

① 표준계약서 중 중요한 내용은 굵은 글씨를 사용하고, 계약당사자들에게 중요한 의미를 가지는 숫자에는 밑줄로 표시(약관법 제3조 제1항)

제02절 대중문화예술인(가수중심) 표준전속계약서

[프로덕션] (이하'갑'이라 한다)[와, 과]
[아티스트] (본명 :)(이하'을'이라 한다)[는, 은]
다음과 같이 전속계약을 체결함에 있어 상호 신의성실로서 이를 이행한다.

제1조(목적)

이 계약은 갑과 을이 서로의 이익과 발전을 위하여 적극적으로 협력하는 것을 전제로, 을은 최선의 노력을 통해 자신의 재능과 자질을 발휘하여 자기 발전을 도모함은 물론, 대중문화예술인으로서 명예와 명성을 소중히 하여야 하며, 갑은 을의 재능과 자질이 최대한 발휘될 수 있도록 매니지먼트 서비스를 충실히 이행하고 을의 이익이 극대화되도록 최선을 다함으로써 상호 이익을 도모함에 그 목적이 있다.

제2조(매니지먼트 권한의 부여 등)

① 을은 갑에게 제4조에서 정하는 대중문화예술인으로서의 활동(이하 "연예활동"이라 한다)에 대한 독점적인 매니지먼트 권한을 위임하고, 갑은 이러한 매니지먼트 권한을 위임 받아 행사한다. 다만 을이 갑에게 위 독점적인 매니지먼트 권한의 일부를 위임하는 것을 유보하기로 양 당사자가 합의하는 경우에는 그러하지 아니하다.

② 갑은 을이 자기의 재능과 실력을 최대한 발휘할 수 있도록 성실히 매니지먼트 권한을 행사하여야 하고, 갑의 매니지먼트 권한 범위 내에서의 연예활동과 관련하여 을의 사생활보장 등 을의 인격권이 대내외적으로 침해되지 않도록 최대한 노력한다.

③ 을은 계약기간 중 갑이 독점적으로 권한을 행사하도록 되어 있는 연예활동과 관련하여 갑의 사전승인 없이 자기 스스로 또는 갑 이외의 제3자를 통하여 출연교섭을 하거나 연예활동을 하여서는 아니 된다.

제3조(계약기간 및 갱신)

① 이 계약의 계약기간은
_____년 _____월 _____일 부터 _____년 _____월 _____일까지
(_____년 _____개월)로 한다.

② 제1항에 따른 계약기간이 7년을 초과하여 정해진 경우, 을은 7년이 경과되면 언제든지 이 계약의 해지를 갑에게 통보할 수 있고, 갑이 그 통보를 받은 날로부터 6개월이 경과하면 이 계약은 종료한다.

③ 다음 각 호의 어느 하나에 해당하는 경우에는 제2항의 규정에도 불구하고 갑과 을이 별도로 서면으로 합의하는 바에 따라 해지권을 제한할 수 있다.
  1. 장기의 해외활동을 위해 해외의 매니지먼트 사업자와의 계약체결 및 그 계약 이행을 위하여 필요한 경우
  2. 기타 정당한 사유로 장기간 계약이 유지될 필요가 있는 경우

④ 계약기간 중 다음 각 호의 어느 하나와 같이 을의 개인 신상에 관한 사유로 을이 정상적인 연예활동을 할 수 없게 된 경우에는 그 기간만큼 계약기간이 연장되는 것으로 하며, 구체적인 연장일수는 갑과 을이 합의하여 정한다.
  1. 군복무를 하는 경우
  2. 임신 · 출산 및 육아, 대학원에 진학하는 경우
  3. 연예활동과 무관한 사유로 인하여 병원 등에 연속으로 30일 이상 입원하는 경우
  4. 기타 을의 책임 있는 사유로 연예활동을 할 수 없게 된 경우

⑤ 이 계약의 적용범위는 대한민국을 포함한 전 세계 지역으로 한다.

제4조(연예활동의 범위 및 매체)

① 을의 연예활동은 다음 각 호의 활동을 말한다.
  1. 작사 · 작곡 · 연주 · 가창 등 뮤지션으로서의 활동 및 그에 부수하는 방송출연, 광고출연, 행사진행 등의 활동
  2. 배우, 모델, 성우, TV탤런트 등 연기자로서의 활동(단, 갑의 독점적 매니지먼트의 대상이 되는 범위에 대하여는 갑과 을이 별도로 합의하는 바에 따른다)

3. 기타 위 제1호 또는 제2호의 활동과 밀접히 관련되거나 문예 · 미술 등의 창작 활동 등으로서 갑과 을이 별도로 합의한 활동

② 을의 연예활동을 위한 매체 등은 다음 각 호와 같다.

1. TV(지상파 방송, 위성방송, 케이블, CCTV, IPTV 기타 새로운 영상매체를 포함한다) 및 라디오, 모바일기기, 인터넷 등
2. 레코드, CD, LDP, MP3, DVD 기타 음원 및 영상물의 고정을 위한 일체의 매체물과 비디오테이프, 비디오디스크 기타 디지털방식을 포함한 일체의 영상 녹음물
3. 영화, 무대공연, 이벤트 및 행사, 옥외광고
4. 포스터, 스틸 사진, 사진집, 신문, 잡지, 단행본 기타 인쇄물
5. 저작권, 초상권 및 캐릭터를 이용한 각종 사업이나 뉴미디어 등으로 갑과 을이 별도로 합의한 사업이나 매체

③ 제1항 및 제2항의 규정에도 불구하고 구체적인 연예활동 범위와 연예활동 매체 등은 갑과 을이 부속 합의서에서 달리 정할 수 있다.

제5조(갑의 매니지먼트 권한 및 의무 등)

① 갑은 이 계약에 따라 을에 대하여 다음 각 호의 매니지먼트 권한 및 의무를 가진다.

1. 필요한 능력의 습득 및 향상을 위한 일체의 교육실시 또는 위탁
2. 제4조 제1항의 연예활동을 위한 계약의 교섭 및 체결
3. 제4조 제2항의 매체에 대한 출연교섭
4. 을의 연예활동에 대한 홍보 및 광고
5. 제3자로부터 을의 연예활동에 대한 대가 수령 및 관리
6. 연예활동에 대한 기획, 구성, 연출, 일정관리
7. 콘텐츠의 기획 · 제작, 유통 및 판매
8. 기타 을의 연예활동을 위한 제반 지원

② 갑은 을을 대리하여 제3자와 을의 연예활동에 관한 계약의 조건과 이행방법 등을 협의 및 조정하여 계약을 체결할 권한을 가지는데, 그 대리권을 행사함에 있어 갑은 을의 신체적, 정신적 준비상황을 반드시 고려하여야 하고, 급박한 사정이

없는 한 미리 을에게 계약의 내용 및 일정 등을 사전에 설명하여야 하며, 또 을의 명시적인 의사표명에 반하는 계약을 체결해서는 아니 된다.

③ 갑은 을의 연예활동과 관련하여 계약기간 이후에도 효력을 미치는 계약을 교섭 · 체결하기 위해서는 을의 동의를 얻어야 한다.

④ 을의 연예활동을 제3자가 침해하거나 방해하는 경우 갑은 그 침해나 방해를 배제하기 위한 필요한 조치를 취해야 한다.

⑤ 갑은 이 계약에 따른 을의 연예활동 또는 연예활동 준비 이외에 을의 사생활이나 인격권을 침해하거나 침해할 우려가 있는 행위를 요구하여서는 아니 되고, 부당한 금품을 요구하여서도 아니 된다.

⑥ 갑은 을의 사전 서면동의를 얻은 후 이 계약상 권리 또는 지위의 전부 또는 일부를 제3자에게 양도할 수 있다.

제6조(을의 일반적 권한 및 의무)

① 을은 제2조 및 제5조에 따라 행사되는 갑의 매니지먼트 활동에 대하여 언제든지 자신의 의견을 제시할 수 있고, 필요한 경우 을의 연예활동과 관련된 자료나 서류 등을 열람 또는 복사해 줄 것을 갑에게 요청할 수 있고, 갑은 이에 응해야 한다.

② 을은 갑의 매니지먼트 권한 행사에 따라 자신의 재능과 실력을 최대한 발휘하여 연예활동을 하여야 한다.

③ 을은 연예활동에 지장을 초래할 정도로 대중문화예술인으로서의 품위를 손상시키는 행위를 해서는 아니 되며, 갑의 명예나 신용을 훼손하는 행위를 해서도 아니 된다.

④ 을은 갑이 제5조 제5항의 규정에도 불구하고 부당한 요구를 하는 경우에는 이를 거부할 수 있다.

⑤ 을은 계약기간 중 갑의 사전 동의 없이는 제3자와 이 계약과 동일하거나 유사한 계약을 체결하는 등 이 계약을 부당하게 파기 또는 침해하는 행위를 하여서는 아니 된다.

제7조(을의 인성교육 및 정신건강 지원)

갑은 을이 대중문화예술인으로서 자질과 인성을 갖추는데 필요한 교육을 제공할 수 있고, 을에게 극도의 우울증세 등이 발견될 경우 을의 동의 하에 적절한 치료 등을 지원할 수 있다.

제8조(상표권 등)

갑은 계약기간 중 본명, 예명, 애칭을 포함하여 을의 모든 성명, 사진, 초상, 필적, 기타 을의 동일성(identity)을 나타내는 일체의 것을 사용하여 상표나 디자인 기타 유사한 지적재산권을 개발하고, 갑의 이름으로 이를 등록하거나 을의 연예활동 또는 갑의 업무와 관련하여 이용(제3자에 대한 라이선스 포함)할 수 있는 권리를 갖는다. 다만 계약기간이 종료된 이후에는 모든 권리를 을에게 이전하여야 하며, 갑이 지적재산권 개발에 상당한 비용을 투자하는 등 특별한 기여를 한 경우에는 을에게 정당한 대가를 요구할 수 있다.

제9조(퍼블리시티권 등)

① 갑은 계약기간에 한하여 본명, 예명, 애칭을 포함하여 을의 모든 성명, 사진, 초상, 필적, 음성, 기타 을의 동일성(identity)을 나타내는 일체의 것을 을의 연예활동 또는 갑의 업무와 관련하여 이용할 수 있는 권한을 가지며, 계약기간이 종료되면 그 이용권한은 즉시 소멸된다.

② 갑은 제1항의 권한을 행사함에 있어 을의 명예나 기타 을의 인격권이 훼손하는 방식으로 행사하여서는 아니 된다.

제10조(콘텐츠 귀속 등)

① 계약기간 중에 을과 관련하여 갑이 개발 · 제작한 콘텐츠(이 계약에서 "콘텐츠"라 함은 을의 연예활동과 관련하여 제4조 제2항의 매체를 통해 개발 · 제작된 결과물을 말한다)는 갑에게 귀속되며, 을의 실연이 포함된 콘텐츠의 이용을 위하여 필요한 권리는 발생과 동시에 자동적으로 갑에게 부여된다.

② 계약종료 이후 제1항에 따라 매출이 발생할 경우, 갑은 을에게 매출의 _____%

를 정산하여 (　　)개월 단위로 지급한다. 다만, 을이 갑에게 지급하여야 할 금원이 있는 경우에는 위 정산금에서 우선 공제할 수 있고, 갑은 을의 요구가 있는 때에는 정산금 지급과 동시에 정산자료를 을에게 제공하여야 한다.

③ 계약종료 후 1년간 을은 갑이 을을 통하여 개발 · 제작한 콘텐츠의 소재가 된 것과 동일 또는 유사한 것을 해당 콘텐츠와 동일 또는 유사한 형태의 콘텐츠(예컨대, 가수가 동일 곡을 재가창한 음반, 디지털파일 등의 녹음물)로 직접 또는 제3자를 통하여 제작하여 사용하거나 판매할 수 없다.

④ 이 조항과 관련하여 갑은 대한민국 저작권 관련 법령에 따라 보호되는 을의 저작권 및 저작인접권(실연권)을 인정하고, 을은 자신의 저작권 및 저작인접권(실연권) 활용을 통해 갑의 콘텐츠 유통 등을 통한 매출확대 및 수익구조 다변화를 기할 수 있도록 적극 협력한다.

제11조(권리 침해에 대한 대응)

제3자가 제8조 내지 제10조에 규정된 권리를 침해하는 경우, 갑은 갑 자신의 책임과 비용으로 그 침해를 배제하기 위한 조치를 취해야 하며, 을은 이와 같은 갑의 침해배제 조치에 협력한다.

제12조(수익의 분배 등)

① 이 계약을 통하여 얻는 모든 수입은 일단 갑이 수령하며, 아래 제2항 및 제3항에 따라 분배한다. 단, 을이 그룹의 일원으로 활동할 경우, 해당 연예활동으로 인한 수입에 대해서는 해당 그룹의 인원수로 나눈다.

② 음반 및 콘텐츠 판매와 관련된 수입은 각종 유통 수수료, 저작권료, 실연료 등의 비용을 공제한 후 갑과 을이 분배하여 가지는데, 그 분배방식(예: 슬라이딩 시스템)이나 구체적인 분배비율은 갑과 을이 별도로 합의하여 정한다.

③ 연예활동과 관련된 수익에 대한 수익분배방식(예: 슬라이딩 시스템)이나 구체적인 분배비율도 갑과 을이 별도로 합의하여 정한다. 이때 수익분배의 대상이 되는 수익은 을의 연예활동으로 발생한 모든 수입에서 을의 공식적인 연예활동으로 현

장에서 직접적으로 소요되는 비용(차량유지비, 의식주 비용, 교통비 등 연예활동의 보조 · 유지를 위해 필요적으로 소요되는 실비)과 광고수수료 비용 및 기타 갑이 을의 동의 하에 지출한 비용을 공제한 금액을 말한다.

④ 갑은 자신의 매니지먼트 권한 범위 내에서 을의 연예활동에 필요한 능력의 습득 및 향상을 위한 교육(훈련)에 소요되는 제반비용을 원칙적으로 부담하며, 을의 의사에 반하여 불필요한 비용을 을에게 부담시켜서는 아니 된다.

⑤ 을은 연예활동과 무관한 비용을 갑에게 부담시켜서는 아니 된다.

⑥ 을의 귀책사유로 갑이 을을 대신하여 제3자에게 배상한 금원이 있는 경우 을의 수입에서 그 배상비용을 우선 공제할 수 있다.

⑦ 갑은 을에게 분배할 금원을 매월 (　　)일자로 정산하여 다음 달 (　　)일까지 을이 지정하는 입금계좌로 지급한다. 단, 매월 정산하기 어려운 부분에 대해서는 을에게 이러한 사실을 알리고 별도의 정산주기 및 지급일을 정할 수 있다.

⑧ 갑은 정산금 지급과 동시에 정산자료(총 수입과 비용공제내용 등을 증빙할 수 있는 자료)를 을에게 제공하여야 한다. 을은 정산자료를 수령한 날로부터 30일 이내에 정산내역에 대하여 공제된 비용이 과다 계상되었거나 을의 수입이 과소 계상되었다는 등 갑에게 이의를 제기할 수 있고, 갑은 그 정산근거를 성실히 제공하여야 한다.

⑨ 갑과 을은 각자의 소득에 대한 세금을 각자 부담한다.

제13조(확인 및 보증)

① 갑은 을에 대해 계약체결 당시 제5조 제1항의 매니지먼트 권한 및 의무를 행사하는데 필요한 인적 · 물적 자원을 보유하거나 그러한 능력을 갖추고 있다는 것을 확인하고 보증한다.

② 을은 갑에 대해 다음 각 호의 사항을 확인하고 보증한다.

1. 이 계약을 유효하게 체결하는데 필요한 권리 및 권한을 보유하고 있다는 것
2. 이 계약의 체결이 제3자와의 다른 계약을 침해하지 않는다는 것
3. 계약기간 중 이 계약내용과 저촉되는 계약을 제3자와 체결하지 않는다는 것

제14조(계약내용의 변경)

이 계약내용 중 일부를 변경할 필요가 있는 경우에는 갑과 을의 서면합의에 의하여 변경할 수 있으며, 그 서면합의에서 달리 정함이 없는 한, 변경된 사항은 그 다음 날부터 효력을 가진다.

제15조(계약의 해제 또는 해지)

① 갑 또는 을이 이 계약상의 내용을 위반하는 경우, 그 상대방은 위반자에 대하여 14일 간의 유예기간을 정하여 위반사항을 시정할 것을 먼저 요구하고, 그 기간 내에 위반사항이 시정되지 아니하는 경우에 상대방은 계약을 해제 또는 해지하고, 손해배상을 청구할 수 있다.

② 갑이 계약내용에 따른 자신의 의무를 충실히 이행하고 있음에도 불구하고, 을이 계약기간 도중에 계약을 일방적으로 파기할 목적으로 계약상의 내용을 위반한 경우에는 을은 제1항의 손해배상과는 별도로 계약해지 당시를 기준으로 직전 2년간의 월평균 매출액에 계약 잔여기간 개월 수를 곱한 금액(을의 연예활동 기간이 2년 미만인 경우에는 실제 매출이 발생한 기간의 월평균 매출액에서 잔여기간 개월 수를 곱한 금액)을 위약벌로 갑에게 지급한다. 이 경우 계약 잔여기간은 제3조 제3항의 규정이 적용되는 경우가 아닌 한, 제3조 제1항에 따른 계약기간이 7년을 초과하는 경우에는 7년을 초과한 기간은 계약 잔여기간에서 제외한다.

③ 계약 해지일 현재 이미 발생한 당사자들의 권리 · 의무는 이 계약의 해지로 인하여 영향을 받지 않는다.

④ 을이 중대한 질병에 걸리거나 상해를 당하여 연예활동을 계속하기 어려운 사정이 발생한 경우 이 계약은 종료되며, 이 경우에 갑은 을에게 손해배상 등을 청구할 수 없다.

제16조(비밀유지)

갑과 을은 이 계약의 내용 및 이 계약과 관련하여 알게 된 상대방의 업무상의 비밀을 제3자에게 정당한 사유 없이 누설하여서는 아니 되며, 이를 비밀로 유지하여야 한다. 이 비밀유지의무는 계약기간 종료 후에도 유지된다.

제17조(분쟁해결)

① 이 계약에서 발생하는 모든 분쟁은 갑과 을이 자율적으로 해결하도록 노력한다.

② 제1항에 따라 해결되지 않을 때에는 다음 중 ________에 따라 해결한다.

1. 중재법에 의하여 설치된 대한상사중재원의 중재(仲裁)

☞ **중재란 분쟁을 해당 분야 전문가들의 판정에 의해 해결하는 제도인데, 소송(3심제)과는 달리 단심으로 끝남(중재판정은 법원의 확정판결과 동일한 효력)**

2. 민사소송법 등에 따른 법원에서의 소송(訴訟)

제18조(부속 합의)

① 갑과 을은 이 계약의 내용을 보충하거나, 이 계약에서 정하지 아니한 사항을 규정하기 위하여 부속 합의서를 작성할 수 있다.

② 을이 그룹의 일원으로 연예활동을 하는 경우에 제8조(상표권 등) 내지 제10조(콘텐츠 귀속 등)의 규정은 별도의 합의로 정할 수 있다.

③ 제14조에 따른 계약내용 변경 및 제1항에 따른 부속 합의는 이 계약의 내용과 배치되거나 위반하지 않는 범위로 한정한다.

이 계약의 성립 및 내용을 증명하기 위하여 계약서 2부를 작성하고, 갑과 을이 서명날인 후 각 1부씩 보관한다.

계약체결 일시 :　　　년　　　월　　　일
계약체결 장소 :

갑 : 프로덕션
주　소 :
회사명 :
대표자 :　　　　　　　　　　　　인

을 : 아티스트
주　소 :
주민등록번호 :
주　소(실명) :　　　　　　　　　인
[개인인감증명서 및 주민등록등본 첨부]

을의 법정대리인(을이 미성년자인 경우)
을과의 관계 :
주　소 :
주민등록번호 :
주　소(실명) :　　　　　　　　　인
[개인인감증명서 및 주민등록등본 첨부]

< 첨 부 >
1. 부속 합의서

제03절 대중문화예술인(연기자중심) 표준전속계약서

[매니지먼트사] (이하'갑'이라 한다)[와, 과]
[대중문화예술인] (본명 :) (이하'을'이라 한다)[는, 은]
다음과 같이 전속 매니지먼트 계약을 체결한다.

제1조(목적)

이 계약은 을이 대중문화예술인으로서의 활동(이하 "연예활동"이라 한다)에 대한 매니지먼트 권한을 갑에게 위임하고, 이에 따라 갑이 그 권한을 행사하는 데에 있어서 필요한 제반 사항을 정함으로써, 연예활동에 있어서의 갑과 을의 상호의 이익과 발전을 도모함에 그 목적이 있다.

제2조(매니지먼트 권한의 부여 등)

① 을은 갑에게 제3조에서 정하는 연예활동에 대한 독점적 매니지먼트 권한을 위임하고, 갑은 이러한 매니지먼트 권한을 위임 받아 행사한다. 다만 을이 갑에게 위독점적매니매니지먼트 권한의 일부를 위임하는 것을 유보하기로 양 당사자가 합의하는 지먼에는 그러하지 아니 하다.

② 갑은 을이 자기의 재능과 실력을 최대한 발휘할 수 있도록 성실히 매니지먼트 권한을 행사하여야 하고, 갑의 매니지먼트 권한 범위 내에서의 연예활동과 관련하여 을의 사생활보장 등 을의 인격권이 대내외적으로 침해되지 않도록 최대한 노력한다.

③ 을은 계약기간 중 갑이 독점적으로 권한을 행사하도록 되어 있는 연예활동과 관련하여 갑의 사전승인 없이 자기 스스로 또는 갑 이외의 제3자를 통하여 출연교섭을 하거나 연예활동을 하여서는 아니 된다.

제3조(연예활동의 범위 및 매체)

① 을의 연예활동은 다음 각 호의 활동을 말한다.

1. 배우 · 모델 · 성우 · TV탤런트 등 연기자로서의 활동 및 그에 부수하는 방송 출연, 광고출연, 행사진행 등의 활동
2. 작사, 작곡, 연주, 가창 등 뮤지션으로서의 활동(단, 갑의 독점적 매니지먼트의 대상이 되는 범위에 대하여는 갑과 을이 별도로 합의하는 바에 따른다)
3. 기타 위 제1호 또는 제2호의 활동과 밀접히 관련되거나 문예 · 미술 등의 창작 활동 등으로서 갑과 을이 별도로 합의한 활동

② 을의 연예활동을 위한 매체 등은 다음 각 호와 같다.

1. TV(지상파 방송, 위성방송, 케이블, CCTV, IPTV 기타 새로운 영상매체를 포함한다) 및 라디오, 모바일기기, 인터넷 등
2. 레코드, CD, LDP, MP3, DVD 기타 음원 및 영상물의 고정을 위한 일체의 매체물과 비디오테이프, 비디오디스크 기타 디지털방식을 포함한 일체의 영상 녹음물
3. 영화, 무대공연, 이벤트 및 행사, 옥외광고
4. 포스터, 스틸 사진, 사진집, 신문, 잡지, 단행본 기타 인쇄물
5. 저작권, 초상권 및 캐릭터를 이용한 각종 사업이나 뉴미디어 등으로 갑과 을이 별도로 합의한 사업이나 매체

③ 제1항 및 제2항의 규정에도 불구하고 구체적인 연예활동 범위와 연예활동 매체 등은 갑과 을이 부속 합의서에서 달리 정할 수 있다.

제4조(갑의 매니지먼트 권한 및 의무 등)

① 갑이 제2조에 따라 행사하는 을에 대한 매니지먼트 권한 및 의무의 범위는 다음 각 호와 같다.

1. 연예활동에 필요한 능력의 습득 또는 향상을 위한 일체의 교육실시 또는 위탁
2. 제3조 제1항의 연예활동을 위한 계약교섭 및 계약체결
3. 제3조 제2항의 매체에 대한 출연교섭
4. 을의 연예활동에 대한 홍보 및 광고
5. 제3자로부터 을의 연예활동에 대한 출연료 등 대가 수령 및 관리
6. 연예활동 일정의 관리

7. 콘텐츠의 기획 · 제작, 유통 및 판매
8. 기타 을의 연예활동을 위한 제반 지원

② 갑은 을을 대리하여 제3자와 을의 연예활동에 관한 계약의 조건과 이행방법 등을 협의 및 조정하여 계약을 체결할 권한을 가지는데, 그 대리권을 행사함에 있어 갑은 을의 신체적, 정신적 준비상황을 반드시 고려하여야 하고, 급박한 사정이 없는 한 미리 을에게 계약의 내용 및 일정 등을 사전에 설명하여야 하며, 또 을의 명시적인 의사표명에 반하는 계약을 체결해서는 아니 된다.

③ 갑은 을의 연예활동과 관련하여 계약기간 이후에도 효력을 미치는 계약을 교섭 · 체결하기 위해서는 을의 동의를 얻어야 한다.

④ 을의 연예활동을 제3자가 침해하거나 방해하는 경우 갑은 그 침해나 방해를 배제하기 위한 필요한 조치를 취해야 한다.

⑤ 갑은 이 계약에 따른 을의 연예활동 또는 연예활동 준비 이외에 을의 사생활이나 인격권을 침해하거나 침해할 우려가 있는 행위를 요구하여서는 아니 되고, 부당한 금품을 요구하여서도 아니 된다.

제5조(을의 일반적 권한 및 의무)

① 을은 제2조에 따라 갑이 위임받아 행사되는 매니지먼트 활동에 대하여 언제든지 자신의 의견을 제시할 수 있고, 필요한 경우 을의 연예활동과 관련된 자료나 서류 등을 열람 또는 복사해 줄 것을 갑에게 요청할 수 있고, 갑은 이에 응해야 한다.

② 을은 갑의 매니지먼트 권한 행사에 따라 자신의 재능과 실력을 최대한 발휘하여 연예활동을 하여야 한다.

③ 을은 연예활동에 지장을 초래할 정도로 대중문화예술인으로서의 품위를 손상시키는 행위를 해서는 아니 되며, 갑의 명예나 신용을 훼손하는 행위를 해서도 아니 된다.

④ 을은 갑이 제4조 제5항의 규정에도 불구하고 부당한 요구를 하는 경우에는 이를 거부할 수 있다.

⑤ 을은 계약기간 중 갑의 사전 동의 없이는 제3자와 이 계약과 동일하거나 유사한

계약을 체결하는 등 이 계약을 부당하게 파기 또는 침해하는 행위를 하여서는 아니 된다.

제6조(을의 인성교육 및 정신건강 지원)

갑은 을이 대중문화예술인으로서 자질과 인성을 갖추는데 필요한 교육을 제공할 수 있고, 을에게 극도의 우울증세 등이 발견될 경우 을의 동의 하에 적절한 치료 등을 지원할 수 있다.

제7조(수익의 분배 등)

① 수익분배방식(예: 슬라이딩 시스템)이나 구체적인 분배비율은 갑과 을이 별도로 합의하여 정한다. 이때 수익분배의 대상이 되는 수익은 을의 연예활동으로 발생한 모든 수입(을과 관련된 콘텐츠 판매와 관련된 수입도 포함)에서 을의 공식적인 연예활동으로 현장에서 직접적으로 소요되는 비용(차량유지비, 의식주 비용, 교통비 등 연예활동의 보조 · 유지를 위해 필요적으로 소요되는 실비)과 광고수수료 비용 및 기타 갑이 을의 동의 하에 지출한 비용을 공제한 금액을 말한다.

② 갑은 자신의 매니지먼트 권한 범위 내에서 을의 연예활동에 필요한 능력의 습득 및 향상을 위한 교육(훈련)에 소요되는 제반비용을 원칙적으로 부담하며, 을의 의사에 반하여 불필요한 비용을 을에게 부담시켜서는 아니 된다.

③ 을은 연예활동과 무관한 비용을 갑에게 부담시켜서는 아니 된다.

④ 이 계약을 통하여 얻는 모든 수입은 일단 갑이 수령하여 매월 (　)일자로 정산하여 다음 달 (　)일까지 을이 지정하는 입금계좌로 지급한다. 단, 매월 정산하기 어려운 부분에 대해서는 을에게 이러한 사실을 알리고 별도의 정산주기 및 지급일을 정할 수 있다.

⑤ 을의 귀책사유로 갑이 을을 대신하여 제3자에게 배상한 금원이 있는 경우 을의 수입에서 그 배상비용을 우선 공제할 수 있다.

⑥ 갑은 정산금 지급과 동시에 정산자료(총 수입과 비용공제내용 등을 증빙할 수 있는 자료)를 을에게 제공하여야 한다. 을은 정산자료를 수령한 날로부터 30일 이내에 정산내역에 대하여 공제된 비용이 과다 계상되었거나 을의 수입이 과소 계상되

었다는 등 갑에게 이의를 제기할 수 있고, 갑은 그 정산근거를 성실히 제공하여야 한다.

⑦ 갑과 을은 각자의 소득에 대한 세금을 각자 부담한다.

제8조(상표권 등)

갑은 계약기간 중 본명, 예명, 애칭을 포함하여 을의 모든 성명, 사진, 초상, 필적, 기타 을의 동일성(identity)을 나타내는 일체의 것을 사용하여 상표나 디자인 기타 유사한 지적재산권을 개발하고, 갑의 이름으로 이를 등록하거나 을의 연예활동 또는 갑의 업무와 관련하여 이용(제3자에 대한 라이선스 포함)할 수 있는 권리를 갖는다. 다만 계약기간이 종료된 이후에는 모든 권리를 을에게 이전하여야 하며, 갑이 지적재산권 개발에 상당한 비용을 투자하는 등 특별한 기여를 한 경우에는 을에게 정당한 대가를 요구할 수 있다.

제9조(퍼블리시티권 등)

① 갑은 계약기간에 한하여 본명, 예명, 애칭을 포함하여 을의 모든 성명, 사진, 초상, 필적, 음성, 기타 을의 동일성(identity)을 나타내는 일체의 것을 을의 연예활동 또는 갑의 업무와 관련하여 이용할 수 있는 권한을 가지며, 계약기간이 종료되면 그 이용권한은 즉시 소멸된다.

② 갑은 제1항의 권한을 행사함에 있어 을의 명예나 기타 을의 인격권이 훼손하는 방식으로 행사하여서는 아니 된다.

제10조(콘텐츠 귀속 등)

① 계약기간 중에 을과 관련하여 갑이 개발 · 제작한 콘텐츠(이 계약에서 "콘텐츠"라 함은 을의 연예활동과 관련하여 제3조 제2항의 매체 등을 통해 개발 · 제작된 결과물을 말한다)는 갑에게 귀속되며, 을의 실연이 포함된 콘텐츠의 이용을 위하여 필요한 권리는 발생과 동시에 자동적으로 갑에게 부여된다.

② 계약종료 이후 제1항에 따라 매출이 발생할 경우, 갑은 을에게 매출의 %를 정산하여 (　)개월 단위로 지급한다. 다만, 을이 갑에게 지급하여야 할 금원이 있는 경우에는 위 정산금에서 우선 공제할 수 있고, 갑은 을의 요구가 있는 때에는 정

산금 지급과 동시에 정산자료를 을에게 제공하여야 한다.

③ 이 조항과 관련하여 갑은 대한민국 저작권 관련 법령에 따라 보호되는 을의 저작권 및 저작인접권(실연권)을 인정하고, 을은 자신의 저작권 및 저작인접권(실연권) 활용을 통해 갑의 콘텐츠 유통 등을 통한 매출확대 및 수익구조 다변화를 기할 수 있도록 적극 협력한다.

제11조(권리 침해에 대한 대응)

제3자가 제8조 내지 제10조에 규정된 권리를 침해하는 경우, 갑은 갑 자신의 책임과 비용으로 그 침해를 배제하기 위한 조치를 취해야 하며, 을은 이와 같은 갑의 침해배제 조치에 협력한다.

제12조(계약의 적용지역)

이 계약의 적용범위는 대한민국을 포함한 전 세계 지역으로 한다.

제13조(계약기간 및 갱신)

① 이 계약의 계약기간은 7년을 초과하지 않는 범위 내에서

______년 ______월 ______일 부터 ______년 ______월 ______일까지

(______년 ______개월)로 한다.

② 계약기간 중 다음 각 호의 어느 하나와 같이 을의 개인 신상에 관한 사유로 을이 정상적인 연예활동을 할 수 없게 된 경우에는 그 기간만큼 계약기간이 연장되는 것으로 하며, 구체적인 연장일수는 갑과 을이 합의하여 정한다.

1. 군복무를 하는 경우
2. 임신 · 출산 및 육아, 대학원에 진학하는 경우
3. 연예활동과 무관한 사유로 인하여 병원 등에 연속으로 30일 이상 입원하는 경우
4. 기타 을의 책임 있는 사유로 연예활동을 할 수 없게 된 경우

제14조(확인 및 보증)

① 갑은 을에 대해 계약체결 당시 제4조 제1항의 매니지먼트 권한 및 의무를 행사하

는데 필요한 인적 · 물적 자원을 보유하거나 그러한 능력을 갖추고 있다는 것을 확인하고 보증한다.

② 을은 갑에 대해 다음 각 호의 사항을 확인하고 보증한다.

1. 이 계약을 유효하게 체결하는데 필요한 권리 및 권한을 보유하고 있다는 것
2. 이 계약의 체결이 제3자와의 다른 계약을 침해하지 않는다는 것
3. 계약기간 중 이 계약내용과 저촉되는 계약을 제3자와 체결하지 않는다는 것

제15조(계약내용의 변경)

이 계약내용 중 일부를 변경할 필요가 있는 경우에는 갑과 을의 서면합의에 의하여 변경할 수 있으며, 그 서면합의에서 달리 정함이 없는 한, 변경된 사항은 그 다음 날부터 효력을 가진다.

제16조(권리 등의 양도)

갑은 을의 사전 서면동의를 얻은 후 이 계약상 권리 또는 지위의 전부 또는 일부를 제3자에게 양도할 수 있다.

제17조(계약의 해제 또는 해지 등)

① 갑 또는 을이 이 계약상의 내용을 위반하는 경우, 그 상대방은 위반자에 대하여 14일 간의 유예기간을 정하여 위반사항을 시정할 것을 먼저 요구하고, 그 기간 내에 위반사항이 시정되지 아니하는 경우에 상대방은 계약을 해제 또는 해지하고, 손해배상을 청구할 수 있다.

② 갑이 계약내용에 따른 자신의 의무를 충실히 이행하고 있음에도 불구하고, 을이 계약기간 도중에 계약을 일방적으로 파기할 목적으로 계약상의 내용을 위반한 경우에는 을은 제1항의 손해배상과는 별도로 계약 잔여기간 동안 을의 연예활동으로 인해 발생된 매출액의 ________%를 위약벌로 갑에게 지급한다. 단, 위약벌은 을의 연예활동으로 인해 발생된 매출액의 15%를 넘지 못한다.

③ 계약해지일 현재 이미 발생한 당사자들의 권리 · 의무는 이 계약의 해지로 인하여 영향을 받지 않는다.

제18조(불가항력에 따른 계약종료)

을이 중대한 질병에 걸리거나 상해를 당하여 연예활동을 계속하기 어려운 사정이 발생한 경우 이 계약은 종료되며, 이 경우에 갑은 을에게 손해배상 등을 청구할 수 없다.

제19조(비밀유지)

갑과 을은 이 계약의 내용 및 이 계약과 관련하여 알게 된 상대방의 업무상의 비밀을 제3자에게 정당한 사유 없이 누설하여서는 아니 되며, 이를 비밀로 유지하여야 한다. 이 비밀유지의무는 계약기간 종료 후에도 유지된다.

제20조(분쟁해결)

① 이 계약에서 발생하는 모든 분쟁은 갑과 을이 자율적으로 해결하도록 노력한다.

② 제1항에 따라 해결되지 않을 때에는 다음 중 ________ 에 따라 해결한다.

1. 중재법에 의하여 설치된 대한상사중재원의 중재(仲裁)

중재란 분쟁을 해당 분야 전문가들의 판정에 의해 해결하는 제도인데, 소송(3심제)과는 달리 단심**으로 끝남(중재판정은 법원의 확정판결과 동일한 효력)**

2. 민사소송법 등에 따른 법원에서의 소송(訴訟)

제21조(부속 합의)

① 갑과 을은 이 계약의 내용을 보충하거나, 이 계약에서 정하지 아니한 사항을 규정하기 위하여 부속 합의서를 작성할 수 있다.

② 제15조에 따른 계약내용 변경 및 제1항에 따른 부속 합의는 이 계약의 내용과 배치되거나 위반하지 않는 범위로 한정한다.

이 계약의 성립 및 내용을 증명하기 위하여 계약서 2부를 작성하고, 갑과 을이 서명날인 후 각 1부씩 보관한다.

________년 ________월 ________일

갑 : 매니지먼트사
주　소 :
회사명 :
대표자 :　　　　　　　　　　　　　　인

을 : 대중문화예술인
주　소 :
주민등록번호 :
성　명(실명) :　　　　　　　　　　　인
[개인인감증명서 및 주민등록등본 첨부]

을의 법정대리인(을이 미성년자인 경우)
을과의 관계 :
주　소 :
주민등록번호 :
성　명(실명) :　　　　　　　　　　　인
[개인인감증명서 및 주민등록등본 첨부]

<첨부>
1. 부속 합의서

제04절 전속 계약서 (각 엔터테인먼트기업 마다 틀림)

전 속 계 약 서

______________(이하 '갑'이라고 함)와 연기자 _____________(이하 '을'이라고 함)는 서로 대등한 지위에서 자유로운 의사에 따라 다음과 같은 전속계약을 체결한다.

제1조(독점적 매니지먼트)

1) '을'은 자신의 연기자 및 가수로써의 모든 활동(이하 연예활동이라 한다)에 대한독점적이고 포괄적으로 관리하는 권한(이하 매니지먼트 권한이라 한다)을 '갑'에게 위임하고, '갑'은 이러한 매니지먼트 권한을 위임받아 행사한다.

2) '을'은 '갑'의 사전 승낙 없이 직접 또는 제3자를 통하여 출연교섭을 하거나 연기자로서의 연예활동을 하여서는 안 된다.

제2조(연기자로서의 연예활동)

1) '을'의 연예활동에는 아래와 같은 활동이 포함되나, 이에 한정하지 아니한다.
   가. 가수, 배우, 모델, 성우, TV탤런트, 개그맨, 사회자로서의 활동
   나. 소설, 에세이 집필이나 기타 문예적 창작활동
   다. 회화, 일러스트 등 미술적 창작활동
   라. 작사, 작곡, 연주, 댄스, 가창이나 기타 뮤지션으로서의 활동
   마. 도우미, 캐릭터 등으로 구현되는 인터넷상의 모든 활동

2) '을'의 연예활동을 위한 매체는 아래와 같으나, 이에 한정하지 아니한다.
   가. TV(지상파 방송, 위성방송, 케이블, CCTV 등 포함)
   나. 레코드, CD, LDP, 음악테이프, 기타 녹음물
   다. 비디오, 테이프, 비디오, 디스크, 뮤직비디오, DVD 등의 영상 녹음물

라. 영화
마. 무대공연
바. 이벤트, 캐릭터
사. 신문, 잡지, 단행본, 기타 인쇄물
아. 포스터, 스틸사진
자. 인터넷

제3조(갑의 권한)

1) '을'의 연예활동에 관하여 '갑'은 다음과 같은 권한을 갖는다.
가. 매니지먼트
나. 출연교섭
다. 계약교섭 및 출연
라. 홍보 및 광고
바. 제3자로부터의 대가 수령 및 관리

제4조(을의 수입)

1) TV 출연료, 영화출연료, 및 기타 '을'의 연예활동으로 발생한 모든 수입은 계약기간에 따라 '갑'과 '을'이 다음의 비율로 분배한다.
분배 비율은 '갑'이 ________% '을'이 ________%로 한다.

2) CF 출연료, 행사 출연료의 분배 비율은 '갑'이 %, '을'이 %로 한다.
'갑'의 '을'에 대한 초기투자를 고려한 것으로써 '갑'과 '을'은 상호분배 비율이 공정한 것임을 인정한다.

3) '을'의 모든 수입은 '갑'이 수령하여 매월 말일 자로 정산하여 바로 '을'에게 분배한다.

4) '갑'과 '을'은 각자의 소득에 대한 세금을 부담한다.

제5조(저작권)

1) '을'이 창작하거나 창작에 참여한 모든 저작물의 저작권(번역권, 편곡권, 작곡권, 영

화권 및 기타 번안권을 포함) 및 연기자로서의 권리는 발생과 동시에 자동적으로 '갑'에게 양도 이전한다.

2) '갑'은 전항에 정한 '을'의 권리를 제3자에게 양도하거나 임대(라이센스 포함)등 일체의 처분 권한을 갖는다.

제6조(상표권)

1) '갑'은 '을'의 성명(본명, 애칭, 애칭을 포함), 사진, 초상, 필적을 사용하여 상표나 의장, 기타 유사한 지적 재산권을 개발하고, '갑'의 이름으로 이를 등록하거나 이용 할 수 있는 독점적인 권리를 갖는다.

제7조(초상권)

1) '갑'은 계약기간 중 '을'의 성명(본명, 예명, 애칭을 포함) 사진, 초상, 필적, 경력음성, 캐릭터, 캐릭커처 등을 자유롭게 이용할 수 있다. 단, 이러한 이용이 '을'의 명예를 훼손해서는 아니 된다.

제8조(권리침해)

제 6 조 내지 제 7 조에 규정된 권리를 제 3자가 침해하는 경우, '갑'은 '을'의 동의없이 그 재량으로 권리 침해를 배제하기 위한 조치를 취할 수 있다.

제9조(을의 활동의 조건)

1) '을'은 자기의 재능, 실력을 최대한 발휘하여 '갑'과 성실하게 협의하여야 한다.
2) '을'은 자기의 연기자로서의 활동계획에 관하여 사전에 '갑'과 상의하여야 한다.
3) '을'이 제 3자로부터 창작이나 실연, 기타 연예활동을 요청 받는 경우에는 제3자에게 '갑'의 동의가 필요하다는 사실을 알리고, '갑'에게도 그러한 요청이 있었음을 즉시 통지하여야 한다.
4) '을'은 본 계약기간 중 정당한 사유 없이 '갑'의 허락을 받지 아니하고, 연예활동을 중지하거나 은퇴 할 수 없다.

제10조(갑의 책임)

1) '갑'은 '을'이 자기의 재능과 실력을 최대한 발휘할 수 있도록 성실히 매니지먼트 권한을 행사하여야 한다.

2) '갑'은 '을'의 연예활동을 관리함에 있어서, '을'의 이미지나 명성을 해칠 수 있는 활동을 계획하거나 추진하여서는 안 된다.

3) '갑'은 업무상 알게된 '을'의 인적사항, 연예활동에 관한 사항, 개인적인 사생활에 관한 사항에 대해 철저한 비밀을 유지하여야 하며, '갑'의 직원들도 이를 공개하거나 타인에게 누설하지 아니하도록 하여야 한다.

제11조(서비스의 내용)

1) '갑'은 계약기간 동안 다음과 같은 서비스를 '을'에게 제공하여야 한다.
   가. '을'의 연예활동 및 광고출연 기회에 대한 정보 수집 및 출연 교섭
   나. '을'의 연예활동에 대한 일정 관리
   다. 여론 조사 기관을 이용한 '을'의 이미지 분석 및 새로운 이미지의 설정
   라. 전문 코디네이터를 활용한 코디네이션 프로그램의 제공
   마. 컴퓨터 통신 등을 이용한 조직적인 인기도 분석과 과학적인 팬 관리
   바. 여론기관을 이용한 '을'의 홍보

2) '갑'은 '을'의 인기도, 연예활동의 경력, 개인적 사정 등을 고려하며 '을'에게 적합한 서비스 제공 계획을 단계적으로 수립하여야 하며 이를 위하여 '을'과 성실하게 협의하여야 한다.

3) '갑'은 '을'의 연예활동에 필요한 모든 비용(홍보비, 의상비, 차량지원비 등)을 부담한다.

제12조(계약지역)

1) 본 계약의 적용범위는 한국을 포함한 전 세계지역으로 한다.

2) '을'이 주소를 변경하는 경우, '을'은 새로운 주소를 즉시 '갑'에게 통보하여야 한다.

3) '을'은 자신의 위치에 대하여 항상 '갑'에게 통보하여야 하며, 항상 '갑'과 연락이 가능하도록 한다.

제13조(계약기간)

1) 본 계약의 기본은 본 계약 체결일로부터 ________년 간 으로 한다.

2) '갑'이나 '을'이 본 계약의 기간만료 0개월까지 상대방에 대하여 달리 서면 통지하지 아니하는 한, 본 계약은 동일한 조건으로 0년 간 갱신되며, 그 이후에도 마찬가지이다.

제14조(불가항력)

'을'이 중대한 질병에 걸리거나, 상해를 당하여 연예활동을 계속적으로 할 수 없는 경우에는 본 계약은 자동으로 종료된다.

제15조(확인 및 보증)

'을'은 '갑'에 대하여 다음의 사항을 확인하고 보증한다.

가. 본 계약을 유효하게 체결하는데 필요한 권리 및 권한을 보유하고 있다는 것.
나. 본 계약의 체결이 제 3 자와의 다른 계약을 침해하지 아니한다는 것.
다. 본 계약 유효기간 중, 본 계약에 저촉되는 계약을 제3자와 체결하지 않는 것.
라. 본 계약체결 시에 있어서 연예활동에 관한 소송 기타 분쟁이 존재하지 아니한다는 것.

제16조(전속계약금)

'갑'은 '을'과 매니지먼트 계약함에 있어서 전속금 으로 ___________원을 지급한다.

제17조(배상)

1) '을'은 '갑'에 대하여 '을'의 본 계약 위반으로 '갑'에게 발생한 모든 손실, 비용('갑'의 투자비용 및 관련 변호사 비용을 포함) 및 손해를 전액 배상하여야 한다.

2) '을'이 본 계약을 위반하는 경우, 그 즉시 제 1)항의 손해 배상과는 별도로 위약별로 전속금의 3배에 해당하는 금액을 '갑'에게 지급해야 한다.

년 월 일

'갑' 회사명 : (주) 대표이사 (인)

주 소 :

'을' 성 명 : (인)

주 소 :

주민등록번호 :

연락처 :

제05절 안무제작 및 댄서고용 계약서

안무 제작 및 댄서 고용 계약서

'갑' : 상호명 : (주)
가수명 :
주소 :

'을' : 상호명 :
주소 :
주민등록번호 :

'갑'과 '을'은 '갑'의 가수 아름다워의 2집 싱글 앨범의 타이틀곡에 대한 안무 제작 및 가수활동에 대한 댄서 고용에 대한 계약을 다음과 같이 체결한다.

1. '을'은 '갑'의 가수활동의 안무 제작 및 댄서 활동을 성실히 이행한다.
2. '을'은 '갑'의 뮤직비디오 제작, 첫 방송일자에 차질이 없도록 적극 협조한다.
3. '갑'은 '을'의 안무 제작료로 계약일 일금 0백 만원(0,000,000원)을, 첫 방송일에 일금 0백 만원(0,000,000원)을 '을'이 지정한 은행계좌로 현금 지급하며, 가수 활동의 댄서료는 서울, 경기지역 1회 출연 시 1인당 일금 0만원(00,000원), 기타 지방 및 해외지역 1회 출연 시 1인당 일금 0만원(00,000원)을 매 익월 00일에 정산하여 지급한다.
4. '을'은 '갑'의 앨범 음원의 보안유지에 최선을 다한다. 만약 '을'의 잘못으로 인하여 '갑'의 음원이 사전 유출되어 '갑'에게 손해가 발생할 경우 이에 대한 책임을 진다.
5. '갑'과 '을'은 본 계약으로 인하여 함께 활동하면서 알게 된 상호간의 영업기밀,

사생활 등에 대하여 외부로 발설하지 않는다.

본 계약서에 명시되지 않은 사유로 발생하는 '갑'과 '을'의 이견은 업계 일반 상관례에 따라 상호 협의 조정하며 만약, 해결되지 않는 제반 법률적인 분쟁은 '갑'의 소재지를 관할하는 법원에서 이를 해결하기로 한다.

상기 계약내용의 성립을 위하여 원본 2통을 준비하여 '갑'과 '을'이 서명 날인하여 각각 1통씩 보관하기로 한다.

년 월 일

제06절

방송미디어와 외주제작시 프로그램 제작에 관한 계약서

프로그램 제작에 관한 계약서

	프로그램명	주말극장		
프로그램	제작 형식	ST + ENG		
	제작 편수	60분물 매주 2회 총 50회		
	방송 예정일	년 월 일 부터		
	연출자		작 가	
제작비	회당 제작비	붙임 계약사항 제7조에 정한 금액으로 함		
	계약금	금액 000000000원 (VAT별도)		
		지급방법 : 계약 후 15일 이내에 현금으로 지급		
	잔액 지급방법			
제작지원	미술비	000만 원/회당		
	스튜디오	○○스튜디오	편집실	○
	녹 음 실	○○녹음실	카메라	
	카메라맨		기 타	
권리관계	붙임 계약사항 제11조 및 제12조에 정한 내용으로 함			
특약사항	1. 국내 출장 시 KMS아트텍, KMS뉴스텍의 직원에 한해 KMS가 출장비를 지원(단 외부인력에 한해 출장비는 제작사가 지원함) 2. 방송용 테입은 방송시작시간 3시간 전까지 "갑"에게 입고되어야 하며 위반 시는 위반 회차에 대하여 제작비 지급액에서 000원을 삭감한다.			

상기 기재내용 및 붙임의 계약사항에 합의하였음을 증명하기 위하여 계약서 2통을 작성하여 "갑"과 "을"이 서명 날인하고 각 1통씩 보관한다.

년 월 일

"갑"주식회사 KMS
서울 송파구 오금로 170번지

대표이사 사장 ○○○ (인)

"을" 주식회사 한국 Entertainment
서울 강남구 논현동 000번지

대표이사 사장 ○○○ (인)

계약 사항

제 1조(계약 목적)

본 계약은 "갑"이 표기 TV 프로그램(이하 "프로그램"이라 함)의 제작 업무를 "을"에게 위탁하고, "을"이 이를 수탁하여 제작. 납품하는데 따른 제반 사항과 프로그램의 권리 관계 등을 규정한다.

제 2조(제작 위탁의 내용)

"갑"이 "을"에게 위탁하는 제작업무의 내용은 표기에 기재된 프로그램의 제작업무 및 이를 위하여 본 계약에 따라 "갑"이 요청하는 업무를 포함한다.

제 3조(제작 원칙)

"을"은 프로그램의 제작 업무를 수행함에 있어 다음 사항을 준수해야 한다.

1. 방송관련 제반 법규, 방송위원회 심의규정, "갑"의 방송제작 가이드라인 등을 준수하여 공익성, 예술성, 오락성이 조화된 완성도 높은 프로그램을 제작. 납품하여야 한다.
2. 프로그램의 기획은 사전에 "갑"의 승인을 받아 결정하고, 제작 진행상황 및 제작과 관련된 제반사항은 "갑"에게 지체 없이 통보하여 "갑"의 승인을 받은 후 진행한다.
3. "갑"은 프로그램 기획서와 구성안(CUE SHEET)의 진행 상황 등을 제작현장에서 수시로 확인할 수 있으며, "을"은 "갑"의 요청사항을 성실히 수행해야 한다.
4. 프로그램 각 회의 대본을 사전에 "갑"에게 제출하고, "갑"이 변경. 삭제 등을 요청하는 경우 "을"은 이를 성실히 수행해야 한다.
5. 프로그램 제작업무의 일부 또는 전부를 제3자에게 재 위탁 하거나, 제3자와 업무제휴하는 경우에는 사전에 "갑"의 서면 승인을 받아야 한다.
6. 프로그램의 제작 시간, 크레딧 표시등은 "갑"이 정하는 바에 따라야 한다.

제4조(프로그램의 납품)

① "을"은 완성된 프로그램을 방송 3일전까지 납품하는 것을 원칙으로 하되, "갑"과 "을"이 합의하여 납품일시를 정하는 경우에는 그에 따른다.

② "을"이 "갑"에게 제작물내역서 및 방송용 테이프를 제출한 경우, 프로그램의 납품이 완료된 것으로 본다.

③ "을"의 귀책사유로 인한 프로그램의 납품 지연으로 "갑"의 손해 발생시, "을"은 "갑"의 모든 손해에 대해 배상을 하여야 한다.

제5조(수정 및 검수)

① "갑"은 납품된 프로그램에 하자가 있는 경우 "을"에게 수정 요구를 할 수 있다.

② "갑"의 수정 요구가 있는 경우 "을"은 즉시 수정하여야 하며, 이때 소요되는 추가 제작비는 "을"이 부담한다.

③ 소정의 검수를 완료하기 전에 프로그램이 멸실 또는 훼손된 경우 이에 대한 책임은 "을"이 부담한다.

제6조(심의 자료 등의 제출)

① "을"은 심의를 위한 자료 테이프를 "갑"에게 제출 하고, "갑"의 심의결과 수정이 필요한 경우에는 "을"의 비용으로 수정해야 한다.

② "갑"의 요청이 있는 경우, "을"은 재방송용 편집 테이프, 예고편, 홍보 자료 등을 제작하여 "갑"에게 제출하여야 한다.

제7조(프로그램의 제작비)

① "갑"은 프로그램의 제작비로 회당 \00,000,000 (VAT별도)을 "을"에게 지급한다.

② 제1항의 제작비에는 "을"이 제작하는 프로그램의 재방송용 편집 테이프, 심의자료, 예고편, 홍보자료 제작비용등 프로그램 제작관련 제반 부대비용이 포함 된다.

③ "을"이 납품한 프로그램을 "갑"의 귀책사유로 방송하지 못한 경우, 해당 프로그

램의 제작비는 "을"의 청구에 의해 "갑"이 지급한다.

④ 제작편수의 증감이 있는 경우에도 위의 조건을 그대로 적용한다.

제8조(제작비의 지불)

① 본 계약 체결 후 "갑"은 계약금을 표기에 정한대로 "을"에게 지급한다. 이 계약금을 프로그램 제작편수로 분할한 금액을 "회당 계약금"이라한다.

② "갑"은 프로그램의 방송 후 제7조에 정한 제작비에서 회당 계약금을 공제한 제작비 잔액을 표기에 정한대로 "을"에게 지급한다.

제9조(제작 중지의 조치)

① "을"이 납품한 프로그램이 "갑"과 "을" 상호간 합의한 최저 시청률보다 낮거 나 프로그램의 품질이 현저하게 떨어지는 경우, "갑"은 사전에 "을"에게 통보하고 프로그램의 제작을 중지시킬 수 있다. 이 경우 "을"이 제작 중지의 통보를 받은 시점에 제작 중인 프로그램의 제작비 및 "을"이 기 지급한 제작비에 대해서는 "갑"과 "을"이 협의하여 결정한다.

② 제1항에 의해 제작 중지된 프로그램 제작비에 대한 협의가 종료되면, "을"은 기 지급된 회당 계약금 잔액을 정산하여 1개월 이내에 "갑"에게 반환하여야 한다.

③ "을"의 귀책사유로 프로그램의 제작이 불가능하게 되거나 중단 된 경우에는, 그로 인해 발생한 모든 비용은 "을"이 부담한다.

제10조(제작 지원)

① "갑"은 미술비 및 미술차량 등을 포함하여 표기에 정한 금액 범위 내에서 "을"의 제작을 지원한다.

② "갑"은 시설 및 장비를 표기에 정한 내용대로 지원한다.
단, "갑" 또는 "을"이 상기 시설 및 장비의 사용시간 초과로 인해서 상대방에게 제작비의 추가비용을 발생시킨 경우, 그 금액을 정산하여 제7조의 제작비 지불시 가감하고 지급한다.

제11조(프로그램의 저작권)

① "을"이 납품한 프로그램(촬영 원본 소재자료 포함)에 대하여 다음의 사항을 포함한 방송권, 복제권, 배포권, 전송권, 공연권, 전시권, 2차적 저작물 및 편집저작물의 작성권등 모든 저작재산권은 본 계약을 체결함으로써 "갑"에게 귀속된다.

가. 국내외에서 방송(지상파, 유선, 위성, 이동멀티미디어방송 등 포함)하는 권리

나. 국내외에서 다른 방송사업자(지상파, 유선, 위성, 이동멀티미디어방송 등 포함)에게 제공하는 권리

다. 국내외에서 비디오, CD, DVD, CD-ROM, VCD, LD등으로 복제. 배포하는 권리

라. 국내외에서 무선 또는 유선통신의 방법으로 전송하는 권리

마. 국내외에서 상영하는 권리

바. 프로그램의 2차적 저작물 또는 편집저작물을 작성하여 이용할 권리

사. 프로그램을 구성하는 타이틀명, 서브 타이틀명, 등장 캐릭터의 형상 및 명칭, 심볼 등을 출판물, CF, 행사, 공연물, 인터넷 기타 새로이 등장하는 일체의 매체 및 상품에 사용하는 권리 단, "을"의 인터넷 홈페이지를 통해 전송하는 것은 "갑"과 "을"이 협의하여 결정한다.

② "갑"은 전항에 따라 "갑"에게 귀속되는 저작재산권을 활용함에 있어 납품한 프로그램의 내용을 "갑"의 필요에 따라 수정, 변경, 삭제, 변형할 수 있으며 "을"은 이에 대하여 어떠한 이의도 제기하지 아니하기로 동의한다.

제12조(저작권의 보증 및 양도)

① "을"은 납품한 프로그램이 제3자의 저작권, 초상권, 기타 권리를 침해하지 않았음을 보증한다. 프로그램의 저작권, 초상권 등에 관한 분쟁이 발생한 경우에는 "을"의 책임과 비용으로 해결해야 하며, "갑"에게 손해가 발생한 경우에는 "을"이 이를 배상하여야 한다.

② "을"은 납품한 프로그램의 방송 및 2차사용에 관한 원작. 각본. 음악. 편집. 의상. 소품. 조명. 촬영. 효과. 미술. 분장. 사진 등에 관한 저작권, 출연자. 연출등 실연자의 저작인접권, 공연. 흥행에 관한 권리등을 확보하여야 하며, "을"이 확보한 모든 권리는 "갑"에게 양도한다.

③ "을"은 납품한 프로그램의 제작과정에서 촬영한 원본 소재자료를 "갑"의 동의 없이 다른 프로그램이나 영상물(디지털 동영상 포함) 제작에 사용할 수 없다.

제13조(프로그램 협찬)

① "을"은 프로그램의 협찬내용 및 협찬조건 대해 사전에 "갑"의 승인을 받은 후에 프로그램 협찬을 유치할 수 있다.

② 협찬수익금 전액은 제작비로 투입 한다

③ 협찬사 고지의 위치, 크기, 내용 및 방법은 방송심의 관련규정에 따라야 한다.

④ "을"은 방송심의관련 규정에 위반되는 PPL등 협찬을 유치할 수 없으며 위반시 "갑"이 임의로 삭제할 수 있다.

⑤ "을"은 방송위원회 심의규정에 의하여 협찬을 중지할 경우, 신속히 조치를 하여야 하며 그에 부수되는 책임을 진다.

⑥ "갑"은 협찬사의 협찬금이 입금되지 않을 경우 "을"에게 그 사실을 통보하여 즉시 협찬고지를 중지토록 한다.

⑦ 공동제작 자막을 표기하는 조건으로 공동제작사가 참여할 때 협찬한 금액은 전액 제작비로 투입한다.

⑧ 협찬금이 입금되지 않을 때에는 협찬을 유치한 "을"에게 책임을 물어 "갑"이"을" 에게 지급할 제작비에서 차감한다.

제14조(책임의 귀속)

프로그램 제작 및 방송과정에서 "을"의 귀책사유로 분쟁이 발생하여 "갑"이민. 형사상 책임을 지게 되는 경우, "을"은 "갑"의 손해액을 배상하여야 한다.

제15조(프로그램의 홍보 협조)

프로그램의 홍보를 위해 프로그램의 작가, 출연자, 연출가, 기타 제작 관계자에 대한 스틸 사진 촬영, 동영상 촬영 및 인터뷰 등의 취재를 희망하는 때에는, "을"은 성실히 협조하여야 한다.

제16조(유사 프로그램의 제작 금지)

"을"은 자기 또는 제3자를 위하여 본 건 프로그램과 동일 또는 유사한 프로그램을 제작하거나, 또는 제3자로부터 제작의뢰를 받아서는 아니 된다.

제17조(계약의 해지 및 위약금. 손해배상 등)

다음 각호의 사유가 발생할 경우 "갑"과 "을"은 별도의 최고 없이 상호 서면통보함으로써 본 계약을 해지할 수 있다. 계약 해지의 귀책사유가 "갑"에게 있는 경우에는 미 납품된 프로그램에 해당하는 회당 계약금은 "을"에게 귀속하고, 귀책사유가 "을"에게 있는 경우에는 미 납품 프로그램의 회당 계약금의 2배를 반환하여야 한다.

단, 위 위약금의 규정은 손해배상청구에 영향을 미치지 않는다.

1. "갑" 또는 "을"이 본 계약을 이행하지 않거나 계약사항을 위반한 경우
2. "을"이 정해진 기한 내에 프로그램을 납품하지 않아 방송 편성, 방영에 차질을 초래한 경우
3. "을"이 본 계약 제3조 제5호에 위반하여 프로그램의 전부 또는 일부를 제3자에게 제작위탁하거나 업무 제휴한 경우
4. "을"이 본 계약 제16조에 위반하여 유사 프로그램을 제작한 경우
5. "을"이 제3자로부터 압류, 가압류, 가처분 등의 강제집행, 부도, 파산, 화의 신청 등 "을"의 신용에 위험을 주는 사유가 발생하는 경우
6. "을"이 제작한 프로그램이 표절, 선정성 기타 요인에 의해 사회적으로 물의를 야기하거나 방송위원회로부터 심의 제재를 받은 경우
7. 기타 사유로 인하여 계약의 목적을 달성할 수 없다고 인정되는 경우

제18조(손해배상 등에 관한 조치)

본 계약에 의해 "을"이 "갑"에게 손해배상금. 위약금등의 지급의무가 발생한 경우, "갑"은 "을"이 손해배상금. 위약금등을 완전히 변제할 때까지 제7조의 제작비 지급을 보류하거나 상계 후 지급할 수 있다.

제19조(관할 법원)

본 계약에 의하여 발생하는 권리 의무에 관한 모든 분쟁은 "갑"의 주소지를 관할하는 법원을 제1심 법원으로 한다.

제20조(변경 신고)

"을"은 주소지, 상호, 대표자등 계약 변경 사유가 발생하는 경우 즉시 "갑"에게 통보하여야 하며, 이로 인하여 발생하는 문제에 대한 모든 책임은 "을"이 진다.

제21조(정하지 않은 사항)

본 계약에 정하지 아니한 사항, 본 계약 각 조항의 해석에 관한 사항에 대해서는 "갑", "을" 양자가 성의를 갖고 협의 후 해결한다.

제22조(효력 발생)

본 계약은 체결일로부터 "갑"과 "을"이 각자의 의무를 이행한 때까지 유효하다.

제07절 가수와의 전속 계약서

전 속 계 약 서

'갑'의 상 호 : ㈜ 한국 Entertainment
주 소 : 서울시 강남구 역삼동 123번지 00빌딩 5층
대 표 : 갑 을 병 (인)

'을'의 성 명 : 진 선 미 (인)
주 소 : 서울시 송파구 170번지 선미아파트 1동 1001호
주민등록번호 : 000000-0000000

(이하 '갑'과 '을'이라 칭한다.) '갑'과 '을'은 다음과 같이 전속 계약을 체결한다.

제1조(목적)

'을'의 연예활등을 효율적으로 수행하기 위하여 국내외 연예활동 및 선전, 출연, 섭회 및 모든 법률행위는 '갑' 또는 '갑'이 지정하는 매니저가 관리 대행하며 '을'은 활동에 대한계약이나 약속을 개인적으로 할 수 없으며 작품 활동과 연기에만 전념토록 한다.

제2조(계약 기간)

1. 본 계약 기간은 　　년　월　일 부터 시작하여 첫 번째 음반 발매 후 년째되는 날 종료하기로 한다.
2. '을'의 개인 신상의 일로 정상적인 활동을 할 수 없는 경우에는 계약 기간은 그 기간만큼 자동 연장 된다.

제3조(권리의 양도)

1. '을'의 모든 방송출연 및 국내의 연예활동에 관한 권리는 '갑'에게 있다.
2. 계약 기간 중 '을'은 '갑'의 판단으로 인하여 결정되어지는 일에 대하여 성실하게 임하여야 하며, 전속계약 기간 중에 '을'의 임의대로 활동해서는 안 되며 이를 위약 시는 제9조항, 2항, 3항, 에 따라야 한다.
3. '을'의 출연으로 인정되는 모든 활동의 모든 권한은 '갑'에게 있는 것으로 한다.
4. 계약 기간 중에 제작한 앨범의 소유권은 '갑'으로 한다.
5. '을'은 '갑'에게 본 계약으로 인하여 작사, 작곡, 편곡된 저작물에 대해서
   - 복제권
   - 복사권
   - 음반권
   - 배포권
   - 방송권
   - 공연권
   - 가라오께
   - 2차적 저작물 작성권 등 그 외 모든 권리를 양도한다.
6. 계약 기간 중에 제작한 앨범의 곡들은 어떤 형태로든 '갑'이 사용할 수 있다. (L.P, M.C, C.D, CD-FWV, CD-1, CD-V, CD-G, L.D, VIDEO, 편집앨범, 베스트앨범, 광고, 영화, 사진, VIDEO녹화,FILE등 AUDIO가 들어있는 모든 매체 등에 필요하다고 판단되는 재편집, 재사용 등 어떤 형태로든 사용할 수 있도록 양도한다.)
7. '을'이 작사 또는 작, 편곡한 곡은 '갑'의 허락 없이는 누구도 사용할 수 없으며, '을'이 작사 또는 작, 편곡한 곡을 '갑'이외의 타인과의 사용 계약시 '갑'의 허락 하에 매니저가 대행한다.
8. '을'의 매니저는 '갑'이 지정하는 사람과 해야 하며, 제반일정에 대한 관리 대행을 일임해야 하며 성실이 임해야 한다.
9. '을'이 작사, 작곡 ,편곡한 곡을 을의 앨범 외에 '갑'이 제작하는 앨범에 사용 할 경

우는 작사, 작곡, 편곡을 합하여 일금 육십 만원에 권리를 양도하는 것으로 한다.

10. '갑'은 계약된 내용의 전부 또는 일부를 타 회사로 이관하여 사용할 수 있다.

제4조('갑'의 의무)

1. '을'의 인기관리를 위하여 최선을 다 한다
2. '을'의 제반 일정에 대하여 신속하게 통보하여야 한다.

제5조('을'의 의무)

1. '을'은 '갑'의 내부사정을 외부로 발설하지 않아야 한다.
2. '갑'또는 '매니저'가 요구하는 공연 및 방송 출연 등 제반일정에 대한 출연의무를 진다.
3. '을'은 일신상의 이유로 방송 또는 공연 등의 차질이 생길 때에는 사전에 '갑'또는 '매니저'에게 통보하여야 하며 특별한 사유 없이 문제가 발생하였을 때에는 '을'이 그 책임을 져야 한다.
4. '을'의 매니저는 '갑'이 지정하는 사람과 해야 하며, 제반일정에 대한 관리 대행을 일임해야 하며, 성실히 임해야 한다.
5. 계약 만기일로부터 6개월 전에 해당하는 날짜와 계약 만기일 사이에 '을'은 반드시 '갑'이 요구하는 새로운 음반을 1회 출시(녹음 및 취입) 하고, 그 앨범의 P.R에 관련된 연예활동을 반드시 수행하도록 한다.
6. '을'은 '갑'의 요구가 있을시, 매년 1장 이상의 정규앨범을 제작하고, 그에 따른 연예활동을 수행하며, 모든 과정에 성실히 임한다. (앨범제작의 시기는 '갑'이 정하며, '을'은 이에 무조건 따른다.)

제6조('을'의 권리)

'갑'으로부터 본연의 임무 이외의 요구가 있을 시는 거절할 수 있다.

제7조

1. P.R 은 가급적 서로 협조하여 동참한다.

2. P.R 기간 중 '갑'이 판단하여 P.R 정지가 필요할 때에는 정지할 수 있으며 '을'의 활동을 중지할 경우 이는 '갑'의 결정을 따른다.

3. '갑'과 '을'의 음반 제작에 있어서 '갑'은 제작비용을 포함한 모든 것에 책임을 지며 그에 따른 이익과 손해는 '갑'에게 귀속된다.

제8조(이익금의 분배)

1. '을'이 가수로서 음반을 발표하여, 단일음반 판매량 중 반품을 제외하고, 몇십 만 장 이상 판매 됐을 경우, 그 다음 앨범 발매 시 일금 000만원 을 지급하는 것으로 하고, 000만장 이상 판매 되었을 경우, 금일 0억원정(000.000.000-)을 지급하는 것으로 한다. (단, 싱글 음반은 매 00만장 이상 시 일금 0천 0백만원, 000만장 이상 시 일금 0천만원으로 한다.)

   단, '을'이 계약 후 '팀'(그룹) 일원으로 활동할 경우 8조 1항에 제시한 금액을 그 팀의 인원수단큼 나눈 금액을 지급 받는다.

   (듀엣-50%, 트리오-33.3% 4인조-25%, 5인조-20%, 6인조-16.6%)

2. '8조1항'의 경우는 오직 '을'의 정규앨범의 수익분배에만 해당하며, '갑'이 제작한 2차적 편집물 등(라이브 음반, 베스트 음반, 옴니버스 음반, 영어 또는 일어버전모음집, 기타 모음집 등)에 의한 수익은 모두 '갑'의 소유로 한다.
   - 이미 발매된 '을'의 곡을 '갑'이 컨필레이션 음반(편집앨범)으로 발매 할 경우, '을'의 수익은 8조1항의 수익을 앨범에 삽입된 곡수로 나누어 계산한 후, 그 금액을 '을'의 수익으로 지급 받는다.

3. 해외시장을 타깃으로 외국에서 제작된 음반의 경우는 순수익의 10%를 '을'에게 지급한다.(분버방식은 8조 1항과 동일)

4. 000 방송 제작물에 최우선 출연한다.

5. 000 이 제작하는 모든 방송(공중파 포함)의 출연료는 현 공중파나 케이블 방송에

준하여 평균된 금액으로 책정하며 그 책정된 출연료의 00 %를 '을'에게 지급하는 것으로 한다.

제9조(위약과 손해배상 청구)

1. '을'이 본 계약을 위반 하였을 경우 그로 인하여 발생되는 손해는 배상하여야하며 '을'이 연애 활동에 영향을 미칠 수 있는 사건이나 행동을 일으켰을 때 그에 대한 전체의 책임을 '을'이 지며 그로 인하여 연예 활동을 지속하기가 어렵다고 '갑'이 판단하는 경우 '을'의 활동을 중지시킬 수 있으며, '을'은 '갑'에게 손해배상 하여야 한다.(손해배상을 하여도 해약되는 것은 아니다.)
2. 손해배상으로 총 투자액(음반제작비 및 기타 어떤 형태로든 지급되거나 사용된 제반 비용)의 몇 배, 잔여 계약기간 동안의 예상이익금의 몇 배되는 금액, 그리고 일금 000원을 별도로 '을'은 '갑'에게 배상을 해주어야 한다.
3. 해약을 원할 때에는 '갑'과 '을' 쌍방이 합의된 경우 '을'은 9조 2항을 지켜야 한다.

제10조(분쟁 및 기타의 의무)

본 계약 조항에 관하여 해석상의 차이나 계약서에 명시되어 있지 아니함 으로써 발생하는 문제는 관계법령 또는 상례에 따라 해석하여 '갑'과 '을'의 신뢰를 바탕으로 쌍방 합의 하에 해결토록 한다.

제11조(합의관할)

본 계약에 관한 소송 관할은 서울 민사 지방 법원으로 한다.

(계약 발생 시효)

• 특약 : 본 계약서에 서명 날인함으로써 본 계약은 실효를 갖는다.

본 계약을 증명하기 위하여 계약서 2통씩 작성하여 각 서명 날인하고 1통씩 보관한다.

년 월 일

'갑'의 상호 : (주). 000 Entertainment
대 표 : 갑 을 병 (인)
주 소 : 서울시 강남구 역삼동 123번지 00빌딩 5층

'을'의 성명 : 진 선 미 (인)
주소 : 서울시 송파구 123번지 00아파트 100동 1001호
주민등록번호 : 000000-0000000

'을'이 미성년자 이므로, '병'은 '을'의 법정대리인으로서, 상기 계약내용에 동의하고, 앞으로 '을'에 대한 모든 책임을 지며, 아래에 서명날인 함으로서 이 계약이 성립됨을 인정합니다.

'병'의 성 명 : 진 지 해
'을'과의 관계 : 진 선 미 의 부(모)
주민등록번호 : 000000-0000000
주소 : 서울시 송파구 123번지 00아파트 100동 1001호

제08절 오디션 지원서

오디션 지원서

<table>
<tr><td colspan="4">지원구분 : 가수(　) 연기자(　) 개그맨(　) 모델(　) 댄서(　)</td><td>접수번호</td><td></td></tr>
<tr><td rowspan="5">사 진</td><td rowspan="3">성
명</td><td>한글</td><td></td><td>성　별</td><td></td></tr>
<tr><td>한문</td><td></td><td rowspan="2">병역사항</td><td rowspan="2"></td></tr>
<tr><td>영문</td><td></td></tr>
<tr><td colspan="2">주민등록번호</td><td colspan="3"></td></tr>
<tr><td colspan="2">연락처</td><td colspan="3">일반 :　　　　　　　　휴대폰 :</td></tr>
<tr><td>주 소</td><td colspan="5"></td></tr>
<tr><td>E-Mail</td><td colspan="5"></td></tr>
<tr><td>최종학력</td><td colspan="5"></td></tr>
<tr><td>신체조건</td><td colspan="5">키:　　　　　　몸무게:</td></tr>
<tr><td>특 기</td><td colspan="5"></td></tr>
<tr><td>취 미</td><td colspan="5"></td></tr>
<tr><td>가족사항</td><td colspan="5"></td></tr>
<tr><td>경력사항</td><td colspan="5"></td></tr>
</table>

자기소개서

사진

Chapter 11

저작권법

저작권법

[시행 2011. 7. 1] [법률 제10807호, 2011. 6.30, 일부개정]

제1장 총칙

제1조(목적) 이 법은 저작자의 권리와 이에 인접하는 권리를 보호하고 저작물의 공정한 이용을 도모함으로써 문화 및 관련 산업의 향상발전에 이바지함을 목적으로 한다. <개정 2009.4.22>

제2조(정의) 이 법에서 사용하는 용어의 뜻은 다음과 같다. <개정 2009.4.22, 2011.6.30, 2011.12.2>

1. "저작물"은 인간의 사상 또는 감정을 표현한 창작물을 말한다.
2. "저작자"는 저작물을 창작한 자를 말한다.
3. "공연"은 저작물 또는 실연 · 음반 · 방송을 상연 · 연주 · 가창 · 구연 · 낭독 · 상영 · 재생 그 밖의 방법으로 공중에게 공개하는 것을 말하며, 동일인의 점유에 속하는 연결된 장소 안에서 이루어지는 송신(전송을 제외한다)을 포함한다.
4. "실연자"는 저작물을 연기 · 무용 · 연주 · 가창 · 구연 · 낭독 그 밖의 예능적 방법으로 표현하거나 저작물이 아닌 것을 이와 유사한 방법으로 표현하는 실연을 하는 자를 말하며, 실연을 지휘, 연출 또는 감독하는 자를 포함한다.
5. "음반"은 음(음성 · 음향을 말한다. 이하 같다)이 유형물에 고정된 것(음이 영상과 함께 고정된 것을 제외한다)을 말한다.
6. "음반제작자"는 음을 음반에 고정하는데 있어 전체적으로 기획하고 책임을 지는 자를 말한다.
7. "공중송신"은 저작물, 실연 · 음반 · 방송 또는 데이터베이스(이하 "저작물등"이라 한다)를 공중이 수신하거나 접근하게 할 목적으로 무선 또는 유선통신의 방법에 의하여 송신하거나 이용에 제공하는 것을 말한다.

8. "방송"은 공중송신 중 공중이 동시에 수신하게 할 목적으로 음 · 영상 또는 음과 영상 등을 송신하는 것을 말한다.
8의2. "암호화된 방송 신호"란 방송사업자나 방송사업자의 동의를 받은 자가 정당한 권한 없이 방송(유선 및 위성 통신의 방법에 의한 방송에 한한다)을 수신하는 것을 방지하거나 억제하기 위하여 전자적으로 암호화한 방송 신호를 말한다.
9. "방송사업자"는 방송을 업으로 하는 자를 말한다.
10. "전송(傳送)"은 공중송신 중 공중의 구성원이 개별적으로 선택한 시간과 장소에서 접근할 수 있도록 저작물등을 이용에 제공하는 것을 말하며, 그에 따라 이루어지는 송신을 포함한다.
11. "디지털음성송신"은 공중송신 중 공중으로 하여금 동시에 수신하게 할 목적으로 공중의 구성원의 요청에 의하여 개시되는 디지털 방식의 음의 송신을 말하며, 전송을 제외한다.
12. "디지털음성송신사업자"는 디지털음성송신을 업으로 하는 자를 말한다.
13. "영상저작물"은 연속적인 영상(음의 수반여부는 가리지 아니한다)이 수록된 창작물로서 그 영상을 기계 또는 전자장치에 의하여 재생하여 볼 수 있거나 보고 들을 수 있는 것을 말한다.
14. "영상제작자"는 영상저작물의 제작에 있어 그 전체를 기획하고 책임을 지는 자를 말한다.
15. "응용미술저작물"은 물품에 동일한 형상으로 복제될 수 있는 미술저작물로서 그 이용된 물품과 구분되어 독자성을 인정할 수 있는 것을 말하며, 디자인 등을 포함한다.
16. "컴퓨터프로그램저작물"은 특정한 결과를 얻기 위하여 컴퓨터 등 정보처리능력을 가진 장치(이하 "컴퓨터"라 한다) 내에서 직접 또는 간접으로 사용되는 일련의 지시 · 명령으로 표현된 창작물을 말한다.
17. "편집물"은 저작물이나 부호 · 문자 · 음 · 영상 그 밖의 형태의 자료(이하 "소재"라 한다)의 집합물을 말하며, 데이터베이스를 포함한다.
18. "편집저작물"은 편집물로서 그 소재의 선택 · 배열 또는 구성에 창작성이 있는 것을 말한다.
19. "데이터베이스"는 소재를 체계적으로 배열 또는 구성한 편집물로서 개별적으로 그 소재에 접근하거나 그 소재를 검색할 수 있도록 한 것을 말한다.

20. "데이터베이스제작자"는 데이터베이스의 제작 또는 그 소재의 갱신·검증 또는 보충(이하 "갱신등"이라 한다)에 인적 또는 물적으로 상당한 투자를 한 자를 말한다.
21. "공동저작물"은 2인 이상이 공동으로 창작한 저작물로서 각자의 이바지한 부분을 분리하여 이용할 수 없는 것을 말한다.
22. "복제"는 인쇄·사진촬영·복사·녹음·녹화 그 밖의 방법으로 일시적 또는 영구적으로 유형물에 고정하거나 다시 제작하는 것을 말하며, 건축물의 경우에는 그 건축을 위한 모형 또는 설계도서에 따라 이를 시공하는 것을 포함한다.
23. "배포"는 저작물등의 원본 또는 그 복제물을 공중에게 대가를 받거나 받지 아니하고 양도 또는 대여하는 것을 말한다.
24. "발행"은 저작물 또는 음반을 공중의 수요를 충족시키기 위하여 복제·배포하는 것을 말한다.
25. "공표"는 저작물을 공연, 공중송신 또는 전시 그 밖의 방법으로 공중에게 공개하는 경우와 저작물을 발행하는 경우를 말한다.
26. "저작권신탁관리업"은 저작재산권자, 배타적발행권자, 출판권자, 저작인접권자 또는 데이터베이스제작자의 권리를 가진 자를 위하여 그 권리를 신탁받아 이를 지속적으로 관리하는 업을 말하며, 저작물등의 이용과 관련하여 포괄적으로 대리하는 경우를 포함한다.
27. "저작권대리중개업"은 저작재산권자, 배타적발행권자, 출판권자, 저작인접권자 또는 데이터베이스제작자의 권리를 가진 자를 위하여 그 권리의 이용에 관한 대리 또는 중개행위를 하는 업을 말한다.
28. "기술적 보호조치"란 다음 각 목의 어느 하나에 해당하는 조치를 말한다.
    가. 저작권, 그 밖에 이 법에 따라 보호되는 권리의 행사와 관련하여 이 법에 따라 보호되는 저작물등에 대한 접근을 효과적으로 방지하거나 억제하기 위하여 그 권리자나 권리자의 동의를 받은 자가 적용하는 기술적 조치
    나. 저작권, 그 밖에 이 법에 따라 보호되는 권리에 대한 침해 행위를 효과적으로 방지하거나 억제하기 위하여 그 권리자나 권리자의 동의를 받은 자가 적용하는 기술적 조치
29. "권리관리정보"는 다음 각 목의 어느 하나에 해당하는 정보나 그 정보를 나타내는 숫자 또는 부호로서 각 정보가 저작권, 그 밖에 이 법에 따라 보호되는 권리

에 의하여 보호되는 저작물등의 원본이나 그 복제물에 부착되거나 그 공연 · 실행 또는 공중송신에 수반되는 것을 말한다.

가. 저작물등을 식별하기 위한 정보

나. 저작권, 그 밖에 이 법에 따라 보호되는 권리를 가진 자를 식별하기 위한 정보

다. 저작물등의 이용 방법 및 조건에 관한 정보

30. "온라인서비스제공자"란 다음 각 목의 어느 하나에 해당하는 자를 말한다.

가. 이용자가 선택한 저작물등을 그 내용의 수정 없이 이용자가 지정한 지점 사이에서 정보통신망(「정보통신망 이용촉진 및 정보보호 등에 관한 법률」 제2조제1항제1호의 정보통신망을 말한다. 이하 같다)을 통하여 전달하기 위하여 송신하거나 경로를 지정하거나 연결을 제공하는 자

나. 이용자들이 정보통신망에 접속하거나 정보통신망을 통하여 저작물등을 복제 · 전송할 수 있도록 서비스를 제공하거나 그를 위한 설비를 제공 또는 운영하는 자

31. "업무상저작물"은 법인 · 단체 그 밖의 사용자(이하 "법인등"이라 한다)의 기획하에 법인등의 업무에 종사하는 자가 업무상 작성하는 저작물을 말한다.

32. "공중"은 불특정 다수인(특정 다수인을 포함한다)을 말한다.

33. "인증"은 저작물등의 이용허락 등을 위하여 정당한 권리자임을 증명하는 것을 말한다.

34. "프로그램코드역분석"은 독립적으로 창작된 컴퓨터프로그램저작물과 다른 컴퓨터프로그램과의 호환에 필요한 정보를 얻기 위하여 컴퓨터프로그램저작물코드를 복제 또는 변환하는 것을 말한다.

35. "라벨"이란 그 복제물이 정당한 권한에 따라 제작된 것임을 나타내기 위하여 저작물등의 유형적 복제물 · 포장 또는 문서에 부착 · 동봉 또는 첨부되거나 그러한 목적으로 고안된 표지를 말한다.

36. "영화상영관등"이란 영화상영관, 시사회장, 그 밖에 공중에게 영상저작물을 상영하는 장소로서 상영자에 의하여 입장이 통제되는 장소를 말한다.

[시행미지정] 제2조

[시행일 : 9999.1.1] 제2조

제2조의2(저작권 보호에 관한 시책 수립 등) ①문화체육관광부장관은 이 법의 목적을 달성하기 위하여 다음 각 호의 시책을 수립 · 시행할 수 있다.

1. 저작권의 보호 및 저작물의 공정한 이용 환경 조성을 위한 기본 정책에 관한 사항
2. 저작권 인식 확산을 위한 교육 및 홍보에 관한 사항
3. 저작물등의 권리관리정보 및 기술적보호조치의 정책에 관한 사항

② 제1항에 따른 시책의 수립 · 시행에 필요한 사항은 대통령령으로 정한다.

[본조신설 2009.4.22]

제3조(외국인의 저작물) ①외국인의 저작물은 대한민국이 가입 또는 체결한 조약에 따라 보호된다.

②대한민국 내에 상시 거주하는 외국인(무국적자 및 대한민국 내에 주된 사무소가 있는 외국법인을 포함한다)의 저작물과 맨 처음 대한민국 내에서 공표된 외국인의 저작물(외국에서 공표된 날로부터 30일 이내에 대한민국 내에서 공표된 저작물을 포함한다)은 이 법에 따라 보호된다.

③제1항 및 제2항에 따라 보호되는 외국인(대한민국 내에 상시 거주하는 외국인 및 무국적자는 제외한다. 이하 이 조에서 같다)의 저작물이라도 그 외국에서 대한민국 국민의 저작물을 보호하지 아니하는 경우에는 그에 상응하게 조약 및 이 법에 따른 보호를 제한할 수 있다. <개정 2011.6.30>

④제1항 및 제2항에 따라 보호되는 외국인의 저작물이라도 그 외국에서 보호기간이 만료된 경우에는 이 법에 따른 보호기간을 인정하지 아니한다. <신설 2011.6.30>

제2장 저작권

제1절 저작물

제4조(저작물의 예시 등) ①이 법에서 말하는 저작물을 예시하면 다음과 같다.

1. 소설 · 시 · 논문 · 강연 · 연설 · 각본 그 밖의 어문저작물
2. 음악저작물
3. 연극 및 무용 · 무언극 그 밖의 연극저작물
4. 회화 · 서예 · 조각 · 판화 · 공예 · 응용미술저작물 그 밖의 미술저작물
5. 건축물 · 건축을 위한 모형 및 설계도서 그 밖의 건축저작물
6. 사진저작물(이와 유사한 방법으로 제작된 것을 포함한다)
7. 영상저작물
8. 지도 · 도표 · 설계도 · 약도 · 모형 그 밖의 도형저작물

9. 컴퓨터프로그램저작물

② 삭제 <2009.4.22>

제5조(2차적저작물) ①원저작물을 번역 · 편곡 · 변형 · 각색 · 영상제작 그 밖의 방법으로 작성한 창작물(이하 "2차적저작물"이라 한다)은 독자적인 저작물로서 보호된다.

②2차적저작물의 보호는 그 원저작물의 저작자의 권리에 영향을 미치지 아니한다.

제6조(편집저작물) ①편집저작물은 독자적인 저작물로서 보호된다.

②편집저작물의 보호는 그 편집저작물의 구성부분이 되는 소재의 저작권 그 밖에 이 법에 따라 보호되는 권리에 영향을 미치지 아니한다.

제7조(보호받지 못하는 저작물) 다음 각 호의 어느 하나에 해당하는 것은 이 법에 의한 보호를 받지 못한다.

1. 헌법 · 법률 · 조약 · 명령 · 조례 및 규칙
2. 국가 또는 지방자치단체의 고시 · 공고 · 훈령 그 밖에 이와 유사한 것
3. 법원의 판결 · 결정 · 명령 및 심판이나 행정심판절차 그 밖에 이와 유사한 절차에 의한 의결 · 결정 등
4. 국가 또는 지방자치단체가 작성한 것으로서 제1호 내지 제3호에 규정된 것의 편집물 또는 번역물
5. 사실의 전달에 불과한 시사보도

제2절 저작자

제8조(저작자 등의 추정) ①다음 각 호의 어느 하나에 해당하는 자는 저작자로서 그 저작물에 대한 저작권을 가지는 것으로 추정한다. <개정 2011.6.30>

1. 저작물의 원본이나 그 복제물에 저작자로서의 실명 또는 이명(예명 · 아호 · 약칭 등을 말한다. 이하 같다)으로서 널리 알려진 것이 일반적인 방법으로 표시된 자
2. 저작물을 공연 또는 공중송신하는 경우에 저작자로서의 실명 또는 저작자의 널리 알려진 이명으로서 표시된 자

②제1항 각 호의 어느 하나에 해당하는 저작자의 표시가 없는 저작물의 경우에는 발행자 · 공연자 또는 공표자로 표시된 자가 저작권을 가지는 것으로 추정한다. <개정 2009.4.22>

제9조(업무상저작물의 저작자) 법인등의 명의로 공표되는 업무상저작물의 저작자는 계약 또는 근무규칙 등에 다른 정함이 없는 때에는 그 법인등이 된다. 다만, 컴퓨터프

로그램저작물(이하 "프로그램"이라 한다)의 경우 공표될 것을 요하지 아니한다. <개정 2009.4.22>

제10조(저작권) ①저작자는 제11조 내지 제13조의 규정에 따른 권리(이하 "저작인격권"이라 한다)와 제16조 내지 제22조의 규정에 따른 권리(이하 "저작재산권"이라 한다)를 가진다.

②저작권은 저작물을 창작한 때부터 발생하며 어떠한 절차나 형식의 이행을 필요로 하지 아니한다.

제3절 저작인격권

제11조(공표권) ①저작자는 그의 저작물을 공표하거나 공표하지 아니할 것을 결정할 권리를 가진다.

②저작자가 공표되지 아니한 저작물의 저작재산권을 제45조에 따른 양도, 제46조에 따른 이용허락, 제57조에 따른 출판권의 설정 또는 제101조의6에 따른 프로그램배타적발행권의 설정을 한 경우에는 그 상대방에게 저작물의 공표를 동의한 것으로 추정한다. <개정 2009.4.22>

③저작자가 공표되지 아니한 미술저작물 · 건축저작물 또는 사진저작물(이하 "미술저작물등"이라 한다)의 원본을 양도한 경우에는 그 상대방에게 저작물의 원본의 전시방식에 의한 공표를 동의한 것으로 추정한다.

④원저작자의 동의를 얻어 작성된 2차적저작물 또는 편집저작물이 공표된 경우에는 그 원저작물도 공표된 것으로 본다.

제11조(공표권) ①저작자는 그의 저작물을 공표하거나 공표하지 아니할 것을 결정할 권리를 가진다.

②저작자가 공표되지 아니한 저작물의 저작재산권을 제45조에 따른 양도, 제46조에 따른 이용허락, 제57조에 따른 배타적발행권의 설정 또는 제63조에 따른 출판권의 설정을 한 경우에는 그 상대방에게 저작물의 공표를 동의한 것으로 추정한다. <개정 2009.4.22, 2011.12.2>

③저작자가 공표되지 아니한 미술저작물 · 건축저작물 또는 사진저작물(이하 "미술저작물등"이라 한다)의 원본을 양도한 경우에는 그 상대방에게 저작물의 원본의 전시방식에 의한 공표를 동의한 것으로 추정한다.

④원저작자의 동의를 얻어 작성된 2차적저작물 또는 편집저작물이 공표된 경우에는 그 원저작물도 공표된 것으로 본다.

⑤ 공표하지 아니한 저작물을 저작자가 제31조의 도서관등에 기증한 경우 별도의 의사를 표시하지 않는 한 기증한 때에 공표에 동의한 것으로 추정한다. <신설 2011.12.2>

[시행미지정] 제11조

[시행일 : 9999.1.1] 제11조

제12조(성명표시권) ①저작자는 저작물의 원본이나 그 복제물에 또는 저작물의 공표 매체에 그의 실명 또는 이명을 표시할 권리를 가진다.

②저작물을 이용하는 자는 그 저작자의 특별한 의사표시가 없는 때에는 저작자가 그의 실명 또는 이명을 표시한 바에 따라 이를 표시하여야 한다. 다만, 저작물의 성질이나 그 이용의 목적 및 형태 등에 비추어 부득이하다고 인정되는 경우에는 그러하지 아니하다.

제13조(동일성유지권) ①저작자는 그의 저작물의 내용·형식 및 제호의 동일성을 유지할 권리를 가진다.

②저작자는 다음 각 호의 어느 하나에 해당하는 변경에 대하여는 이의 할 수 없다. 다만, 본질적인 내용의 변경은 그러하지 아니하다. <개정 2009.4.22>

1. 제25조의 규정에 따라 저작물을 이용하는 경우에 학교교육 목적상 부득이하다고 인정되는 범위 안에서의 표현의 변경
2. 건축물의 증축·개축 그 밖의 변형
3. 특정한 컴퓨터 외에는 이용할 수 없는 프로그램을 다른 컴퓨터에 이용할 수 있도록 하기 위하여 필요한 범위에서의 변경
4. 프로그램을 특정한 컴퓨터에 보다 효과적으로 이용할 수 있도록 하기 위하여 필요한 범위에서의 변경
5. 그 밖에 저작물의 성질이나 그 이용의 목적 및 형태 등에 비추어 부득이하다고 인정되는 범위 안에서의 변경

제14조(저작인격권의 일신전속성) ①저작인격권은 저작자 일신에 전속한다.

②저작자의 사망 후에 그의 저작물을 이용하는 자는 저작자가 생존하였더라면 그 저작인격권의 침해가 될 행위를 하여서는 아니 된다. 다만, 그 행위의 성질 및 정도

에 비추어 사회통념상 그 저작자의 명예를 훼손하는 것이 아니라고 인정되는 경우에는 그러하지 아니하다.

제15조(공동저작물의 저작인격권) ①공동저작물의 저작인격권은 저작자 전원의 합의에 의하지 아니하고는 이를 행사할 수 없다. 이 경우 각 저작자는 신의에 반하여 합의의 성립을 방해할 수 없다.

②공동저작물의 저작자는 그들 중에서 저작인격권을 대표하여 행사할 수 있는 자를 정할 수 있다.

③제2항의 규정에 따라 권리를 대표하여 행사하는 자의 대표권에 가하여진 제한이 있을 때에 그 제한은 선의의 제3자에게 대항할 수 없다.

제4절 저작재산권

제1관 저작재산권의 종류

제16조(복제권) 저작자는 그의 저작물을 복제할 권리를 가진다.

제17조(공연권) 저작자는 그의 저작물을 공연할 권리를 가진다.

제18조(공중송신권) 저작자는 그의 저작물을 공중송신할 권리를 가진다.

제19조(전시권) 저작자는 미술저작물등의 원본이나 그 복제물을 전시할 권리를 가진다.

제20조(배포권) 저작자는 저작물의 원본이나 그 복제물을 배포할 권리를 가진다. 다만, 저작물의 원본이나 그 복제물이 해당 저작재산권자의 허락을 받아 판매 등의 방법으로 거래에 제공된 경우에는 그러하지 아니하다. <개정 2009.4.22>

제21조(대여권) 제20조 단서에도 불구하고 저작자는 판매용 음반이나 판매용 프로그램을 영리를 목적으로 대여할 권리를 가진다. <개정 2009.4.22>

제22조(2차적저작물작성권) 저작자는 그의 저작물을 원저작물로 하는 2차적저작물을 작성하여 이용할 권리를 가진다.

제2관 저작재산권의 제한

제23조(재판절차 등에서의 복제) 재판절차를 위하여 필요한 경우이거나 입법 · 행정의 목적을 위한 내부자료로서 필요한 경우에는 그 한도 안에서 저작물을 복제할 수 있다. 다만, 그 저작물의 종류와 복제의 부수 및 형태 등에 비추어 당해 저작재산권자의 이익을 부당하게 침해하는 경우에는 그러하지 아니하다.

제24조(정치적 연설 등의 이용) 공개적으로 행한 정치적 연설 및 법정 · 국회 또는 지방의회에서 공개적으로 행한 진술은 어떠한 방법으로도 이용할 수 있다. 다만, 동일한 저작자의 연설이나 진술을 편집하여 이용하는 경우에는 그러하지 아니하다.

제25조(학교교육 목적 등에의 이용) ①고등학교 및 이에 준하는 학교 이하의 학교의 교육 목적상 필요한 교과용도서에는 공표된 저작물을 게재할 수 있다.

②특별법에 따라 설립되었거나 「유아교육법」, 「초 · 중등교육법」 또는 「고등교육법」에 따른 학교, 국가나 지방자치단체가 운영하는 교육기관 및 이들 교육기관의 수업을 지원하기 위하여 국가나 지방자치단체에 소속된 교육지원기관은 그 수업 또는 지원 목적상 필요하다고 인정되는 경우에는 공표된 저작물의 일부분을 복제 · 배포 · 공연 · 방송 또는 전송할 수 있다. 다만, 저작물의 성질이나 그 이용의 목적 및 형태 등에 비추어 저작물의 전부를 이용하는 것이 부득이한 경우에는 전부를 이용할 수 있다. <개정 2009.4.22>

③제2항의 규정에 따른 교육기관에서 교육을 받는 자는 수업목적상 필요하다고 인정되는 경우에는 제2항의 범위 내에서 공표된 저작물을 복제하거나 전송할 수 있다.

④제1항 및 제2항에 따라 저작물을 이용하려는 자는 문화체육관광부장관이 정하여 고시하는 기준에 따른 보상금을 해당 저작재산권자에게 지급하여야 한다. 다만, 고등학교 및 이에 준하는 학교 이하의 학교에서 제2항에 따른 복제 · 배포 · 공연 · 방송 또는 전송을 하는 경우에는 보상금을 지급하지 아니한다. <개정 2008.2.29, 2009.4.22>

⑤제4항의 규정에 따른 보상을 받을 권리는 다음 각 호의 요건을 갖춘 단체로서 문화체육관광부장관이 지정하는 단체를 통하여 행사되어야 한다. 문화체육관광부장관이 그 단체를 지정할 때에는 미리 그 단체의 동의를 얻어야 한다. <개정 2008.2.29>

1. 대한민국 내에서 보상을 받을 권리를 가진 자(이하 "보상권리자"라 한다)로 구성된 단체
2. 영리를 목적으로 하지 아니할 것
3. 보상금의 징수 및 분배 등의 업무를 수행하기에 충분한 능력이 있을 것

⑥제5항의 규정에 따른 단체는 그 구성원이 아니라도 보상권리자로부터 신청이 있을 때에는 그 자를 위하여 그 권리행사를 거부할 수 없다. 이 경우 그 단체는 자기의 명의로 그 권리에 관한 재판상 또는 재판 외의 행위를 할 권한을 가진다.

⑦문화체육관광부장관은 제5항의 규정에 따른 단체가 다음 각 호의 어느 하나에 해당하는 경우에는 그 지정을 취소할 수 있다. <개정 2008.2.29>

1. 제5항의 규정에 따른 요건을 갖추지 못한 때
2. 보상관계 업무규정을 위배한 때
3. 보상관계 업무를 상당한 기간 휴지하여 보상권리자의 이익을 해할 우려가 있을 때

⑧제5항의 규정에 따른 단체는 보상금 분배 공고를 한 날부터 3년이 경과한 미분배 보상금에 대하여 문화체육관광부장관의 승인을 얻어 공익목적을 위하여 사용할 수 있다. <개정 2008.2.29>

⑨제5항 · 제7항 및 제8항의 규정에 따른 단체의 지정과 취소 및 업무규정, 보상금 분배 공고, 미분배 보상금의 공익목적 사용 승인 등에 관하여 필요한 사항은 대통령령으로 정한다.

⑩제2항의 규정에 따라 교육기관이 전송을 하는 경우에는 저작권 그 밖에 이 법에 의하여 보호되는 권리의 침해를 방지하기 위하여 복제방지조치 등 대통령령이 정하는 필요한 조치를 하여야 한다.

제26조(시사보도를 위한 이용) 방송 · 신문 그 밖의 방법에 의하여 시사보도를 하는 경우에 그 과정에서 보이거나 들리는 저작물은 보도를 위한 정당한 범위 안에서 복제 · 배포 · 공연 또는 공중송신할 수 있다.

제27조(시사적인 기사 및 논설의 복제 등) 정치 · 경제 · 사회 · 문화 · 종교에 관하여 「신문 등의 진흥에 관한 법률」 제2조의 규정에 따른 신문 및 인터넷신문 또는 「뉴스통신진흥에 관한 법률」 제2조의 규정에 따른 뉴스통신에 게재된 시사적인 기사나 논설은 다른 언론기관이 복제 · 배포 또는 방송할 수 있다. 다만, 이용을 금지하는 표시가 있는 경우에는 그러하지 아니하다. <개정 2009.7.31>

제28조(공표된 저작물의 인용) 공표된 저작물은 보도 · 비평 · 교육 · 연구 등을 위하여는 정당한 범위 안에서 공정한 관행에 합치되게 이를 인용할 수 있다.

제29조(영리를 목적으로 하지 아니하는 공연 · 방송) ①영리를 목적으로 하지 아니하고 청중이나 관중 또는 제3자로부터 어떤 명목으로든지 반대급부를 받지 아니하는 경우에는 공표된 저작물을 공연 또는 방송할 수 있다. 다만, 실연자에게 통상의 보수를 지급하는 경우에는 그러하지 아니하다.

②청중이나 관중으로부터 당해 공연에 대한 반대급부를 받지 아니하는 경우에는 판

매용 음반 또는 판매용 영상저작물을 재생하여 공중에게 공연할 수 있다. 다만, 대통령령이 정하는 경우에는 그러하지 아니하다.

제30조(사적이용을 위한 복제) 공표된 저작물을 영리를 목적으로 하지 아니하고 개인적으로 이용하거나 가정 및 이에 준하는 한정된 범위 안에서 이용하는 경우에는 그 이용자는 이를 복제할 수 있다. 다만, 공중의 사용에 제공하기 위하여 설치된 복사기기에 의한 복제는 그러하지 아니하다.

제31조(도서관등에서의 복제 등) ①「도서관법」에 따른 도서관과 도서 · 문서 · 기록 그 밖의 자료(이하 "도서등"이라 한다)를 공중의 이용에 제공하는 시설 중 대통령령이 정하는 시설(당해시설의 장을 포함한다. 이하 "도서관등"이라 한다)은 다음 각 호의 어느 하나에 해당하는 경우에는 그 도서관등에 보관된 도서등(제1호의 경우에는 제3항의 규정에 따라 당해 도서관등이 복제 · 전송받은 도서등을 포함한다)을 사용하여 저작물을 복제할 수 있다. 다만, 제1호 및 제3호의 경우에는 디지털 형태로 복제할 수 없다.

1. 조사 · 연구를 목적으로 하는 이용자의 요구에 따라 공표된 도서등의 일부분의 복제물을 1인 1부에 한하여 제공하는 경우
2. 도서등의 자체보존을 위하여 필요한 경우
3. 다른 도서관등의 요구에 따라 절판 그 밖에 이에 준하는 사유로 구하기 어려운 도서등의 복제물을 보존용으로 제공하는 경우

②도서관등은 컴퓨터를 이용하여 이용자가 그 도서관등의 안에서 열람할 수 있도록 보관된 도서등을 복제하거나 전송할 수 있다. 이 경우 동시에 열람할 수 있는 이용자의 수는 그 도서관등에서 보관하고 있거나 저작권 그 밖에 이 법에 따라 보호되는 권리를 가진 자로부터 이용허락을 받은 그 도서등의 부수를 초과할 수 없다. <개정 2009.4.22>

③도서관등은 컴퓨터를 이용하여 이용자가 다른 도서관등의 안에서 열람할 수 있도록 보관된 도서등을 복제하거나 전송할 수 있다. 다만, 그 전부 또는 일부가 판매용으로 발행된 도서등은 그 발행일로부터 5년이 경과하지 아니한 경우에는 그러하지 아니하다. <개정 2009.4.22>

④도서관등은 제1항제2호의 규정에 따른 도서등의 복제 및 제2항과 제3항의 규정에 따른 도서등의 복제의 경우에 그 도서등이 디지털 형태로 판매되고 있는 때에는 그 도서등을 디지털 형태로 복제할 수 없다.

⑤도서관등은 제1항제1호의 규정에 따라 디지털 형태의 도서등을 복제하는 경우 및 제3항의 규정에 따라 도서등을 다른 도서관등의 안에서 열람할 수 있도록 복제하거나 전송하는 경우에는 문화체육관광부장관이 정하여 고시하는 기준에 의한 보상금을 당해저작재산권자에게 지급하여야 한다. 다만, 국가, 지방자치단체 또는 「고등교육법」 제2조의 규정에 따른 학교를 저작재산권자로 하는 도서등(그 전부 또는 일부가 판매용으로 발행된 도서등을 제외한다)의 경우에는 그러하지 아니하다. <개정 2008.2.29>

⑥제25조제5항 내지 제9항의 규정은 제5항의 보상금의 지급 등에 관하여 준용한다.

⑦제1항 내지 제3항의 규정에 따라 도서등을 디지털 형태로 복제하거나 전송하는 경우에 도서관등은 저작권 그 밖에 이 법에 따라 보호되는 권리의 침해를 방지하기 위하여 복제방지조치 등 대통령령이 정하는 필요한 조치를 하여야 한다.

⑧「도서관법」 제20조의2에 따라 국립중앙도서관이 온라인 자료의 보존을 위하여 수집하는 경우에는 해당 자료를 복제할 수 있다. <신설 2009.3.25>

제32조(시험문제로서의 복제) 학교의 입학시험 그 밖에 학식 및 기능에 관한 시험 또는 검정을 위하여 필요한 경우에는 그 목적을 위하여 정당한 범위에서 공표된 저작물을 복제 · 배포할 수 있다. 다만, 영리를 목적으로 하는 경우에는 그러하지 아니하다. <개정 2009.4.22>

제33조(시각장애인 등을 위한 복제 등) ①공표된 저작물은 시각장애인 등을 위하여 점자로 복제 · 배포할 수 있다.

②시각장애인 등의 복리증진을 목적으로 하는 시설 중 대통령령이 정하는 시설(당해 시설의 장을 포함한다)은 영리를 목적으로 하지 아니하고 시각장애인 등의 이용에 제공하기 위하여 공표된 어문저작물을 녹음하거나 대통령령으로 정하는 시각장애인 등을 위한 전용 기록방식으로 복제 · 배포 또는 전송할 수 있다. <개정 2009.3.25>

③제1항 및 제2항의 규정에 따른 시각장애인 등의 범위는 대통령령으로 정한다.

제34조(방송사업자의 일시적 녹음 · 녹화) ①저작물을 방송할 권한을 가지는 방송사업자는 자신의 방송을 위하여 자체의 수단으로 저작물을 일시적으로 녹음하거나 녹화할 수 있다.

②제1항의 규정에 따라 만들어진 녹음물 또는 녹화물은 녹음일 또는 녹화일로부터 1년을 초과하여 보존할 수 없다. 다만, 그 녹음물 또는 녹화물이 기록의 자료로서 대통령령이 정하는 장소에 보존되는 경우에는 그러하지 아니하다.

제35조(미술저작물등의 전시 또는 복제) ①미술저작물등의 원본의 소유자나 그의 동의를 얻은 자는 그 저작물을 원본에 의하여 전시할 수 있다. 다만, 가로 · 공원 · 건축물의 외벽 그 밖에 공중에게 개방된 장소에 항시 전시하는 경우에는 그러하지 아니하다.

②제1항 단서의 규정에 따른 개방된 장소에 항시 전시되어 있는 미술저작물등은 어떠한 방법으로든지 이를 복제하여 이용할 수 있다. 다만, 다음 각 호의 어느 하나에 해당하는 경우에는 그러하지 아니하다.

1. 건축물을 건축물로 복제하는 경우
2. 조각 또는 회화를 조각 또는 회화로 복제하는 경우
3. 제1항 단서의 규정에 따른 개방된 장소 등에 항시 전시하기 위하여 복제하는 경우
4. 판매의 목적으로 복제하는 경우

③제1항의 규정에 따라 전시를 하는 자 또는 미술저작물등의 원본을 판매하고자 하는 자는 그 저작물의 해설이나 소개를 목적으로 하는 목록 형태의 책자에 이를 복제하여 배포할 수 있다.

④위탁에 의한 초상화 또는 이와 유사한 사진저작물의 경우에는 위탁자의 동의가 없는 때에는 이를 이용할 수 없다

제36조(번역 등에 의한 이용) ①제25조 · 제29조 또는 제30조의 규정에 따라 저작물을 이용하는 경우에는 그 저작물을 번역 · 편곡 또는 개작하여 이용할 수 있다.

②제23조 · 제24조 · 제26조 · 제27조 · 제28조 · 제32조 또는 제33조의 규정에 따라 저작물을 이용하는 경우에는 그 저작물을 번역하여 이용할 수 있다.

제36조(번역 등에 의한 이용) ①제25조, 제29조, 제30조 또는 제35조의3에 따라 저작물을 이용하는 경우에는 그 저작물을 번역 · 편곡 또는 개작하여 이용할 수 있다. <개정 2011.12.2>

②제23조 · 제24조 · 제26조 · 제27조 · 제28조 · 제32조 또는 제33조에 따라 저작물을 이용하는 경우에는 그 저작물을 번역하여 이용할 수 있다. <개정 2011.12.2>

[시행미지정] 제36조

[시행일 : 9999.1.1] 제36조

제37조(출처의 명시) ①이 관의 규정에 따라 저작물을 이용하는 자는 그 출처를 명시하여야 한다. 다만, 제26조 · 제29조 내지 제32조 및 제34조의 경우에는 그러하지 아니하다.

②출처의 명시는 저작물의 이용 상황에 따라 합리적이라고 인정되는 방법으로 하여야 하며, 저작자의 실명 또는 이명이 표시된 저작물인 경우에는 그 실명 또는 이명을 명시하여야 한다.

제37조(출처의 명시) ①이 관에 따라 저작물을 이용하는 자는 그 출처를 명시하여야 한다. 다만, 제26조, 제29조부터 제32조까지, 제34조 및 제35조의2의 경우에는 그러하지 아니하다. <개정 2011.12.2>

②출처의 명시는 저작물의 이용 상황에 따라 합리적이라고 인정되는 방법으로 하여야 하며, 저작자의 실명 또는 이명이 표시된 저작물인 경우에는 그 실명 또는 이명을 명시하여야 한다.

[시행미지정] 제37조

[시행일 : 9999.1.1] 제37조

제37조의2(적용 제외) 프로그램에 대하여는 제23조 · 제25조 · 제30조 및 제32조를 적용하지 아니한다.

[본조신설 2009.4.22]

제38조(저작인격권과의 관계) 이 관 각 조의 규정은 저작인격권에 영향을 미치는 것으로 해석되어서는 아니 된다.

제3관 저작재산권의 보호기간

제39조(보호기간의 원칙) ①저작재산권은 이 관에 특별한 규정이 있는 경우를 제외하고는 저작자의 생존하는 동안과 사망 후 50년간 존속한다. 다만, 저작자가 사망 후 40년이 경과하고 50년이 되기 전에 공표된 저작물의 저작재산권은 공표된 때부터 10년간 존속한다.

②공동저작물의 저작재산권은 맨 마지막으로 사망한 저작자의 사망 후 50년간 존속한다.

제39조(보호기간의 원칙) ①저작재산권은 이 관에 특별한 규정이 있는 경우를 제외하고는 저작자가 생존하는 동안과 사망한 후 70년간 존속한다. <개정 2011.6.30>

②공동저작물의 저작재산권은 맨 마지막으로 사망한 저작자가 사망한 후 70년간 존속한다. <개정 2011.6.30>

[시행일 : 2013.7.1] 제39조

제40조(무명 또는 이명 저작물의 보호기간) ①무명 또는 널리 알려지지 아니한 이명이 표시된 저작물의 저작재산권은 공표된 때부터 50년간 존속한다. 다만, 이 기간 내에 저작자가 사망한지 50년이 경과하였다고 인정할만한 정당한 사유가 발생한 경우에는 그 저작재산권은 저작자 사망 후 50년이 경과하였다고 인정되는 때에 소멸한 것으로 본다.

②다음 각 호의 어느 하나에 해당하는 경우에는 제1항의 규정은 이를 적용하지 아니한다.

1. 제1항의 기간 이내에 저작자의 실명 또는 널리 알려진 이명이 밝혀진 경우
2. 제1항의 기간 이내에 제53조제1항의 규정에 따른 저작자의 실명등록이 있는 경우

제40조(무명 또는 이명 저작물의 보호기간) ①무명 또는 널리 알려지지 아니한 이명이 표시된 저작물의 저작재산권은 공표된 때부터 70년간 존속한다. 다만, 이 기간 내에 저작자가 사망한지 70년이 지났다고 인정할만한 정당한 사유가 발생한 경우에는 그 저작재산권은 저작자가 사망한 후 70년이 지났다고 인정되는 때에 소멸한 것으로 본다. <개정 2011.6.30>

②다음 각 호의 어느 하나에 해당하는 경우에는 제1항의 규정은 이를 적용하지 아니한다.

1. 제1항의 기간 이내에 저작자의 실명 또는 널리 알려진 이명이 밝혀진 경우
2. 제1항의 기간 이내에 제53조제1항의 규정에 따른 저작자의 실명등록이 있는 경우

[시행일 : 2013.7.1] 제40조

제41조(업무상저작물의 보호기간) 업무상저작물의 저작재산권은 공표한 때부터 50년간 존속한다. 다만, 창작한 때부터 50년 이내에 공표되지 아니한 경우에는 창작한 때부터 50년간 존속한다.

제41조(업무상저작물의 보호기간) 업무상저작물의 저작재산권은 공표한 때부터 70년간 존속한다. 다만, 창작한 때부터 50년 이내에 공표되지 아니한 경우에는 창작한 때부터 70년간 존속한다. <개정 2011.6.30>

[시행일 : 2013.7.1] 제41조

제42조(영상저작물 및 프로그램의 보호기간) 영상저작물 및 프로그램의 저작재산권은 제39조 및 제40조에도 불구하고 공표한 때부터 50년간 존속한다. 다만, 창작한 때부터 50년 이내에 공표되지 아니한 경우에는 창작한 때부터 50년간 존속한다.

제42조(영상저작물의 보호기간) 영상저작물의 저작재산권은 제39조 및 제40조에도 불구하고 공표한 때부터 70년간 존속한다. 다만, 창작한 때부터 50년 이내에 공표되지 아니한 경우에는 창작한 때부터 70년간 존속한다. <개정 2011.6.30>

[제목개정 2011.6.30]

[시행일 : 2013.7.1] 제42조

제43조(계속적간행물 등의 공표시기) ①제40조제1항 또는 제41조에 따른 공표시기는 책 · 호 또는 회 등으로 공표하는 저작물의 경우에는 매책 · 매호 또는 매회 등의 공표 시로 하고, 일부분씩 순차적으로 공표하여 완성하는 저작물의 경우에는 최종부분의 공표 시로 한다. <개정 2011.6.30>

②일부분씩 순차적으로 공표하여 전부를 완성하는 저작물의 계속되어야 할 부분이 최근의 공표시기부터 3년이 경과되어도 공표되지 아니하는 경우에는 이미 공표된 맨 뒤의 부분을 제1항의 규정에 따른 최종부분으로 본다.

제44조(보호기간의 기산) 이 관에 규정된 저작재산권의 보호기간을 계산하는 경우에는 저작자가 사망하거나 저작물을 창작 또는 공표한 다음 해부터 기산한다.

제4관 저작재산권의 양도 · 행사 · 소멸

제45조(저작재산권의 양도) ①저작재산권은 전부 또는 일부를 양도할 수 있다.

②저작재산권의 전부를 양도하는 경우에 특약이 없는 때에는 제22조에 따른 2차적저작물을 작성하여 이용할 권리는 포함되지 아니한 것으로 추정한다. 다만, 프로그램의 경우 특약이 없는 한 2차적저작물작성권도 함께 양도된 것으로 추정한다. <개정 2009.4.22>

제46조(저작물의 이용허락) ①저작재산권자는 다른 사람에게 그 저작물의 이용을 허락할 수 있다.

②제1항의 규정에 따라 허락을 받은 자는 허락받은 이용 방법 및 조건의 범위 안에서 그 저작물을 이용할 수 있다.

③제1항의 규정에 따른 허락에 의하여 저작물을 이용할 수 있는 권리는 저작재산권자의 동의 없이 제3자에게 이를 양도할 수 없다.

제47조(저작재산권을 목적으로 하는 질권의 행사 등) ①저작재산권을 목적으로 하는 질권은 그 저작재산권의 양도 또는 그 저작물의 이용에 따라 저작재산권자가 받을 금

전 그 밖의 물건(출판권 및 프로그램배타적발행권 설정의 대가를 포함한다)에 대하여도 행사할 수 있다. 다만, 이들의 지급 또는 인도 전에 이를 압류하여야 한다. <개정 2009.4.22>

②질권의 목적으로 된 저작재산권은 설정행위에 특약이 없는 한 저작재산권자가 이를 행사한다. <신설 2009.4.22>

[제목개정 2009.4.22]

제47조(저작재산권을 목적으로 하는 질권의 행사 등) ①저작재산권을 목적으로 하는 질권은 그 저작재산권의 양도 또는 그 저작물의 이용에 따라 저작재산권자가 받을 금전 그 밖의 물건(제57조에 따른 배타적발행권 및 제63조에 따른 출판권 설정의 대가를 포함한다)에 대하여도 행사할 수 있다. 다만, 이들의 지급 또는 인도 전에 이를 압류하여야 한다. <개정 2009.4.22, 2011.12.2>

②질권의 목적으로 된 저작재산권은 설정행위에 특약이 없는 한 저작재산권자가 이를 행사한다. <신설 2009.4.22>

[제목개정 2009.4.22]

[시행미지정] 제47조

[시행일 : 9999.1.1] 제47조

제48조(공동저작물의 저작재산권의 행사) ①공동저작물의 저작재산권은 그 저작재산권자 전원의 합의에 의하지 아니하고는 이를 행사할 수 없으며, 다른 저작재산권자의 동의가 없으면 그 지분을 양도하거나 질권의 목적으로 할 수 없다. 이 경우 각 저작재산권자는 신의에 반하여 합의의 성립을 방해하거나 동의를 거부할 수 없다.

②공동저작물의 이용에 따른 이익은 공동저작자 간에 특약이 없는 때에는 그 저작물의 창작에 이바지한 정도에 따라 각자에게 배분된다. 이 경우 각자의 이바지한 정도가 명확하지 아니한 때에는 균등한 것으로 추정한다.

③공동저작물의 저작재산권자는 그 공동저작물에 대한 자신의 지분을 포기할 수 있으며, 포기하거나 상속인 없이 사망한 경우에 그 지분은 다른 저작재산권자에게 그 지분의 비율에 따라 배분된다.

④제15조제2항 및 제3항의 규정은 공동저작물의 저작재산권의 행사에 관하여 준용한다.

제49조(저작재산권의 소멸) 저작재산권이 다음 각 호의 어느 하나에 해당하는 경우에는 소멸한다.

1. 저작재산권자가 상속인 없이 사망한 경우에 그 권리가 「민법」 그 밖의 법률의 규정에 따라 국가에 귀속되는 경우
2. 저작재산권자인 법인 또는 단체가 해산되어 그 권리가 「민법」 그 밖의 법률의 규정에 따라 국가에 귀속되는 경우

제5절 저작물 이용의 법정허락

제50조(저작재산권자 불명인 저작물의 이용) ①누구든지 대통령령이 정하는 기준에 해당하는 상당한 노력을 기울였어도 공표된 저작물(외국인의 저작물을 제외한다)의 저작재산권자나 그의 거소를 알 수 없어 그 저작물의 이용허락을 받을 수 없는 경우에는 대통령령이 정하는 바에 따라 문화체육관광부장관의 승인을 얻은 후 문화체육관광부장관이 정하는 기준에 의한 보상금을 공탁하고 이를 이용할 수 있다. <개정 2008.2.29>

②제1항의 규정에 따라 저작물을 이용하는 자는 그 뜻과 승인연월일을 표시하여야 한다.

③제1항의 규정에 따라 법정허락된 저작물이 다시 법정허락의 대상이 되는 때에는 제1항의 규정에 따른 대통령령이 정하는 기준에 해당하는 상당한 노력의 절차를 생략할 수 있다. 다만, 그 저작물에 대한 법정허락의 승인 이전에 저작재산권자가 대통령령이 정하는 절차에 따라 이의를 제기하는 때에는 그러하지 아니하다.

④문화체육관광부장관은 대통령령이 정하는 바에 따라 법정허락 내용을 정보통신망에 게시하여야 한다. <개정 2008.2.29>

제51조(공표된 저작물의 방송) 공표된 저작물을 공익상 필요에 의하여 방송하고자 하는 방송사업자가 그 저작재산권자와 협의하였으나 협의가 성립되지 아니하는 경우에는 대통령령이 정하는 바에 따라 문화체육관광부장관의 승인을 얻은 후 문화체육관광부장관이 정하는 기준에 의한 보상금을 당해 저작재산권자에게 지급하거나 공탁하고 이를 방송할 수 있다. <개정 2008.2.29>

제52조(판매용 음반의 제작) 판매용 음반이 우리나라에서 처음으로 판매되어 3년이 경과한 경우 그 음반에 녹음된 저작물을 녹음하여 다른 판매용 음반을 제작하고자 하는 자가 그 저작재산권자와 협의하였으나 협의가 성립되지 아니하는 때에는 대통령령이 정하는 바에 따라 문화체육관광부장관의 승인을 얻은 후 문화체육관광부장관

이 정하는 기준에 의한 보상금을 당해저작재산권자에게 지급하거나 공탁하고 다른 판매용 음반을 제작할 수 있다. <개정 2008.2.29>

제6절 등록 및 인증

제53조(저작권의 등록) ①저작자는 다음 각 호의 사항을 등록할 수 있다.

1. 저작자의 실명 · 이명(공표 당시에 이명을 사용한 경우에 한한다) · 국적 · 주소 또는 거소
2. 저작물의 제호 · 종류 · 창작연월일
3. 공표의 여부 및 맨 처음 공표된 국가 · 공표연월일
4. 그 밖에 대통령령으로 정하는 사항

②저작자가 사망한 경우 저작자의 특별한 의사표시가 없는 때에는 그의 유언으로 지정한 자 또는 상속인이 제1항 각 호의 규정에 따른 등록을 할 수 있다.

③제1항 및 제2항에 따라 저작자로 실명이 등록된 자는 그 등록저작물의 저작자로, 창작연월일 또는 맨 처음의 공표연월일이 등록된 저작물은 등록된 연월일에 창작 또는 맨 처음 공표된 것으로 추정한다. 다만, 저작물을 창작한 때부터 1년이 경과한 후에 창작연월일을 등록한 경우에는 등록된 연월일에 창작된 것으로 추정하지 아니한다. <개정 2009.4.22>

제54조(권리변동 등의 등록 · 효력) 다음 각 호의 사항은 이를 등록할 수 있으며, 등록하지 아니하면 제3자에게 대항할 수 없다.

1. 저작재산권의 양도(상속 그 밖의 일반승계의 경우를 제외한다) 또는 처분제한
2. 저작재산권을 목적으로 하는 질권의 설정 · 이전 · 변경 · 소멸 또는 처분제한

제54조(권리변동 등의 등록 · 효력) 다음 각 호의 사항은 이를 등록할 수 있으며, 등록하지 아니하면 제3자에게 대항할 수 없다. <개정 2011.12.2>

1. 저작재산권의 양도(상속 그 밖의 일반승계의 경우를 제외한다) 또는 처분제한
2. 제57조에 따른 배타적발행권 또는 제63조에 따른 출판권의 설정 · 이전 · 변경 · 소멸 또는 처분제한
3. 저작재산권, 제57조에 따른 배타적발행권 및 제63조에 따른 출판권을 목적으로 하는 질권의 설정 · 이전 · 변경 · 소멸 또는 처분제한

[시행미지정] 제54조

[시행일 : 9999.1.1] 제54조

第55조(등록의 절차 등) ①제53조 및 제54조에 따른 등록은 문화체육관광부장관이 저작권등록부(프로그램의 경우에는 프로그램등록부를 말한다. 이하 이 조에서 같다)에 기재하여 행한다. <개정 2008.2.29, 2009.4.22>

②문화체육관광부장관은 다음 각 호의 어느 하나에 해당하는 경우에는 신청을 반려할 수 있다. 다만, 신청의 흠결이 보정될 수 있는 경우에 신청인이 당일 이를 보정하였을 때에는 그러하지 아니하다. <개정 2008.2.29>

1. 등록 신청한 사항이 등록할 것이 아닌 때
2. 등록 신청이 문화체육관광부령으로 정한 서식에 적합하지 아니하거나 그 밖의 필요한 자료 또는 서류를 첨부하지 아니한 때

③문화체육관광부장관은 제1항의 규정에 따라 저작권등록부에 기재한 등록에 대하여 등록공보를 발행하거나 정보통신망에 게시하여야 하며, 신청한 자가 있는 경우에는 저작권등록부를 열람하게 하거나 그 사본을 교부하여야 한다. <개정 2008.2.29>

④제1항 내지 제3항의 규정에 따른 등록, 등록신청의 반려, 등록공보의 발행 또는 게시, 저작권등록부의 열람 및 사본의 교부 등에 관하여 필요한 사항은 대통령령으로 정한다.

第55조의2(비밀유지의무) 제53조부터 제55조까지의 규정에 따른 등록 업무를 수행하는 자 및 그 직에 있었던 자는 직무상 알게 된 비밀을 다른 사람에게 누설하여서는 아니 된다.

[본조신설 2009.4.22]

第56조(권리자 등의 인증) ①문화체육관광부장관은 저작물등의 거래의 안전과 신뢰보호를 위하여 인증기관을 지정할 수 있다. <개정 2008.2.29>

②제1항에 따른 인증기관의 지정과 지정취소 및 인증절차 등에 관하여 필요한 사항은 대통령령으로 정한다. <개정 2009.4.22>

③제1항의 규정에 따른 인증기관은 인증과 관련한 수수료를 받을 수 있으며 그 금액은 문화체육관광부장관이 정한다. <개정 2008.2.29>

제7절 출판권

第57조(출판권의 설정) ①저작물을 복제·배포할 권리를 가진 자(이하 "복제권자"라 한다)는 그 저작물을 인쇄 그 밖에 이와 유사한 방법으로 문서 또는 도화로 발행하고자 하는 자에 대하여 이를 출판할 권리(이하 "출판권"이라 한다)를 설정할 수 있다.

②제1항의 규정에 따라 출판권을 설정받은 자(이하 "출판권자"라 한다)는 그 설정행

위에서 정하는 바에 따라 그 출판권의 목적인 저작물을 원작 그대로 출판할 권리를 가진다.

③복제권자는 그 저작물의 복제권을 목적으로 하는 질권이 설정되어 있는 경우에는 그 질권자의 허락이 있어야 출판권을 설정할 수 있다.

제57조(배타적발행권의 설정) ①저작물을 발행하거나 복제 · 전송(이하 "발행등"이라 한다)할 권리를 가진 자는 그 저작물을 발행등에 이용하고자 하는 자에 대하여 배타적 권리(이하 "배타적발행권"이라 하며, 제63조에 따른 출판권은 제외한다. 이하 같다)를 설정할 수 있다. <개정 2011.12.2>

②저작재산권자는 그 저작물에 대하여 발행등의 방법 및 조건이 중첩되지 않는 범위 내에서 새로운 배타적발행권을 설정할 수 있다. <신설 2011.12.2>

③제1항에 따라 배타적발행권을 설정받은 자(이하 "배타적발행권자"라 한다)는 그 설정행위에서 정하는 바에 따라 그 배타적발행권의 목적인 저작물을 발행등의 방법으로 이용할 권리를 가진다. <개정 2011.12.2>

④저작재산권자는 그 저작물의 복제권 · 배포권 · 전송권을 목적으로 하는 질권이 설정되어 있는 경우에는 그 질권자의 허락이 있어야 배타적발행권을 설정할 수 있다. <개정 2011.12.2>

[제목개정 2011.12.2]

[시행미지정] 제57조

[시행일 : 9999.1.1] 제57조

제58조(출판권자의 의무) ①출판권자는 그 설정행위에 특약이 없는 때에는 출판권의 목적인 저작물을 븍제하기 위하여 필요한 원고 또는 이에 상당하는 물건을 받은 날부터 9월 이내에 이를 출판하여야 한다.

②출판권자는 그 설정행위에 특약이 없는 때에는 관행에 따라 그 저작물을 계속하여 출판하여야 한다.

③출판권자는 특약이 없는 때에는 각 출판물에 대통령령이 정하는 바에 따라 복제권자의 표지를 하여야 한다.

제58조(배타적발행권자의 의무) ①배타적발행권자는 그 설정행위에 특약이 없는 때에는 배타적발행권의 곡적인 저작물을 복제하기 위하여 필요한 원고 또는 이에 상당하는 물건을 받은 날부터 9월 이내에 이를 발행등의 방법으로 이용하여야 한다. <개정 2011.12.2>

②배타적발행권자는 그 설정행위에 특약이 없는 때에는 관행에 따라 그 저작물을 계속하여 발행등의 방법으로 이용하여야 한다. <개정 2011.12.2>

③배타적발행권자는 특약이 없는 때에는 각 복제물에 대통령령이 정하는 바에 따라 저작재산권자의 표지를 하여야 한다. <개정 2011.12.2>

[제목개정 2011.12.2]

[시행미지정] 제58조

[시행일 : 9999.1.1] 제58조

제59조(저작물의 수정증감) ①출판권자가 출판권의 목적인 저작물을 다시 출판하는 경우에 저작자는 정당한 범위 안에서 그 저작물의 내용을 수정하거나 증감할 수 있다.

②출판권자는 출판권의 목적인 저작물을 다시 출판하고자 하는 경우에 특약이 없는 때에는 그때마다 미리 저작자에게 그 사실을 알려야 한다.

제59조(배타적발행권의 존속기간 등) ①배타적발행권은 그 설정행위에 특약이 없는 때에는 맨 처음 발행등을 한 날로부터 3년간 존속한다. 다만, 저작물의 영상화를 위하여 배타적발행권을 설정하는 경우에는 5년으로 한다. <개정 2011.12.2>

②저작재산권자는 배타적발행권 존속기간 중 그 배타적발행권의 목적인 저작물의 저작자가 사망한 때에는 제1항에도 불구하고 저작자를 위하여 저작물을 전집 그 밖의 편집물에 수록하거나 전집 그 밖의 편집물의 일부인 저작물을 분리하여 이를 따로 발행등의 방법으로 이용할 수 있다. <개정 2011.12.2>

[제60조에서 이동 , 종전 제59조는 제58조의2로 이동 <2011.12.2>]

[제목개정 2011.12.2]

[시행미지정] 제59조

[시행일 : 9999.1.1] 제59조

제60조(출판권의 존속기간 등) ①출판권은 그 설정행위에 특약이 없는 때에는 맨 처음 출판한 날로부터 3년간 존속한다.

②복제권자는 출판권 존속기간 중 그 출판권의 목적인 저작물의 저작자가 사망한 때에는 제1항의 규정에 불구하고 저작자를 위하여 저작물을 전집 그 밖의 편집물에 수록하거나 전집 그 밖의 편집물의 일부인 저작물을 분리하여 이를 따로 출판할 수 있다.

제60조(배타적발행권의 소멸통고) ①저작재산권자는 배타적발행권자가 제58조제1항 또는 제2항을 위반한 경우에는 6월 이상의 기간을 정하여 그 이행을 최고하고 그 기간

내에 이행하지 아니하는 때에는 배타적발행권의 소멸을 통고할 수 있다. <개정 2011.12.2>

②저작재산권자는 배타적발행권자가 그 저작물을 발행등의 방법으로 이용하는 것이 불가능하거나 이용할 의사가 없음이 명백한 경우에는 제1항에도 불구하고 즉시 배타적발행권의 소멸을 통고할 수 있다. <개정 2011.12.2>

③제1항 또는 제2항에 따라 배타적발행권의 소멸을 통고한 경우에는 배타적발행권자가 통고를 받은 때에 배타적발행권이 소멸한 것으로 본다. <개정 2011.12.2>

④제3항의 경우에 저작재산권자는 배타적발행권자에 대하여 언제든지 원상회복을 청구하거나 발행등을 중지함으로 인한 손해의 배상을 청구할 수 있다. <개정 2011.12.2>

[제61조에서 이동 , 종전 제60조는 제59조로 이동 <2011.12.2>]

[제목개정 2011.12.2]

[시행미지정] 제60조

[시행일 : 9999.1.1] 제60조

제61조(출판권의 소멸통고) ①복제권자는 출판권자가 제58조제1항 또는 제2항의 규정을 위반한 경우에는 6월 이상의 기간을 정하여 그 이행을 최고하고 그 기간 내에 이행하지 아니하는 때에는 출판권의 소멸을 통고할 수 있다.

②복제권자는 출판권자가 출판이 불가능하거나 출판할 의사가 없음이 명백한 경우에는 제1항의 규정에 불구하고 즉시 출판권의 소멸을 통고할 수 있다.

③제1항 또는 제2항의 규정에 따라 출판권의 소멸을 통고한 경우에는 출판권자가 통고를 받은 때에 출판권이 소멸한 것으로 본다.

④제3항의 경우에 복제권자는 출판권자에 대하여 언제든지 원상회복을 청구하거나 출판을 중지함으로 인한 손해의 배상을 청구할 수 있다.

제61조(배타적발행권 소멸 후의 복제물의 배포) 배타적발행권이 그 존속기간의 만료 그 밖의 사유로 소멸된 경우에는 그 배타적발행권을 가지고 있던 자는 다음 각 호의 어느 하나에 해당하는 경우를 제외하고는 그 배타적발행권의 존속기간 중 만들어진 복제물을 배포할 수 없다. <개정 2011.12.2>

1. 출판권 설정행위에 특약이 있는 경우
2. 발행권의 존속기간 중 저작재산권자에게 그 저작물의 발행에 따른 대가를 지급하고 그 대가에 상응하는 부수의 복제물을 배포하는 경우

[제62조에서 이동 , 종전 제61조는 제60조로 이동 <2011.12.2>]

[제목개정 2011.12.2]

[시행미지정] 제61조

[시행일 : 9999.1.1] 제61조

제62조(출판권 소멸 후의 출판물의 배포) 출판권이 그 존속기간의 만료 그 밖의 사유로 소멸된 경우에는 그 출판권을 가지고 있던 자는 다음 각 호의 어느 하나에 해당하는 경우를 제외하고는 그 출판권의 존속기간 중 만들어진 출판물을 배포할 수 없다.

1. 출판권 설정행위에 특약이 있는 경우
2. 출판권의 존속기간 중 복제권자에게 그 저작물의 출판에 따른 대가를 지급하고 그 대가에 상응하는 부수의 출판물을 배포하는 경우

제62조(배타적발행권의 양도 · 제한 등) ① 배타적발행권자는 저작재산권자의 동의 없이 배타적발행권을 양도하거나 또는 질권의 목적으로 할 수 없다.

② 배타적발행권의 목적으로 되어 있는 저작물의 복제 등에 관하여는 제23조, 제24조, 제25조제1항부터 제3항까지, 제26조부터 제28조까지, 제30조부터 제33조까지, 제35조제2항 및 제3항, 제35조의2, 제35조의3, 제36조 및 제37조를 준용한다.

[전문개정 2011.12.2]

[제63조에서 이동, 종전 제62조는 제61조로 이동 <2011.12.2>]

[시행미지정] 제62조

[시행일 : 9999.1.1] 제62조

제63조(출판권의 양도 · 제한 등) ①출판권은 복제권자의 동의 없이 이를 양도 또는 질권의 목적으로 할 수 없다.

②제23조 · 제25조제1항 내지 제3항 · 제26조 내지 제28조 · 제30조 내지 제33조와 제35조제2항 및 제3항의 규정은 출판권의 목적으로 되어 있는 저작물의 복제에 관하여 준용한다.

③제54조, 제55조 및 제55조의2의 규정은 출판권의 등록(출판권설정등록을 포함한다)에 관하여 준용한다. 이 경우 제55조 중 "저작권등록부"는 "출판권등록부"로 본다. <개정 2009.4.22>

제63조(출판권의 설정) ① 저작물을 복제 · 배포할 권리를 가진 자(이하 "복제권자"라 한다)는 그 저작물을 인쇄 그 밖에 이와 유사한 방법으로 문서 또는 도화로 발행하고자 하는 자에 대하여 이를 출판할 권리(이하 "출판권"이라 한다)를 설정할 수 있다.

② 제1항에 따라 출판권을 설정받은 자(이하 "출판권자"라 한다)는 그 설정행위에서 정하는 바에 따라 그 출판권의 목적인 저작물을 원작 그대로 출판할 권리를 가진다.

③ 복제권자는 그 저작물의 복제권을 목적으로 하는 질권이 설정되어 있는 경우에는 그 질권자의 허락이 있어야 출판권을 설정할 수 있다.

[본조신설 2011.12.2]

[종전 제63조는 제62조로 이동 <2011.12.2>]

[시행일 : 9999.1.1] 제63조

제3장 저작인접권

제1절 통칙

제64조(보호받는 실연 · 음반 · 방송) 다음 각 호 각 목의 어느 하나에 해당하는 실연 · 음반 및 방송은 이 법에 의한 보호를 받는다.

1. 실연
   가. 대한민국 국민(대한민국 법률에 따라 설립된 법인 및 대한민국 내에 주된 사무소가 있는 외국법인을 포함한다. 이하 같다)이 행하는 실연
   나. 대한민국이 가입 또는 체결한 조약에 따라 보호되는 실연
   다. 제2호 각 목의 음반에 고정된 실연
   라. 제3호 각 목의 방송에 의하여 송신되는 실연(송신 전에 녹음 또는 녹화되어 있는 실연을 제외한다)
2. 음반
   가. 대한민국 국민을 음반제작자로 하는 음반
   나. 음이 맨 처음 대한민국 내에서 고정된 음반
   다. 대한민국이 가입 또는 체결한 조약에 따라 보호되는 음반으로서 체약국 내에서 최초로 고정된 음반
   라. 대한민국이 가입 또는 체결한 조약에 따라 보호되는 음반으로서 체약국의 국민(당해 체약국의 법률에 따라 설립된 법인 및 당해 체약국 내에 주된 사무소가 있는 법인을 포함한다)을 음반제작자로 하는 음반
3. 방송
   가. 대한민국 국민인 방송사업자의 방송

나. 대한민국 내에 있는 방송설비로부터 행하여지는 방송

다. 대한민국이 가입 또는 체결한 조약에 따라 보호되는 방송으로서 체약국의 국민인 방송사업자가 당해 체약국 내에 있는 방송설비로부터 행하는 방송

제64조(보호받는 실연 · 음반 · 방송) ①다음 각 호 각 목의 어느 하나에 해당하는 실연 · 음반 및 방송은 이 법에 의한 보호를 받는다. <개정 2011.12.2>

1. 실연

가. 대한민국 국민(대한민국 법률에 따라 설립된 법인 및 대한민국 내에 주된 사무소가 있는 외국법인을 포함한다. 이하 같다)이 행하는 실연

나. 대한민국이 가입 또는 체결한 조약에 따라 보호되는 실연

다. 제2호 각 목의 음반에 고정된 실연

라. 제3호 각 목의 방송에 의하여 송신되는 실연(송신 전에 녹음 또는 녹화되어 있는 실연을 제외한다)

2. 음반

가. 대한민국 국민을 음반제작자로 하는 음반

나. 음이 맨 처음 대한민국 내에서 고정된 음반

다. 대한민국이 가입 또는 체결한 조약에 따라 보호되는 음반으로서 체약국 내에서 최초로 고정된 음반

라. 대한민국이 가입 또는 체결한 조약에 따라 보호되는 음반으로서 체약국의 국민(당해 체약국의 법률에 따라 설립된 법인 및 당해 체약국 내에 주된 사무소가 있는 법인을 포함한다)을 음반제작자로 하는 음반

3. 방송

가. 대한민국 국민인 방송사업자의 방송

나. 대한민국 내에 있는 방송설비로부터 행하여지는 방송

다. 대한민국이 가입 또는 체결한 조약에 따라 보호되는 방송으로서 체약국의 국민인 방송사업자가 당해 체약국 내에 있는 방송설비로부터 행하는 방송

②제1항에 따라 보호되는 외국인의 실연 · 음반 및 방송이라도 그 외국에서 보호기간이 만료된 경우에는 이 법에 따른 보호기간을 인정하지 아니한다. <신설 2011.12.2>

[시행일 : 2013.8.1] 제64조제2항

제64조의2(실연자 등의 추정) 이 법에 따라 보호되는 실연·음반·방송과 관련하여 실연자, 음반제작자 또는 방송사업자로서의 실명 또는 널리 알려진 이명이 일반적인 방법으로 표시된 자는 실연자, 음반제작자 또는 방송사업자로서 그 실연·음반·방송에 대하여 각각 실연자의 권리, 음반제작자의 권리 또는 방송사업자의 권리를 가지는 것으로 추정한다.

[본조신설 2011.6.30]

제65조(저작권과의 관계) 이 장 각 조의 규정은 저작권에 영향을 미치는 것으로 해석되어서는 아니 된다.

제2절 실연자의 권리

제66조(성명표시권) ①실연자는 그의 실연 또는 실연의 복제물에 그의 실명 또는 이명을 표시할 권리를 가진다.

②실연을 이용하는 자는 그 실연자의 특별한 의사표시가 없는 때에는 실연자가 그의 실명 또는 이명을 표시한 바에 따라 이를 표시하여야 한다. 다만, 실연의 성질이나 그 이용의 목적 및 형태 등에 비추어 부득이하다고 인정되는 경우에는 그러하지 아니하다.

제67조(동일성유지권) 실연자는 그의 실연의 내용과 형식의 동일성을 유지할 권리를 가진다. 다만, 실연의 성질이나 그 이용의 목적 및 형태 등에 비추어 부득이하다고 인정되는 경우에는 그러하지 아니한다.

제68조(실연자의 인격권의 일신전속성) 제66조 및 제67조에 규정된 권리(이하 "실연자의 인격권"이라 한다)는 실연자 일신에 전속한다.

제69조(복제권) 실연자는 그의 실연을 복제할 권리를 가진다.

제70조(배포권) 실연자는 그의 실연의 복제물을 배포할 권리를 가진다. 다만, 실연의 복제물이 실연자의 허락을 받아 판매 등의 방법으로 거래에 제공된 경우에는 그러하지 아니하다.

제71조(대여권) 실연자는 제70조의 단서의 규정에 불구하고 그의 실연이 녹음된 판매용 음반을 영리를 목적으로 대여할 권리를 가진다.

제72조(공연권) 실연자는 그의 고정되지 아니한 실연을 공연할 권리를 가진다. 다만, 그 실연이 방송되는 실연인 경우에는 그러하지 아니하다.

제73조(방송권) 실연자는 그의 실연을 방송할 권리를 가진다. 다만, 실연자의 허락을 받아 녹음된 실연에 대하여는 그러하지 아니하다.

제74조(전송권) 실연자는 그의 실연을 전송할 권리를 가진다.

제75조(방송사업자의 실연자에 대한 보상) ①방송사업자가 실연이 녹음된 판매용 음반을 사용하여 방송하는 경우에는 상당한 보상금을 그 실연자에게 지급하여야 한다. 다만, 실연자가 외국인인 경우에 그 외국에서 대한민국 국민인 실연자에게 이 항의 규정에 따른 보상금을 인정하지 아니하는 때에는 그러하지 아니하다.

②제25조제5항 내지 제9항의 규정은 제1항의 규정에 따른 보상금의 지급 등에 관하여 준용한다.

③제2항의 규정에 따른 단체가 보상권리자를 위하여 청구할 수 있는 보상금의 금액은 매년 그 단체와 방송사업자가 협의하여 정한다.

④제3항에 따른 협의가 성립되지 아니하는 경우에 그 단체 또는 방송사업자는 대통령령으로 정하는 바에 따라 제112조에 따른 한국저작권위원회에 조정을 신청할 수 있다. <개정 2009.4.22>

제76조(디지털음성송신사업자의 실연자에 대한 보상) ①디지털음성송신사업자가 실연이 녹음된 음반을 사용하여 송신하는 경우에는 상당한 보상금을 그 실연자에게 지급하여야 한다.

②제25조제5항 내지 제9항의 규정은 제1항의 규정에 따른 보상금의 지급 등에 관하여 준용한다.

③제2항의 규정에 따른 단체가 보상권리자를 위하여 청구할 수 있는 보상금의 금액은 매년 그 단체와 디지털음성송신사업자가 대통령령이 정하는 기간 내에 협의하여 정한다.

④제3항의 규정에 따른 협의가 성립되지 아니한 경우에는 문화체육관광부장관이 정하여 고시하는 금액을 지급한다. <개정 2008.2.29>

제76조의2(판매용 음반을 사용하여 공연하는 자의 실연자에 대한 보상) ① 실연이 녹음된 판매용 음반을 사용하여 공연을 하는 자는 상당한 보상금을 해당 실연자에게 지급하여야 한다. 다만, 실연자가 외국인인 경우에 그 외국에서 대한민국 국민인 실연자에게 이 항의 규정에 따른 보상금을 인정하지 아니하는 때에는 그러하지 아니하다.

②제25조제5항부터 제9항까지 및 제76조제3항 · 제4항은 제1항에 따른 보상금의 지

급 및 금액 등에 관하여 준용한다.

[본조신설 2009.3.25]

제77조(공동실연자) ①2인 이상이 공동으로 합창·합주 또는 연극등을 실연하는 경우에 이 절에 규정된 실연자의 권리(실연자의 인격권은 제외한다)는 공동으로 실연하는 자가 선출하는 대표자가 이를 행사한다. 다만, 대표자의 선출이 없는 경우에는 지휘자 또는 연출자 등이 이를 행사한다.

②제1항의 규정에 따라 실연자의 권리를 행사하는 경우에 독창 또는 독주가 함께 실연된 때에는 독창자 또는 독주자의 동의를 얻어야 한다.

③제15조의 규정은 공동실연자의 인격권 행사에 관하여 준용한다.

제3절 음반제작자의 권리

제78조(복제권) 음반제작자는 그의 음반을 복제할 권리를 가진다.

제79조(배포권) 음반제작자는 그의 음반을 배포할 권리를 가진다. 다만, 음반의 복제물이 음반제작자의 허락을 받아 판매 등의 방법으로 거래에 제공된 경우에는 그러하지 아니하다.

제80조(대여권) 음반제작자는 제79조의 단서의 규정에 불구하고 판매용 음반을 영리를 목적으로 대여할 권리를 가진다.

제81조(전송권) 음반제작자는 그의 음반을 전송할 권리를 가진다.

제82조(방송사업자의 음반제작자에 대한 보상) ①방송사업자가 판매용 음반을 사용하여 방송하는 경우에는 상당한 보상금을 그 음반제작자에게 지급하여야 한다. 다만, 음반제작자가 외국인인 경우에 그 외국에서 대한민국 국민인 음반제작자에게 이 항의 규정에 따른 보상금을 인정하지 아니하는 때에는 그러하지 아니하다.

②제25조제5항 내지 제9항 및 제75조제3항·제4항의 규정은 제1항의 규정에 따른 보상금의 지급 및 금액 등에 관하여 준용한다.

제83조(디지털음성송신사업자의 음반제작자에 대한 보상) ①디지털음성송신사업자가 음반을 사용하여 송신하는 경우에는 상당한 보상금을 그 음반제작자에게 지급하여야 한다.

②제25조제5항 내지 제9항 및 제76조제3항·제4항의 규정은 제1항의 규정에 따른 보상금의 지급 및 금액 등에 관하여 준용한다.

제83조의2(판매용 음반을 사용하여 공연하는 자의 음반제작자에 대한 보상) ① 판매용 음반을 사용하여 공연을 하는 자는 상당한 보상금을 해당 음반제작자에게 지급하여야 한다. 다만, 음반제작자가 외국인인 경우에 그 외국에서 대한민국 국민인 음반제작자에게 이 항의 규정에 따른 보상금을 인정하지 아니하는 때에는 그러하지 아니하다.

②제25조제5항부터 제9항까지 및 제76조제3항 · 제4항은 제1항에 따른 보상금의 지급 및 금액 등에 관하여 준용한다.

[본조신설 2009.3.25]

제4절 방송사업자의 권리

제84조(복제권) 방송사업자는 그의 방송을 복제할 권리를 가진다.

제85조(동시중계방송권) 방송사업자는 그의 방송을 동시중계방송할 권리를 가진다.

제85조의2(공연권) 방송사업자는 공중의 접근이 가능한 장소에서 방송의 시청과 관련하여 입장료를 받는 경우에 그 방송을 공연할 권리를 가진다.

[본조신설 2011.6.30]

제5절 저작인접권의 보호기간

제86조(보호기간) ①저작인접권(실연자의 인격권을 제외한다. 이하 같다)은 다음 각 호의 어느 하나에 해당하는 때부터 발생한다.

1. 실연의 경우에는 그 실연을 한 때
2. 음반의 경우에는 그 음을 맨 처음 음반에 고정한 때
3. 방송의 경우에는 그 방송을 한 때

②저작인접권은 다음 각 호의 어느 하나에 해당하는 때의 다음 해부터 기산하여 50년간 존속한다.

1. 실연의 경우에는 그 실연을 한 때
2. 음반의 경우에는 그 음반을 발행한 때. 다만, 음을 음반에 맨 처음 고정한 때의 다음 해부터 기산하여 50년이 경과한 때까지 음반을 발행하지 아니한 경우에는 음을 음반에 맨 처음 고정한 때
3. 방송의 경우에는 그 방송을 한 때

제86조(보호기간) ①저작인접권은 다음 각 호의 어느 하나에 해당하는 때부터 발생하며, 어떠한 절차나 형식의 이행을 필요로 하지 아니한다. <개정 2011.12.2>

1. 실연의 경우에는 그 실연을 한 때
2. 음반의 경우에는 그 음을 맨 처음 음반에 고정한 때
3. 방송의 경우에는 그 방송을 한 때

②저작인접권(실연자의 인격권은 제외한다. 이하 같다)은 다음 각 호의 어느 하나에 해당하는 때의 다음 해부터 기산하여 70년(방송의 경우에는 50년)간 존속한다. <개정 2011.12.2>

1. 실연의 경우에는 그 실연을 한 때. 다만, 실연을 한 때부터 50년 이내에 실연이 고정된 음반이 발행된 경우에는 음반을 발행한 때
2. 음반의 경우에는 그 음반을 발행한 때. 다만, 음을 음반에 맨 처음 고정한 때의 다음 해부터 기산하여 50년이 경과한 때까지 음반을 발행하지 아니한 경우에는 음을 음반에 맨 처음 고정한 때
3. 방송의 경우에는 그 방송을 한 때

[시행일 : 2013.8.1] 제86조

제6절 저작인접권의 제한 · 양도 · 행사 등

제87조(저작인접권의 제한) ①제23조 · 제24조 · 제25조제1항 내지 제3항 · 제26조 내지 제32조 · 제33조제2항 · 제34조 · 제36조 및 제37조의 규정은 저작인접권의 목적이 된 실연 · 음반 또는 방송의 이용에 관하여 준용한다. <개정 2009.4.22>

②디지털음성송신사업자는 제76조제1항 및 제83조제1항에 따라 실연이 녹음된 음반을 사용하여 송신하는 경우에는 자체의 수단으로 실연이 녹음된 음반을 일시적으로 복제할 수 있다. 이 경우 복제물의 보존기간에 관하여는 제34조제2항을 준용한다. <신설 2009.4.22>

제87조(저작인접권의 제한) ①저작인접권의 목적이 된 실연 · 음반 또는 방송의 이용에 관하여는 제23조, 제24조, 제25조제1항부터 제3항까지, 제26조부터 제32조까지, 제33조제2항, 제34조, 제35조의2, 제35조의3, 제36조 및 제37조를 준용한다. <개정 2011.12.2>

②디지털음성송신사업자는 제76조제1항 및 제83조제1항에 따라 실연이 녹음된 음

반을 사용하여 송신하는 경우에는 자체의 수단으로 실연이 녹음된 음반을 일시적으로 복제할 수 있다. 이 경우 복제물의 보존기간에 관하여는 제34조제2항을 준용한다. <신설 2009.4.22>

[시행미지정] 제87조

[시행일 : 9999.1.1] 제87조

제88조(저작인접권의 양도 · 행사 등) 제45조제1항의 규정은 저작인접권의 양도에, 제46조의 규정은 실연 · 음반 또는 방송의 이용허락에, 제47조의 규정은 저작인접권을 목적으로 하는 질권의 행사에, 제49조의 규정은 저작인접권의 소멸에 관하여 각각 준용한다.

제88조(저작인접권의 양도 · 행사 등) 저작인접권의 양도에 관하여는 제45조제1항을, 실연 · 음반 또는 방송의 이용허락에 관하여는 제46조를, 저작인접권을 목적으로 하는 질권의 행사에 관하여는 제47조를, 저작인접권의 소멸에 관하여는 제49조를, 실연 · 음반 또는 방송의 배타적발행권의 설정 등에 관하여는 제57조부터 제62조까지의 규정을 각각 준용한다.

[전문개정 2011.12.2]

[시행일 : 9999.1.1] 제88조

제89조(실연 · 음반 및 방송이용의 법정허락) 제50조 내지 제52조의 규정은 실연 · 음반 및 방송의 이용에 관하여 준용한다.

제90조(저작인접권의 등록) 제53조부터 제55조까지 및 제55조의2의 규정은 저작인접권의 등록에 관하여 준용한다. 이 경우 제55조 중 "저작권등록부"는 "저작인접권등록부"로 본다. <개정 2009.4.22>

제90조(저작인접권의 등록) 제53조부터 제55조까지 및 제55조의2의 규정은 저작인접권 또는 저작인접권의 배타적발행권의 등록에 관하여 준용한다. 이 경우 제55조 중 "저작권등록부"는 "저작인접권등록부"로 본다. <개정 2009.4.22, 2011.12.2>

[시행미지정] 제90조

[시행일 : 9999.1.1] 제90조

제4장 데이터베이스제작자의 보호

제91조(보호받는 데이터베이스) ①다음 각 호의 어느 하나에 해당하는 자의 데이터베이

스는 이 법에 따른 보호를 받는다.

1. 대한민국 국민
2. 데이터베이스의 보호와 관련하여 대한민국이 가입 또는 체결한 조약에 따라 보호되는 외국인

②제1항의 규정에 따라 보호되는 외국인의 데이터베이스라도 그 외국에서 대한민국 국민의 데이터베이스를 보호하지 아니하는 경우에는 그에 상응하게 조약 및 이 법에 따른 보호를 제한할 수 있다.

제92조(적용 제외) 다음 각 호의 어느 하나에 해당하는 데이터베이스에 대하여는 이 장의 규정을 적용하지 아니한다.

1. 데이터베이스의 제작 · 갱신등 또는 운영에 이용되는 컴퓨터프로그램
2. 무선 또는 유선통신을 기술적으로 가능하게 하기 위하여 제작되거나 갱신등이 되는 데이터베이스

제93조(데이터베이스제작자의 권리) ①데이터베이스제작자는 그의 데이터베이스의 전부 또는 상당한 부분을 복제 · 배포 · 방송 또는 전송(이하 이 조에서 "복제등"이라 한다)할 권리를 가진다.

②데이터베이스의 개별 소재는 제1항의 규정에 따른 당해 데이터베이스의 상당한 부분으로 간주되지 아니한다. 다만, 데이터베이스의 개별 소재 또는 그 상당한 부분에 이르지 못하는 부분의 복제등이라 하더라도 반복적이거나 특정한 목적을 위하여 체계적으로 함으로써 당해 데이터베이스의 통상적인 이용과 충돌하거나 데이터베이스제작자의 이익을 부당하게 해치는 경우에는 당해 데이터베이스의 상당한 부분의 복제등으로 본다.

③이 장에 따른 보호는 데이터베이스의 구성부분이 되는 소재의 저작권 그 밖에 이 법에 따라 보호되는 권리에 영향을 미치지 아니한다.

④이 장에 따른 보호는 데이터베이스의 구성부분이 되는 소재 그 자체에는 미치지 아니한다.

제94조(데이터베이스제작자의 권리제한) ①제23조 · 제28조 내지 제34조 · 제36조 및 제37조의 규정은 데이터베이스제작자의 권리의 목적이 되는 데이터베이스의 이용에 관하여 준용한다.

②다음 각 호의 어느 하나에 해당하는 경우에는 누구든지 데이터베이스의 전부 또

는 그 상당한 부분을 복제 · 배포 · 방송 또는 전송할 수 있다. 다만, 당해 데이터베이스의 통상적인 이용과 저촉되는 경우에는 그러하지 아니하다.

1. 교육 · 학술 또는 연구를 위하여 이용하는 경우. 다만, 영리를 목적으로 하는 경우에는 그러하지 아니하다.
2. 시사보도를 위하여 이용하는 경우

제94조(데이터베이스제작자의 권리제한) ① 데이터베이스제작자의 권리의 목적이 되는 데이터베이스의 이용에 관하여는 제23조, 제28조부터 제34조까지, 제35조의2, 제35조의3, 제36조 및 제37조를 준용한다. <개정 2011.12.2>

②다음 각 호의 어느 하나에 해당하는 경우에는 누구든지 데이터베이스의 전부 또는 그 상당한 부분을 복제 · 배포 · 방송 또는 전송할 수 있다. 다만, 당해 데이터베이스의 통상적인 이용과 저촉되는 경우에는 그러하지 아니하다.

1. 교육 · 학술 또는 연구를 위하여 이용하는 경우. 다만, 영리를 목적으로 하는 경우에는 그러하지 아니하다.
2. 시사보도를 위하여 이용하는 경우

[시행미지정] 제94조

[시행일 : 9999.1.1] 제94조

제95조(보호기간) ①데이터베이스제작자의 권리는 데이터베이스의 제작을 완료한 때부터 발생하며, 그 다음 해부터 기산하여 5년간 존속한다.

②데이터베이스의 갱신등을 위하여 인적 또는 물적으로 상당한 투자가 이루어진 경우에 당해 부분에 대한 데이터베이스제작자의 권리는 그 갱신등을 한 때부터 발생하며, 그 다음 해부터 기산하여 5년간 존속한다.

제96조(데이터베이스제작자의 권리의 양도 · 행사 등) 제20조 단서의 규정은 데이터베이스의 거래제공에, 제45조제1항의 규정은 데이터베이스제작자의 권리의 양도에, 제46조의 규정은 데이터베이스의 이용허락에, 제47조의 규정은 데이터베이스제작자의 권리를 목적으로 하는 질권의 행사에, 제48조의 규정은 공동데이터베이스의 데이터베이스제작자의 권리행사에, 제49조의 규정은 데이터베이스제작자의 권리의 소멸에 관하여 각각 준용한다.

제96조(데이터베이스제작자의 권리의 양도 · 행사 등) 데이터베이스의 거래제공에 관하여는 제20조 단서를, 데이터베이스제작자의 권리의 양도에 관하여는 제45조제1항

을, 데이터베이스의 이용허락에 관하여는 제46조를, 데이터베이스제작자의 권리를 목적으로 하는 질권의 행사에 관하여는 제47조를, 공동데이터베이스의 데이터베이스제작자의 권리행사에 관하여는 제48조를, 데이터베이스제작자의 권리의 소멸에 관하여는 제49조를, 데이터베이스의 배타적발행권의 설정 등에 관하여는 제57조부터 제62조까지의 규정을 각각 준용한다.

[전문개정 2011.12.2]

[시행일 : 9999.1.1] 제96조

제97조(데이터베이스 이용의 법정허락) 제50조 및 제51조의 규정은 데이터베이스의 이용에 관하여 준용한다.

제98조(데이터베이스제작자의 권리의 등록) 제53조부터 제55조까지 및 제55조의2의 규정은 데이터베이스제작자의 권리의 등록에 관하여 준용한다. 이 경우 제55조 중 "저작권등록부"는 "데이터베이스제작자권리등록부"로 본다. <개정 2009.4.22>

제98조(데이터베이스제작자의 권리의 등록) 제53조부터 제55조까지 및 제55조의2의 규정은 데이터베이스제작자의 권리 및 데이터베이스제작자의 권리의 배타적발행권의 등록에 관하여 준용한다. 이 경우 제55조 중 "저작권등록부"는 "데이터베이스제작자권리등록부"로 본다. <개정 2009.4.22, 2011.12.2>

[시행미지정] 제98조

[시행일 : 9999.1.1] 제98조

제5장 영상저작물에 관한 특례

제99조(저작물의 영상화) ①저작재산권자가 저작물의 영상화를 다른 사람에게 허락한 경우에 특약이 없는 때에는 다음 각 호의 권리를 포함하여 허락한 것으로 추정한다.

1. 영상저작물을 제작하기 위하여 저작물을 각색하는 것
2. 공개상영을 목적으로 한 영상저작물을 공개상영하는 것
3. 방송을 목적으로 한 영상저작물을 방송하는 것
4. 전송을 목적으로 한 영상저작물을 전송하는 것
5. 영상저작물을 그 본래의 목적으로 복제 · 배포하는 것
6. 영상저작물의 번역물을 그 영상저작물과 같은 방법으로 이용하는 것

②저작재산권자는 그 저작물의 영상화를 허락한 경우에 특약이 없는 때에는 허락한

날부터 5년이 경과한 때에 그 저작물을 다른 영상저작물로 영상화하는 것을 허락할 수 있다.

제100조(영상저작물에 대한 권리) ①영상제작자와 영상저작물의 제작에 협력할 것을 약정한 자가 그 영상저작물에 대하여 저작권을 취득한 경우 특약이 없는 한 그 영상저작물의 이용을 위하여 필요한 권리는 영상제작자가 이를 양도 받은 것으로 추정한다.

②영상저작물의 제작에 사용되는 소설 · 각본 · 미술저작물 또는 음악저작물 등의 저작재산권은 제1항의 규정으로 인하여 영향을 받지 아니한다.

③영상제작자와 영상저작물의 제작에 협력할 것을 약정한 실연자의 그 영상저작물의 이용에 관한 제69조의 규정에 따른 복제권, 제70조의 규정에 따른 배포권, 제73조의 규정에 따른 방송권 및 제74조의 규정에 따른 전송권은 특약이 없는 한 영상제작자가 이를 양도 받은 것으로 추정한다.

제101조(영상제작자의 권리) ①영상제작물의 제작에 협력할 것을 약정한 자로부터 영상제작자가 양도 받는 영상저작물의 이용을 위하여 필요한 권리는 영상저작물을 복제 · 배포 · 공개상영 · 방송 · 전송 그 밖의 방법으로 이용할 권리로 하며, 이를 양도하거나 질권의 목적으로 할 수 있다.

②실연자로부터 영상제작자가 양도 받는 권리는 그 영상저작물을 복제 · 배포 · 방송 또는 전송할 권리로 하며, 이를 양도하거나 질권의 목적으로 할 수 있다.

제5장의2 프로그램에 관한 특례 <신설 2009.4.22>

제101조의2(보호의 대상) 프로그램을 작성하기 위하여 사용하는 다음 각 호의 사항에는 이 법을 적용하지 아니한다.

1. 프로그램 언어: 프로그램을 표현하는 수단으로서 문자 · 기호 및 그 체계
2. 규약: 특정한 프로그램에서 프로그램 언어의 용법에 관한 특별한 약속
3. 해법: 프로그램에서 지시 · 명령의 조합방법

[본조신설 2009.4.22]

제101조의3(프로그램의 저작재산권의 제한) ① 다음 각 호의 어느 하나에 해당하는 경우에는 그 목적상 필요한 범위에서 공표된 프로그램을 복제 또는 배포할 수 있다. 다만, 프로그램의 종류 · 용도, 프로그램에서 복제된 부분이 차지하는 비중 및 복제의

부수 등에 비추어 프로그램의 저작재산권자의 이익을 부당하게 해치는 경우에는 그러하지 아니하다.

1. 재판 또는 수사를 위하여 복제하는 경우
2. 「유아교육법」, 「초 · 중등교육법」, 「고등교육법」에 따른 학교 및 다른 법률에 따라 설립된 교육기관(상급학교 입학을 위한 학력이 인정되거나 학위를 수여하는 교육기관에 한한다)에서 교육을 담당하는 자가 수업과정에 제공할 목적으로 복제 또는 배포하는 경우
3. 「초 · 중등교육법」에 따른 학교 및 이에 준하는 학교의 교육목적을 위한 교과용 도서에 게재하기 위하여 복제하는 경우
4. 가정과 같은 한정된 장소에서 개인적인 목적(영리를 목적으로 하는 경우를 제외한다)으로 복제하는 경우
5. 「초 · 중등교육법」, 「고등교육법」에 따른 학교 및 이에 준하는 학교의 입학시험이나 그 밖의 학식 및 기능에 관한 시험 또는 검정을 목적(영리를 목적으로 하는 경우를 제외한다)으로 복제 또는 배포하는 경우
6. 프로그램의 기초를 이루는 아이디어 및 원리를 확인하기 위하여 프로그램의 기능을 조사 · 연구 · 시험할 목적으로 복제하는 경우(정당한 권한에 의하여 프로그램을 이용하는 자가 해당 프로그램을 이용 중인 때에 한한다)

②제1항제3호에 따라 프로그램을 교과용 도서에 게재하려는 자는 문화체육관광부장관이 정하여 고시하는 기준에 따른 보상금을 해당 저작재산권자에게 지급하여야 한다. 보상금 지급에 대하여는 제25조제5항부터 제9항까지의 규정을 준용한다.

[본조신설 2009.4.22]

제101조의3(프로그램의 저작재산권의 제한) ① 다음 각 호의 어느 하나에 해당하는 경우에는 그 목적상 필요한 범위에서 공표된 프로그램을 복제 또는 배포할 수 있다. 다만, 프로그램의 종류 · 용도, 프로그램에서 복제된 부분이 차지하는 비중 및 복제의 부수 등에 비추어 프로그램의 저작재산권자의 이익을 부당하게 해치는 경우에는 그러하지 아니하다.

1. 재판 또는 수사를 위하여 복제하는 경우
2. 「유아교육법」, 「초 · 중등교육법」, 「고등교육법」에 따른 학교 및 다른 법률에 따라 설립된 교육기관(상급학교 입학을 위한 학력이 인정되거나 학위를 수여하는 교육기

관에 한한다)에서 교육을 담당하는 자가 수업과정에 제공할 목적으로 복제 또는 배포하는 경우

3. 「초 · 중등교육법」에 따른 학교 및 이에 준하는 학교의 교육목적을 위한 교과용 도서에 게재하기 위하여 복제하는 경우
4. 가정과 같은 한정된 장소에서 개인적인 목적(영리를 목적으로 하는 경우를 제외한다)으로 복제하는 경우
5. 「초 · 중등교육법」, 「고등교육법」에 따른 학교 및 이에 준하는 학교의 입학시험이나 그 밖의 학식 및 기능에 관한 시험 또는 검정을 목적(영리를 목적으로 하는 경우를 제외한다)으로 복제 또는 배포하는 경우
6. 프로그램의 기초를 이루는 아이디어 및 원리를 확인하기 위하여 프로그램의 기능을 조사 · 연구 · 시험할 목적으로 복제하는 경우(정당한 권한에 의하여 프로그램을 이용하는 자가 해당 프로그램을 이용 중인 때에 한한다)

②컴퓨터의 유지 · 보수를 위하여 그 컴퓨터를 이용하는 과정에서 프로그램(정당하게 취득한 경우에 한한다)을 일시적으로 복제할 수 있다. <신설 2011.12.2>

③제1항제3호에 따라 프로그램을 교과용 도서에 게재하려는 자는 문화체육관광부장관이 정하여 고시하는 기준에 따른 보상금을 해당 저작재산권자에게 지급하여야 한다. 보상금 지급에 대하여는 제25조제5항부터 제9항까지의 규정을 준용한다. <개정 2011.12.2>

[본조신설 2009.4.22]

[시행미지정] 제101조의3

[시행일 : 9999.1.1] 제101조의3

제101조의4(프로그램코드역분석) ①정당한 권한에 의하여 프로그램을 이용하는 자 또는 그의 허락을 받은 자는 호환에 필요한 정보를 쉽게 얻을 수 없고 그 획득이 불가피한 경우에는 해당 프로그램의 호환에 필요한 부분에 한하여 프로그램의 저작재산권자의 허락을 받지 아니하고 프로그램코드역분석을 할 수 있다.

②제1항에 따른 프로그램코드역분석을 통하여 얻은 정보는 다음 각 호의 어느 하나에 해당하는 경우에는 이를 이용할 수 없다.

1. 호환 목적 외의 다른 목적을 위하여 이용하거나 제3자에게 제공하는 경우
2. 프로그램코드역분석의 대상이 되는 프로그램과 표현이 실질적으로 유사한 프로

그램을 개발 · 제작 · 판매하거나 그 밖에 프로그램의 저작권을 침해하는 행위에 이용하는 경우

[본조신설 2009.4.22]

제101조의5(정당한 이용자에 의한 보존을 위한 복제 등) ①프로그램의 복제물을 정당한 권한에 의하여 소지 · 이용하는 자는 그 복제물의 멸실 · 훼손 또는 변질 등에 대비하기 위하여 필요한 범위에서 해당 복제물을 복제할 수 있다.

②프로그램의 복제물을 소지 · 이용하는 자는 해당 프로그램의 복제물을 소지 · 이용할 권리를 상실한 때에는 그 프로그램의 저작재산권자의 특별한 의사표시가 없는 한 제1항에 따라 복제한 것을 폐기하여야 한다. 다만, 프로그램의 복제물을 소지 · 이용할 권리가 해당 복제물이 멸실됨으로 인하여 상실된 경우에는 그러하지 아니하다.

[본조신설 2009.4.22]

제101조의6(프로그램배타적발행권) ①프로그램의 저작재산권자는 다른 사람에게 그 저작물에 대하여 독점적으로 복제하여 배포 또는 전송할 수 있도록 하는 배타적 권리(이하 "프로그램배타적발행권"이라 한다)를 설정할 수 있다.

②제1항에 따라 프로그램배타적발행권의 설정을 받은 자(이하 "프로그램배타적발행권자"라 한다)는 그 설정행위로 인한 범위에서 프로그램배타적발행권을 행사할 권리를 가진다.

③프로그램의 저작재산권자는 그 프로그램의 복제권을 목적으로 하는 질권이 설정되어 있는 경우에는 그 질권자의 동의가 있어야 프로그램배타적발행권을 설정할 수 있다.

④프로그램배타적발행권자는 프로그램의 저작재산권자의 동의 없이 프로그램배타적발행권을 목적으로 하는 질권을 설정하거나 제3자에게 프로그램배타적발행권을 양도할 수 없다.

⑤프로그램배타적발행권은 그 설정행위에 특약이 없는 때에는 설정행위를 한 날부터 3년간 존속한다.

⑥프로그램배타적발행권의 등록에 관하여는 제54조, 제55조 및 제55조의2를 준용한다.

[본조신설 2009.4.22]

제101조의6 삭제 <2011.12.2>

[시행미지정] 제101조의6

[시행일 : 9999.1.1] 제101조의6

제101조의7(프로그램의 임치) ① 프로그램의 저작재산권자와 프로그램의 이용허락을 받은 자는 대통령령으로 정하는 자(이하 이 조에서 "수치인"이라 한다)와 서로 합의하여 프로그램의 원시코드 및 기술정보 등을 수치인에게 임치할 수 있다.

② 프로그램의 이용허락을 받은 자는 제1항에 따른 합의에서 정한 사유가 발생한 때에 수치인에게 프로그램의 원시코드 및 기술정보 등의 제공을 요구할 수 있다.

[본조신설 2009.4.22]

제6장 온라인서비스제공자의 책임 제한

제102조(온라인서비스제공자의 책임 제한) ① 온라인서비스제공자는 다음 각 호의 행위와 관련하여 저작권, 그 밖에 이 법에 따라 보호되는 권리가 침해되더라도 그 호의 분류에 따라 각 목의 요건을 모두 갖춘 경우에는 그 침해에 대하여 책임을 지지 아니한다. <개정 2011.6.30>

1. 내용의 수정 없이 저작물등을 송신하거나 경로를 지정하거나 연결을 제공하는 행위 또는 그 과정에서 저작물등을 그 송신을 위하여 합리적으로 필요한 기간 내에서 자동적·중개적·일시적으로 저장하는 행위
   가. 온라인서비스제공자가 저작물등의 송신을 시작하지 아니한 경우
   나. 온라인서비스제공자가 저작물등이나 그 수신자를 선택하지 아니한 경우
2. 서비스이용자의 요청에 따라 송신된 저작물등을 후속 이용자들이 효율적으로 접근하거나 수신할 수 있게 할 목적으로 그 저작물등을 자동적·중개적·일시적으로 저장하는 행위
   가. 제1호 각 목의 요건을 모두 갖춘 경우
   나. 온라인서비스제공자가 그 저작물등을 수정하지 아니한 경우
   다. 제공되는 저작물등에 접근하기 위한 조건이 있는 경우에는 그 조건을 지킨 이용자에게만 임시저장된 저작물등의 접근을 허용한 경우
   라. 저작물등을 복제·전송하는 자(이하 "복제·전송자"라 한다)가 명시한, 컴퓨터나 정보통신망에 대하여 그 업계에서 일반적으로 인정되는 데이터통신규약에 따른 저작물등의 현행화에 관한 규칙을 지킨 경우. 다만, 복제·전송자가 그러

한 저장을 불합리하게 제한할 목적으로 현행화에 관한 규칙을 정한 경우에는 그러하지 아니한다.

마. 저작물등이 있는 본래의 사이트에서 그 저작물등의 이용에 관한 정보를 얻기 위하여 적용한, 그 업계에서 일반적으로 인정되는 기술의 사용을 방해하지 아니한 경우

바. 제103조제1항에 따른 복제·전송의 중단요구를 받은 경우, 본래의 사이트에서 그 저작물등이 삭제되었거나 접근할 수 없게 된 경우, 또는 법원, 관계 중앙행정기관의 장이 그 저작물등을 삭제하거나 접근할 수 없게 하도록 명령을 내린 사실을 실제로 알게 된 경우에 그 저작물등을 즉시 삭제하거나 접근할 수 없게 한 경우

3. 복제·전송자의 요청에 따라 저작물등을 온라인서비스제공자의 컴퓨터에 저장하는 행위

가. 제1호 각 목의 요건을 모두 갖춘 경우

나. 온라인서비스제공자가 침해행위를 통제할 권한과 능력이 있을 때에는 그 침해행위로부터 직접적인 금전적 이익을 얻지 아니한 경우

다. 온라인서비스제공자가 침해를 실제로 알게 되거나 제103조제1항에 따른 복제·전송의 중단요구 등을 통하여 침해가 명백하다는 사실 또는 정황을 알게 된 때에 즉시 그 저작물등의 복제·전송을 중단시킨 경우

라. 제103조제4항에 따라 복제·전송의 중단요구 등을 받을 자를 지정하여 공지한 경우

4. 정보검색도구를 통하여 이용자에게 정보통신망상 저작물등의 위치를 알 수 있게 하거나 연결하는 행위

가. 제1호가목의 요건을 갖춘 경우

나. 제3호나목부터 라목까지의 요건을 갖춘 경우

②제1항에도 불구하고 온라인서비스제공자가 제1항에 따른 조치를 취하는 것이 기술적으로 불가능한 경우에는 다른 사람에 의한 저작물등의 복제·전송으로 인한 저작권, 그 밖에 이 법에 따라 보호되는 권리의 침해에 대하여 책임을 지지 아니한다. <개정 2011.6.30>

③제1항에 따른 책임 제한과 관련하여 온라인서비스제공자는 자신의 서비스 안에

서 침해행위가 일어나는지를 모니터링하거나 그 침해행위에 관하여 적극적으로 조사할 의무를 지지 아니한다. <신설 2011.6.30>

제102조(온라인서비스제공자의 책임 제한) ①온라인서비스제공자는 다음 각 호의 행위와 관련하여 저작권, 그 밖에 이 법에 따라 보호되는 권리가 침해되더라도 그 호의 분류에 따라 각 목의 요건을 모두 갖춘 경우에는 그 침해에 대하여 책임을 지지 아니한다. <개정 2011.6.30, 2011.12.2>

1. 내용의 수정 없이 저작물등을 송신하거나 경로를 지정하거나 연결을 제공하는 행위 또는 그 과정에서 저작물등을 그 송신을 위하여 합리적으로 필요한 기간 내에서 자동적 · 중개적 · 일시적으로 저장하는 행위
   가. 온라인서비스제공자가 저작물등의 송신을 시작하지 아니한 경우
   나. 온라인서비스제공자가 저작물등이나 그 수신자를 선택하지 아니한 경우
   다. 저작권, 그 밖에 이 법에 따라 보호되는 권리를 반복적으로 침해하는 자의 계정(온라인서비스제공자가 이용자를 식별 · 관리하기 위하여 사용하는 이용권한 계좌를 말한다. 이하 이 조, 제103조의2, 제133조의2 및 제133조의3에서 같다)을 해지하는 방침을 채택하고 이를 합리적으로 이행한 경우
   라. 저작물등을 식별하고 보호하기 위한 기술조치로서 대통령령으로 정하는 조건을 충족하는 표준적인 기술조치를 권리자가 이용한 때에는 이를 수용하고 방해하지 아니한 경우
2. 서비스이용자의 요청에 따라 송신된 저작물등을 후속 이용자들이 효율적으로 접근하거나 수신할 수 있게 할 목적으로 그 저작물등을 자동적 · 중개적 · 일시적으로 저장하는 행위
   가. 제1호 각 목의 요건을 모두 갖춘 경우
   나. 온라인서비스제공자가 그 저작물등을 수정하지 아니한 경우
   다. 제공되는 저작물등에 접근하기 위한 조건이 있는 경우에는 그 조건을 지킨 이용자에게만 임시저장된 저작물등의 접근을 허용한 경우
   라. 저작물등을 복제 · 전송하는 자(이하 "복제 · 전송자"라 한다)가 명시한, 컴퓨터나 정보통신망에 대하여 그 업계에서 일반적으로 인정되는 데이터통신규약에 따른 저작물등의 현행화에 관한 규칙을 지킨 경우. 다만, 복제 · 전송자가 그러한 저장을 불합리하게 제한할 목적으로 현행화에 관한 규칙을 정한 경우에는 그러하지 아니한다.

마. 저작물등이 있는 본래의 사이트에서 그 저작물등의 이용에 관한 정보를 얻기 위하여 적용한, 그 업계에서 일반적으로 인정되는 기술의 사용을 방해하지 아니한 경우

바. 제103조제1항에 따른 복제 · 전송의 중단요구를 받은 경우, 본래의 사이트에서 그 저작물등이 삭제되었거나 접근할 수 없게 된 경우, 또는 법원, 관계 중앙행정기관의 장이 그 저작물등을 삭제하거나 접근할 수 없게 하도록 명령을 내린 사실을 실제로 알게 된 경우에 그 저작물등을 즉시 삭제하거나 접근할 수 없게 한 경우

3. 복제 · 전송자의 요청에 따라 저작물등을 온라인서비스제공자의 컴퓨터에 저장하는 행위

가. 제1호 각 목의 요건을 모두 갖춘 경우

나. 온라인서비스제공자가 침해행위를 통제할 권한과 능력이 있을 때에는 그 침해행위로부터 직접적인 금전적 이익을 얻지 아니한 경우

다. 온라인서비스제공자가 침해를 실제로 알게 되거나 제103조제1항에 따른 복제 · 전송의 중단요구 등을 통하여 침해가 명백하다는 사실 또는 정황을 알게 된 때에 즉시 그 저작물등의 복제 · 전송을 중단시킨 경우

라. 제103조제4항에 따라 복제 · 전송의 중단요구 등을 받을 자를 지정하여 공지한 경우

4. 정보검색도구를 통하여 이용자에게 정보통신망상 저작물등의 위치를 알 수 있게 하거나 연결하는 행위

가. 제1호가목의 요건을 갖춘 경우

나. 제3호나목부터 라목까지의 요건을 갖춘 경우

②제1항에도 불구하고 온라인서비스제공자가 제1항에 따른 조치를 취하는 것이 기술적으로 불가능한 경우에는 다른 사람에 의한 저작물등의 복제 · 전송으로 인한 저작권, 그 밖에 이 법에 따라 보호되는 권리의 침해에 대하여 책임을 지지 아니한다. <개정 2011.6.30>

③제1항에 따른 책임 제한과 관련하여 온라인서비스제공자는 자신의 서비스 안에서 침해행위가 일어나는지를 모니터링하거나 그 침해행위에 관하여 적극적으로 조사할 의무를 지지 아니한다. <신설 2011.6.30>

[시행미지정] 제102조

[시행일 : 9999.1.1] 제102조

제103조(복제 · 전송의 중단) ①온라인서비스제공자(제102조제1항제1호의 경우는 제외한다. 이하 이 조에서 같다)의 서비스를 이용한 저작물등의 복제 · 전송에 따라 저작권, 그 밖에 이 법에 따라 보호되는 자신의 권리가 침해됨을 주장하는 자(이하 이 조에서 "권리주장자"라 한다)는 그 사실을 소명하여 온라인서비스제공자에게 그 저작물등의 복제 · 전송을 중단시킬 것을 요구할 수 있다. <개정 2011.6.30>

②온라인서비스제공자는 제1항에 따른 복제 · 전송의 중단요구를 받은 경우에는 즉시 그 저작물등의 복제 · 전송을 중단시키고 권리주장자에게 그 사실을 통보하여야 한다. 다만, 제102조제1항제3호 및 제4호의 온라인서비스제공자는 그 저작물등의 복제 · 전송자에게도 이를 통보하여야 한다. <개정 2011.6.30>

③제2항의 규정에 따른 통보를 받은 복제 · 전송자가 자신의 복제 · 전송이 정당한 권리에 의한 것임을 소명하여 그 복제 · 전송의 재개를 요구하는 경우 온라인서비스제공자는 재개요구사실 및 재개예정일을 권리주장자에게 지체 없이 통보하고 그 예정일에 복제 · 전송을 재개시켜야 한다.

④온라인서비스제공자는 제1항 및 제3항의 규정에 따른 복제 · 전송의 중단 및 그 재개의 요구를 받을 자(이하 이 조에서 "수령인"이라 한다)를 지정하여 자신의 설비 또는 서비스를 이용하는 자들이 쉽게 알 수 있도록 공지하여야 한다.

⑤온라인서비스제공자가 제4항의 규정에 따른 공지를 하고 제2항 및 제3항의 규정에 따라 그 저작물등의 복제 · 전송을 중단시키거나 재개시킨 경우에는 다른 사람에 의한 저작권 그 밖에 이 법에 따라 보호되는 권리의 침해에 대한 온라인서비스제공자의 책임 및 복제 · 전송자에게 발생하는 손해에 대한 온라인서비스제공자의 책임을 면제한다. 다만, 이 항의 규정은 온라인서비스제공자가 다른 사람에 의한 저작물등의 복제 · 전송으로 인하여 그 저작권 그 밖에 이 법에 따라 보호되는 권리가 침해된다는 사실을 안 때부터 제1항의 규정에 따른 중단을 요구받기 전까지 발생한 책임에는 적용하지 아니한다. <개정 2011.6.30>

⑥정당한 권리 없이 제1항 및 제3항의 규정에 따른 그 저작물등의 복제 · 전송의 중단이나 재개를 요구하는 자는 그로 인하여 발생하는 손해를 배상하여야 한다.

⑦제1항부터 제4항까지의 규정에 따른 소명, 중단, 통보, 복제 · 전송의 재개, 수령인

의 지정 및 공지 등에 관하여 필요한 사항은 대통령령으로 정한다. 이 경우 문화체육관광부장관은 관계중앙행정기관의 장과 미리 협의하여야 한다. <개정 2008.2.29, 2011.6.30>

제103조(복제 · 전송의 중단) ①온라인서비스제공자(제102조제1항제1호의 경우는 제외한다. 이하 이 조에서 같다)의 서비스를 이용한 저작물등의 복제 · 전송에 따라 저작권, 그 밖에 이 법에 따라 보호되는 자신의 권리가 침해됨을 주장하는 자(이하 이 조에서 "권리주장자"라 한다)는 그 사실을 소명하여 온라인서비스제공자에게 그 저작물등의 복제 · 전송을 중단시킬 것을 요구할 수 있다. <개정 2011.6.30>

②온라인서비스제공자는 제1항에 따른 복제 · 전송의 중단요구를 받은 경우에는 즉시 그 저작물등의 복제 · 전송을 중단시키고 권리주장자에게 그 사실을 통보하여야 한다. 다만, 제102조제1항제3호 및 제4호의 온라인서비스제공자는 그 저작물등의 복제 · 전송자에게도 이를 통보하여야 한다. <개정 2011.6.30>

③제2항에 따른 통보를 받은 복제 · 전송자가 자신의 복제 · 전송이 정당한 권리에 의한 것임을 소명하여 그 복제 · 전송의 재개를 요구하는 경우 온라인서비스제공자는 재개요구사실 및 재개예정일을 권리주장자에게 지체 없이 통보하고 그 예정일에 복제 · 전송을 재개시켜야 한다. 다만, 권리주장자가 복제 · 전송자의 침해행위에 대하여 소를 제기한 사실을 재개예정일 전에 온라인서비스제공자에게 통보한 경우에는 그러하지 아니하다. <개정 2011.12.2>

④온라인서비스제공자는 제1항 및 제3항의 규정에 따른 복제 · 전송의 중단 및 그 재개의 요구를 받을 자(이하 이 조에서 "수령인"이라 한다)를 지정하여 자신의 설비 또는 서비스를 이용하는 자들이 쉽게 알 수 있도록 공지하여야 한다.

⑤온라인서비스제공자가 제4항에 따른 공지를 하고 제2항과 제3항에 따라 그 저작물등의 복제 · 전송을 중단시키거나 재개시킨 경우에는 다른 사람에 의한 저작권 그 밖에 이 법에 따라 보호되는 권리의 침해에 대한 온라인서비스제공자의 책임 및 복제 · 전송자에게 발생하는 손해에 대한 온라인서비스제공자의 책임을 면제한다. 다만, 이 항의 규정은 온라인서비스제공자가 다른 사람에 의한 저작물등의 복제 · 전송으로 인하여 그 저작권 그 밖에 이 법에 따라 보호되는 권리가 침해된다는 사실을 안 때부터 제1항에 따른 중단을 요구받기 전까지 발생한 책임에는 적용하지 아니한다. <개정 2011.6.30, 2011.12.2>

⑥정당한 권리 없이 제1항 및 제3항의 규정에 따른 그 저작물등의 복제 · 전송의 중단이나 재개를 요구하는 자는 그로 인하여 발생하는 손해를 배상하여야 한다.

⑦제1항부터 제4항까지의 규정에 따른 소명, 중단, 통보, 복제 · 전송의 재개, 수령인의 지정 및 공지 등에 관하여 필요한 사항은 대통령령으로 정한다. 이 경우 문화체육관광부장관은 관계중앙행정기관의 장과 미리 협의하여야 한다. <개정 2008.2.29, 2011.6.30>

[시행미지정] 제103조

[시행일 : 9999.1.1] 제103조

제104조(특수한 유형의 온라인 서비스제공자의 의무 등) ①다른 사람들 상호 간에 컴퓨터를 이용하여 저작물등을 전송하도록 하는 것을 주된 목적으로 하는 온라인서비스제공자(이하 "특수한 유형의 온라인서비스제공자"라 한다)는 권리자의 요청이 있는 경우 해당 저작물등의 불법적인 전송을 차단하는 기술적인 조치 등 필요한 조치를 하여야 한다. 이 경우 권리자의 요청 및 필요한 조치에 관한 사항은 대통령령으로 정한다. <개정 2009.4.22>

②문화체육관광부장관은 제1항의 규정에 따른 특수한 유형의 온라인서비스제공자의 범위를 정하여 고시할 수 있다. <개정 2008.2.29>

제6장의2 기술적 보호조치의 무력화 금지 등 <신설 2011.6.30>

제104조의2(기술적 보호조치의 무력화 금지) ① 누구든지 정당한 권한 없이 고의 또는 과실로 제2조제28호가목의 기술적 보호조치를 제거 · 변경하거나 우회하는 등의 방법으로 무력화하여서는 아니 된다. 다만, 다음 각 호의 어느 하나에 해당하는 경우에는 그러하지 아니하다.

1. 암호 분야의 연구에 종사하는 자가 저작물등의 복제물을 정당하게 취득하여 저작물등에 적용된 암호 기술의 결함이나 취약점을 연구하기 위하여 필요한 범위에서 행하는 경우. 다만, 권리자로부터 연구에 필요한 이용을 허락받기 위하여 상당한 노력을 하였으나 허락을 받지 못한 경우에 한한다.
2. 미성년자에게 유해한 온라인상의 저작물등에 미성년자가 접근하는 것을 방지하기 위하여 기술 · 제품 · 서비스 또는 장치에 기술적 보호조치를 무력화하는 구성요소나 부품을 포함하는 경우. 다만, 제2항에 따라 금지되지 아니하는 경우에 한

한다.

3. 개인의 온라인상의 행위를 파악할 수 있는 개인 식별 정보를 비공개적으로 수집 · 유포하는 기능을 확인하고, 이를 무력화하기 위하여 필요한 경우. 다만, 다른 사람들이 저작물등에 접근하는 것에 영향을 미치는 경우는 제외한다.
4. 국가의 법집행, 합법적인 정보수집 또는 안전보장 등을 위하여 필요한 경우
5. 제25조제2항에 따른 교육기관 · 교육지원기관, 제31조제1항에 따른 도서관(비영리인 경우로 한정한다) 또는 「공공기록물 관리에 관한 법률」에 따른 기록물관리기관이 저작물등의 구입 여부를 결정하기 위하여 필요한 경우. 다만, 기술적 보호조치를 무력화하지 아니하고는 접근할 수 없는 경우에 한한다.
6. 정당한 권한을 가지고 프로그램을 사용하는 자가 다른 프로그램과의 호환을 위하여 필요한 범위에서 프로그램코드역분석을 하는 경우
7. 정당한 권한을 가진 자가 오로지 컴퓨터 또는 정보통신망의 보안성을 검사 · 조사 또는 보정하기 위하여 필요한 경우
8. 기술적 보호조치의 무력화 금지에 의하여 특정 종류의 저작물등을 정당하게 이용하는 것이 불합리하게 영향을 받거나 받을 가능성이 있다고 인정되어 대통령령으로 정하는 절차에 따라 문화체육관광부장관이 정하여 고시하는 경우. 이 경우 그 예외의 효력은 3년으로 한다.

②누구든지 정당한 권한 없이 다음과 같은 장치, 제품 또는 부품을 제조, 수입, 배포, 전송, 판매, 대여, 공중에 대한 청약, 판매나 대여를 위한 광고, 또는 유통을 목적으로 보관 또는 소지하거나, 서비스를 제공하여서는 아니 된다.

1. 기술적 보호조치의 무력화를 목적으로 홍보, 광고 또는 판촉되는 것
2. 기술적 보호조치를 무력화하는 것 외에는 제한적으로 상업적인 목적 또는 용도만 있는 것
3. 기술적 보호조치를 무력화하는 것을 가능하게 하거나 용이하게 하는 것을 주된 목적으로 고안, 제작, 개조되거나 기능하는 것

③제2항에도 불구하고 다음 각 호의 어느 하나에 해당하는 경우에는 그러하지 아니하다.

1. 제2조제28호가목의 기술적 보호조치와 관련하여 제1항제1호 · 제2호 · 제4호 · 제6호 및 제7호에 해당하는 경우

2. 제2조제28호나목의 기술적 보호조치와 관련하여 제1항제4호 및 제6호에 해당하는 경우

[본조신설 2011.6.30]

제104조의3(권리관리정보의 제거 · 변경 등의 금지) ① 누구든지 정당한 권한 없이 저작권, 그 밖에 이 법에 따라 보호되는 권리의 침해를 유발 또는 은닉한다는 사실을 알거나 과실로 알지 못하고 다음 각 호의 어느 하나에 해당하는 행위를 하여서는 아니 된다.

1. 전자적 형태의 권리관리정보를 고의로 제거 · 변경 또는 허위 부가하는 행위
2. 전자적 형태의 권리관리정보가 제거 · 변경되거나 또는 허위로 부가된 사실을 알고 해당 저작물등의 원본이나 그 복제물을 배포 · 공연 또는 공중송신하거나 배포의 목적으로 수입하는 행위

②제1항은 국가의 법집행, 합법적인 정보수집 또는 안전보장 등을 위하여 필요한 경우에는 적용하지 아니한다.

[본조신설 2011.6.30]

제104조의3(권리관리정보의 제거 · 변경 등의 금지) ① 누구든지 정당한 권한 없이 저작권, 그 밖에 이 법에 따라 보호되는 권리의 침해를 유발 또는 은닉한다는 사실을 알거나 과실로 알지 못하고 다음 각 호의 어느 하나에 해당하는 행위를 하여서는 아니 된다. <개정 2011.12.2>

1. 권리관리정보를 고의로 제거 · 변경하거나 거짓으로 부가하는 행위
2. 권리관리정보가 정당한 권한 없이 제거 또는 변경되었다는 사실을 알면서 그 권리관리정보를 배포하거나 배포할 목적으로 수입하는 행위
3. 권리관리정보가 정당한 권한 없이 제거 · 변경되거나 거짓으로 부가된 사실을 알면서 해당 저작물등의 원본이나 그 복제물을 배포 · 공연 또는 공중송신하거나 배포를 목적으로 수입하는 행위

②제1항은 국가의 법집행, 합법적인 정보수집 또는 안전보장 등을 위하여 필요한 경우에는 적용하지 아니한다.

[본조신설 2011.6.30]

[시행미지정] 제104조의3

[시행일 : 9999.1.1] 제104조의3

제104조의4(침해의 정지 · 예방 청구 등) 저작권, 그 밖에 이 법에 따라 보호되는 권리를 가진 자는 제104조의2 및 제104조의3을 위반한 자에 대하여 침해의 정지 · 예방, 손해배상의 담보 또는 손해배상의 청구를 할 수 있다. 이 경우 제123조, 제125조, 제126조 및 제129조를 준용한다.

[본조신설 2011.6.30]

제104조의4(암호화된 방송 신호의 무력화 등의 금지) 누구든지 다음 각 호의 어느 하나에 해당하는 행위를 하여서는 아니 된다.

1. 암호화된 방송 신호를 방송사업자의 허락 없이 복호화(復號化)하는 데에 주로 사용될 것을 알거나 과실로 알지 못하고, 그러한 목적을 가진 장치 · 제품 · 주요부품 또는 프로그램 등 유 · 무형의 조치를 제조 · 조립 · 변경 · 수입 · 수출 · 판매 · 임대하거나 그 밖의 방법으로 전달하는 행위. 다만, 제104조의2제1항제1호 · 제2호 또는 제4호에 해당하는 경우에는 그러하지 아니하다.
2. 암호화된 방송 신호가 정당한 권한에 의하여 복호화된 경우 그 사실을 알고 그 신호를 방송사업자의 허락 없이 영리를 목적으로 다른 사람에게 공중송신하는 행위
3. 암호화된 방송 신호가 방송사업자의 허락없이 복호화된 것임을 알면서 그러한 신호를 수신하여 청취 또는 시청하거나 다른 사람에게 공중송신하는 행위

[본조신설 2011.12.2]

[종전 제104조의4는 제104조의8로 이동 <2011.12.2>]

[시행일 : 9999.1.1] 제104조의4

제7장 저작권위탁관리업

제105조(저작권위탁관리업의 허가 등) ①저작권신탁관리업을 하고자 하는 자는 대통령령이 정하는 바에 따라 문화체육관광부장관의 허가를 받아야 하며, 저작권대리중개업을 하고자 하는 자는 대통령령이 정하는 바에 따라 문화체육관광부장관에게 신고하여야 한다. <개정 2008.2.29>

②제1항의 규정에 따라 저작권신탁관리업을 하고자 하는 자는 다음 각 호의 요건을 갖추어야 하며, 대통령령으로 정하는 바에 따라 저작권신탁관리업무규정을 작성하여 이를 저작권신탁관리허가신청서와 함께 문화체육관광부장관에게 제출하여야 한다. <개정 2008.2.29>

1. 저작물등에 관한 권리자로 구성된 단체일 것
2. 영리를 목적으로 하지 아니할 것
3. 사용료의 징수 및 분배 등의 업무를 수행하기에 충분한 능력이 있을 것

③다음 각 호의 어느 하나에 해당하는 자는 제1항의 규정에 따른 저작권신탁관리업 또는 저작권대리중개업(이하 "저작권위탁관리업"이라 한다)의 허가를 받거나 신고를 할 수 없다.

1. 금치산자 · 한정치산자
2. 파산선고를 받고 복권되지 아니한 자
3. 이 법을 위반하여 벌금 이상의 형의 선고를 받고 그 집행이 종료되거나 집행을 받지 아니하기로 확정된 후 1년이 경과되지 아니한 자 또는 형의 집행유예의 선고를 받고 그 집행유예기간 중에 있는 자
4. 대한민국 내에 주소를 두지 아니한 자
5. 제1호 내지 제4호의 어느 하나에 해당하는 자가 대표자 또는 임원으로 되어 있는 법인 또는 단체

④제1항의 규정에 따라 저작권위탁관리업의 허가를 받거나 신고를 한 자(이하 "저작권위탁관리업자"라 한다)는 그 업무에 관하여 저작재산권자 그 밖의 관계자로부터 수수료를 받을 수 있다.

⑤제4항의 규정에 따른 수수료의 요율 또는 금액 및 저작권위탁관리업자가 이용자로부터 받는 사용료의 요율 또는 금액은 저작권위탁관리업자가 문화체육관광부장관의 승인을 얻어 이를 정한다. 다만, 저작권대리중개업의 신고를 한 자의 경우에는 그러하지 아니하다. <개정 2008.2.29>

⑥문화체육관광부장관은 제5항에 따른 승인의 경우에 제112조에 따른 한국저작권위원회의 심의를 거쳐야 하며 필요한 경우에는 기간을 정하거나 신청된 내용을 수정하여 승인할 수 있다. <개정 2008.2.29, 2009.4.22>

⑦문화체육관광부장관은 제5항의 규정에 따른 사용료의 요율 또는 금액에 관한 승인 신청이 있는 경우 및 승인을 한 경우에는 대통령령이 정하는 바에 따라 그 내용을 공고하여야 한다. <개정 2008.2.29>

⑧문화체육관광부장관은 저작재산권자 그 밖의 관계자의 권익보호 또는 저작물등의 이용 편의를 도모하기 위하여 필요한 경우에는 제5항의 규정에 따른 승인 내용을 변경할 수 있다. <개정 2008.2.29>

제106조(저작권신탁관리업자의 의무) ①저작권신탁관리업자는 그가 관리하는 저작물등의 목록을 대통령령이 정하는 바에 따라 분기별로 도서 또는 전자적 형태로 작성하여 누구든지 적어도 영업시간 내에는 목록을 열람할 수 있도록 하여야 한다.

②저작권신탁관리업자는 이용자가 서면으로 요청하는 경우에는 정당한 사유가 없는 한 관리하는 저작물등의 이용계약을 체결하기 위하여 필요한 정보로서 대통령령으로 정하는 정보를 상당한 기간 이내에 서면으로 제공하여야 한다.

제107조(서류열람의 청구) 저작권신탁관리업자는 그가 신탁관리하는 저작물등을 영리목적으로 이용하는 자에 대하여 당해 저작물등의 사용료 산정에 필요한 서류의 열람을 청구할 수 있다. 이 경우 이용자는 정당한 사유가 없는 한 이에 응하여야 한다.

제108조(감독) ①문화체육관광부장관은 저작권위탁관리업자에게 저작권위탁관리업의 업무에 관하여 필요한 보고를 하게 할 수 있다. <개정 2008.2.29>

②문화체육관광부장관은 저작자의 권익보호와 저작물의 이용편의를 도모하기 위하여 저작권위탁관리업자의 업무에 대하여 필요한 명령을 할 수 있다. <개정 2008.2.29>

제109조(허가의 취소 등) ①문화체육관광부장관은 저작권위탁관리업자가 다음 각 호의 어느 하나에 해당하는 경우에는 6월 이내의 기간을 정하여 업무의 정지를 명할 수 있다. <개정 2008.2.29>

1. 제105조제5항의 규정에 따라 승인된 수수료를 초과하여 받은 경우
2. 제105조제5항의 규정에 따라 승인된 사용료 이외의 사용료를 받은 경우
3. 제108조제1항의 규정에 따른 보고를 정당한 사유 없이 하지 아니하거나 허위로 한 경우
4. 제108조제2항의 규정에 따른 명령을 받고 정당한 사유 없이 이를 이행하지 아니한 경우

②문화체육관광부장관은 저작권위탁관리업자가 다음 각 호의 어느 하나에 해당하는 경우에는 저작권위탁관리업의 허가를 취소하거나 영업의 폐쇄명령을 할 수 있다. <개정 2008.2.29>

1. 거짓 그 밖의 부정한 방법으로 허가를 받거나 신고를 한 경우
2. 제1항의 규정에 따른 업무의 정지명령을 받고 그 업무를 계속한 경우

제110조(청문) 문화체육관광부장관은 제109조제2항의 규정에 따라 저작권위탁관리업의 허가를 취소하거나 영업의 폐쇄를 명하고자 하는 경우에는 청문을 실시하여야 한다. <개정 2008.2.29>

제111조(과징금 처분) ①문화체육관광부장관은 저작권위탁관리업자가 제109조제1항 각 호의 어느 하나에 해당하여 업무의 정지처분을 하여야 할 때에는 그 업무정지처분에 갈음하여 5천만원 이하의 과징금을 부과 · 징수할 수 있다. <개정 2008.2.29>

②문화체육관광부장관은 제1항의 규정에 따라 과징금 부과처분을 받은 자가 과징금을 기한 이내에 납부하지 아니하는 때에는 국세체납처분의 예에 의하여 이를 징수한다. <개정 2008.2.29>

③제1항 및 제2항의 규정에 따라 징수한 과징금은 징수주체가 건전한 저작물 이용 질서의 확립을 위하여 사용할 수 있다.

④제1항의 규정에 따라 과징금을 부과하는 위반행위의 종별 · 정도 등에 따른 과징금의 금액 및 제3항의 규정에 따른 과징금의 사용절차 등에 관하여 필요한 사항은 대통령령으로 정한다.

제8장 한국저작권위원회<개정 2009.4.22>

제112조(한국저작권위원회의 설립) ① 저작권과 그 밖에 이 법에 따라 보호되는 권리(이하 이 장에서 “저작권”이라 한다)에 관한 사항을 심의하고 저작권에 관한 분쟁(이하 “분쟁”이라 한다)을 알선 · 조정하며, 저작권의 보호 및 공정한 이용에 필요한 사업을 수행하기 위하여 한국저작권위원회(이하 “위원회”라 한다)를 둔다.

②위원회는 법인으로 한다.

③위원회에 관하여 이 법에서 정하지 아니한 사항에 대하여는 「민법」의 재단법인에 관한 규정을 준용한다. 이 경우 위원회의 위원은 이사로 본다.

④위원회가 아닌 자는 한국저작권위원회의 명칭을 사용하지 못한다.

[전문개정 2009.4.22]

제112조의2(위원회의 구성) ①위원회는 위원장 1명, 부위원장 2명을 포함한 20명 이상 25명 이내의 위원으로 구성한다.

②위원은 다음 각 호의 사람 중에서 문화체육관광부장관이 위촉하며, 위원장과 부위원장은 위원 중에서 호선한다. 이 경우 문화체육관광부장관은 이 법에 따라 보호되는 권리의 보유자와 그 이용자의 이해를 반영하는 위원의 수가 균형을 이루도록 하여야 하며, 분야별 권리자 단체 또는 이용자 단체 등에 위원의 추천을 요청할 수 있다.

1. 대학이나 공인된 연구기관에서 부교수 이상 또는 이에 상당하는 직위에 있거나

있었던 자로서 저작권 관련 분야를 전공한 자
2. 판사 또는 검사의 직에 있는 자 및 변호사의 자격이 있는 자
3. 4급 이상의 공무원 또는 이에 상당하는 공공기관의 직에 있거나 있었던 자로서 저작권 또는 문화산업 분야에 실무경험이 있는 자
4. 저작권 또는 문화산업 관련 단체의 임원의 직에 있거나 있었던 자
5. 그 밖에 저작권 또는 문화산업 관련 업무에 관한 학식과 경험이 풍부한 자

③위원의 임기는 3년으로 하되, 연임할 수 있다. 다만, 직위를 지정하여 위촉하는 위원의 임기는 해당 직위에 재임하는 기간으로 한다.

④위원에 결원이 생겼을 때에는 제2항에 따라 보궐위원을 위촉하여야 하며, 그 보궐위원의 임기는 전임자 임기의 나머지 기간으로 한다. 다만, 위원의 수가 20명 이상인 경우에는 보궐위원을 위촉하지 아니할 수 있다.

⑤위원회의 업무를 효율적으로 수행하기 위하여 분야별로 분과위원회를 둘 수 있다. 분과위원회가 위원회로부터 위임받은 사항에 관하여 의결한 때에는 위원회가 의결한 것으로 본다.

[본조신설 2009.4.22]

제113조(업무) 위원회는 다음 각 호의 업무를 행한다. <개정 2008.2.29, 2009.4.22>

1. 분쟁의 알선 · 조정
2. 제105조제6항의 규정에 따른 저작권위탁관리업자의 수수료 및 사용료의 요율 또는 금액에 관한 사항 및 문화체육관광부장관 또는 위원 3인 이상이 공동으로 부의하는 사항의 심의
3. 저작물등의 이용질서 확립 및 저작물의 공정한 이용 도모를 위한 사업
4. 저작권 보호를 위한 국제협력
5. 저작권 연구 · 교육 및 홍보
6. 저작권 정책의 수립 지원
7. 기술적보호조치 및 권리관리정보에 관한 정책 수립 지원
8. 저작권 정보 제공을 위한 정보관리 시스템 구축 및 운영
9. 저작권의 침해 등에 관한 감정
10. 제133조의3에 따른 온라인서비스제공자에 대한 시정권고 및 문화체육관광부장관에 대한 시정명령 요청

11. 법령에 따라 위원회의 업무로 정하거나 위탁하는 업무

12. 그 밖에 문화체육관광부장관이 위탁하는 업무

제113조의2(알선) ①분쟁에 관한 알선을 받으려는 자는 알선신청서를 위원회에 제출하여 알선을 신청할 수 있다.

②위원회가 제1항에 따라 알선의 신청을 받은 때에는 위원장이 위원 중에서 알선위원을 지명하여 알선을 하게 하여야 한다.

③알선위원은 알선으로는 분쟁해결의 가능성이 없다고 인정되는 경우에 알선을 중단할 수 있다.

④알선 중인 분쟁에 대하여 이 법에 따른 조정의 신청이 있는 때에는 해당 알선은 중단된 것으로 본다.

⑤알선이 성립한 때에 알선위원은 알선서를 작성하여 관계 당사자와 함께 기명날인하여야 한다.

⑥알선의 신청 및 절차에 관하여 필요한 사항은 대통령령으로 정한다.

[본조신설 2009.4.22]

제114조(조정부) ①위원회의 분쟁조정업무를 효율적으로 수행하기 위하여 위원회에 1인 또는 3인 이상의 위원으로 구성된 조정부를 두되, 그 중 1인은 변호사의 자격이 있는 자이어야 한다.

②제1항의 규정에 따른 조정부의 구성 및 운영 등에 관하여 필요한 사항은 대통령령으로 정한다.

제114조의2(조정의 신청 등) ①분쟁의 조정을 받으려는 자는 신청취지와 원인을 기재한 조정신청서를 위원회에 제출하여 그 분쟁의 조정을 신청할 수 있다.

②제1항에 따른 분쟁의 조정은 제114조에 따른 조정부가 행한다.

[본조신설 2009.4.22]

제115조(비공개) 조정절차는 비공개를 원칙으로 한다. 다만, 조정부장은 당사자의 동의를 얻어 적당하다고 인정하는 자에게 방청을 허가할 수 있다.

제116조(진술의 원용 제한) 조정절차에서 당사자 또는 이해관계인이 한 진술은 소송 또는 중재절차에서 원용하지 못한다.

제117조(조정의 성립) ①조정은 당사자 간에 합의된 사항을 조서에 기재함으로써 성립된다.

②제1항의 규정에 따른 조서는 재판상의 화해와 동일한 효력이 있다. 다만, 당사자가 임의로 처분할 수 없는 사항에 관한 것은 그러하지 아니하다.

제118조(조정비용 등) ①조정비용은 신청인이 부담한다. 다만, 조정이 성립된 경우로서 특약이 없는 때에는 당사자 각자가 균등하게 부담한다.

②조정의 신청 및 절차, 조정비용의 납부방법에 관하여 필요한 사항은 대통령령으로 정한다. <신설 2009.4.22>

③제1항의 조정비용의 금액은 위원회가 정한다. <개정 2009.4.22>

[제목개정 2009.4.22]

제119조(감정) ① 위원회는 다음 각 호의 어느 하나에 해당하는 경우에는 감정을 실시할 수 있다. <개정 2009.4.22>

1. 법원 또는 수사기관 등으로부터 재판 또는 수사를 위하여 저작권의 침해 등에 관한 감정을 요청받은 경우
2. 제114조의2에 따른 분쟁조정을 위하여 분쟁조정의 양 당사자로부터 프로그램 및 프로그램과 관련된 전자적 정보 등에 관한 감정을 요청받은 경우

②제1항의 규정에 따른 감정절차 및 방법 등에 관하여 필요한 사항은 대통령령으로 정한다.

③위원회는 제1항의 규정에 따른 감정을 실시한 때에는 감정 수수료를 받을 수 있으며, 그 금액은 위원회가 정한다.

제120조(저작권정보센터) ①제113조제7호 및 제8호의 업무를 효율적으로 수행하기 위하여 위원회 내에 저작권정보센터를 둔다. <개정 2009.4.22>

②저작권정보센터의 운영에 필요한 사항은 대통령령으로 정한다. <신설 2009.4.22>

제121조 삭제 <2009.4.22>

제122조(경비보조 등) ①국가는 예산의 범위에서 위원회의 운영에 필요한 경비를 출연하거나 보조할 수 있다. <개정 2009.4.22>

②개인 · 법인 또는 단체는 제113조제3호 · 제5호 및 제8호의 규정에 따른 업무 수행을 지원하기 위하여 위원회에 금전 그 밖의 재산을 기부할 수 있다.

③제2항의 규정에 따른 기부금은 별도의 계정으로 관리하여야 하며, 그 사용에 관하여는 문화체육관광부장관의 승인을 얻어야 한다. <개정 2008.2.29>

제9장 권리의 침해에 대한 구제

제123조(침해의 정지 등 청구) ①저작권 그 밖에 이 법에 따라 보호되는 권리(제25조·제31조·제75조·제76조·제76조의2·제82조·제83조 및 제83조의2의 규정에 따른 보상을 받을 권리를 제외한다. 이하 이 조에서 같다)를 가진 자는 그 권리를 침해하는 자에 대하여 침해의 정지를 청구할 수 있으며, 그 권리를 침해할 우려가 있는 자에 대하여 침해의 예방 또는 손해배상의 담보를 청구할 수 있다. <개정 2009.3.25>

②저작권 그 밖에 이 법에 따라 보호되는 권리를 가진 자는 제1항의 규정에 따른 청구를 하는 경우에 침해행위에 의하여 만들어진 물건의 폐기나 그 밖의 필요한 조치를 청구할 수 있다.

③제1항 및 제2항의 경우 또는 이 법에 따른 형사의 기소가 있는 때에는 법원은 원고 또는 고소인의 신청에 따라 담보를 제공하거나 제공하지 아니하게 하고, 임시로 침해행위의 정지 또는 침해행위로 말미암아 만들어진 물건의 압류 그 밖의 필요한 조치를 명할 수 있다.

④제3항의 경우에 저작권 그 밖에 이 법에 따라 보호되는 권리의 침해가 없다는 뜻의 판결이 확정된 때에는 신청자는 그 신청으로 인하여 발생한 손해를 배상하여야 한다.

제124조(침해로 보는 행위) ①다음 각 호의 어느 하나에 해당하는 행위는 저작권 그 밖에 이 법에 따라 보호되는 권리의 침해로 본다. <개정 2009.4.22>

1. 수입 시에 대한민국 내에서 만들어졌더라면 저작권 그 밖에 이 법에 따라 보호되는 권리의 침해로 될 물건을 대한민국 내에서 배포할 목적으로 수입하는 행위
2. 저작권 그 밖에 이 법에 따라 보호되는 권리를 침해하는 행위에 의하여 만들어진 물건(제1호의 수입물건을 포함한다)을 그 사실을 알고 배포할 목적으로 소지하는 행위
3. 프로그램의 저작권을 침해하여 만들어진 프로그램의 복제물(제1호에 따른 수입물건을 포함한다)을 그 사실을 알면서 취득한 자가 이를 업무상 이용하는 행위

②저작자의 명예를 훼손하는 방법으로 저작물을 이용하는 행위는 저작인격권의 침해로 본다. <개정 2011.6.30>

③ 삭제 <2011.6.30>

제125조(손해배상의 청구) ①저작재산권 그 밖에 이 법에 따라 보호되는 권리(저작인격

권 및 실연자의 인격권을 제외한다)를 가진 자(이하 "저작재산권자등"이라 한다)가 고의 또는 과실로 권리를 침해한 자에 대하여 그 침해행위에 의하여 자기가 받은 손해의 배상을 청구하는 경우에 그 권리를 침해한 자가 그 침해행위에 의하여 이익을 받은 때에는 그 이익의 액을 저작재산권자등이 받은 손해의 액으로 추정한다.

②저작재산권자등이 고의 또는 과실로 그 권리를 침해한 자에 대하여 그 침해행위에 의하여 자기가 받은 손해의 배상을 청구하는 경우에 그 권리의 행사로 통상 받을 수 있는 금액에 상당하는 액을 저작재산권자등이 받은 손해의 액으로 하여 그 손해배상을 청구할 수 있다.

③제2항의 규정에 불구하고 저작재산권자등이 받은 손해의 액이 제2항의 규정에 따른 금액을 초과하는 경우에는 그 초과액에 대하여도 손해배상을 청구할 수 있다.

④등록되어 있는 저작권 · 출판권 · 프로그램배타적발행권 · 저작인접권 또는 데이터베이스제작자의 권리를 침해한 자는 그 침해행위에 과실이 있는 것으로 추정한다. <개정 2009.4.22>

제125조(손해배상의 청구) ①저작재산권 그 밖에 이 법에 따라 보호되는 권리(저작인격권 및 실연자의 인격권을 제외한다)를 가진 자(이하 "저작재산권자등"이라 한다)가 고의 또는 과실로 권리를 침해한 자에 대하여 그 침해행위에 의하여 자기가 받은 손해의 배상을 청구하는 경우에 그 권리를 침해한 자가 그 침해행위에 의하여 이익을 받은 때에는 그 이익의 액을 저작재산권자등이 받은 손해의 액으로 추정한다.

②저작재산권자등이 고의 또는 과실로 그 권리를 침해한 자에 대하여 그 침해행위에 의하여 자기가 받은 손해의 배상을 청구하는 경우에 그 권리의 행사로 통상 받을 수 있는 금액에 상당하는 액을 저작재산권자등이 받은 손해의 액으로 하여 그 손해배상을 청구할 수 있다.

③제2항의 규정에 불구하고 저작재산권자등이 받은 손해의 액이 제2항의 규정에 따른 금액을 초과하는 경우에는 그 초과액에 대하여도 손해배상을 청구할 수 있다.

④등록되어 있는 저작권, 배타적발행권(제88조 및 제96조에 따라 준용되는 경우를 포함한다), 출판권, 저작인접권 또는 데이터베이스제작자의 권리를 침해한 자는 그 침해행위에 과실이 있는 것으로 추정한다. <개정 2009.4.22, 2011.12.2>

[시행미지정] 제125조

[시행일 : 9999.1.1] 제125조

제126조(손해액의 인정) 법원은 손해가 발생한 사실은 인정되나 제125조의 규정에 따른 손해액을 산정하기 어려운 때에는 변론의 취지 및 증거조사의 결과를 참작하여 상당한 손해액을 인정할 수 있다

제127조(명예회복 등의 청구) 저작자 또는 실연자는 고의 또는 과실로 저작인격권 또는 실연자의 인격권을 침해한 자에 대하여 손해배상에 갈음하거나 손해배상과 함께 명예회복을 위하여 필요한 조치를 청구할 수 있다.

제128조(저작자의 사망 후 인격적 이익의 보호) 저작자가 사망한 후에 그 유족(사망한 저작자의 배우자 · 자 · 부모 · 손 · 조부모 또는 형제자매를 말한다)이나 유언집행자는 당해 저작물에 대하여 제14조제2항의 규정을 위반하거나 위반할 우려가 있는 자에 대하여는 제123조의 규정에 따른 청구를 할 수 있으며, 고의 또는 과실로 저작인격권을 침해하거나 제14조제2항의 규정을 위반한 자에 대하여는 제127조의 규정에 따른 명예회복 등의 청구를 할 수 있다.

제129조(공동저작물의 권리침해) 공동저작물의 각 저작자 또는 각 저작재산권자는 다른 저작자 또는 다른 저작재산권자의 동의 없이 제123조의 규정에 따른 청구를 할 수 있으며 그 저작재산권의 침해에 관하여 자신의 지분에 관한 제125조의 규정에 따른 손해배상의 청구를 할 수 있다.

제10장 보칙

제130조(권한의 위임 및 위탁) 문화체육관광부장관은 대통령령으로 정하는 바에 따라 이 법에 따른 권한의 일부를 특별시장 · 광역시장 · 도지사 · 특별자치도지사에게 위임하거나 위원회 또는 저작권 관련 단체에 위탁할 수 있다. <개정 2008.2.29, 2009.4.22>

제131조(벌칙 적용에서의 공무원 의제) 위원회의 위원 및 직원은 「형법」 제129조 내지 제132조의 규정을 적용하는 경우에는 이를 공무원으로 본다.

제132조(수수료) 이 법에 따라 다음 각 호의 어느 하나에 해당하는 사항의 신청 등을 하는 자는 문화체육관광부령으로 정하는 바에 따라 수수료를 납부하여야 한다. <개정 2008.2.29, 2009.4.22>

1. 제50조 내지 제52조의 규정에 따른 법정허락 승인(제89조 및 제97조의 규정에 따라 준용되는 경우를 포함한다)을 신청하는 자
2. 제53조부터 제55조까지의 규정에 따른 등록(제63조제3항 · 제90조 · 제98조 및 제

101조의6제6항에 따라 준용되는 경우를 포함한다) · 등록 사항의 변경 · 등록부 열람 및 사본의 교부를 신청하는 자

3. 제105조의 규정에 따라 저작권위탁관리업의 허가를 신청하거나 신고하는 자

제132조(수수료) 이 법에 따라 다음 각 호의 어느 하나에 해당하는 사항의 신청 등을 하는 자는 문화체육관광부령으로 정하는 바에 따라 수수료를 납부하여야 한다. <개정 2008.2.29, 2009.4.22, 2011.12.2>

1. 제50조 내지 제52조의 규정에 따른 법정허락 승인(제89조 및 제97조의 규정에 따라 준용되는 경우를 포함한다)을 신청하는 자
2. 제53조부터 제55조까지의 규정에 따른 등록(제90조 및 제98조에 따라 준용되는 경우를 포함한다) · 등록 사항의 변경 · 등록부 열람 및 사본의 교부를 신청하는 자
3. 제105조의 규정에 따라 저작권위탁관리업의 허가를 신청하거나 신고하는 자

[시행미지정] 제132조

[시행일 : 9999.1.1] 제132조

제133조(불법 복제물의 수거 · 폐기 및 삭제) ①문화체육관광부장관, 특별시장 · 광역시장 · 도지사 · 특별자치도지사 또는 시장 · 군수 · 구청장(자치구의 구청장을 말한다)은 저작권 그 밖에 이 법에 따라 보호되는 권리를 침해하는 복제물(정보통신망을 통하여 전송되는 복제물은 제외한다) 또는 저작물등의 기술적 보호조치를 무력하게 하기 위하여 제작된 기기 · 장치 · 정보 및 프로그램을 발견한 때에는 대통령령으로 정한 절차 및 방법에 따라 관계공무원으로 하여금 이를 수거 · 폐기 또는 삭제하게 할 수 있다. <개정 2008.2.29, 2009.4.22>

②문화체육관광부장관은 제1항의 규정에 따른 업무를 대통령령이 정한 단체에 위탁할 수 있다. 이 경우 이에 종사하는 자는 공무원으로 본다. <개정 2008.2.29>

③문화체육관광부장관은 제1항 및 제2항에 따라 관계 공무원 등이 수거 · 폐기 또는 삭제를 하는 경우 필요한 때에는 관련 단체에 협조를 요청할 수 있다. <개정 2008.2.29, 2009.4.22>

④삭제 <2009.4.22>

⑤문화체육관광부장관은 제1항에 따른 업무를 위하여 필요한 기구를 설치 · 운영할 수 있다. <개정 2008.2.29, 2009.4.22>

⑥제1항부터 제3항까지의 규정이 다른 법률의 규정과 경합하는 경우에는 이 법을 우선하여 적용한다. <개정 2009.4.22>

제133조의2(정보통신망을 통한 불법복제물등의 삭제명령 등) ① 문화체육관광부장관은 정보통신망을 통하여 저작권이나 그 밖에 이 법에 따라 보호되는 권리를 침해하는 복제물 또는 정보, 기술적 보호조치를 무력하게 하는 프로그램 또는 정보(이하 "불법복제물등"이라 한다)가 전송되는 경우에 위원회의 심의를 거쳐 대통령령으로 정하는 바에 따라 온라인서비스제공자에게 다음 각 호의 조치를 할 것을 명할 수 있다.

1. 불법복제물등의 복제 · 전송자에 대한 경고
2. 불법복제물등의 삭제 또는 전송 중단

② 문화체육관광부장관은 제1항제1호에 따른 경고를 3회 이상 받은 복제 · 전송자가 불법복제물등을 전송한 경우에 위원회의 심의를 거쳐 대통령령으로 정하는 바에 따라 온라인서비스제공자에게 6개월 이내의 기간을 정하여 해당 복제 · 전송자의 계정[온라인서비스제공자가 이용자를 식별 · 관리하기 위하여 사용하는 이용권한 계좌(이메일 전용계정은 제외한다)를 말하며, 해당 온라인서비스제공자가 부여한 다른 계정을 포함한다]을 정지할 것을 명할 수 있다.

③ 제2항에 따른 명령을 받은 온라인서비스제공자는 해당 복제 · 전송자의 계정을 정지하기 7일 전에 대통령령으로 정하는 바에 따라 해당 계정이 정지된다는 사실을 해당 복제 · 전송자에게 통지하여야 한다.

④ 문화체육관광부장관은 온라인서비스제공자의 정보통신망에 개설된 게시판(「정보통신망 이용촉진 및 정보보호 등에 관한 법률」 제2조제1항제9호의 게시판 중 상업적 이익 또는 이용 편의를 제공하는 게시판을 말한다. 이하 같다) 중 제1항제2호에 따른 명령이 3회 이상 내려진 게시판으로서 해당 게시판의 형태, 게시되는 복제물의 양이나 성격 등에 비추어 해당 게시판이 저작권 등의 이용질서를 심각하게 훼손한다고 판단되는 경우에는 위원회의 심의를 거쳐 대통령령으로 정하는 바에 따라 온라인서비스제공자에게 6개월 이내의 기간을 정하여 해당 게시판 서비스의 전부 또는 일부의 정지를 명할 수 있다.

⑤ 제4항에 따른 명령을 받은 온라인서비스제공자는 해당 게시판의 서비스를 정지하기 10일 전부터 대통령령으로 정하는 바에 따라 해당 게시판의 서비스가 정지된다는 사실을 해당 온라인서비스제공자의 인터넷 홈페이지 및 해당 게시판에 게시하여야 한다.

⑥ 온라인서비스제공자는 제1항에 따른 명령을 받은 경우에는 명령을 받은 날부터 5일 이내에, 제2항에 따른 명령을 받은 경우에는 명령을 받은 날부터 10일 이내에,

제4항에 따른 명령을 받은 경우에는 명령을 받은 날부터 15일 이내에 그 조치결과를 대통령령으로 정하는 바에 따라 문화체육관광부장관에게 통보하여야 한다.

⑦ 문화체육관광부장관은 제1항, 제2항 및 제4항의 명령의 대상이 되는 온라인서비스제공자와 제2항에 따른 명령과 직접적인 이해관계가 있는 복제 · 전송자 및 제4항에 따른 게시판의 운영자에게 사전에 의견제출의 기회를 주어야 한다. 이 경우 「행정절차법」 제22조제4항부터 제6항까지 및 제27조를 의견제출에 관하여 준용한다.

⑧ 문화체육관광부장관은 제1항, 제2항 및 제4항에 따른 업무를 수행하기 위하여 필요한 기구를 설치 · 운영할 수 있다.

[본조신설 2009.4.22]

제133조의2(정보통신망을 통한 불법복제물등의 삭제명령 등) ① 문화체육관광부장관은 정보통신망을 통하여 저작권이나 그 밖에 이 법에 따라 보호되는 권리를 침해하는 복제물 또는 정보, 기술적 보호조치를 무력하게 하는 프로그램 또는 정보(이하 "불법복제물등"이라 한다)가 전송되는 경우에 위원회의 심의를 거쳐 대통령령으로 정하는 바에 따라 온라인서비스제공자에게 다음 각 호의 조치를 할 것을 명할 수 있다.

1. 불법복제물등의 복제 · 전송자에 대한 경고
2. 불법복제물등의 삭제 또는 전송 중단

② 문화체육관광부장관은 제1항제1호에 따른 경고를 3회 이상 받은 복제 · 전송자가 불법복제물등을 전송한 경우에는 위원회의 심의를 거쳐 대통령령으로 정하는 바에 따라 온라인서비스제공자에게 6개월 이내의 기간을 정하여 해당 복제 · 전송자의 계정(이메일 전용 계정은 제외하며, 해당 온라인서비스제공자가 부여한 다른 계정을 포함한다. 이하 같다)을 정지할 것을 명할 수 있다. <개정 2011.12.2>

③ 제2항에 따른 명령을 받은 온라인서비스제공자는 해당 복제 · 전송자의 계정을 정지하기 7일 전에 대통령령으로 정하는 바에 따라 해당 계정이 정지된다는 사실을 해당 복제 · 전송자에게 통지하여야 한다.

④ 문화체육관광부장관은 온라인서비스제공자의 정보통신망에 개설된 게시판(「정보통신망 이용촉진 및 정보보호 등에 관한 법률」 제2조제1항제9호의 게시판 중 상업적 이익 또는 이용 편의를 제공하는 게시판을 말한다. 이하 같다) 중 제1항제2호에 따른 명령이 3회 이상 내려진 게시판으로서 해당 게시판의 형태, 게시되는 복제물의 양이나 성격 등에 비추어 해당 게시판이 저작권 등의 이용질서를 심각하게 훼손한다고

판단되는 경우에는 위원회의 심의를 거쳐 대통령령으로 정하는 바에 따라 온라인서비스제공자에게 6개월 이내의 기간을 정하여 해당 게시판 서비스의 전부 또는 일부의 정지를 명할 수 있다.

⑤ 제4항에 따른 명령을 받은 온라인서비스제공자는 해당 게시판의 서비스를 정지하기 10일 전부터 대통령령으로 정하는 바에 따라 해당 게시판의 서비스가 정지된다는 사실을 해당 온라인서비스제공자의 인터넷 홈페이지 및 해당 게시판에 게시하여야 한다.

⑥ 온라인서비스제공자는 제1항에 따른 명령을 받은 경우에는 명령을 받은 날부터 5일 이내에, 제2항에 따른 명령을 받은 경우에는 명령을 받은 날부터 10일 이내에, 제4항에 따른 명령을 받은 경우에는 명령을 받은 날부터 15일 이내에 그 조치결과를 대통령령으로 정하는 바에 따라 문화체육관광부장관에게 통보하여야 한다.

⑦ 문화체육관광부장관은 제1항, 제2항 및 제4항의 명령의 대상이 되는 온라인서비스제공자와 제2항에 따른 명령과 직접적인 이해관계가 있는 복제·전송자 및 제4항에 따른 게시판의 운영자에게 사전에 의견제출의 기회를 주어야 한다. 이 경우 「행정절차법」 제22조제4항부터 제6항까지 및 제27조를 의견제출에 관하여 준용한다.

⑧ 문화체육관광부장관은 제1항, 제2항 및 제4항에 따른 업무를 수행하기 위하여 필요한 기구를 설치·운영할 수 있다.

[본조신설 2009.4.22]

[시행미지정] 제133조의2

[시행일 : 9999.1.1] 제133조의2

제133조의3(시정권고 등) ①위원회는 온라인서비스제공자의 정보통신망을 조사하여 불법복제물등이 전송된 사실을 발견한 경우에는 이를 심의하여 온라인서비스제공자에 대하여 다음 각 호에 해당하는 시정 조치를 권고할 수 있다.

1. 불법복제물등의 복제·전송자에 대한 경고
2. 불법복제물등의 삭제 또는 전송 중단
3. 반복적으로 불법복제물등을 전송한 복제·전송자의 계정 정지

②온라인서비스제공자는 제1항제1호 및 제2호에 따른 권고를 받은 경우에는 권고를 받은 날부터 5일 이내에, 제1항제3호의 권고를 받은 경우에는 권고를 받은 날부터 10일 이내에 그 조치결과를 위원회에 통보하여야 한다.

③위원회는 온라인서비스제공자가 제1항에 따른 권고에 따르지 아니하는 경우에는

문화체육관광부장관에게 제133조의2제1항 및 제2항에 따른 명령을 하여 줄 것을 요청할 수 있다.

④제3항에 따라 문화체육관광부장관이 제133조의2제1항 및 제2항에 따른 명령을 하는 경우에는 위원회의 심의를 요하지 아니한다.

[본조신설 2009.4.22]

제134조(건전한 저작물 이용 환경 조성 사업) ① 문화체육관광부장관은 저작권이 소멸된 저작물등에 대한 정보 제공 등 저작물의 공정한 이용을 도모하기 위하여 필요한 사업을 할 수 있다. <개정 2009.4.22>

②제1항에 따른 사업에 관하여 필요한 사항은 대통령령으로 정한다. <개정 2009.4.22>

③ 삭제 <2009.4.22>

[제목개정 2009.4.22]

제135조(저작재산권 등의 기증) ①저작재산권자등은 자신의 권리를 문화체육관광부장관에게 기증할 수 있다. <개정 2008.2.29>

②문화체육관광부장관은 저작재산권자등으로부터 기증된 저작물등의 권리를 공정하게 관리할 수 있는 단체를 지정할 수 있다. <개정 2008.2.29>

③제2항의 규정에 따라 지정된 단체는 영리를 목적으로 또는 당해저작재산권자등의 의사에 반하여 저작물등을 이용할 수 없다.

④제1항과 제2항의 규정에 따른 기증 절차와 단체의 지정 등에 관하여 필요한 사항은 대통령령으로 정한다.

제11장 벌칙

제136조(권리의 침해죄) ①저작재산권, 그 밖에 이 법에 따라 보호되는 재산적 권리(제93조의 규정에 따른 권리를 제외한다)를 복제 · 공연 · 공중송신 · 전시 · 배포 · 대여 · 2차적저작물 작성의 방법으로 침해한 자는 5년 이하의 징역 또는 5천만원 이하의 벌금에 처하거나 이를 병과할 수 있다. <개정 2011.6.30>

②다음 각 호의 어느 하나에 해당하는 자는 3년 이하의 징역 또는 3천만원 이하의 벌금에 처하거나 이를 병과할 수 있다. <개정 2009.4.22, 2011.6.30>

1. 저작인격권 또는 실연자의 인격권을 침해하여 저작자 또는 실연자의 명예를 훼손한 자

2. 제53조 및 제54조(제63조제3항, 제90조, 제98조 및 제101조의6제6항에 따라 준용되는 경우를 포함한다)에 따른 등록을 거짓으로 한 자
3. 제93조의 규정에 따라 보호되는 데이터베이스제작자의 권리를 복제 · 배포 · 방송 또는 전송의 방법으로 침해한 자
3의2. 업으로 또는 영리를 목적으로 제104조의2제1항 또는 제2항을 위반한 자
3의3. 업으로 또는 영리를 목적으로 제104조의3제1항을 위반한 자. 다만, 과실로 저작권 또는 이 법에 따라 보호되는 권리 침해를 유발 또는 은닉한다는 사실을 알지 못한 자는 제외한다.
4. 제124조제1항의 규정에 따른 침해행위로 보는 행위를 한 자
5. 삭제 <2011.6.30>
6. 삭제 <2011.6.30>

제136조(벌칙) ① 다음 각 호의 어느 하나에 해당하는 자는 5년 이하의 징역 또는 5천만원 이하의 벌금에 처하거나 이를 병과할 수 있다. <개정 2011.12.2>

1. 저작재산권, 그 밖에 이 법에 따라 보호되는 재산적 권리(제93조에 따른 권리는 제외한다)를 복제, 공연, 공중송신, 전시, 배포, 대여, 2차적저작물 작성의 방법으로 침해한 자
2. 제129조의3제1항에 따른 법원의 명령을 정당한 이유 없이 위반한 자

②다음 각 호의 어느 하나에 해당하는 자는 3년 이하의 징역 또는 3천만원 이하의 벌금에 처하거나 이를 병과할 수 있다. <개정 2009.4.22, 2011.6.30, 2011.12.2>

1. 저작인격권 또는 실연자의 인격권을 침해하여 저작자 또는 실연자의 명예를 훼손한 자
2. 제53조 및 제54조(제90조 및 제98조에 따라 준용되는 경우를 포함한다)에 따른 등록을 거짓으로 한 자
3. 제93조에 따라 보호되는 데이터베이스제작자의 권리를 복제 · 배포 · 방송 또는 전송의 방법으로 침해한 자
3의2. 제103조의3제4항을 위반한 자
3의3. 업으로 또는 영리를 목적으로 제104조의2제1항 또는 제2항을 위반한 자
3의4. 업으로 또는 영리를 목적으로 제104조의3제1항을 위반한 자. 다만, 과실로 저작권 또는 이 법에 따라 보호되는 권리 침해를 유발 또는 은닉한다는 사실을 알지 못한 자는 제외한다.

3의5. 제104조의4제1호 또는 제2호에 해당하는 행위를 한 자
3의6. 제104조의5를 위반한 자
3의7. 제104조의7을 위반한 자
4. 제124조제1항에 따른 침해행위로 보는 행위를 한 자
5. 삭제 <2011.6.30>
6. 삭제 <2011.6.30>
[제목개정 2011.12.2]
[시행미지정] 제136조
[시행일 : 9999.1.1] 제136조

제137조(부정발행등의 죄) 다음 각 호의 어느 하나에 해당하는 자는 1년 이하의 징역 또는 1천만원 이하의 벌금에 처한다. <개정 2009.4.22>

1. 저작자 아닌 자를 저작자로 하여 실명·이명을 표시하여 저작물을 공표한 자
2. 실연자 아닌 자를 실연자로 하여 실명·이명을 표시하여 실연을 공연 또는 공중송신하거나 복제물을 배포한 자
3. 제14조제2항의 규정을 위반한 자
4. 제105조제1항의 규정에 따른 허가를 받지 아니하고 저작권신탁관리업을 한 자
5. 제124조제4항의 규정에 따라 침해행위로 보는 행위를 한 자
6. 자신에게 정당한 권리가 없음을 알면서 고의로 제103조제1항 또는 제3항의 규정에 따른 복제·전송의 중단 또는 재개요구를 하여 온라인서비스제공자의 업무를 방해한 자
7. 제55조의2(제63조제3항, 제90조, 제98조 및 제101조의6제6항에 따라 준용되는 경우를 포함한다)를 위반한 자

제137조(벌칙) ①다음 각 호의 어느 하나에 해당하는 자는 1년 이하의 징역 또는 1천만원 이하의 벌금에 처한다. <개정 2009.4.22, 2011.12.2>

1. 저작자 아닌 자를 저작자로 하여 실명·이명을 표시하여 저작물을 공표한 자
2. 실연자 아닌 자를 실연자로 하여 실명·이명을 표시하여 실연을 공연 또는 공중송신하거나 복제물을 배포한 자
3. 제14조제2항을 위반한 자

3의2. 제104조의4제3호에 해당하는 행위를 한 자

3의3. 제104조의6을 위반한 자

4. 제105조제1항에 따른 허가를 받지 아니하고 저작권신탁관리업을 한 자

5. 제124조제2항에 따라 침해행위로 보는 행위를 한 자

6. 자신에게 정당한 권리가 없음을 알면서 고의로 제103조제1항 또는 제3항에 따른 복제 · 전송의 중단 또는 재개요구를 하여 온라인서비스제공자의 업무를 방해한 자

7. 제55조의2(제90조 및 제98조에 따라 준용되는 경우를 포함한다)를 위반한 자

②제1항제3호의3의 미수범은 처벌한다. <신설 2011.12.2>

[제목개정 2011.12.2]

[시행미지정] 제137조

[시행일 : 9999.1.1] 제137조

제138조(출처명시위반 등의 죄) 다음 각 호의 어느 하나에 해당하는 자는 500만원 이하의 벌금에 처한다.

1. 제35조제4항의 규정을 위반한 자

2. 제37조(제87조 및 제94조의 규정에 따라 준용되는 경우를 포함한다)의 규정을 위반하여 출처를 명시하지 아니한 자

3. 제58조제3항의 규정을 위반하여 복제권자의 표지를 하지 아니한 자

4. 제59조제2항의 규정을 위반한 자

5. 제105조제1항의 규정에 따른 신고를 하지 아니하고 저작권대리중개업을 하거나, 제109조제2항의 규정에 따른 영업의 폐쇄명령을 받고 계속 그 영업을 한 자

[제목개정 2009.4.22]

제138조(벌칙) 다음 각 호의 어느 하나에 해당하는 자는 500만원 이하의 벌금에 처한다. <개정 2011.12.2>

1. 제35조제4항을 위반한 자

2. 제37조(제87조 및 제94조에 따라 준용되는 경우를 포함한다)를 위반하여 출처를 명시하지 아니한 자

3. 제58조제3항(제63조의2, 제88조 및 제96조에 따라 준용되는 경우를 포함한다)을 위반하여 저작재산권자의 표지를 하지 아니한 자

4. 제58조의2제2항(제63조의2, 제88조 및 제96조에 따라 준용되는 경우를 포함한다)을 위반하여 저작자에게 알리지 아니한 자

5. 제105조제1항에 따른 신고를 하지 아니하고 저작권대리중개업을 하거나, 제109조제2항에 따른 영업의 폐쇄명령을 받고 계속 그 영업을 한 자

[제목개정 2011.12.2]

[시행미지정] 제138조

[시행일 : 9999.1.1] 제138조

제139조(몰수) 저작권, 그 밖에 이 법에 따라 보호되는 권리를 침해하여 만들어진 복제물과 그 복제물의 제작에 주로 사용하기 위하여 제공된 도구나 재료 중 그 침해자·인쇄자·배포자 또는 공연자의 소유에 속하는 것은 몰수한다.

[전문개정 2011.6.30]

제139조(몰수) 저작권, 그 밖에 이 법에 따라 보호되는 권리를 침해하여 만들어진 복제물과 그 복제물의 제작에 주로 사용된 도구나 재료 중 그 침해자·인쇄자·배포자 또는 공연자의 소유에 속하는 것은 몰수한다. <개정 2011.12.2>

[전문개정 2011.6.30]

[시행미지정] 제139조

[시행일 : 9999.1.1] 제139조

제140조(고소) 이 장의 죄에 대한 공소는 고소가 있어야 한다. 다만, 다음 각 호의 어느 하나에 해당하는 경우에는 그러하지 아니하다. <개정 2009.4.22>

1. 영리를 위하여 상습적으로 제136조제1항 및 제136조제2항제3호에 해당하는 행위를 한 경우
2. 제136조제2항제2호·제5호 및 제6호, 제137조제1호 내지 제4호, 제6호 및 제7호와 제138조제5호의 경우
3. 영리를 목적으로 제136조제2항제4호의 행위를 한 경우(제124조제1항제3호의 경우에는 피해자의 명시적 의사에 반하여 처벌하지 못한다)

제140조(고소) 이 장의 죄에 대한 공소는 고소가 있어야 한다. 다만, 다음 각 호의 어느 하나에 해당하는 경우에는 그러하지 아니하다. <개정 2009.4.22, 2011.12.2>

1. 영리를 목적으로 또는 상습적으로 제136조제1항제1호, 제136조제2항제3호 및 제4호(제124조제1항제3호의 경우에는 피해자의 명시적 의사에 반하여 처벌하지 못한다)에 해당하는 행위를 한 경우
2. 제136조제2항제2호 및 제3호의2부터 제3호의7까지, 제137조제1항제1호부터 제4호까지, 제6호 및 제7호와 제138조제5호의 경우

3. 삭제 <2011.12.2>

[시행미지정] 제140조

[시행일 : 9999.1.1] 제140조

제141조(양벌규정) 법인의 대표자나 법인 또는 개인의 대리인 · 사용인 그 밖의 종업원이 그 법인 또는 개인의 업무에 관하여 이 장의 죄를 범한 때에는 행위자를 벌하는 외에 그 법인 또는 개인에 대하여도 각 해당조의 벌금형을 과한다. 다만, 법인 또는 개인이 그 위반행위를 방지하기 위하여 해당 업무에 관하여 상당한 주의와 감독을 게을리하지 아니한 경우에는 그러하지 아니하다. <개정 2009.4.22>

제142조(과태료) ① 제104조제1항에 따른 필요한 조치를 하지 아니한 자에게는 3천만원 이하의 과태료를 부과한다. <개정 2009.4.22>

② 다음 각 호의 어느 하나에 해당하는 자에게는 1천만원 이하의 과태료를 부과한다. <개정 2009.4.22>

1. 제106조에 따른 의무를 이행하지 아니한 자
2. 제112조제4항을 위반하여 한국저작권위원회의 명칭을 사용한 자
3. 제133조의2제1항 · 제2항 및 제4항에 따른 문화체육관광부장관의 명령을 이행하지 아니한 자
4. 제133조의2제3항에 따른 통지, 같은 조 제5항에 따른 게시, 같은 조 제6항에 따른 통보를 하지 아니한 자

③ 제1항 및 제2항에 따른 과태료는 대통령령으로 정하는 바에 따라 문화체육관광부장관이 부과 · 징수한다. <개정 2009.4.22>

④ 삭제 <2009.4.22>

⑤ 삭제 <2009.4.22>

제142조(과태료) ① 제104조제1항에 따른 필요한 조치를 하지 아니한 자에게는 3천만원 이하의 과태료를 부과한다. <개정 2009.4.22>

② 다음 각 호의 어느 하나에 해당하는 자에게는 1천만원 이하의 과태료를 부과한다. <개정 2009.4.22, 2011.12.2>

1. 제103조의3제2항에 따른 문화체육관광부장관의 명령을 이행하지 아니한 자
2. 제106조에 따른 의무를 이행하지 아니한 자
3. 제112조제4항을 위반하여 한국저작권위원회의 명칭을 사용한 자

4. 제133조의2제1항 · 제2항 및 제4항에 따른 문화체육관광부장관의 명령을 이행하지 아니한 자
5. 제133조의2제3항에 따른 통지, 같은 조 제5항에 따른 게시, 같은 조 제6항에 따른 통보를 하지 아니한 자

③ 제1항 및 제2항에 따른 과태료는 대통령령으로 정하는 바에 따라 문화체육관광부장관이 부과 · 징수한다. <개정 2009.4.22>

④ 삭제 <2009.4.22>

⑤ 삭제 <2009.4.22>

[시행미지정] 제142조

[시행일 : 9999.1.1] 제142조

부칙<제10807호, 2011. 6.30>

제1조(시행일) 이 법은 「대한민국과 유럽연합 및 그 회원국 간의 자유무역협정」이 발효하는 날부터 시행한다. 다만, 제39조부터 제42조까지의 개정규정은 「대한민국과 유럽연합 및 그 회원국 간의 자유무역협정」이 발효한 후 2년이 되는 날부터 시행한다.

제2조(적용 범위에 관한 경과조치) 이 법 시행 전에 종전의 규정에 따라 저작권, 그 밖에 이 법에 따라 보호되는 권리의 전부 또는 일부가 소멸하였거나 보호를 받지 못한 저작물등에 대하여는 그 부분에 대하여 이 법을 적용하지 아니한다.

제3조(온라인서비스제공자의 책임 제한에 관한 경과조치) 이 법 시행 전에 발생한 저작권, 그 밖에 이 법에 따라 보호되는 권리 침해에 대한 온라인서비스제공자의 책임 제한에 관하여는 제102조 및 제103조의 개정규정에도 불구하고 종전의 규정에 따른다.

제4조(벌칙 적용에 관한 경과조치) 이 법 시행 전의 행위에 대한 벌칙의 적용은 종전의 규정에 따른다.

참고문헌

[국내자료]

구본무 외, 『엔터테인먼트산업의 패러다임변화와 정책과제』, 산업연구원, 2003.

고재열, 『SM이수만-JYP박진영-YG양현석의 리더십비교』, 연예IN연예人, 2011. 3. 18.

강익희, 『방송 산업 비정규직의 실태와 개선 방향에 대한 연구』, 커뮤니케인션북스, 2004.

권태동, 『누가 연예계를 움직이는가 : 6개 매니지먼트사의 파워』, 월간중앙, 2001. 11월호.

김성근, 『근로조건 열악 정규직과 이질감 심화, 신문과 정책』, 2004. 3월호.

김성연, 『스타시스템과 드라마 외주제작시장 변화에 관한연구』, 한양대 석사학위논문, 2006.

김순희, 『방송작가 세계의 빛과 그림자, 신동아』, 통권 541호, 2004.

김승수, 『TV와 엔터테인먼트-드라마 제작 시장의 원리』, 프로그램/텍스트, 2001. 5월호.

김시출, 『방송 인력 채용 어떻게 할 것인가, 2006년 방송 엔터테인먼트채용박람회 세미나: 방송/엔터테이너 인력 채용 어떻게 할 것인가?》』발표 글.

김영덕, 『일본 내 방송 한류 실태와 향후 전망』, 동향과 전망 통권 224호, 2005.

김영찬 외, 『아이돌 장르의 부상에 따른 아이돌 스타덤 연구』, 한국방송학보, 25권 6호, 2011. 11.

김윤수 옮김, 『호이징가』, J, 『호모 루텐스』, 서울 : 까치, 1989.

김웅래, 『방송연예론』, 한울아카데미, 2004.

김호석, 『스타시스템』, 서울 : 삼인, 1988.

김호석, 『문화산업의 스타시스템에 관한 연구』, 서강대학교 대학원 박사학위논문, 1998.

김호석, 『텔레비전, 그리고 스타와 스타시스템』, 프로그램/텍스트, 2001, 제5호.

김현정, 『아이돌 그룹의 신모델 연구, 진화형 아이돌 그룹 동방신기를 중심으로』, 석사논문, 단국대학교 예술문화대학원, 2007.

김휴종, 『한국 영화스타의 스타파워 분석, 문화경제연구』, 1998, 제1권 1호.

박미희, 『빅뱅의 One Source Multi Use 전략연구, 한성어문학회』, 한성어문학 28집, 2010.
박재천, 「정보통신산업정책」, 영진닷컴, 2003).
백승혁, 『일본의 연예 매니지먼트 산업(글로벌 콘텐츠 동향과 분석)』, 한국콘텐츠진흥원, 2009.
신권건 외, 「현대경영학원론」, 무역경영사, 2002.
손대현 편, 「문화를 비즈니스로 승화시킨 엔터테인먼트산업」, 김영사, 2004.
이기문, 「오락의 경제」, 리치북스, 1999.
이문행, 『국내 연예 매니지먼트 회사의 사업 다각화 현황』, 한국콘텐츠학회논문지 9권 8호, 2009. 9.
이문행, 『국내 연예 매니지먼트 회사의 아이돌 스타 육성 전략에 관한 연구(SM엔터테인먼트를 중심으로)』, 2011 한국 언론학회 한류2.0 시대의 진단과 분석학술대회자료, 한국언론학회. 2011.
이현지, 『SM, YG, JYP 총매출, 지난해 보다 198.71%p 상승한 기업은 어디?』, TV-REPORT, [On-line], available : http://sstv.tvreport.co.kr, 2012. 6. 1.
유진룡 외, 「엔터테인먼트산업의 이해」, 넥서스BIZ, 2009.
조인희 외, 「현대경영학입문」, 대왕출판사, 2006.
조인희 외, 『엔터테인먼트 매니지먼트 특성에 관한 고찰』, 한국문화산업교육학회, 1권 2호, 2006. 11. 25.
조인희 외, 『한류, 중국시장에서의 성공요인에 관한 연구』, 한국예술교육학회, 5권 1호, 2007. 6. 25.
조인희 외, 「엔터테인먼트매니지먼트실무론」, 2008.
조인희 외, 「창조적연구개발론」, 현우사, 2009.
조인희 외, 「글로벌시대의 경영학」, 현우사, 2010.
조인희 외, 「엔터테인먼트산업학개론」, 내하출판사, 2010.
조인희 외, 「서비스경영론」, 현우사, 2011.
하윤금 외, 「방송과 연예 엔터테인먼트 산업」, 커뮤니케이션 북스, 2003.
하윤금 외, 「방송과 연예매니지먼트」, 한국콘텐츠진흥원, 2004.
하윤금, 『방송영상 산업 민간투자 환경 개선과 진흥 제도 연구』, 2005.

[신문]

동아일보, 김갑식, 대기업들의 문화전쟁 ⑥「스타시스템」 성장가능성에 주목, 1996. 2. 27.

시사人, 뉴스엔, 한일 공동 드라마펀드 설립(SM도 참여), 2011. 8. 6.

스포츠월드 2007. 4. 11.

중앙일보, 2011. 7. 14.

조선일보(http://www.chosun.com)

동아일보(http://www.donga.com)

중앙일보(http://joongang.joinsmsn.com)

마이데일리(http://www.mydaily.co.kr)

문화일보(http://www.munhwa.com)

[정부자료]

문화체육관광부, 연예기획사 전수조사, 기획사 · 매니저 등록제 추진, 보도자료, 2012.

통계청, 2000, 고용 직업분류.

한국고용정보원(www.work.go.kr)

한국콘텐츠진흥원, 코카포커스 통권55호

한국노동연구원, 문화산업 전문 인력 형성 구조와 정책지원, 2011.

문화체육관광부, 『2010 문화산업백서』.

문화체육관광부, 『2010 문화산업통계』.

관세청(http://www.customs.go.kr)

금융감독원(http://www.fss.or.kr)

공정거래위원회(http://www.ftc.go.kr)

교육기본통계(교육통계서비스시스템)(http://www.kedi.re.kr)

(사)한국연예매니지먼트협회(http://www.cema.or.kr)

(사)한국연예제작자협회(http://www.kepa.net)

[일본자료]

福井健策. ≪エンタテインメントの罠≫. すばる舎, 2003.

ハロルド・ヴォーゲル, ≪エンターテインメントビジネス≫, Rittor Music, 1993.

吉見俊拓, ,. ≪メディア文化論≫, 有斐閣アルマ, 2004.

瀧山晋, ≪ハリウッド巨大メディアの世界戰略≫, 日本経濟新聞社, 2000.

小林眞理, ≪アーツマネジメント概論≫, 水曜社, 2001.

三上俊治譯, ≪マス・オーディエンスの未來像≫, 學文社, 2002.

關口一郎, ≪コミュニケーションの仕組みと作用≫, 大修館書店, 1999.

監査法人トーマツ編, ≪コンテンツビジネスマネジメント≫, 日本経濟新聞社, 2003.

梅田勝司, ≪最前線´映像ビジネス知りたいことがすぐわかる!!≫, こう書房, 2000.

山根節, ≪エンタテインメント發想の未營學≫, ダイヤモンド社, 2001.

ニュービジネス協議會編, ≪娯樂ビジネスの未來≫ 東洋経濟新聞社 1994.

小林雅一, ≪グローバル・メディア産業の未來?≫, 光文社, 2001.

ミドリ・モール, ≪ハリウッド・ビジネス≫, 文藝春秋社, 2001.

電通總研究編, ≪情報メディア白書≫, 中央濟社, 2001.

日経BP出版センター編, エンタテインメンと一キーワード95-96, 日経BP出版センター, 1994.

郵政省 郵政研究所編(1994).≪徹底研究メディア・ソフト≫.クリエート・クルーズ.

中屯秀雄『「笑賣」心得帖』東洋經濟新報社, 1992년, p.27.

掘江誠二『吉本興業の研究』朝日新聞社, 1995년, p.253.

嶋口充輝『顧客滿足型のマ-ケティング構圖』有斐閣, 1994년, 靑井倫一 외 3인『インタラクティブ・マネジメント-關係性重視の經營』ダイヤモンド社, 1996년 등을 참조.

日本經濟新聞, 1995년 12월 3일자 인터뷰기사.

日經ビジネス, 1993년 4월 5일자, 편집국장 인터뷰기사에서

デジタルコンテンツ協會(2011), 2011 デジタルコンテンツ白書, 電通總研(2011), 情報メディア白書 2011, ダイヤモンド社,

日経BP(2012. 6),『日経エンタテインメント』

金融廳(http://www.fsa.go.jp)

厚生勞働省(http://www.mhlw.go.jp)

[영문자료]

Abt, V,.Smith, J.F., and Christiansen, E. M., The Business of Risk :Commercial Gambling in Mainsteam America. University of Kansas, 1985.

Bagamery, A., "We Sell Space, Not Fantasy", Forbes 133(3) (January 30):60-4, 1984

Eadington, W. R., ed., Gambling and Society. Springfield, Ill.:Thomas, 1976.

Johnson, W., "The Economics of Copying", Journal of Political Economy, Vol. 93, No11, 1985.

Noll, R.G., Peck, M.J., and McGowan, J.J., Economic Aspects of Television Regulation. Washington, D.C.:Brookings Institution, 1973.

P.F. Drucker, The Practice of Management, New York : Harper & Row Publishers, 1954.

Vogel, Harlod L. Entertainment Industry Economics, Cambridge University, 1999년, P.XVII

찾아보기

ㄱ

ㄴ

ㄷ

ㄹ

ㅁ

ㅂ

ㅅ

ㅇ

ㅈ

ㅊ

ㅋ

ㅌ

ㅍ

ㅎ

영문

조인희 趙仁凞

- 대한민국 엔터테인먼트경영학 박사1호
- 경희대학교 대학원/산업공학석사/산업공학전공
- 경기대학교 서비스경영전문대학원/경영학박사/엔터테인먼트경영전공
- 중부대학교 엔터테인먼트학과/전임교수역임
- 예원예술대학교 예술경영학 객원교수역임

현재
- (주)한국엔터테인먼트경영연구소 & 컨설팅/대표
- (주)Xing Entertainment/고문
- 남서울대학교 산업경영학과/겸임교수
- (사)한국엔터테인먼트산업학회/정회원(이사 & 논문편집위원)
- (사)지속가능과학회/정회원(이사)
- 한국인터넷전자상거래학회/종신회원(이사역임)
- 한국여가레크리에이션학회/정회원(이사역임)
- (사)한국대학생활체육연맹/상임이사역임
- 한국인터넷비즈니스학회/정회원(이사역임)
- 한국정치커뮤니케이션학회/종신회원
- 중앙선거방송토론위원회 주최/전국 대학생 토론대회 심사위원역임
  제2회(2006년), 제3회(2007년), 제4회(2008년), 제6회(2010년), 제7회(2011)

저서
- 「현대경영학입문, 대왕출판사, 2006, 8.
- 「엔터테인먼트매니지먼트실무론」, B&M 북스, 2008, 2.
- 「e-비즈니스 경영학」, 도서출판 현우사, 2009, 1.
- 「Cre-Biz시대의 산업경영학」, 도서출판 현우사, 2009, 2.
- 「Cre-Biz시대의 경영학원론」, 도서출판 현우사, 2009, 2.
- 「창조적 연구개발론」, 도서출판 현우사, 2009, 8.
- 「글로벌시대의 경영학」, 도서출판 현우사, 2010, 2.
- 「엔터테인먼트산업학 개론」, 내하출판사, 2010, 3.
- 「서비스 경영학」, 도서출판 현우사, 2011, 2.
- 「산업경영학」, 도서출판 현우사, 2012, 3.

작품
- 연극 : 권력유감(기획), 2012.
- 음반 : 디지털싱글앨범 발표 : (당첨, 맛있게 먹자), 2012.
- 음반 : 프로듀싱
  Xing 1기 1집 : (in your hands) 기획 및 제작(2006. 12)
  Xing 1기 2집 : (my girl) 기획 및 제작(2007. 7)
  Xing STAR : (THE WHITE OF WINTER) 기획 및 연출(2007. 12)
  Xing 2기 2집 : (cross in new genre) 기획 및 연출(2008. 3)
  Xing 3기 1집 : (OPERA) 기획 및 연출(2009. 3)
  Xing 3기 2집 : (HI-FIVE Xing OPERA) 기획 및 연출(2009. 6)
  Xing STAR : (Merry Christmas) 기획 및 연출(2009. 12)
  Xing 3기 음반 : Xing HARMONY 기획 및 연출(2009. 12)
  M TO M 싱글앨범 - 그놈 때문에 : ADVISOR(2012. 2)
  최승환 정규앨범 : (Someday, I met.... Nard) : 기획(2012. 6)

최병춘 崔炳春

- 중앙대학교 대학원 경영학석사
- 경기대학교 대학원 경영학박사
- 일본 와세다대학교 대학원 상학연구과정 수료

현재
- 예원예술대학교 교수 및 문화영상창업대학원장
- 한국소리문화의전당 운영협의회 운영위원
- 중소기업청 1인 창조기업 Biz-center「역삼역비즈메카」 정책자문위원
- 전라북도 2012년 한옥자원 야간상설공연 심의 및 평가위원
- 전라북도 2012년 공연상주단체지원사업 심의 및 평가위원
- 전라북도 지역문화예술단체육성지원사업 심사위원
- 전라북도 전통문화 및 한스타일 공모사업 선정위원
- 전라북도 문화예술지원사업 평가위원회 평가위원
- 전라북도 문학관 운영위원회 위원
- 전라북도 문화체육관광국 주민참여예산협의회 위원
- 한국통상정보학회/정회원(상임이사)
- 한국무역통상학회/정회원(이사)
- 한국E-비지니스학회/정회원(상임이사)
- 한국인터넷전자상거래학회/정회원(이사역임)
- 한국무역학회/정회원(이사역임)

저서
- 「글로벌 무역영어」, 도서출판 두남, 2010, 개정증보.
- 「엔터테인먼트매니지먼트실무론」, B&M 북스, 2008. 2.
- 「글로벌 무역영어」, 도서출판 두남, 2008.
- 「E-trade 무역영어연습」, 학문사, 2005.

작품
- 사선 문화제 오프닝공연 기획(2001-2006)
- 전주시 전통혼례재연사업 기획 및 연출(2004)
- 국민건강걷기대회 기획 및 연출(국민건강보험공단, 2004)
- 오수의견문화제 청소년개그댄스페스티벌 기획 및 연출(2005)
- 심수봉 전주콘서트 기획 및 연출(한국소리문화의전당, 2005)
- 제2회 박사골 산머루축제 기획 및 연출(2005)
- 제8회 전국돌문화축제 기획 및 연출(2006)
- 프랑스 「오씨아」섹소폰 5중주단 내한공연 기획 및 연출(한국소리문화의전당, 2006)
- 제1회 임실치즈페스티벌 기획 및 연출(2007)
- 제1-4회 전국임실치즈요리경연대회 기획 및 연출(2007-2010)

서현덕 徐賢德

- 경희대학교/정경대학 신문방송학과/학사졸업
- 경희대학교 언론정보대학원/언론학석사/대중예술전공

현재
- (주) 라이브엔터 대표이사
- (사) 지속가능과학회/정회원/이사
- (사) 김영임 아리랑 중앙보존회 이사
- 김영임의 소리전수원 부원장

작품
- 컬트삼총사 1, 2집 음반 기획, 제작(1996, 1998)
- 컬트삼총사 개그콘서트 기획, 제작(1996~2000)
- 컨츄리 꼬꼬 기획, 제작(1999)
- 연극 누들 누드 기획, 제작(1999)
- 뮤지컬 넌센스 기획, 제작(2001)
- MBC 강석, 김혜영의 싱글벙글쇼 애틀렌타 조오지아 교포 위문 공연 기획 (핑클, 이정현, 송대관)(2001)
- 일본 YMCA 자선기금마련 콘서트 기획, 연출(이선희, 컨츄리 꼬꼬)(2002)
- KBS 개그콘서트 기획, 제작(2002~2003)
- 갈갈이 패밀리 개그 콘서트 기획, 제작(2003~2004)
- 성시경, 장나라 조인트 일본 공연(신쥬꾸 후생연금회관) 기획, 연출(2004)
- SBS 웃찾사 개그 콘서트 기획, 제작(2004~2005)
- 김영임 경기12잡가 완창 발표회 기획(2005)
- 싱크 코리아, 코리아 환타지(2006 Think korea, korea Fantasy)
- 로얄필하모니오케스트라 & 김영임 협연(영국 런던 페어필드 홀) 공연 기획(2006)
- 빅마마 콘서트 기획, 제작(2006)
- 나훈아 콘서트 기획, 제작(2004, 2006)
- 체험 인체의 신비 전시(2007~2009)
- "고양 국악을 품다" 기획, 제작(2009)
- 뮤지컬 노트르담드파리 부산 공연 기획, 제작(2009)
- 이승철 콘서트 기획, 제작(2002~2004, 2006, 2009, 2010, 2011)
- 장윤정 콘서트 기획, 제작(2011~2012)
- 뮤지컬 피터팬 기획, 제작(2012)
- 이미자 콘서트 기획, 제작(2005~2012)
- 인순이 콘서트 기획, 제작(2007, 2012)
- 이은미 콘서트 기획, 제작(2001~2002)
- 김영임의 소리 효 대공연 기획, 제작(2002~2012)

연예산업 실무론

2013년 3월 5일 초판 발행
2017년 8월 20일 2쇄 발행

지 은 이 조인희 · 최병춘 · 서현덕
발 행 인 배영환
발 행 처 도서출판 현우사
등록번호 제10-929호
주   소 서울시 영등포구 영중로 138-1(영등포동 8가 80-2) 드림프라자 B 901호
Tel 02) 2637-4806, 4863 Fax 02) 2637-4807
홈페이지 www.hyunwoosa.co.kr
E-mail okpress1208@naver.com
정   가 22,000 원
ISBN 978-89-8081-384-1 93320